漢學研究叢書・文史新視界叢刊

性惡論的誕生

——荀子「經濟人」視域下的孟學批判與儒學回歸

The Origin of The Doctrine of Sinful Nature: Xunzi's Critique of Mencius and Return to Confucianism through "Homo Economicus"

曾暐傑　著

by Tseng, Wei-Chieh

如蝶振翼
——《文史新視界叢刊》總序一

　　近年赴中國大陸學術界闖蕩的臺灣文科博士日益增多，這當中主要包括兩類人才。一類是在臺灣學界本就聲名卓著、學術影響鉅大的資深學者，他們被大陸名校高薪禮聘去任教，繼續傳揚他們的學術。另一類則是剛拿到博士文憑，企盼進入學術職場，大展長才，無奈生不逢時，在高校發展面臨瓶頸，人力資源飽和的情況下，雖學得一身的文武藝，卻不知貨與何家、貨向何處！他們多數只能當個流浪教授，奔波各校兼課，猶如衝州撞府的江湖詩人；有的則委身屈就研究助理，以此謀食糊口，跡近沈淪下僚的風塵俗吏。然而年復一年，何時了得？於心志之消磨，術業之荒廢，莫此為甚！劉芝慶與邱偉雲不甘於此，於是毅然遠走大陸，分別在湖北經濟學院和山東大學闖出他們的藍海坦途。如劉、邱二君者，尚所在多有，似有逐漸蔚為風潮的趨勢，日益引發文教界的關注。

　　然而無論資深或新進學者西進大陸任教，他們的選擇與際遇，整體說來雖是臺灣學術界的損失，但這種學術人才的流動，卻很難用一般經濟或商業的法則來衡量得失。因為其所牽動的不僅是人才的輸入輸出、知識產值的出超入超、學術板塊的挪移轉動，更重要的意義是藉由人才的移動，所帶來學術思想的刺激與影響。晚清名儒王闓運應邀至四川尊經書院講學，帶動蜀學興起，因而有所謂「湘學入蜀」的佳話。至於一九四九年後大陸遷臺學者，對戰後臺灣學術的形塑，其影響之深遠鉅大，今日仍在持續作用。當然用此二例比方現今學人赴

大陸學界發展，或有誇大之嫌。然而學術的刺激與影響固然肇因於知識觀念的傳播，但這一切不就常發生於因人才的移動而展開的學者間之互動的基礎上？由此產生的學術創新和知識研發，以及伴隨而來在文化社會等現實層面上的實質效益，更是難以預期和估算的。

劉芝慶和邱偉雲去大陸任教後，接觸了許多同輩的年輕世代學者，這些學人大體上就屬於剛取得博士資格，擔任博士後或講師；或者早幾年畢業，已升上副教授的這個群體。以實際的年齡來說，大約是在三十五歲至四十五歲之間的青壯世代學人。此輩學人皆是在這十來年間成長茁壯起來的，這正是中國大陸經濟起飛，國力日益壯大，因而有能力投入大量科研經費的黃金年代。他們有幸在這相對優越的環境下深造，自然對他們學問的養成，帶來許多正面助益。因而無論是視野的開闊、資料的使用、方法的講求、論題的選取，甚至整體的研究水平，都到了令人不敢不正視的地步。但受限於資歷與其他種種現實因素，他們的學術成果的能見度，畢竟還是不如資深有名望的學者，這使得學界，特別是臺灣學界，對他們的論著相對陌生。於其而言，固然是遺憾；而就整體人文學界來說，無法全面去正視和有效地利用這些新世代的研究成果，這對學術的持續前進發展，更是造成不利的影響。

因而當劉芝慶和邱偉雲跟我提及，是否有可能在臺灣系統地出版這輩學人的著作，我深感這是刻不容緩且意義重大之舉。於是便將此構想和萬卷樓圖書公司的梁錦興總經理與張晏瑞副總編輯商議，獲得他們的大力支持，更決定將範圍擴大至臺灣、香港與澳門，計畫編輯一套包含兩岸四地人文領域青壯輩學者的系列叢書，幾經研議，最後正式定名為《文史新視界叢刊》。關於叢刊的名稱、收書範圍、標準等問題，劉、邱二人所撰的〈總序二〉已有交代，讀者可以參看，茲不重覆。但關於叢刊得名之由，此處可再稍做補充。

　　其實在劉、邱二君的原始構想中，是取用「新世界」之名的，我將其改為同音的「新視界」。二者雖不具備聲義同源的語言學關係，但還是可以尋覓出某種意義上的關聯。蓋因視界就是看待世界的方式，用某種視界來觀看，就會看到與此視界相應或符合此視界的景物。採用不同以往的觀看方式，往往就能看到前人看不到的嶄新世界。從這個意義來說，所謂新視界即新世界也，有新視界才能看到新世界，而新世界之發現亦常賴新視界之觀看。王國維曾說：「凡一代有一代之文學。」若將其所說的時代改為世代，將文學擴大為學術，則亦可說凡一世代皆有一世代之學術。雖不必然是後起的新世代之學術優或劣於之前的世代，但其不同則是極為明顯的。其中的關鍵，就在於彼此觀看視域的差異。因而青壯輩人文學者用新的方法和視域來研究，必然也能得到新的成果和觀點，由此而開拓新的學術世界，這是可以期待的。

　　綜上所述，本叢刊策畫編輯的主要目的有二：第一，是展現青壯世代人文學術研究的新風貌和新動能；第二，則是匯集兩岸四地青壯學者的最新研究成果，從中達到相互觀摹、借鑑的效果。最終的目標，還是希冀能對學術的發展與走向，提供正向積極的助力。本叢刊之出版，在當代學術演進的洪流中，或許只不過如蝴蝶之翼般輕薄，微不足道。但哪怕是一隻輕盈小巧的蝴蝶，在偶然一瞬間搧動其薄翅輕翼，都有可能捲動起意想不到的風潮。期待本叢刊能扮演蝴蝶之翼的功能，藉由拍翅振翼之舉，或能鼓動思潮的生發與知識的創新，從而發揮學術上的蝴蝶效益。

西元二〇一七年九月十二日
車行健謹識於國立政治大學

總序二

　　《文史新視界叢刊》，正式全名為《文史新視界：兩岸四地青壯學者叢刊》。本叢刊全名中的「文史」為領域之殊，「兩岸四地」為地域之分，「青壯學者」為年齡之別，叢書名中之所以出現這些分類名目，並非要進行「區辨」，而是立意於「跨越」。本叢刊希望能集合青壯輩學友們的研究，不執於領域、地域、年齡之疆界，採取多元容受的視野，進而能聚合開啟出文史哲研究的新視界。

　　為求能兼容不同的聲音，本叢刊在編委群部分特別酌量邀請了不同領域、地區的學者擔任，主要以兩岸四地青壯年學者來主其事、行其議。以符合學術規範與品質為最高原則，徵求兩岸四地稿件，並委由萬卷樓圖書公司出版。系列叢書不採傳統分類，形式上可為專著，亦可為論文集；內容上，或人物評傳，或史事分析，或義理探究，可文、可史、可哲、可跨學科。當然，世界極大，然一切僅與自己有關，文史哲領域門類甚多，流派亦各有不同。故研究者關注於此而非彼，自然是伴隨著才性、環境、師承等等因素。叢刊精擇秀異之作，綜攝萬法之流，即冀盼能令四海學友皆能於叢刊之中尋獲同道知音，或是觸發新思，或是進行對話，若能達此效用，則不負本叢刊成立之宗旨與關懷。

　　至於出版原則，基本上是以「青壯學者」為主，大約是在三十五歲至四十五歲之間。此間學者，正值盛年，走過三十而立，來到四十不惑，人人各具獨特學術觀點與師承學脈，也是最具創發力之時刻。

若能為青壯學者們提供一個自由與公正的場域，著書立說，抒發學術胸臆，作為他們「立」與「不惑」之礎石，成為諸位學友之舞台，當是本叢刊最殷切之期盼。而叢書出版要求無他，僅以學術品質為斷，杜絕一切門戶與階級之見，摒棄人情與功利之考量，學術水準與規範，乃重中之重的唯一標準。

而本叢刊取名為「新視界」，自有展望未來、開啟視野之義，然吾輩亦深知，學術日新月異，「異」遠比「新」多。其實，在前人研究之上，或重開論述，或另闢新說，就這層意義來講，「異」與「新」的差別著實不大。類似的題目，不同的說法，這種「異」，無疑需要吸收前人研究成果。然領域的開創，典範的轉移，這種「新」，又何嘗不需眾多的學術積累呢？以故《文史新視界叢刊》的目標，便是希望著重發掘及積累這些「異」與「新」的觀點，藉由更多元豐厚的新視界，朝向更為開闊無垠的新世界前進。最末，在數位時代下，吾輩皆已身處速度社會中，過去百年方有一變者，如今卻是瞬息萬變。在此之際，今日之新極可能即為明日之舊，以故唯有不斷追新，效法「天行健，君子以自強不息」之精神，方不為速度社會所淘汰。當然，除了追新之外，亦要維護優良傳統，如此方能溫故知新、繼往開來。而本叢刊正自我期許能成為我們這一時代文史哲學界經典傳承之轉軸，將這一代青壯學者的創新之說承上啟下的傳衍流布，冀能令現在與未來的同道學友知我此代之思潮，即為「新視界叢刊」成立之終極關懷所在。

劉芝慶、邱偉雲序

推薦序一

　　暐傑是臺灣政治大學中國文學系畢業的博士研究生，師從著名的荀子思想研究專家劉又銘教授，二〇一七年五月，暐傑以「孟子之後——荀子『倫理經濟學』的建構及其儒學回歸」為題，以優秀的高分順利通過了學位論文考試委員會的審議，獲得博士學位。

　　我認識暐傑博士算來已有十年了。二〇〇九年我客座政治大學哲學系，當時我教授兩門課程，此即大學部的「儒家『惡』的理論」以及博士班的「《荀子》研究」。我記得，那時暐傑還在讀本科，在上大學部的課程時，暐傑選了我上的課程，機緣巧合，使得我們有了接觸和認識的機會。一個學期來，暐傑學習認真刻苦，勤奮篤實。課餘之中，也常以疑惑相究問。記得學期結束時，暐傑以〈論《論語》中的「過」與「惡」〉為題作文，分七個部分從文本、定義、理論詮釋與拓展多個方面闡述了他的主張與見解，文章廣徵博引，論述條貫周到。當時，作為一個本科生寫出這樣優秀的論文，的確給我留下深刻的印象。在全班為數不多獲得高分的同學中，我給了暐傑優等的成績。

　　而今一晃已經十年了。在此期間，我與暐傑在大陸和臺灣的各種學術會議上也時有見面與交流，而對其學業上所取得的進境與成就尤為感佩。在這十年期間，暐傑不僅發表了許多有分量的研究性論文，而且於二〇一四年即在花木蘭文化事業公司出版了一本《打破性善的誘惑——重探荀子性惡論的意義與價值》的學術專著。暐傑用心於荀子思想的研究當其原有自，而作為先秦儒學的最後一位大師，荀子的

思想由於各種原因，的確未曾受到學者足夠的重視，而荀子性惡論的主張尤其與正統儒學的性善論格格不入。暐傑此書有見於此，並立足於其所主張的「後新荀學」的進路，希望脫開以往以孟子性善論為基礎的思考框架，轉而正視和理解荀子性惡論的內涵和意義。暐傑的這種努力顯然值得肯定，而其問題意識大體是沿著其師劉又銘教授而來，但又有所推進。讀其書可見其言峻峭，其思剛厲。

今年七月，我們又相聚於復旦的荀子思想研討會，期間暐傑為他的即將出版的博士論文索序於我，我當時頗感猶豫，主要的原因是由於該書所涉及的全新的論述方式自己並不十分熟悉。回臺後暐傑又來信相約，言辭懇切，使我無由推脫。暐傑的博士論文處理的中心主題是荀子的「倫理經濟學」的建構，而「倫理經濟學」一詞可以看作是暐傑的創說，指的是「倫理的經濟學」或基於「倫理」的「經濟學」，其本質是在「倫理學」中表述其中所蘊含的「經濟學」理路與智慧，而不是關於經濟問題的探討；其預設的是，人皆是充滿欲望與自利的「經濟人」，人天生的好利惡害的本能和衝動，非外在的禮義教化即不能使人為善。另一方面，暐傑使用「倫理經濟學」一詞也是直指「道德形上學」而立的概念，按照暐傑自己的說法，牟宗三與當代新儒家以「道德形上學」概括了孟學論述，尤其是宋明儒學系統，並以此為判准去評判各家學說的正統與歧出，但此一做法忽略了儒學發展的豐富性。在暐傑看來，即便就先秦而言，在孟子的「道德形上學」系統之外，還有荀子的「倫理經濟學」系統；與孟子注重「道德人」的思考不同，荀子將「自然人」定義為「經濟人」，並注重如何在「欲多而物寡」的前提下建構「群居和一」的和諧秩序，這是儒學表述的兩種不同典範。有見於此，暐傑認為，建構荀子的「倫理經濟學」便有其必要性和合理性，但此一努力並非用來否定孟學的「道德形上學」體系，也不是要透過此一詮釋來顛覆儒學系統，而是試圖從

那種把宋明以降理所當然地將「道德形上學」作為儒學的正宗、將荀學視為儒學中的他者的主張中脫落出來，重新回到荀學的脈絡，「去呈現一個『作為他者的孟子』視角，以真實呈現儒學開展的動態性與時代性。」

應該說，暐傑此書問題意識具有非常明確的針對性，而其竭力為荀子思想「正名」，試圖重新回到荀子視角，扭轉長期以來把荀子視作「他者」的研究狀況的用心也昭然可見，在努力的方向上有其合理性。全書共分六章，幾十萬言，論域廣泛，態度鮮明，情見乎辭。毋庸諱言，暐傑嘗試藉由「倫理經濟學」的建構以重新理解荀子，至少可為荀子思想的研究撐開一個有意義的理論空間，同時，對於推進荀子思想研究的深入也頗有裨益。所需說明的是，暐傑的書稿所達到的理論高度已有評審和答辯專家作出了肯定的評價，無需我在此贅述，相信讀者涵詠其中，亦自會有其「口不能言，有數存焉其間」之證會和體味。

古人嘗云，人之建事立業，莫不須理而定。理多品而人材異，故明待質而行，質合於理，則明足於見理，理足於成家。我與暐傑經過教學、交流乃至論辯的長期接觸，其情性和為人，給我以敦厚辨博、凌楷剛略的印象，前者顯其順適和暢，論理贍給；後者見其秉意勁特，弘博高致。我想，藉其質以見其明，假以時日，暐傑在學業上必將展至大成。

東方朔

（復旦大學哲學學院教授）

二〇一八年十二月十六日

推薦序二

　　本書全面徹底地肯定性惡論，堅定昂揚地闡揚荀子思想。在今天的臺灣儒學圈裡，這樣的姿態與觀點顯得非常另類非常突兀，但這卻是時代變遷、思潮蕩漾下理當出現與適時出現的一部論著。

　　宋明以來，儒學主流孟學派以性惡論為靶心，大力質疑與貶抑荀子思想。荀子思想早已被看作不正確的儒學，只能在孟學的標準與照看下小心使用。

　　可以理解的是，宋明時期，在魏晉玄學、隋唐佛學神聖真理觀的壓力下，許多一意復興儒學的儒者們當然會選擇全幅性善的孟學立場來建構理學，當然會高舉孟學的旗幟來抗衡佛老，也當然會判定主張性惡的荀學為異端而將它排擠摒退。

　　不得不說，在科舉考試的助力下，這番儒門判教的威力實在驚人。因此，雖然明代中葉以後已經有儒者從根本處批判宋明理學並且另起爐灶，雖然清代的考據風潮也相當程度表達了對宋明理學的困惑與疏離，但是主流知識裡尊孟抑荀的價值觀（或意識型態）始終難以動搖，就連二十世紀中葉興起於港臺的當代新儒家也還是一整個的孟學派。

　　然而，晚明以來，在莊嚴沉靜的哲學思維之外，一般現實事務、廣大人文學術背後的思維逐漸離開宋明理學——也就是孟學，轉而朝向另一端擺蕩的大趨勢始終持續前進著。清末民初西潮的大量湧入更強化了這個動向。也就是說，就儒學脈絡來說，整個社會其實還是以

非學術非哲學的方式持續蘊釀著、召喚著孟學以外另一種哲學,而那就是荀學了。

就在這樣的氛圍裡,二十世紀末,旅美大陸學者李澤厚針對孟學派的「儒學三期說」提出了荀學色彩鮮明的「儒學四期說」。我則在二〇〇一年主張荀子的人性論是「不同於孟子型態的另一種性善觀」(我後來稱為「弱性善觀」)和「一個有獨立價值與普遍意義的人性論類型」,又在二〇〇六年提議建構「當代新荀學」來開展一個「當代新儒家荀學派」。不妨說,到了二〇一九年的今天,荀學主體性的覺醒已經在許多地方躍動著了。以我對中西哲學發展的理解與對人性具體內涵的體會,我要大膽地預測,二十一世紀將會是荀學大復興的一個世紀。

總之,處境仍然艱難孤立,但已經出現隱約的亮光。暐傑這本書便是在這樣的背景與氛圍裡,作為「當代新荀學」的一個早期的參與者而誕生的。

關於荀子哲學的理解與詮釋,我的「另一種性善觀/弱性善觀」的進路跟暐傑的「性惡論就是性惡論」進路並不相同。就這一點來說,我倆彼此對對方的觀點當然是不贊成的。這點並沒什麼不好。應該說,處在此刻這開拓與開創的時期,「當代新荀學」本來就需要多方面的嘗試與探索,在不同觀點的對比中尋求可能的更好的方向。

進一步看,我認為荀子哲學並非跟孟子哲學極端背反,它實質上是個弱性善論。這樣一個陽光版的荀子哲學或許可以凸顯歷史上有個荀學傳統隱密存在、連續不斷的事實。相較之下,暐傑毫不躲閃、徑直大氣面對荀子的性惡論,認為這樣子才能真正掌握荀子哲學的性格與奧義。這樣一個似乎是原教旨主義的解釋或許可以挖掘華人文化傳統向來禁忌避諱的一面,開展出向來被遮蔽與忽視的一種可能。

目前,即使在荀學圈裡,我跟暐傑這兩種解釋都有人表示質疑。

但就我來看，不管是對是錯，它們都是必要的嘗試，都是朝向未來更好的詮釋的資藉。不妨說，荀學不會抱持先天給定、神聖絕對、四海同一的真理觀，所以當代新荀學一定會有許多不同的詮釋方案出現，它們也一定會彼此對話、相互爭議。事實上這本來就是學術發展的常態與必要。

　　暐傑在政大中文系唸研究所的時候正好遇上我嘗試建構「當代新荀學」的重要階段。他等於一邊看著我多方試探的過程，一邊就開始進行自己不同的嘗試了。可以說，他是一個有獨立主張的、哲學家性格的年輕學者，這本基於博士論文而問世的荀學論著也充滿著原創精神，所以我相信他關於當代新荀學的開拓還會繼續下去。至於未來他將循著他現在的方向一路向前，還是會向左向右有所調整？我認為都有可能，也都一定有其嚴肅重要的意義可說，大家不妨拭目以待。

劉又銘

（國立政治大學中國文學系專任教授）

二〇一九年二月一日於政治大學中文系

自序

　　這本著作得以完成，要特別感謝我研究生時期的指導教授劉又銘先生。如果沒有又銘老師對我的包容與理解，放手讓我去在儒學中叛逆與衝撞，那麼這本著作將無從產生。而這本著作的完成，對我來說，是一個自我追尋與生命探索的過程——這也是為何我如此堅持荀子的性惡論就是性惡論——不是「弱性善」也不是「性朴」，更不是「無善無惡」的。我一直覺得，生命原初的艱難，那充滿欲望與衝動的身體，是無可迴避的；即便沒有任何支撐我們活下去的超越力量，我們也要勇敢地活著！雖然這樣或許有點孤獨與苦悶，但這何嘗不是最有勇氣的生存方式呢？

　　對於我來說，論文的書寫，就是對自我情感的投射與宣洩；透過一字一句，去構築自我生命的價值，這也是為什麼我總是不停地書寫的原因——沒有了論文去辯證自我作為紓解的出口，那麼那份苦悶將無從流出。這也是為什麼要特別感謝又銘老師這一路的支持與理解了——即便我的荀學立場與又銘老師的「弱性善論」以及「氣本論」的進路不同，但又銘老師卻仍然鼓勵我朝著自己的感受去書寫；如果沒有這樣的書寫的可能，我或許會一直困在自我的困頓當中吧！

　　常常在想，又銘老師之於我是不是有點像佛洛伊德與榮格，在最初的交會中我們感受共同的感受、目標共同的目標，想要透過荀學開展去呈顯自我的真實；我想我們共同期待著一個當代新荀學建構的願景。但隨著時間的遞進，我的生命體驗引領我走向荀子的「性惡

論」，而岔出了又銘老師的「弱性善論」系統──雖然仍是在當代新荀學的脈絡中，只是我選擇了以不同的型態存在。很幸運的是，又銘老師有著佛洛伊德所沒有的氣度，他理解到每個人的生命型態不同，不會有任何兩個人有一模一樣的生命體驗；因此他選擇讓我去嘗試與發現，而沒有像佛洛依德一般和榮格決裂──這絕對是我在學術上最大的幸運！

這樣的思考態度，同樣也是我在儒學的研究與建構中所不斷追尋與建構的進路──荀子在宋明以降作為儒學的他者被判為歧出，因此一直受到孔孟道統的排斥與批判。但是我以為，孟子與荀子其實是兩種不同生命型態的存有，是以有著不同的理論型態與系統。這不是孰是孰非的問題，而是不同的存在於儒學中開出的兩個典範。

每個存有者都應該有存有的權利，不應該被迫改變與壓抑。這也就是為什麼我在這本論文中，透過翻轉孔孟道統，回到歷史的儒學脈絡中，去思考荀學典範的正當性與可能性。也就是說，在過往的學術脈絡中，荀子習以為常地被作為他者進行批判；但假使我們能夠回到戰國時期荀子的脈絡，那麼我們將會發現，孟子也曾經被荀子作為他者進行批判與轉化，這也正是荀子為何會開展出性惡體系的關鍵所在──沒有孟子就沒有荀子，因為荀子正是透過作為他者的孟子來建構其儒學典範。

是以我在這本著作中，站在荀子的立場與角度去思考為什麼荀子要如此批判孟子？我以為必須要給予這個長久被視為他者的儒者一個表述的機會，在這樣的辯證過程中，我們將能夠更同情與理解荀子的思維，也就不會理所當然地認為荀子的思想既沒有根源、又不完滿，只看到人的欲望情感，而忽視了人心精微之處。但如果能夠回到《荀子》的文本去同理他，站在他的身後去回眸孟子與孔子，我們將會發現，他的無根、不完滿與強調情性欲望，正是他有意建構的理論特

質——因為他無法感受到孟子那種生命型態的感受。

也就是說,這本書寫作的目的不是要用荀子否定孟子,更不是要用「孔荀道統」取代「孔孟道統」——這裡之所以要用「激進詮釋學」的進路去詮釋荀子所理解的孟子,正是為了建構未來孟荀能夠彼此「承認」與對話的契機。所謂的承認正如法蘭克福學派的霍耐特所說,那是一種雖然我不認同他者的立場與思維,但是我尊重他者存在的權利與正當性。而在荀子受到潛抑千年的儒學傳統,「承認」並非易事;正如霍耐特所強調,「為承認而鬥爭」是一條必要的道路與艱苦的歷程。而本文所做的,即是在當下的儒學氛圍中,為承認荀子典範而鬥爭的過程。此一「鬥爭」不是要藉此壓制孟子,而是期待孟荀典範能夠達至彼此「承認」而對話的可能。

這是一個艱苦而容易被誤會的過程——偏激而自我的。但其實這只是試著翻轉孟荀視角,讓彼此回到原初的對話基點所必要。我並非厭惡孟子、亦非排斥宋明儒者,而是帶著敬意,感謝孟學作為我生命中的他者,讓我看見自我的真實。我希望所有的荀學類型的存有,都能夠像我一樣得到理解與承認——即便你不認同我,但我希望我們能夠尊重彼此生命型態存在的權利。

是以在此還要特別感謝當這本著作還是作為博士論文存在時,給予我諸多批判、建議與鼓勵的審查委員與考試委員:佐藤將之教授、吳文璋教授、林啟屏教授、王慶光教授、伍振勳教授以及王俊彥教授。謝謝各位師長在這條艱難而危險的道路上給予我建議、支持與提醒,讓我能夠在這條雖崎嶇但卻可能無比光明的道路繼續勇敢地向前走!

最後但也是最重要的,要感謝一路支持我、鼓勵我讀到博士班畢業的爸媽——曾福良先生與江秋芳女士。雖然我並不善於表達自己的情感,但我一直知道與感謝你們的付出與鼓勵!總之感謝所有我生命

遇見的每個人，因為有你們——無論你對我而言是我者或他者、溫暖友善或來者不善，都造就了今天的我！

曾暐傑重序於臺師大文學院勤825研究室
二〇一八年十二月三十一日

目次

第一章　緒論
──從「道德形上學」出走的「經濟人」 ……………… 1

第三章　性惡的經濟學
——「經濟人」的性惡意識與荀學系統的根柢 ……… 177

第五章　音樂的經濟學
——「經濟人」的禮樂結構與荀學化性的工夫 ······· 327

第一章

緒　論

——從「道德形上學」出走的「經濟人」

第一節　回歸的起點：在文獻回顧中看見荀子定位的問題

一　看見・偏見：荀子思想與定位的問題關鍵

　　關於荀子在儒家體系中的定位問題，一直是學界紛爭不斷的重要議題，這可以說是荀子思想在儒學體系中具有高度開展性與集大成的特質所致。然而，荀子的定位歷來不時處於誤區當中，不少學者帶著孟學意識形態去評判荀子在儒學系統中的意義與價值，是以往往對於荀子的思想做出偏頗的解說與判斷。當然，提到荀子，一般都會將之與「性惡論」鍊接，並由此來批判荀子非儒而近法。宋代時程頤曾說：「荀子極偏駁，只一句性惡，大本已失。」[1]而這樣的論述，在近代學者的論述模式中，並沒有太大的改變——尤其是在當代新儒家的論述脈絡下更是如此，當屬於「照著」宋明儒學講。[2]

　　關於近現代學者對於荀子「性惡論」的批判、誤讀，或因為對於「性惡」有所忌諱而將荀子的「性惡論」詮解為與孟子「性善論」相

1　〔宋〕程顥、程頤撰：《二程集》（臺北市：漢京文化事業公司，1983年），頁262。

2　所謂的「照著講」，是馮友蘭的用語，用以指稱沒有特別的開創與轉向，基本上的核心論點並無根本上的不同與開展；乃相對於具有開創性的「接著講」而言說的。參見馮友蘭：《三松堂全集・第四卷》（鄭州市：河南人民出版社，2001年），頁4。

似的論述，對此曾暐傑在《打破性善的誘惑——重探荀子性惡論的意義與價值》中有著詳細的論述與批判。[3]但是打破了漢語文化圈中的迷思——受到性善的誘惑與執著於人性本善，因此屢屢對於荀子「性惡論」做出錯誤與負面的評價後[4]，不禁要更進一步探問：荀子在儒學中的地位低落，如果是因為「性惡論」所造成的，那麼是否在賦予荀子「性惡論」一個合理的、正面的評價後，荀子的思想與定位就能夠有所提升或是逆轉呢？答案顯然是否定的。

　　關於荀子在儒家體系中的定位茲事體大，絕非突破「性惡論」的包袱就能瓦解荀子的污名，這必須從更高的層次與更廣闊的視野去探究之，才有可能逆轉荀子在儒家中的地位。就如曾暐傑在《打破性善的誘惑——重探荀子性惡論的意義與價值》一書中所強調，對於荀子思想的重探，必須建立在前人的論述與研究之上，沒有對於前人研究的呈現與了解，也就沒有重探的可能與必要。同樣的，本書的企圖在於重新定位荀子學說在儒家體系中的地位與價值，既言「再定位」，則必然也是立足於前人的文獻之上，否則就失去了基礎與意義。且「存在必先於本質」，沒有思想、沒有文獻就沒有問題、沒有探究的可能，因此實有必要對於近代學者對荀子定位問題之論述先做一回顧與理解，如此也才符合本書的企圖與標的。[5]

　　或許亦可以說，對於問題意識的呈現，本書希望能夠透過對於歷來研究的呈現，以達到與讀者同步去思考與理解文獻的內涵與意義，

3　參曾暐傑：《打破性善的誘惑——重探荀子性惡論的意義與價值》（新北市：花木蘭文化事業公司，2014年）。

4　正如劉又銘所說：「中國人在文化上、心理上傾向圓滿、和諧與正面，是這個因素使得荀子『天人之分』、『性惡』、『禮義非人性所出』的學說不受歡迎。」參見氏著：〈當代新荀學的基本理念〉，收入龐樸主編：《儒林・第四輯》（濟南市：山東大學出版社，2008年），頁4。

5　參見曾暐傑：《打破性善的誘惑——重探荀子性惡論的意義與價值》，頁2-3。

在這之中形成一種哈伯瑪斯所謂的「交談倫理學」（discourse ethics）。[6]
也就是說，透過對於荀子定位的文獻回顧，本書在思考這些論述的同時，讀者也將同時省思此等述說。那麼，當在下一節針對文獻的整述，進一步提出本書的問題意識時，讀者與此處所關注的焦點與發現的問題或同或異；但無論如何，這就形成了一種跨時空的對話與辯證。

對於荀子學說定位的論辯與對話，就如同對於荀子「性惡論」的詮釋一樣，都是一種對於道德與倫理的鋪陳與建構。因為假使一個「存有」（being）認為荀子的「性惡論」是一種具有正當性的「人性惡」論述，認為荀子在儒家體系具有正統地位，那麼這就意味著，此「存有」以為「心」是不純粹、不飽滿、不直接、不能無所待地給出道德；相反的，假使另一「存有」認為孟子的「人性善」論述才是儒家正統，那麼該「存有」所認識的生命圖像就會顯示為是一種莊嚴、崇高而飽滿的境界。[7]

因此，對於荀子學說的重新釐定與定位，不只是無意義地奪取儒家正統的意氣之爭，而是每一個「存有者」對生命理想價值的定位與建構，也是對自我價值的肯定與確認。以下，本書即針對近現代學者對於荀子的定位做一回顧。

二　當代‧回眸：荀子思想與定位的文獻回首

基本上，對於荀子在儒家體系中的定位問題，基本上可分為三個層次：第一，極端否定論——荀子不是儒家的正宗，是儒家的歧途；第二，互補調和論——荀子與孟子同為傳孔子之道的儒者；第三，積

6　參見楊國榮：《倫理與存在——道德哲學研究》（北京市：北京大學出版社，2011年），頁221-224。

7　關於孟荀的生命境界，參見劉又銘：〈當代新荀學的基本理念〉，頁4、11。

極肯定論——特別凸出荀子在儒家中的傳承地位與價值。以下即分別檢視這三種荀子定位的論述。[8]

（一）歧出：荀子是為儒家的歧途

　　關於荀子的定位，勞思光對於荀子的強烈批判，有著相當的影響力。這點實由於其《新編中國哲學史》之哲學論述精密而有條理，是頗為流行的教本與讀本。勞思光認為「就荀子之學未能順孟子之路以擴大重德哲學而言，是為儒學之歧途。……荀子倡性惡而言師法，盤旋衝突，終墮入權威主義，遂生法家，大悖儒學之義。」[9]或許可以說，這段論述是很多人對於荀子思想與定位的印象來源。

　　而勞思光所謂的「儒學之歧途」、「失敗的儒者」如此強烈的說法，實可溯源至當代新儒家對於荀子的論述。牟宗三即認為：「荀子之思路，實與西方重智系統相接近，而非中國正宗之重仁系統也。故宋明儒者視之為別支而不甚予以尊重也。」[10]又說：「荀子特順孔子外

8　必須說明的是，這三個層次的說法雖大抵有時間上的先後順序，是一種荀學定位問題的演進過程，但這並不表示每個層次間必然是循序漸進而無重疊的歷時性演進。或許可以說這三個思維層次是並行的，只是在唐牟徐等當代新儒家的時代，會是以第一個層次的論述為主，並逐漸轉向第二個、第三個層次。但視荀子為歧出的思想並沒有就此中斷，依然存在於學界的論述當中，這點是必須特別注意與留心的。且必須說明的是，所謂的三個層次並無所謂優劣，只是在每個時代背景或每個學者的信仰不同下所做出的判斷與論述之差異而已。另外，還有些學者根本就認為荀子不屬於儒家，如郭沫若視荀子為雜家，趙吉惠認為荀子思想根本是黃老學。唯本書所關注的焦點在於荀子的儒家定位問題，擬由儒學內部開展，去澄清荀子的思想定位，故於此不進一步評述這類論述。參見郭沫若：《十批判書》（上海市：上海人民出版社，2002年），頁193；趙吉惠：〈論荀學與孔孟哲學的根本區別〉，《哲學與文化》第26卷第7期（1999年7月），頁649、653；趙吉惠：〈荀子非儒家辨〉，《哲學與文化》第17卷第11期（1990年11月），頁1005；王楷：《天然與修為——荀子道德哲學的精神》（北京市：北京大學出版社，2011年），頁4。

9　勞思光：《新編中國哲學史（一）》（臺北市：三民書局，2005年），頁316。

10　牟宗三：《名家與荀子》（臺北市：臺灣學生書局，2006年），頁193-194。

王之禮憲而發展，客觀精神彰著矣，而本原又不足。本原不足，則客觀精神即提不住而無根。」[11]牟宗三這裡述說荀子不是正宗的「重仁系統」，是為「別支」，其實也就等於說荀子是為儒學之歧途。

　　徐復觀雖然沒有直接談到荀子是否為儒家正宗，但由他所說：「我根本懷疑荀子不曾看到後來所流行的孟子一書，而只是在稷下時，從以陰陽家為主的稷下先生們的口中，聽到有關孟子的傳說。」[12]可以見得他十分不能理解荀子以「性惡論」的論述來批評孟子，是一種孟學本位的論述。又其言：「荀子性惡的主張，並非出於嚴密地論證，而是來自他重禮，重師，重法，重君上之治的要求」[13]、「他對於學，並不是從知開始，而是從君、師、埶（勢）等外在強制之力開始。」[14]則顯示出徐復觀暗批荀子思想開出法家學說，亦是為歧途也。

　　唐君毅也沒有明確點出荀子是為歧途的論述，但其言荀子「缺乏一超越的反省」[15]，更認為其「不重更向內反省此心之所以為心之性，亦不能知孟子所言之心之性之善」[16]。而唐君毅顯然將孔孟視為相承的道統，那麼由此點出孟荀的差異，也無疑是說荀子偏離了儒學的正統。同時，唐氏亦特別指出朱熹不為荀學，那麼由此可以顯現出，荀子不僅與當代新儒家所特尊——直承孔孟而來陸王心學不類，更不是朱熹理學之系統，可謂在儒學體系中隔了好幾層，總之不可說是儒學的正源。

　　在當代新儒家唐牟徐之後，視荀子非儒家正統的思維，仍然持續

11　牟宗三：《名家與荀子》，頁203。

12　徐復觀：《中國人性論史：先秦篇》（臺北市：臺灣商務印書館，2007年），頁237-238。

13　徐復觀：《中國人性論史：先秦篇》，頁238。

14　徐復觀：《中國人性論史：先秦篇》，頁247。

15　唐君毅：《中國哲學原論‧原性篇》（臺北市：臺灣學生書局，2006年），頁75。

16　唐君毅：《中國哲學原論‧原道篇》（臺北市：臺灣學生書局，2004年），頁444。

著。在唐牟徐到勞思光之間的諸多學者，雖然已能漸漸彰顯荀子的學說有一定的價值，但依舊沒有脫離荀子為歧出、非正宗的思想。如張亨雖然說「『性善』和『性惡』之說，也不是在同一層面上相反的理論。他們只是選擇了不同的進路，各以其睿智去反省，把握人生的問題。」[17]甚至說荀子是孟子之後最有原創力的思想家。[18]但所謂的原創力終究也只是所謂的客觀化思維有其可用之處，終非儒家正統，故其言：「從儒家思想傳統的主流來看，孟子無疑占有較重要的地位；同時在人的本質的洞察上，他也觸及到最莊嚴的一面，演而為儒家思想的核心。」[19]可見孟子才是儒家的主流、思想的核心，而荀子既不在主流之中，亦無法登堂入室進入儒學中心。

如此將荀子定位為不是主流、不是正統的論述，同樣可以在韋政通的研究中窺得一二。雖然韋氏同樣肯定荀子的學說有其價值，甚至認為：

> 向來哲人在孟子思路的拘圍下，無人能了解其價值，無人能察覺其系統乃代表孟子思路以外另闢的一個新方向；反而在兩千多年以後，中國文化百弊叢生要求新出路的今日，給我們帶來很大的啟示。[20]

但是這亦只是就其客觀的價值與意義而言，能夠「補」孟學之罅漏處，荀學似乎亦無其真正的獨立價值，終究是所謂「不入主流，不為正統」的旁支別系。[21]且韋政通更進一步說：

---

17 張亨：〈荀子對人的認知及其問題〉，《文史哲學報》第22期（1971年6月），頁175。
18 參見張亨：〈荀子對人的認知及其問題〉，頁175。
19 張亨：〈荀子對人的認知及其問題〉，頁175。
20 韋政通：《荀子與古代哲學》（臺北市：臺灣商務印書館，1992年），頁48-49。
21 參見韋政通：《荀子與古代哲學》，頁48-49。

　　　韓非不明性惡論代表其師說的弊病，反肯定此病，於是任術而
　　　嚴法，遂致肆無忌憚，終於促成秦之大統一，使天下不堪，此
　　　雖非荀子有意啟之，但荀子不能善解孔孟而立其本，實亦不能
　　　諉其過。[22]

不僅將在荀子學說中占有關鍵地位的「性惡論」判為「弊病」，更無
疑是將法家形成的責任歸諸荀子，這就顯現出荀子思想終將導向法家
歧途的批判意味。

　　王邦雄亦直接指出，「荀子的思想，對儒學傳統來說是歧出，對
儒法流變說來是另一錯落的起點。」[23]這正述說了荀子上偏離孔子之
道，下開法家之畸，可謂將荀子的定位完全屏除於儒家正統之外。故
其亦以「孔孟」為標準，批判荀子思想的不當，他說：「禮義並稱，
孔孟心性天的價值根源，完全失落。性天轉成事實義，是被治的對
象，而心又不是仁的實理，僅是智的虛用，由是禮義的根源，遂成荀
子思想的大問題。」[24]

　　蔡仁厚大抵也順其師牟宗三而定位荀子，認為孟子成為「儒家正
宗」並不是偶然，而是其順承孔子之仁的脈絡發展，開出心性之學所
必然。[25]其又言：「依正宗儒家，唯有仁義之心方是性，方是天；這一
層義理是由孟子提醒，而荀子不知。」[26]更可以了解到，其將荀子視
為儒家的歧途，並非正宗的心性之學。儘管荀學有其價值，但終究必
須以儒家重仁系統「加以疏導的」[27]，這就與牟宗三謂「荀子之學不

22　韋政通：《荀子與古代哲學》，頁220。
23　王邦雄：《中國哲學論集》（臺北市：臺灣學生書局，2004年），頁34。
24　王邦雄：《中國哲學論集》，頁33-34。
25　參見蔡仁厚：《孔孟荀哲學》（臺北市：臺灣學生書局，1990年），頁362。
26　蔡仁厚：《孔孟荀哲學》，頁364。
27　蔡仁厚：《孔孟荀哲學》，頁530。

可不予以疏導而貫之于孔孟」[28]、「荀子之廣度必轉而繫屬于孔孟之深度，斯可矣。否則弊亦不可言。」[29]如出一轍。

而到了上世紀八〇年代，尚有李哲賢認為：

> 既言道德，則唯有經由本心之逆覺所體證者，始是真正之道德也。而荀子之所謂道德，僅可謂之他律之道德，是德行而非德性耳。故非即真正之道德也。依此，荀子經由知識、經驗之積累，所成就之道德，既非是真正之道德，則其此種成德之思路，即顯出其限制耳。[30]

不過此類以心性之學帶著強烈道統意識來批判荀子非正統儒家的思維，在近年來已非主流，可說至此已到了一轉捩點。當然視荀子為歧途之說並沒有就此斷絕，但由上述之回顧，已可掌握這類荀子定位的趨勢與發展，承順此流之疇大抵皆透顯出同樣的思維與意識。

（二）並軌：荀孟同為儒學正道

約莫在二十世紀七〇至八〇年代，可說是荀子儒學定位的一個過

---

28 牟宗三：《名家與荀子》，頁203-204。

29 牟宗三：《名家與荀子》，頁215。

30 李哲賢：《荀子之核心思想——「禮義之統」及其現代意義》（臺北市：文津出版社，1994年），頁197。儘管此處李哲賢從逆覺體證之心性論批判荀子，然其近年來多有重新詮釋荀子人性論之作，並積極指出荀子名學論述之價值；其荀學研究之轉折與成果頗有可觀、值得留心之處。然本書認為，李教授透過指出荀子「性惡論」實為「性無善惡論」，並在邏輯與論理模式上建構荀學價值，似乎仍是企圖消解荀學與性惡論的連結，而從其實用性論述來談，並未真正脫離孟學意識型態的論述脈絡。相關著作請參氏著：《荀子之名學析論》（臺北市：文津出版社，2005年）；李哲賢：〈荀子之性惡說析論：從文本談起〉，《哲學與文化》第40卷第5期（2013年5月），頁137-153；李哲賢：〈論荀子思想之矛盾〉，《興大中文學報》第22期（2007年12月），頁159-176。

渡與轉變期，此時將荀子視為歧途之說漸漸趨緩，而肯認荀子在儒家道統中地位之音聲如江水漫漫而起。這其中的關鍵，較具有代表性與影響力的當屬龍宇純了。曾暐傑曾在《打破性善的誘惑》一書中提及，龍宇純可說是「新荀學」研究的曙光，將荀子的人性論從傳統孟學本位的窠臼中拉出，賦予荀學新的意義與價值。[31]同樣地，在荀子儒家定位的論述脈絡中，龍宇純也處於關鍵性的地位。他說：

> 荀子整體之思想，亦都不出發揚孔子儒學之意。性惡的主張，禮的宇宙本體的觀念，似乎總該是荀子的創意，為孔子所不嘗言，然亦無一不是欲為儒學彌縫，無一不是欲為儒學張皇……可見荀子之言性言天，正是要於夫子不可接聞處竭其心志，一點沒有標新立異的念頭。是故人言荀卿大醇小疵，我謂荀孟同乎其醇。[32]

龍氏在此肯定了荀子作為發揚孔子之學的儒者，並擺脫了唐代以來荀子「大醇而小疵」[33]，甚至是宋儒朱熹所謂「不須理會荀卿」[34]的負面定位與評價，將荀子與孟子抬升到同一水平而論之，可謂對於荀子在儒家體系中的定位有了時代性的意義與開展。

　而唐君毅的弟子唐端正，對於荀子的定位也有著新的開展，他認為：

---

31 參見曾暐傑：《打破性善的誘惑——重探荀子性惡論的意義與價值》，頁11-12。

32 龍宇純：《荀子論集》（臺北市：臺灣學生書局，1987年），頁84-85。

33 〔唐〕韓愈：〈讀荀〉，收錄於〔唐〕韓愈著，閻琦校注：《韓昌黎文集注釋》（西安市：三秦出版社，2004年），頁52。

34 〔宋〕黎靖德編，王星賢點校：《朱子語類》第八冊（北京市：中華書局，2007年），頁3254。

> 孔子仁智兼備，孟、荀皆推尊孔子，皆以成就內聖外王為目
> 的。惟孟子偏於仁，荀子偏於智。苟能以此所長，補彼所短，
> 必能使儒學獲致充實而飽滿之發展。[35]

同樣將荀孟在儒家的傳承地位持平而論，是為發揚孔子思想的兩端，缺一不可。故其言：「由孔子而孟子，由孟子而荀子，彼此相輔相成，實為儒學應有之發展。」[36]無疑肯認了孔孟荀是為儒家體系發展的脈絡。如此將孟荀並立以截長補短的思考進路，到了近期青年學者王楷依舊贊同這樣的論述模式，也就是倪德衛所謂的「互補主義的策略」。[37]

提到孟荀互補主義的方針，則不能不提到近年積極提倡「統合孟荀」的梁濤；梁濤教授的問題意識在於：反思港臺新儒家所強調心性儒學與大陸新儒家高舉政治儒學此一二分法的困境。他認為儒家本該道德與政治俱足，不該有所偏重；在此意義下梁教授指出：

> 儒學既有心性的一面，也有政治的一面，內聖與外王的貫通，
> 是儒學的基本主題。孔子之後，孟子偏重心性，走的是由道德
> 而政治的路向，荀子偏重政治，是以政治處理道德。統合孟
> 荀，是大陸新儒學開新的一條重要途徑。[38]

由此可以看出，其在建構儒學系統中將荀子重新拉回儒門，並企圖重

---

35 唐端正：《先秦諸子論叢（續編）》（臺北市：東大圖書公司，2009年），頁209。

36 唐端正：《先秦諸子論叢（續編）》，頁161。

37 參見王楷：《天然與修為──荀子道德哲學的精神》，頁91。

38 梁濤：〈統合孟荀　創新儒學〉，《宗教與哲學》第7輯（2014年8月），頁75。

構「四書」道統，加入荀學脈絡而整合為「新四書」。[39]然梁濤統合孟荀的方法在於指出荀子是為「性惡心善說」，而非「性惡說」；應該以「性惡心善」作為整合孟荀的基礎。對此本書認為仍有曾暐傑所說處於「性善誘惑」之中的可能，是以本書將對此嘗試以不同的詮釋進路去開展與重建。[40]

此外，山東社會科學院的路德斌也同樣賦予孟荀在儒學體系中的同等地位，企圖彰顯荀子作為孟子之外，另一條不可或缺的儒學學說進路。路教授認為：

> 荀學與孟學的關係是「道」同而「術」不同。「道」的立場決定了荀學之為儒學，而「術」（操術）則代表了荀學之不同於孟學的獨特精神，為儒學的發展打開了一個新的通孔，開闢了一條新的進路。[41]

這就更明顯表彰了荀子學說的價值，並意識到不應該迷失在「以孟解荀」的思維誤區中，以先入為主的孟學觀念來曲解荀子，而使荀學精神不彰、荀子地位低落；可謂積極為荀子辯誣，而有意將荀子與孟子並舉之企圖。[42]

另外，在臺灣亦有學者單純從孔荀繼承關係的考察，而自覺的認

---

39 參梁濤：〈「新四書」與「新道統」──當代儒學思想體系的重建〉，《北京行政學院學報》2014年第3期（2014年9月），頁14-16。

40 關於梁濤的論述可另參氏著：〈清華簡〈保訓〉與儒家道統說再檢討（上）──兼論荀子在道統中的地位問題〉，《國學學刊》2011年第4期（2011年12月），頁18-24；梁濤：〈清華簡〈保訓〉與儒家道統說再檢討（下）──兼論荀子在道統中的地位問題〉，《國學學刊》2013年第2期（2013年6月），頁91-105；梁濤：《儒家道統說新探》（上海市：華東師範大學出版社，2013年）。

41 路德斌：《荀子與儒家哲學》（濟南市：齊魯書社，2010年），自序頁2。

42 參見路德斌：《荀子與儒家哲學》，自序頁1。

為應該將荀子回歸到與孟子同等地位的論述。如曾任國立政治大學校長之陳大齊也在其《荀子學說》中特別強調,「荀子是儒家的學者」,而「孟子、荀子同宗孔子,同以仁義為道德政治的最高原則……兩家學說的最終歸宿本無二致。」這也就確立了荀子是為「儒者」的意義,並認可了荀子與孔子的儒學系統。

　　同樣是政大中文系的林啟屏,則是能夠在孟荀的議題上,給予荀子頗為公正而同情的論述。他認為:「『遇』於世不若孟子的荀子,在強調思想多元發展的今日,實應還以一公允的評價。」[43]並認為,孟荀能夠並稱儒學兩大宗師,二子之學說應無歷來所論之巨大差別。[44]至於在荀子與法家韓非的關係上,其亦以同情的口吻評判之,他說:

> 一個以人民主體性為依歸的儒家立場,仍然是荀子一生所堅持的方向。其後學如韓非、李斯或許曾有問道於荀子,但他們後來之發展與荀子有異,進而造成歷史之災難。則為師者是否該當承擔其責?甚或被同等地咎責!以後來之批評來看,似乎有責之太過的嫌疑。[45]

也就是說,林啟屏認為,即便荀韓人際上有所交往,但亦不能將法家之過記於荀子之帳上。此論述雖未必與本書之觀點完全一致,但其如此客觀又帶有感情地予以荀子新的定位,的確是有其意義與價值的。

43　林啟屏:《從古典到正典:中國古代儒學意識之形成》(臺北市:臺灣大學出版中心,2007年),頁253。

44　參見林啟屏:《從古典到正典:中國古代儒學意識之形成》,頁223。

45　林啟屏:《從古典到正典:中國古代儒學意識之形成》,頁232。

（三）獨立：荀子作為典範的價值

　　說到較早能夠自覺不落入「以孟解荀」的窠臼中，而應該獨立彰顯荀學價值與地位者，則必須提及劉又銘之突破傳統、開創荀子於儒學地位中新價值的進路。他說：「『以孟攝荀』和『以孟定荀』的思維只會繼續模糊了荀學的基本性格，和遮蔽了荀學的真正的深度而已。」[46]也就是說，在學術脈絡中，應該給荀學一個正當性的意義，而不應該藉由批判荀學來證成、凸顯與弘揚孟學的價值。[47]劉又銘更徹底檢討了當代新儒家對於荀子在儒家系統中定位的問題，他說：

> 「當代新儒家」，這個號稱隨順「（宋明）新儒家」一詞而來。當代新儒家以先秦孔孟思想為第一期儒學，以宋明理學為真正繼承先秦孔孟思想而來的第二期儒學，然後又以它自身為真正繼承孔孟思想、宋明理學而來的第三期儒學。它對荀子思想的看法，借用牟宗三的話來說便是「荀子之學不可不予以疏導而貫之于孔孟」、「荀子之廣度必轉而繫屬於孔孟之深度，斯可矣。」也就是說，荀子思想在本原上有所不足，因此不具有獨立的價值，必須安置在孔孟思想的框架裡才有價值可言。總之，向來所謂的「當代新儒家」學派走的是孟學——宋明理學的一路，可以看作一個旗幟鮮明的「當代新孟學」。[48]

---

46 劉又銘：〈從「蘊謂」論荀子哲學潛在的性善觀〉，《「孔學與二十一世紀」國際學術研討會論文集》（臺北市：政治大學文學院，2001年），頁67。

47 參見劉又銘：〈當代新荀學的基本理念〉，頁4、劉又銘：〈合中有分——荀子、董仲舒天人關係新詮〉，《臺北大學中文學報》第2期（2007年3月），頁48。

48 劉又銘：〈儒家哲學的重建——當代新荀學的進路〉，收入汪文聖主編：《漢語哲學新視域》（臺北市：臺灣學生書局，2011年），頁158。

劉又銘透過這樣的反思與檢討，並企圖破除明清以來「尊孟抑荀」意識型態的遮蔽，以開展出「當代新荀學」的理路是前所未見的，也是具有時代的意義與價值的論述。[49]這樣的思維無疑是給予荀子在儒學體系中的定位一個公允的評價，而具有跨時代意義的價值。

　　除了劉又銘外，近來也有不少學者對於過去孟學本位的思維感到不安，並企圖突破以往的窠臼，進而進行荀學定位的「積極建設性」論述。如周天令就撰有〈「荀子是儒學的歧出」之商榷〉，明顯是針對勞思光的論說以及當代新儒家的思維而來。他認為，「儒家以孔子為宗，至孟荀而分道揚鑣」，但是二者「大抵不失孔子的理想與方向」。[50]除此之外，周氏亦斬斷荀子與韓非子思想上的關係，認為二者的「生命理想」大異其趣，不應該斷然判為儒學的歧途。[51]

　　王斐宏則於二○一一年出版了《儒宗正源》一書，可以明顯看出其企圖探究儒家道統的問題。值得注意的是，王氏所謂的道統、正源，除了傳統自朱熹以來所謂的「孔、曾、思、孟」外，更加上了荀子成為「孔、曾、思、孟、荀」的新道統體系。[52]除此之外，他更申明：「儒無荀子，將如鳥失一翼，車失一輪。因此，儒家道統譜系中，豈能沒有荀子之位？」[53]如此更可看出其在儒家系統賦予了荀子一個重要而關鍵的地位。但王斐宏此處雖可說是有意識提高荀學地位的新荀學思維，但仍有著「孟荀並置」的潛在理路，未能完全跳脫長期以來以孟學作為儒學體系建構判準的框架之中。

　　而吳文璋也有著將《荀子》整併與統合至傳統的經典當中以抬升

49　參見劉又銘：〈儒家哲學的重建——當代新荀學的進路〉，頁158。

50　周天令：〈「荀子是儒學的歧出」之商榷〉，《孔孟月刊》第42卷第10期（2004年6月），頁37。

51　參見周天令：〈「荀子是儒學的歧出」之商榷〉，頁37。

52　參見王斐弘：《儒宗正源》（廈門市：廈門大學出版社，2011年），自序頁1。

53　王斐弘：《儒宗正源》，自序頁3。

荀子的地位之意識：是以其撰作《新四書》——將《孟子》獨立成冊，而將《荀子‧解蔽》取代原來《孟子》的部分，成為四書的其中一篇。由吳文璋的選文可以了解到，其特別看重荀子智性的面向，而這也是其選擇〈解蔽〉置入經典中的原因所在，他說：

> 當代哲學大師牟宗三先生指出：荀子實具有邏輯的心靈，荀子的思想與西方重智系統相接近，要溝通中西文化命脈則荀子之思路不可以不予以疏導而融攝之。[54]

雖然此處可能有一部分承繼當代新儒家強調荀子智性的脈絡，但值得一提的是，吳文璋並沒有因為強調智性而忽略了荀子的感性與情感層面，他更從音樂理論來建構荀子的體系，這樣的進路可謂相當有啟發性與意義，也是荀子研究中難得關於「樂論」之專著。[55]此外，吳文璋近年亦持續撰作〈荀子議兵篇析論〉〈論荀子欲望的身體觀〉、〈論荀子哲學的多元認識論〉等篇章，足見其對於荀子思想有著較全面性的關注與推崇——而並非僅僅局限於荀學的智性思想。[56]

　　最後，關於近年專注於荀學研究，並極力推崇荀子的思想價值者，則不能不提到臺大哲學系的佐藤將之。佐藤將之長期關注荀學研究的動態，並將漢語文化圈中的荀子研究思潮稱為「荀子產業」；而推動「荀子產業」的持續發展也是其職志所在。他推崇荀子思想的獨立價值在於肯認荀子是作為戰國時期集各家思想大成的思想家，思想

---

54 吳文璋：《新四書》（臺南市：智仁勇出版社，2011年），頁1。

55 參吳文璋：《荀子的音樂哲學》（臺北市：文津出版社，1994年）。

56 參吳文璋：〈荀子議兵篇析論〉，《成大中文學報》第8期（2000年6月），頁161-177；吳文璋：〈論荀子欲望的身體觀〉，《成大宗教與文化學報》第20期（20013年12月），頁21-46；吳文璋：〈論荀子哲學的多元認識論〉，《成大宗教與文化學報》第22期（20015年12月），頁33-45。

有其豐富性與高度的人文價值。[57]

佐藤將之並透過釐清荀子與韓非的師生關係，來反駁學者以此非難荀子思想落入法家的批判，藉此捍衛荀子作為儒家的定位與價值。除此之外，其針對過往荀學研究特別關注性惡論的現象做出批判，認為荀子並非性惡論者，且人性論也不是荀子思想的核心，「禮論」才是最重要的；是以荀子思想研究的特色即在於：以荀子「禮治」思想的梳理與建構作為其研究的核心。[58]

不約而同地，林素英在近年的研究中有不少篇章亦特別凸出荀子對於孔子禮學的繼承與實踐，無疑是從禮學的脈絡去重新理解荀子在儒學系譜中的定位與意義。[59]或許可以說，以禮學為進路來凸顯荀子地位與價值的研究，可說是一條為荀學研究返本開新的研究理路與趨勢。

以上茲針對近現代學者對於荀子在儒學體系中的定位問題之論述做一回顧與鳥瞰。基本上本書對於荀子定位三個面向的區分與回眸，所關注與取捨的標準有三：一曰經典、二曰凸出、三曰新——經典，則經過時間的淘揀，有其一定的影響力與價值，必須探析與評述；凸出，則具有時代價值與新義，對於過往的研究有突破性的意義，因此值得探究與分析；新，則未經時間歷練與篩選，但必然須要審閱之，以確知荀子定位問題當下開展的進路與成果。

因此，透過前文的文獻回顧，已可描繪出荀學定位在近現代學者

57 參〔日〕佐藤將之：《荀學與荀子思想研究：評析・前景・構想》（臺北市：萬卷樓圖書公司，2015年），頁1-30。

58 參〔日〕佐藤將之：《荀子禮治思想的淵源與戰國諸子之研究》（臺北市：臺灣大學出版中心，2013年）；〔日〕佐藤將之：《參於天地之治——荀子禮治政治思想的起源與構造》（臺北市：臺灣大學出版中心，2016年）。

59 參林素英：《《禮記》之先秦儒家思想——〈經解〉連續八篇結合相關傳世與出土文獻之研究》（臺北市：國立臺灣師範大學出版中心，2017年），頁179-212、404-455。

視野中之圖式——未於本章回顧與評述之研究並非不經典、不凸出與不新穎，而是同質性較高者逕於各章節中引述與討論，避免冗雜；而未直接以荀子定位問題的為核心意識之論著，亦不在此一一羅列，以免枝節。[60]

最後，必須特別說明的是，此處對於荀子定位的三個面向之分判，並非絕對線性的發展，亦無高下的區分，僅作為類型學式的分辨與定位。當然，本書的論述有其核心理念與立場，但必須是在持平地回顧後，對於當下的研究基礎做出回應，進而開展與超越。是以，本節對於三個層次的回顧不做進一步的批評與疏解，而是在後文中以此回顧為根基，進行批判與論述。

第二節　回歸何所求？在探問儒學真義中想望荀學的重建

透過上述對於荀子在儒學體系中定位問題的回顧，可以了解到，荀子在儒家的地位，有著逐漸上升的趨勢，也就是逐漸擺脫「歧途」污名的傾向，甚至越來越多學者視之為儒學的正宗，而積極論述其獨立價值。但是問題並沒有真正的解決，荀子在儒家的地位並沒有完全導向正常化，而是在某些層面去強調其價值與意義——如僅以禮學宣揚之、徒以政治哲學認可之、單以名學讚許之；對於其在儒家體系內的定位與整體價值，並沒有根本的釐清。

也就是說，即便當代新儒家以降的學者，已不再以歧途或非儒學正宗視之，但是對於儒學的「正宗」、儒學的體系發展、儒學的思想

---

60 值得一提的是，關於荀子在儒家定位的問題方面，近年之學位論文幾乎未有直接觸及此問題者，因此便不再於文獻回顧之處特別羅列檢視之。唯相關可供參考之論述，將於行文論述中作引用與參照。

演變，並沒有明確的分析，並真正給予荀子一個恰當的定位。目前的學術研究成果所給予荀子的新定位，不過是在既有的「儒學思維體系」下做討論，如此無論怎麼論述、無論如何提升荀子學說的價值與地位，都只是在原有的孔、曾、思、孟道統下強行填入一個荀子，仍舊是在孟學的框架下去定位荀子，沒有真正凸出荀學的特殊性及其轉向的意義。這就如同將碎片黏補上一個破碎的青花瓷上，並不會使其成為絕美的珍品，終究是個碎裂而突兀的破瓶子。

也就是說，要定位荀子在儒家中的位置，必須要徹底重新省思「儒學」到底是什麼？所謂的「儒學」就是當前既有的概念那樣嗎？又荀子的思想究竟對於整個儒家有什麼關鍵性的影響？其對於整個學術流變史又有什麼關鍵性意義？釐清這整個脈絡才能真正對於荀子做出正確的定位。而不能夠只是說荀子是儒學中的一支，與孟子選擇了不同的發展方向——這並沒有真正面對問題的核心。

當然這不是說過去學者對於荀子地位問題所做的論述沒有意義，像是龍宇純在那個時代所做的論述，就是一種對於荀子的再定位；劉又銘所提出的「當代新荀學」，也是一種再定位；即便是當代新儒家對於荀子的批判與反面評價，亦有其時代的意義與價值。只是學術的發展是隨時代而新、是動態的發展，今日建基於前人豐富的研究基礎上，後出者應該更清晰而獨立地釐清荀子的思想與地位，並藉此重新定位荀子在儒家體系內的價值。正如楊國榮所說：

> 對阿拉伯沙漠的生活環境有正面效用的文化，對北極冰原的生活環境不但未必也有正面的效用，抑且還可能會有致命的負面效果。對於中國過去的社會而言，儒家固然有其不可磨滅的功績；但時移勢易，今非昔比，在過去有正面效用的，並不代表

在今天也一定有正面效用。[61]

因此，在過去學者對於荀子在儒家體系內的定位基礎上，有必要再對於荀子的儒家思想做一重新定位。因為正如上一節所說，對於荀子定位問題的論辯，就是一種生命境界的定調與倫理的建構，因此必須以「荀學存有者（being）」的立場提出真正屬於荀學的「真理」（Being），藉以重新定位荀子的地位，也重新建構一套道德體系。

也就是說，不管對荀子而言，或對詮釋者而論，都應該從荀子作為一個獨立而有價值的「存有」（being）去檢視其思想及思考儒學的意義；而不是從孟學的角度或是先入為主的儒學「真理」去審視荀學。亦即，如能站在荀子的角度去解讀孟子、去思考儒學，那麼儒學體系將會有不一樣的圖式（schema）、不一樣的價值；而荀學也不再是理所當然地——自覺地或不自覺地成為孟學的附庸，僅是儒學體系下的一環——也就僅僅是有缺陷而又不得不提、甚至作為反指標的一環。由此，首先應該釐清以下幾點問題。

一　何謂正統儒學？

首先必須要探問的是，宋明以降至當代新儒家往往說儒學的正宗是孔孟的儒學，並以此來貶斥荀子的思維是為歧出，如牟宗三言荀子的重智系統與中國正宗之重仁系統不合[62]，又韋政通亦言「荀子不入主流，不為正統」[63]，蔡仁厚也說「歷來尊孟子為儒家正宗」，而荀子

---

61 梁家榮：《仁禮之辨——孔子之道的再釋與重估》（北京市：北京大學出版社，2010年），引言頁3。
62 參見牟宗三：《名家與荀子》，頁193-194。
63 韋政通：《荀子與古代哲學》，頁49。

不能知孟子心性之根源義。[64]但是所謂的「正宗」是誰的「正宗」？「正宗」的定義是什麼？又什麼時候成為「正宗」？這都是必須深刻省思的。以往似乎太過理所當然地認為，孔孟就是「正宗」，一切都應該以「孔孟」為依歸──因為孔孟就是儒學的典型樣貌；如此荀子在儒家的定位自然始終無法確切地定位與評價了。

所謂的「正宗」，其實帶有時代的詮釋意義，並非儒學正宗本然就是如此的。此要緊處從司馬遷在〈儒林列傳〉中的一段敘述，就可探得端倪：

> 自孔子卒後，七十子之徒散遊諸侯，……天下並爭於戰國，儒術既絀焉，然齊、魯之間，學者獨不廢也。於威、宣之際，孟子、荀卿之列，咸遵夫子之業而潤色之，以學顯於當世。[65]

這就如王楷所指出，在司馬遷的時代，荀子與孟子是同樣被尊為孔子之後的儒學大師。[66]西漢劉向在〈孫卿書錄〉中也說：「惟孟軻、孫卿為能尊仲尼。」[67]至東漢揚雄亦言孟荀是「同門而異戶。」（〈君子〉）[68]甚至到了唐代的楊倞也表示：

> 陵夷至於戰國，……孔氏之道幾乎息矣，有志之士所為痛心疾首也！故孟軻闡其前，荀卿振其後。觀其立言指事，根極理

---

64 參見蔡仁厚：《孔孟荀哲學》，頁362。

65 〔日〕瀧川龜太郎：《史記會注考證》（臺北市：唐山出版社，2007年），頁1253。

66 王楷：《天然與修為──荀子道德哲學的精神》，頁3。

67 〔漢〕劉向：〈孫卿書錄〉，收入〔清〕嚴可均輯：《全上古三代秦漢三國六朝文》卷37（北京市：中華書局，1999年）。

68 〔漢〕揚雄著，〔晉〕李軌注：《揚子法言》（臺北市：世界書局，1955年），頁37。

要，敷陳往古，掎挈當世，撥亂興理，易於反掌，真名世之士，王者之師。又其書亦所以羽翼六經，增光孔氏，非徒諸子之言也。蓋周公制作之，仲尼祖述之，荀、孟贊成之，所以膠固王道，至深至備。[69]

那麼由此可見，今日所慣稱的「孔孟」至少在唐代以前是不存在或是不流行的，那時所習於稱道的是「荀孟」並稱的。

所以說，近現代學者所謂的儒家正統，所謂的孔孟之學，其實都是順著唐代韓愈以降的說法而來。韓愈在〈讀荀〉中就說：

及得荀氏書，於是又知有荀氏者也。考其辭，時若不粹；要其歸，與孔子異者鮮矣。抑猶在軻、雄之間乎！……孔子刪《詩》、《書》，筆削《春秋》，合於道者著之，離於道者黜去之，故《詩》、《書》、《春秋》無疵。余欲削荀氏之不合者，附於聖人之籍，亦孔子之志歟！孟氏，醇乎醇者也。荀與揚，大醇而小疵。[70]

這或許可以說是今日所得見又為人們所熟悉，歷史上首先認為荀子之學說有不合於孔子之學的論述。荀子地位的低落，大抵亦由此始。有不少學者會認為，韓愈只是說荀子「大醇而小疵」，並未根本批評荀子偏離儒家正道，但如果從其〈原道〉來看，就可以明白其如何貶抑荀子在儒家中的地位，他說：

---

69 〔唐〕楊倞：〈荀子序〉，收入〔清〕王先謙撰，沈嘯寰、王星賢點校：《荀子集解》（北京市：中華書局，2010年），頁51。

70 〔唐〕韓愈：〈讀荀〉，頁52。

> 堯以是傳之舜，舜以是傳之禹，禹以是傳之湯，湯以是傳之
> 文、武、周公，文、武、周公傳之孔子，孔子傳之孟軻。軻之
> 死，不得其傳焉。荀與揚也，擇焉而不精，語焉而不詳。[71]

韓愈完完全全將荀子屏除在儒家的道統系譜之外，無疑是將荀子打入
歧途之列，豈可說其對於荀子的批判不負面、不嚴厲呢？

　　而到了宋代有程頤所謂：「荀子極偏駁，只一句性惡，大本已失。」
（〈伊川先生語五〉）[72] 以及朱熹認為荀子的學說「使人看著，如喫糙米
飯相似」、「不須理會荀卿，且理會孟子性善。……韓退之謂荀、揚『大
醇而小疵』，伊川曰：『韓子責人甚恕』，自今觀之，他不是責人恕，
乃是看人不破。」（〈戰國漢唐諸子〉）[73] 在這裡必須特別強調的是，今
日習以為常的「儒學正宗」，都是當代新儒家所建構出來的圖式；更
明確的說，是當代新儒家在宋明理學之後「照著講」的一種論述。

　　如果能夠暫且跳脫今日對於「儒學」理所當然的定義——宋明儒
學以降的心性儒學論述，那麼才有可能回到早期儒家的發展脈絡，真
正重新理解荀子的學說與再次定位荀子的儒學價值。這就如同康德
（Immanuel Kant, 1724-1804）的觀念論（idealism）、歌德（Johann
Wolfgang von Goethe, 1749-1832）的《浮士德》與華格納（Wilhelm
Richard Wagner, 1813-1883）的歌劇儘管壯美而偉大，但尼采
（Friedrich W. Nietzsche, 1844-1900）依舊批判之；關鍵即在於他們都
還是仰賴基督教的價值體系去創作與構思，預設了世界埋藏了「真
理」等待人們去挖掘的世界觀，是基督教世界觀的殘留[74]——同樣

---

71 韓愈：〈原道〉，收錄於〔唐〕韓愈著，閻琦校注：《韓昌黎文集注釋》，頁22。

72 〔宋〕程顥、程頤：《二程集》，頁262。

73 〔宋〕黎靖德編，王星賢點校：《朱子語類》第八冊，頁3272、3254。

74 參葉浩：〈一位「敵基督」哲人朝向命運嘶聲吶喊的另類「阿們！」〉，收入〔德〕尼

的，今日如未能脫離宋明儒學以降的「儒學」框架，無論如何去開展荀學論述、去強調荀學價值，都仍舊是在孟學體系中去建構，是孟學形上學的殘留。

正因為於當代儒學的脈絡中，儒學理所當然地被視為是最重視人心自覺之「主體性哲學」；但是反觀孔子的論述中，卻可以發現，儒學何嘗離開過禮教、綱常？何嘗遠離實際生活而訴諸內在價值呢？不僅如此，在五四時期，儒學最為知識分子所詬病之處正是儒家扼殺了「人格獨立」的價值[75]，是忽略了個人主體價值的體系。這也是梁家榮所說：

> 牟氏新儒家的改造所建基於的，似乎主要是形成於宋明兩代的理學和心學，而不是孔子本身的學說；因此，將之稱為「牟氏新理學」，恐怕才更名副其實；而宋明的理學和心學，究竟有多少是對傳統儒家的繼承，有多少已滲透了其他學說、甚至一些違背孔子本身學說的內容，這是一個已引起了不少學者關注的問題。[76]

梁家榮這裡雖不免較為偏激地概括當代新儒家的思維傾向，但就動態的儒學發展脈絡而論，的確在一定程度上指出了問題的樞紐所在——所謂的「當代新儒家」，其實是順著宋明理學發展而來的論述，梁家榮將之稱為「牟氏新理學」，也就如同劉又銘將之稱為「當代新孟學」[77]

采（Friedrich Nietzche）著，孫周興譯：《瞧，這個人——人如何成其所是》（臺北市：大家出版社，2018年），頁23-25、34-35。

75 參見梁家榮：《仁禮之辨——孔子之道的再釋與重估》，引言頁6。

76 梁家榮：《仁禮之辨——孔子之道的再釋與重估》，引言頁8。

77 劉又銘：〈儒家哲學的重建——當代新荀學的進路〉，頁158。

有著同樣的體悟——皆了解到所謂的「當代新儒家」只是儒學的一種型態，並不能據以概括整個儒學體系，更不能用以作為是否為儒學正宗的判準。

所以，在定位荀子思想之前，必須先梳理清楚，究竟「儒學」真正的圖式為何？儒學的正宗是為何物？如此也才能正確定位荀子在儒學體系中的位置與價值，也才能建構一個健全而完備的儒學體系，還荀子之所以為荀子。

二　何為孔子思想？

歷來學者無論是當代新儒家或是現代能夠意識到當代新儒家並非絕對神聖的權威、並非儒家的唯一代表之學者，在無意識中仍處於宋明儒家所建構之「儒家正統」，並未真正脫離宋明儒學的框架——就如康德未脫離基督教價值體系去建構。而其中一個關鍵亦為人所忽略的即是：對孔子形象與思想的反思與重構。也就是說，歷來學者會透過重探孟荀思想去釐清「儒學」真義，但往往對於孔子思想理所當然地接受；殊不知孔子思想在宋明以降的脈絡中，卻已被「孟學化」。如果以此「孟學化的孔子」作為儒學典範的判準，恐仍是緣木求魚，無所助益。正如梁家榮所說：

> 「儒家」一詞的意義，嚴格而言首先就是指「宗師仲尼」的人物，因此任何關於儒家思想的討論，都應該嚴格以孔子的論述為標準，而不應該隨個人喜好任意另立標準。[78]

---

78 梁家榮：《仁禮之辨——孔子之道的再釋與重估》，引言頁1。

或許在評判孟荀孰為正宗上會有所疑問與衝突，但是對於孔子作為儒家的正宗似乎不會有人提出疑慮與質問。但問題的關鍵也正在這裡：習以為常地以「孔孟」並稱後，我輩當下所認識的「孔子」還是原來的孔子嗎？是否還是囿於當代新儒家的陰影之中，以孟學的思維去思考、去理解孔子呢？像是王邦雄說荀子「以禮義並稱，孔孟心性天的價值根源，完全失落。」[79]陳大齊也說：「孟子、荀子同宗孔子，同以仁義為道德政治的最高原則。」[80]牟宗三亦言：「孔孟垂教則必點醒仁義之心，道性善，以立人極矣。」[81]

這裡主要有兩個極為關鍵的問題必須提點之，否則荀子與孔子的關係，以及整體儒學的內涵與價值將渾沌一片，不得其明。其一，孔子的中心思想是具有形上學意義的「仁」嗎？其二，孔子何曾說過「人性本善」？今茲針對這兩點稍做梳理，以明本書所欲重探荀子儒學地位的進路及對於儒學體系重建的努力有其必要與正當性。

（一）孔子以「仁」為核心？從「禮」學進路開展孔荀脈絡

在此必須要理解的是，孔子的思想並非如宋明理學以降，將「仁」視為其中心思想，而這個「仁」到了當代新儒家，更是大書特書，進一步以西方哲學強化了孔子、穩固了儒學的形而上價值體系。也就是說，今日所認識的孔子，是透過當代新儒家的「形上學」、「主體哲學」之前見來理解的，孔子已不是原來的孔子，儒學也已不是以「綱常名教」為號召的社會規範與道德體系，而是一套「道德之形而上學」（metaphysics of morals）或所謂「道德的形而上學」（moral

---

79 王邦雄：《中國哲學論集》，頁33。

80 陳大齊：《荀子學說》，頁3。

81 牟宗三：《名家與荀子》，頁208。

metaphysics）。[82]正如梁家榮所言：

> 宋明理學家以至當代的牟式新理學的追隨者，大都認為「仁者
> 渾然與物同體」，竟言「仁之境界極高」。但只要我們看看《論
> 語》中孔子對「仁」的論述，就不難發覺這種說法其實已背離
> 了孔子的立說。在孔子的人道論中，「仁」的地位並非高不可
> 攀，既不如「知禮」，亦不及「聖人」，可謂只是人道的「基礎
> 課程」；他要求我們做的，基本來說就是「己欲立而立人，己
> 欲達而達人」或「己所不欲，勿施於人」而已。對孔子而言，
> 「仁」並不是某種形而上的境界，而是對人類的生存而言不可
> 或缺的成素。[83]

也就是說，過往習以為常地將孔子所謂的「仁」視為極高的形上境
界、習焉不察地把「仁」當作內在的價值根源，並如勞思光視「仁為
禮之基礎」[84]，其實都是受到當代新儒家形上思維的影響所致。

應該了解到，孔子在《論語》的形象與話語，是非常生活化而具
體的，不該將之抽象化、普遍化，而將之作為一種永恆的哲學思維，
那樣必然會對於孔子的思想有所誤解，也會因此形成一種儒家是強調
完全自覺的主體哲學，進而將儒學整個形上化了。如孔子說：「孝弟
也者，其為仁之本與！」（〈學而〉）[85]「巧言令色，鮮矣仁！」（〈學
而〉）[86]「苟志於仁矣，無惡也。」（〈里仁〉）[87]「子貢曰：『如有博施

---

82 參見梁家榮：《仁禮之辨——孔子之道的再釋與重估》，引言頁7。

83 梁家榮：《仁禮之辨——孔子之道的再釋與重估》，引言頁11。

84 勞思光：《新編中國哲學史（一）》，頁118。

85 〔魏〕何晏注，〔宋〕邢昺疏：《論語集解》（臺北市：藝文印書館阮元校勘十三經
注疏本，2013年），頁5。

86 〔魏〕何晏注，〔宋〕邢昺疏：《論語集解》，頁6。

87 〔魏〕何晏注，〔宋〕邢昺疏：《論語集解》，頁36。

於民而能濟眾，何如？可謂仁乎？』子曰：『何事於仁，必也聖乎！』」（〈雍也〉）[88]所謂的孝悌、巧言令色、不為惡、博施濟眾，這都是形而下且具體的事例，並沒有形而上的意涵，也不須要賦予其形上意義來提升其神聖性。孔子的思想就是在生活具體事例開展實際的道德作為與準則，有其具體性與特殊性，絕對不能將之形上化與神聖化。而這正與荀子的經驗性格與不喜談形上思維的進路是一致的。[89]

那麼，孔子的核心之道其實是形而下的「禮」，「行事以仁，而動之不以禮，孔子仍然以為未善。」[90]如梁家榮所觀察到的，孔子對於「禮」的想法，其實可視為一種「效果主義」的立場。[91]當然所謂的「效果主義」並不是一種以結果論道德的思維，而是一種類似於「實用主義」（Pragmatism）的哲學體系，重視道德在現實生活中的功效與合理性、適切性而論之。

那麼，孔子這樣的思維，反倒是近於荀而遠於孟，是一種強調「禮」的制約作用並進而內化於人心的思想，這可說是與荀子的哲學思考如出一轍的。[92]而孔子的「禮」似乎也有著一定的權威性，是以荀子重視「禮義」的學說就不該如勞思光所言，因落入權威主義而為儒家的歧途。[93]

孔子就曾說：「道之以政，齊之以刑，民免而無恥；道之以德，齊之以禮，有恥且格。」（〈為政〉）[94]此處孔子只是將道德與禮作為教

---

88 〔魏〕何晏注，〔宋〕邢昺疏：《論語集解》，頁55。

89 關於荀子的經驗性格，參見徐復觀：《中國人性論史：先秦篇》，頁233。

90 參見梁家榮：《仁禮之辨──孔子之道的再釋與重估》，引言頁9。

91 參見梁家榮：《仁禮之辨──孔子之道的再釋與重估》，引言頁11。

92 關於荀子「禮」不具有形上根源價值，而重視其在社會脈絡中的制約性，並達到教化與內化善的效果之論述，請參曾暐傑：《打破性善的誘惑──重探荀子性惡論的意義與價值》，頁130-160。

93 參見勞思光：《新編中國哲學史（一）》，頁316。

94 〔魏〕何晏注，〔宋〕邢昺疏：《論語集解》，頁16。

化的理想，但他並沒有說人不須要政刑；〈堯曰〉不也說了「不教而殺謂之虐」[95]嗎？孔子認為教之仍不善是可以殺的。這就與荀子同時強調「君」的權威與「師」的教化一致，都是現實與理想兼顧的道德系統。[96]

荀子了解到有所謂「朱象不化」（〈正論〉）[97]的情形，而面對這類的人，教而不聽、不能向善，就有外在強制力量甚至是施與刑罰的必要性，這正是與孔子重視現實治亂的性格是一貫的。另《荀子·宥坐》也記載了孔子誅少正卯之事，雖未能肯定確有此事，但的確可以理解到如王楷所說：「孔子亦非全廢政刑。質言之，在儒家，德化與政刑，只可以先後、輕重言，而未可以有無言。」[98]

總之，必須進一步釐清孔子的核心思想為何，才能了解到其與後代儒者的關係，也才能夠公允地定位孰為正統？孰為歧出？是以，從當代視野中嘗試去建構與開展「孔荀」之學就有其必要性與正當性。[99]

（二）孔子何曾言「本善」？從「性惡」意識重建孔荀思維

關於荀子被判為歧途而非儒學的正宗，還有一個很大的關鍵即在於荀子言「性惡」而與「孔孟」不類。當代新儒家多如牟宗三所言，荀子的「禮義之統不能拉進來植根於性善」，所以「荀子之學不可不予以疏導而貫之於孔孟」。[100]唐牟徐等人本順宋明理學的形上思維而

---

95 〔魏〕何晏注，〔宋〕邢昺疏：《論語集解》，頁179。

96 關於荀子君師並重，兼顧權威與教化的論述，可參曾暐傑：《打破性善的誘惑——重探荀子性惡論的意義與價值》，頁191-198。

97 〔清〕王先謙撰，沈嘯寰、王星賢點校：《荀子集解》，頁337。

98 王楷：《天然與修為——荀子道德哲學的精神》，頁15。

99 關於「孔荀」的提法請參劉又銘：《一個當代的、大眾的儒學——當代新荀學論綱》（北京市：中國人民大學出版社，2019年），頁20-21。

100 牟宗三：《名家與荀子》，頁203-204。

發論，以孟學心性論的前見上溯孔子自不待言；然而能夠自覺地意識到荀子學說的價值者如龍宇純等人，甚至是進一步理解荀子的思想不該落入「以孟解荀」誤區的諸多先進學者，卻也沒有懷疑與探究孔子的人性論的真正內涵為何？

諸多學者雖然對於荀學的開展有功，但或許是在情感上的不自覺或是如曾暐傑在《打破性善的誘惑──重探荀子性惡論的意義與價值》中所說的：是執著於性善、魅惑於性善，進而屢屢將荀子的「性惡論」詮釋為具有內在善的價值之學說，把「性惡論」理解為「弱性善」、「潛在的性善」或是「心善」，總之可謂極力地去證成荀子的人性論有內在的善端。

這樣的論述趨勢有一個關鍵即在於──如果荀子言「性惡」，如何能夠與言「性善」的儒家宗主孔子相承，又何以能夠反駁荀子不為儒家的歧出？於是當代講求荀學價值正當性的學者，大聲疾呼荀子亦為儒學正宗、具有儒學正當性地位的荀學信仰者，就不得不將荀子劃入性善的陣營之中。當然，並不是說學者們是有意識為了讓荀子進入儒學正宗的核心而如此操作，而是在其情感上、思考進路上，很自然地會不自覺朝這樣的脈絡發展。

其實，應該更進一步思考孔子的人性論真的是過往所認識的那樣嗎？在這裡必須要慎重地指出──孔子何嘗說過「人性本善」？畢竟「孔孟」並稱是在唐代以後才流行的用法，不必也不能以這樣習以為常的觀念將孔子視為與孟子同疇──皆言「人性本善」。其實正如孔憲鐸和王登峰所說的，孔子的人性論中根本沒有提及善惡。[101]學者多半據《論語》中「性相近也，習相遠也」（〈陽貨〉）[102]一句，佐以

101　參見孔憲鐸、王登峰：《基因與人性》（北京市：北京大學出版社，2009年），頁51。
102　〔魏〕何晏注，〔宋〕邢昺疏：《論語集解》，頁154。

「仁遠乎哉?我欲仁,斯仁至矣」(〈述而〉)[103]的論述,便理所當然將孔孟二者的人性論劃歸為一,視孟子為開展孔子性本善的後繼者。如蔡仁厚即言:「孟子順承孔子之仁而發揮,開出心性之學的義理規模。」[104]

但這樣的解讀有兩個重大的問題:其一,「性相近,習相遠」未必是對於「人性本善」的描述,將之視為「人性惡」的論述亦言之成理;其二,所謂的「我欲仁,斯人至矣」,並不表示人天生不必修養就能夠欲仁得仁,況且孔子的「仁」也沒有內在價值根源義。就前者「性相近,習相遠」的問題來說,或許都是被《三字經》中所謂「人之初,性本善。性相近,習相遠」[105]的字句給制約了。但是莫要忘了,《三字經》一般認為是宋人王應麟所作;儘管對於此文作者為誰眾說紛紜、莫衷一是,但大抵是宋代或其後的作品是沒有疑問的。[106]

那麼,由此就必須了解到,在宋明理學興起後的著作,《三字經》這四句話是不是也已帶入了以孟解孔、孔孟並稱的觀點了呢?正如孔憲鐸等人所說,《三字經》裡所說大抵有誤導的成分,而「人之初,性本善」的觀念又已經根深柢固地流在中國人的血液之中,因此人們多半認為孔子所言為「人性本善」。[107]但其實「性相近,習相遠」正可與荀子性惡論相對照,兩者的觀念可說是高度契合的。[108]

至於「我欲仁,斯仁至矣」常被解讀為內在本有的良知良能,與

---

103 〔魏〕何晏注,〔宋〕邢昺疏:《論語集解》,頁64。

104 蔡仁厚:《孔孟荀哲學》,頁362。

105 黃沛榮注譯:《新譯三字經》(臺北市:三民書局,2006年),頁13。

106 參見黃沛榮注譯:《新譯三字經》,導讀頁5-11。

107 參見孔憲鐸、王登峰:《基因與人性》,頁51、190。

108 關於性善思維的確立與《三字經》的關係,以及《三字經》中的荀學意識,請參曾暐傑:〈對當代/新儒學的批判性反思與傳統儒學的重建——以《三字經》為線索〉,收入王鑫寶等編:《2013儒風社區.人文城市暨古典與現代學術研討會:論文集》(高雄市:社團法人高雄市夢想城市發展協會,2013年),頁165-180。

孟子所謂「人之有是四端也，猶其有四體也。」(〈公孫丑上〉)[109]但其實就如曾暐傑在《打破性善的誘惑》一書所說，荀子的論述中，有針對動物性意義的人而言說，有就修養後哲學意義的人而論說，二者不可混同。[110]

同樣的，孔子這段論述也不能驟以天生而能視之，而將之說成人天生有內在的善端，應該要視之為修養後的理想人格而論；否則孔子何以會說「吾未見好德如好色者也。」(〈子罕〉)[111]必須了解到孔子論說的具體脈絡，而不能一味將他的理論理想化、普遍化，並以此與孟子做聯繫，那將會形成一種謬誤與窘境。

因此，孔子的人性論非但與孟子不類，反而能夠與荀子的「性惡論」相契合，這點可從〈為政〉：「吾十有五而志于學，三十而立，四十而不惑，五十而知天命，六十而耳順，七十而從心所欲，不踰矩」[112]等篇章證成，證明孔子的生命境界與荀子強調「學」以修身的進程是一致的。關於這之間的脈絡，在本書確立荀子的學說體系後，會再進一步回溯與對比，以期更加明晰孔荀之間的聯繫與脈絡。

三　何以切割法家？

縱觀歷來學者對於荀子定位的評價，當代新儒家多以荀子的學說近於法家、淪於法家、開出法家而論。如牟宗三即言：「刻薄者終將由荀學轉而為法家，李斯韓非是也。」[113]勞思光也說：「荀子倡性惡

109　〔漢〕趙歧著，〔宋〕孫奭疏：《孟子注疏》(臺北市：藝文印書館阮元校勘十三經注疏本，2013年)，頁66。

110　參見曾暐傑：《打破性善的誘惑——重探荀子性惡論的意義與價值》，頁66-70。

111　〔魏〕何晏注，〔宋〕邢昺疏：《論語集解》，頁80。

112　〔魏〕何晏注，〔宋〕邢昺疏：《論語集解》，頁16。

113　牟宗三：《名家與荀子》，頁215。

而言師法，盤旋衝突，終墮入權威主義，遂生法家。」[114]而重視荀子學說價值、強調荀子儒家正宗地位的學者，則多極力否認荀子與法家的聯繫，如周天令即認為荀子學說「與韓非子的生命理想大異其趣，自不宜斷然判為儒學的歧途。」[115]大陸學者孫偉也以反駁朱熹「譴責荀子是一個法家的代表人物」這樣的觀點作為其著作《重塑儒家之道──荀子思想再考察》的主軸之一。[116]

　　針對這樣的學術現象，必須指出幾點疑義：第一，將荀子視為法家恐忽略了儒家思想的本源與學術的吸納與融貫之現象。第二，不能夠以荀子學說與法家的關聯性就判定其為歧出，也不必諱言荀子與法家韓非、李斯的關係──即便荀學能開出法家思想，也不可說荀學是為歧出、不為儒家思想。以下即以此為核心，對於荀韓問題稍做梳理，以明本書之問題意識所在。

（一）儒法之分：指出荀子學的儒家本位

　　關於批評荀子思想流於法家者，在一定程度上忽略了儒學思想開展的動態性。就如前文所說的，自宋明以降，以至於當代新儒家，學者們都習以為常地將儒家視為形而上的主體哲學，卻淡化了在孔子的時代、在荀子那裡所強調的倫理綱常與禮教制度。也即是說，儒家的思想對於外在的禮義教化、王道政治，是十分重視的，不能以宋代「完滿」的儒學型態去批判先秦的荀子未關注內在價值根源，是以是一「本原不足」的學說。[117]韋政通即順著牟宗三的話說：「中國哲學是，重實踐主體的」、「政治理想的實現，是以內省修德作基礎的。」

---

114 勞思光：《新編中國哲學史（一）》，頁316。
115 周天令：〈「荀子是儒學的歧出」之商榷〉，頁37。
116 參見孫偉：《重塑儒家之道──荀子思想再考察》（北京市：人民出版社，2010年），頁9。
117 參見牟宗三：《名家與荀子》，頁203。

並認為這是孔孟的人文典範，不能概括荀子的系統。[118]

　　但必須注意的是，韋政通這裡所說的人文典範其實僅是「孟子」所謂「先王有不忍人之心，斯有不忍人之政」(〈公孫丑上〉)[119]的思維進路，而不是屬於「孔孟」的思維體系。假使如此先入為主地以「孟學」思想開展「孔孟系統」的同構性，自然會認為荀子重禮法君師的思想是流於法家、是儒家的歧出了。

　　如果荀子所強調的禮法制度是法家思想，那麼孔子說「管仲相桓公，霸諸侯，一匡天下，民到于今受其賜。」(〈憲問〉)[120]試問這樣的「霸諸侯」、「匡天下」是否為法家思想？又〈堯曰〉所說「謹權量，審法度，修廢官，四方之政行焉」[121]是不是法家思想？這不僅不該視為儒家之歧出，還必須作為儒學的特色——正是這樣對於外在禮法的重視，並以教化使人達到為善的可能，這才是儒學的核心所在，也是孔子與荀子所同尊的儒學正宗。就如梁家榮所說：「『禮』才是孔子之道的核心，而『仁』則只是『禮』的必要條件。」[122]

　　除此之外還要特別再強調的是，今天所謂的「儒家圖式」多是在孟學為主流的視野中建立起來——使人認為「儒學正宗」是那種具有高度自覺、價值渾圓飽滿的主體哲學，而逕將荀子重禮法的思想歸入法家。然而，孔子「重仁」的形象是隨著宋明儒者與當代新儒家的須要而塑造出來的，就如同韋政通所說，思想家往往依據各自須要而把孔子理想化了。[123]所以說在唐宋以前，儒家的道統全然非今日樣貌，荀子就曾嚴厲地說：

---

118 參見韋政通：《荀子與古代哲學》，頁48-49。

119 〔漢〕趙岐注，〔宋〕孫奭疏：《孟子注疏》，頁65。

120 〔魏〕何晏注，〔宋〕邢昺疏：《論語集解》，頁127。

121 〔魏〕何晏注，〔宋〕邢昺疏：《論語集解》，頁178。

122 梁家榮：《仁禮之辨——孔子之道的再釋與重估》，引言頁9。

123 參見韋政通：《中國思想史》（臺北市：水牛出版社，2001年），頁301。

略法先王而不知其統，猶然而材劇志大，聞見雜博。案往舊造
說，謂之五行，甚僻違而無類，幽隱而無說，閉約而無解。案
飾其辭而祇敬之曰：此真先君子之言也。子思唱之，孟軻和
之。世俗之溝猶瞀儒、嚾嚾然不知其所非也，遂受而傳之，以
為仲尼、子游為茲厚於後世，是則子思、孟軻之罪。（〈非十二
子〉）[124]

在荀子眼中，子思、孟子才是偏離儒學正統的罪人，他更大罵子張、
子夏、子游為「賤儒」[125]，可見其儒家正統意識之強烈，這也是伍振
勳所說：「荀子非難思孟的動機，乃是質疑：你們是真正的儒者
嗎？」[126]

因此，荀子的重禮法思維是與孔子一致的，而這樣強調禮的外在
作用才是儒家的正統。更進一步而論，這樣的思維的確與法家有一定
程度的相關性，但不能據以判之為歧出。

（二）法為儒用：開顯荀子對法家的吸納

更進一步來說，荀子的思想可說是在戰國末年而集大成者[127]，這
也是那個時代學術的一種趨勢，葛兆光就認為，在春秋戰國諸子百家
興起時，「『道術為天下裂』，在思想者紛出的時代裡萌生出種種深刻
的片面的思想，不過，隨著歷史由分而合，思想也漸漸由分裂轉向綜
合。」[128]那麼就可以說，荀子的思想是吸收各家之長而來，其中必然

---

124 〔清〕王先謙撰，沈嘯寰、王星賢點校：《荀子集解》，頁94-95。

125 參見〔清〕王先謙撰，沈嘯寰、王星賢點校：《荀子集解》，頁104-105。

126 伍振勳：〈道統意識與德行論述：荀子非難思、孟的旨趣重探〉，《臺大中文學報》
第35期（2011年12月），頁55。

127 參〔日〕佐藤將之：《荀子禮治思想的淵源與戰國諸子之研究》，頁20。

128 葛兆光：《中國思想史（第一卷）》（上海市：復旦大學出版社，2007年），頁231。

有著各個家派的因子而為其所用，如侯外廬即說：

> 荀子的思想，亦不是「俄而」的「變故」，而是戰國以來思想
> 史匯流於他一身的發展，我們在〈非十二子〉與〈解蔽〉二
> 篇，固然看到他的批判主義的嚴格態度，即在其他諸篇如〈正
> 名〉、〈富國〉與〈儒效〉，亦看到他的與各派的論難。沒有批
> 判，即沒有發展，荀子對於戰國各學派的嚴密批判，同時便是
> 他的自己學說之發展基礎。[129]

由此可知，荀子的思想如果含有某種法家的成分，那並不讓人意外。
在當時，法家的相關學說有重法的商鞅、重術的申不害、重勢的慎
道，荀子受諸子的學說而有所啟發都是有可能的。但是不能因此而說
荀子的思想就是歧出、非儒家正源。荀子是有意識地以繼承孔子儒家
正宗為職志的，否則他不會作〈非十二子〉對各家道術——包括不為
儒家正統的思孟學派進行批判。對於法家的思想，荀子亦有意識地批
判道：

> 尚法而無法，下修而好作，上則取聽於上，下則取從於俗，終
> 日言成文典，反紃察之，則偶然無所歸宿，不可以經國定分；
> 然而其持之有故，其言之成理，足以欺惑愚眾：是慎到、田駢
> 也。[130]

可見得荀子是有自覺地區分自身思想與法家之不同，認為法家思想只
是蔽於道之一隅，所以他也明確地指出「慎子蔽於法而不知賢。申子

129　侯外廬：《中國古代思想學說史》（長沙市：嶽麓書社，2009年），頁112。
130　〔清〕王先謙撰，沈嘯寰、王星賢點校：《荀子集解》，頁93。

蔽於埶而不知知。」(〈解蔽〉)[131]是以可以說法家思想為荀子所用，但不能說荀子的思想是為法家。就像前文提到侯外廬所說，對於各家的批判是其綜合各家的基礎，荀子吸納各家思想為儒學所用，這正是其學術的意義與價值。但如果據此而如郭沫若或趙吉惠等人所說荀子是雜家或黃老則又差矣，那「顯然將一種學說茲以發展、成熟的思想資源與其理論性質本身混為一談了。」[132]應該如吳文璋所說：荀子是「以儒家的聖王之道加以截長補短綜合創造出……多元的認識論。」[133]況且如真要如此說雜家，那麼又有誰人的思想不是雜家？魏晉玄學形成所謂「新道家」已不是純粹的道家，那它是不是雜家？宋明理學受佛道主體哲學、生死論述影響，而形成「新儒家」，那麼它業已不是純粹的儒家，那它是不是雜家？

因此，必須要強調的是，荀子思想中重禮法的成分一方面是儒家本有的傳統、一方面是吸納今日所稱的法家思想而來；不應該以宋明理學以來所認為的儒學——一種形而上的思維、高度自覺的主體哲學來檢視荀學，而將其與法家相聯繫之處刻意放大，以此來說荀學為法家、荀學為歧出，這都是不必要的。

當然，當代新儒家的形上儒學有其意義與價值，不能否定其正當性；尤其是在儒學史的進程中，新儒學更可說是有著澎派的時代意義與精深的哲學建構。但重點在於不能將宋明以後的儒學典範去脈絡化地將其昇華為儒學的唯一型態與代表，並將這樣的典範權威化與神聖化。是以本書即期望嘗試轉換荀子作為他者的視角，試著呈現出宋明以前，孔孟道統尚未絕對化前的儒學動態結構。

---

131 〔清〕王先謙撰，沈嘯寰、王星賢點校：《荀子集解》，頁392。
132 王楷：《天然與修為——荀子道德哲學的精神》，頁4。
133 吳文璋：〈論荀子哲學的多元認識論〉，頁21。

（三）儒法互動：解構污名化的荀韓關係

誠如前文所說的，荀子的思想中與法家相聯繫的部分被刻意放大，而忽視其為孔子、為儒家本有的一種思維進路。之所以會形成這樣的現象，一方面當然是孟學的心性之論本位意識使然，另一方面很可能是司馬遷在〈老子韓非列傳〉中一段話所致：

> 韓非者，韓之諸公子也。喜刑名法術之學，而其歸本於黃老。非為人口吃，不能道說，而善著書。與李斯俱事荀卿，斯自以為不如非。[134]

學界都本於太史公此段敘述而論荀子與李斯、韓非的師生關係，並由此將其學說與法家聯繫；認為荀子既為韓李之師，則其學說中必然含有法家的成分，而法家思想就是由荀子所開導，這是當代新儒家一貫秉持的態度。蔡仁厚就說：

> 韓非、李斯，都是荀子的學生。荀子有文化生命、文化理想。但韓非、李斯對於其師所開闢的文化學術之領域，根本無所契應，甚且視為迂闊無當世用，於是掉首不顧，而別走遷就現實以成功名之路，終於跌入自毀毀人之深淵。[135]

李哲賢也認為：「《史記·老子韓非列傳》謂韓非與李斯俱事荀子，韓非既師事荀子，其思想自受有荀子之影響也。」[136]相對的，維護荀子

134　〔日〕瀧川龜太郎：《史記會注考證》，頁835。
135　蔡仁厚：《孔孟荀哲學》，頁361。
136　李哲賢：《荀子之核心思想──「禮義之統」及其現代意義》，頁180。

儒家正統的學者，則極力否認荀韓的關係，如佐藤將之就指出：以太
史公行文慣例來看，「事荀卿」不能表示二者的師生關係；因為司馬
遷沒有用「事」來表示師生關係的例子。[137]

　　但是問題的重點不在於荀子與韓非的關係為何，而應該注意以下
幾個問題的癥結點。第一，不論荀韓是否有師生關係，二人曾相處相
識且有密切的聯繫這是不成問題的。那麼，由此就能夠推斷，荀子的
思想的確是有可能影響韓非思想之形成的。第二，即便韓非的思想受
荀子影響而形成，也不能就此判定荀子思想為歧出，甚至說是負面的
思想。因為一個思想的好或壞，端看人們如何去理解與使用，就如核
子技術用在發電等用途是有益於民生的；但如用來發展核武，則是受
到非難的。同樣的，即便韓非的思想是「邪惡的」，也不能據此說荀
子思想也是邪惡的——況且韓非的思想並不「邪惡」。

　　因此，大可坦然面對荀子與韓非的承繼關係，即使荀子思想開出

---

137 佐藤將之認為司馬遷通常以「師」、「學」與「受業」來表示兩個思想家之間的師
　　生關係與繼承關係，而無以「事」來表達師生關係的用例。「事」在《史記》中有
　　其明確意涵，通常藉以表達「非學術方面的服侍」或是「僅學到該學派之一隅，
　　不足以繼承該學派傳統」之義。不能以「事」作為荀子與韓非的師生關係的根
　　據，佐藤的主張與張涅所進行的細膩分析是相當有價值且可以認同的；藉此說明
　　韓非的思想與荀子屬於不同學派，韓非並未繼承荀子思想的核心，這也不容否定。
　　但或許不必也不能由此完全否定荀子與韓非在現實上確實有密切的關係，也無從
　　證明韓非未曾受到荀子思想上的影響。所謂的受到影響不一定是正面的繼承，也
　　有可能是在接受一思想理路後，對其感到不認同而進行批判或改造。這正如郭沫
　　若所指出：古時候研究學問的人也是有兩種態度的，一種是為學習而研究，另一
　　種是為反對而研究。本書的立場在於：不必忌諱荀韓關係的聯繫——在歷史意義上
　　考證二者的師生關係，可也；但如果企圖以是否有師生關係來判定二人思想是否
　　有所聯繫，則不必也。因為否認二人的師生關係不必然能夠否定二人思想上繼承
　　的可能性——無論是正向或反向的繼承。參Masayuki Sato, "Did Xunzi's Theory of
　　Human Nature Provide the Foundation for the Political Thought of Han Fei?" in Paul R.
　　Goldin ed., *Dao Companion to the Philosophy of Han Fei*. New York: Springer Verlag,
　　2013, p.151. 另參郭沫若：《十批判書》，頁281。

了法家思想，也不必諱言之——其一，荀韓思想有其聯繫性，但畢竟是經過轉化而來，二者的進路並不完全相同，否則豈有儒法之分？其二，法家思想有其重要性意義與價值，荀子的思想能夠進一步開展為法家思想，正表示了荀子思想的實用性與可行性，更是其集大成的功績。

學者們往往帶有貶義地說漢代儒學是「陽儒陰法」，其實那並不是「陽儒陰法」，那是荀學集各家大成後所形成的一種儒學進路，其根本的核心價值還是在於「禮義」，「刑法」則是其必要的制度與施行，那正是一種成熟的儒學形態[138]，亦是荀子作為儒家的繼承與開展。所以，不必忌諱說荀子的思想與韓非有所聯繫，二者是相輔相成，在儒學的演進上有其高度的意義與價值，這也是本書有意凸出與建構的關鍵之一。

第三節　回歸的方針：在基進與跨越中重新建構荀學系統

一　意識：衝出形上學的帷幕

對於荀子在儒家體系中的再定位，主要的關鍵即在於究竟儒家的真正內涵為何？孔子的核心學說又是什麼？以及重新定義荀子與法家及韓非的關係。那麼正如前文所說，不應該陷於形上儒學的思維窠臼，將儒學塑造成一個強調絕對自覺的主體哲學——當然主體自覺絕

---

[138] 本書對「陽儒陰法」之理解與批判受到劉又銘教授的啟發，特此說明與致謝。另關於荀學如何重視現實中「法」與「刑」的必要性又不失儒家道德教化的意義，請參曾暐傑：《打破性善的誘惑——重探荀子性惡論的意義與價值》，頁161-172、193-198。

對是儒學不可或缺的核心之一，但不能忽略的是：儒學應該更是注重具體脈絡及外在禮義、制度的倫理體系；自覺的可能與理想亦必須由此面向來開展。因此，首先就必須脫離所謂的形而上論述，才能探得荀子思想的真義與原始儒學的動態圖式。

由此可以了解到，荀子的思想是一種注重經驗的論述，他所關注的並不是形而上學的系統，徐復觀就認為：「人性論的成立，本來即含有點形上的意義。但荀子思想的性格，完全不承認形上的意義，於是他實際不在形上的地方肯定性，所以把性與情的不同部位也扯平了。」[139] 路德斌也觀察到：「一切形上學問題在一個經驗論者眼裡都是不必要的或沒有意義的。故在荀子，對於形上學問題，基本上是『存而不論』的。」[140] 但儘管學者們多了解到荀子不重視形而上的思維，卻仍都不放棄以形而上的哲學理路去探索之，因此往往容易超譯了荀子本來十分素樸的思想，而將之賦予神聖而永恆的形而上義涵。

至於孔子的學說，更是在具體事例與生活中呈現，未必是宋明以降習以為常的形上體系及高度自覺的主體哲學。以孔子論「孝」來說，在〈為政〉中就有四種說解：[141]

　　孟懿子問孝。子曰：「無違。」

　　孟武伯問孝。子曰：「父母唯其疾之憂。」

　　子游問孝。子曰：「今之孝者，是謂能養。至於犬馬，皆能有養；不敬，何以別乎？」

---

139 徐復觀：《中國人性論史：先秦篇》，頁233。
140 路德斌：《荀子與儒家哲學》，頁101。
141 〔魏〕何晏注，〔宋〕邢昺疏：《論語集解》，頁16-17。

> 子夏問孝。子曰：「色難。有事弟子服其勞，有酒食先生饌，
> 曾是以為孝乎？」

可以見得，孔子學說所重視的是在具體情境中的隨機提點，因此如果對於孔子這樣的哲學思維以形而上的進路去探索之，將其去脈絡化、神聖化，就有誤解的危險與可能。就如楊國榮所說：

> 就行為過程而言，其由以展開的具體情景也常常變動不居；要
> 選擇合理的行為方式，僅僅依賴一般的行為規範顯然是不夠
> 的，因為規範無法窮盡行為與情景的全部多樣性與變動性。在
> 這裡，情景的具體分析，便顯得尤為重要。[142]

是以應該注重的是孔子學說中的具體情境，那是一種變動不居的應變與提點，不能硬是將這樣的論述賦予永恆而神聖的形上價值，否則就顯得突兀且格格不入。

至於韓非的論述，更是注重在形而下的具體制度與實際的施行法則，通觀《韓非子》一書，其論說言理十之八九皆以實際的政治局勢、歷史故事或是寓言故事來說解之，可以見得其對於具體情境非常重視。甚至有學者認為，韓非子這樣的學說根本不是哲學，而只是一種權術之言[143]，足見其在慣於以心性論與形上學思考的當代學者眼中，是如何的格格不入。

由此，在以荀子為核心，上探孔子思想的內涵與真義，下究其與韓非的聯繫與轉化，並由此對於儒學體系的重建進路，是必須以不同於過往的嶄新視角來探究，才能有新的格局與意義；否則一切都是老

---

142 楊國榮：《倫理與存在——道德哲學研究》，頁49。
143 參見勞思光：《新編中國哲學史（一）》，頁339-340。

生常談——同樣在形上儒學的圖式中翻攪，無論如何都無法有所突破；遮蔽的永遠被遮蔽、壓抑的始終被壓抑，並不能在荀子與儒學研究上有超越性的開展。因此，要重新定位荀子在儒家體系的位置，要重探其與孔子、韓非的關係，要重建儒家的內涵體系，必定要由形而上的哲學轉移到形而下的思維——透過形下系統去縱橫孔子、荀子乃至韓非思維發展的動態結構，以此重新思考荀學的意義並重構其體系，方能有所突破與躍進。

誠如前文所說，荀子、孔子、韓非子，都是一種重視形而下的具體思維之哲學，那麼就應該拋棄固有基礎主義哲學，也就是柏拉圖以來的哲學傳統——一種關注現象背後的更高價值根源的哲學，更應該放棄「元倫理學」（meta-ethics）的追求來探問荀子的思想。懷德海（Alfred North Whitehead, 1861-1947）就說過：「要想了解孔子，去讀杜威；要想了解社威，去讀孔子。」[144]而張亨則認為：

> 荀子所謂善惡乃指社會政治的治與亂而言；能使社會安定者謂之善，導致社會紊亂者謂之惡。……荀子這種觀點跟杜威所謂「我們的道德信念，實是一種社會環境的產物。」非常近似。其道德價值的標準是客觀而外在的，跟反映於社會環境的結果有密切的關係。[145]

此處對於荀子的社會性脈絡理解是值得重視與接納的。雖然張亨並未因此而放棄對於荀學的形而上體系之探求，但在多元典範與儒學動態發展的脈絡下，可以更基進地（radical）來說：無論是孔子或是荀

---

144 參見〔美〕拉里·希克曼（Larry A. Hickman）主編，徐陶等譯：《閱讀杜威——為後現代做的闡釋》（北京市：北京大學出版社，2010年），頁119。

145 張亨：〈荀子對人的認知及其問題〉，頁184。

子，甚至可以說儒學的原始樣貌，都是一種不以追求永恆不變的形上價值為進路，都強調外在具體情境的變化性與可錯性，而不迷信於內在價值根源，這是與宋明以降的儒家思維截然不同的進路。因此，既然要重探與重建，就必須躍出心性儒學的脈絡，才能探得一片新天地——那麼就必須暫時放下孟學所據以發揮的「形上學」系統，轉而從「形而下」的進路來思考。

　　其實儒家——至少在孔子、在荀子那裡，本就不是純粹的哲學系統，而是從生活中建構出的生命智慧與社會體制。當代的中國思想研究，習慣以「哲學」體系來梳理與建構，甚至是以「狹義的哲學」——「形上學」來界定。但這實是在宋明儒學後才逐漸建構發展為今日所習以為常之圖式——一種類似於康德的「道德的形上學」的心性論理路。蔡仁厚就說：「荀子的思路，與儒家正宗的重仁系統似乎格格不入，反而與西方重智系統相接近。」[146]其師牟宗三也認為，荀子與孔孟的重仁系統不合，而類於杜威，他說：

> 荀子之吸納知識系統，有類於杜威之唯用論：在行中成知。然意指不同者，荀子以依道德系統之行而知「天有」兼以同時治正「天有」也。此則終不同於杜威之以知識為中心而為自然主義也。故荀子尤較崇高而較為古典也。凡儒者皆然。惟孔孟及理學家皆以荀子所說之禮義之統為本於天，而非徒由人為也。[147]

就是因為當代新儒家以孟學本位的形上主體哲學為典範，是以將荀子類似於實用主義的哲學斥為歧出；致使儒家的源頭孔子不得不隨之改異其道，將之建構為追求內在價值根源的心性哲學，使其與孟學的形

146　蔡仁厚：《孔孟荀哲學》，頁530。
147　牟宗三：《名家與荀子》，頁221。

上體系一致，創造了「孔孟」一系的道統。於是，正統的變為歧出，原本在儒家內本非主流的形上系統易為正宗；本為主幹的禮義系統與形而下的論述變為歧途，如此一消一長之下，就形成了儒家體系的逆轉。是以要探求原始儒家的面貌，將儒家體系進行二次逆轉，唯有先重新界定與定位荀子思想體系，再進一步回溯孔子思想的真義，才能夠真正還原「孟學化」前的儒學體系。

是以，孟子的形上系統之形成，可以說是早於孔子形上系統的建構，因為宋明以降的「孔孟」道統，正是藉由孟學典範去創造出一個「形上的孔子」，並由此嫁接孔子到孟子的道統傳承。[148]因此，要回溯孔子的系統、重構儒學的體系，就必須試著跳脫孟學的視野，重新檢視儒學原來的面貌，而被孟學視為歧途的荀子，正是回溯孔學的關鍵。由此，必須把握兩大方針意識：

---

148 所謂的「嫁接」並非貶義，而是學術思想發展的常態。也就是說，宋明儒者與當代新儒家針對時代的需求與對於自身的追求，選擇了透過孟學去回歸孔子，這有其必要性與合理性。正如清儒同樣為了抗衡宋學，是以視漢學為正宗；同時為了樹立漢學的正當性，便透過「嫁接」來建構一個荀子傳經的系譜與道統。是以，「嫁接」是思想史發展的常態，就歷史脈絡而言無所謂對錯優劣，每個道統與系譜皆有其意義與價值。後人可以選擇與評判，但必須站在「承認」彼此存在的正當性之前提下，批判才有公正性與合理性。所謂的「承認」（Anerkennung），即是法蘭克福學派（Frankfurt School）的霍耐特（Axel Honneth）所強調：身為一個主體或許不必然認同每個他者，但在社會體系的建構中，應該要尊重每個他者的存在與權利。這看似容易，實際上在現實中並非理所當然，而是如霍耐特所說，必須透過承認而鬥爭的過程中去尋求彼此的相互承認，在衝突中尋求和諧。而這也是本書的企圖所在──一種為荀學被承認而鬥爭的歷程。關於儒家系譜的嫁接可參曾暐傑：〈想像與嫁接──荀子傳經系統的建構與問題〉，《政大中文學報》第26期（2016年12月），頁183-218；關於「承認」的意義與內涵請參〔德〕阿克塞爾・霍耐特（Axel Honneth）著，胡繼華譯：《為承認而鬥爭》（上海市：上海人民出版社，2005年），頁38-68、100-135。

（一）放棄追求內在價值的神聖性，開展現實的意義與價值

在重新定位荀子思想體系，以及重建儒家體系的內涵之際，最重要的就是要破除基礎主義的信仰以及消解對於形上體系的執著。美國哲學家羅蒂（Richard Rorty, 1931-2007）就指出：

> 杜威主張，迄今為止，哲學的動力一直是保守的；它一直站在悠閒階級一邊，贊成穩定而反對變化。哲學一直千方百計地賦予永恆以威望。他說道：「歐洲古典哲學的主題」一直是使形而上學「取代習慣而成為較高道德和社會價值的源泉和維護者。」杜威試圖把注意力從永恆不變的事物轉向未來，為了做到這一點，他就要使哲學成為變化的工具而非保守的工具。[149]

也就是說，應該如杜威一般，拋棄那種自古希臘以來一直統治著我們的哲學觀念，即是追求一種先於存在的實在、一種高於具體事物與現象的形上價值。像荀子對於「禮」的來源之解釋即為：「凡禮，事生，飾歡也；送死，飾哀也；祭祀，飾敬也；師旅，飾威也：是百王之所同，古今之所一也，未有知其所由來者也。」（〈禮論〉）[150]其中並沒有追求「禮」背後的形上根源與價值的企圖，而只是注重於「禮」的實際治亂與教化作用。

而孔子所謂的「禮」，也是就具體情境而言的道德體系，並無形而上的內涵，如其言「道之以德，齊之以禮」、「生事之以禮；死葬之以禮，祭之以禮」、「殷因於夏禮，所損益，可知也；周因於殷禮，所

---

149 〔美〕理查德・羅蒂（Richard Rorty）著，張國清譯：《後形而上學希望》（上海市：上海譯文出版社，2009年），頁9。
150 〔清〕王先謙撰，沈嘯寰、王星賢點校：《荀子集解》，頁369。

損益,可知也;其或繼周者,雖百世可知也」(〈為政〉)[151],都是就形而下的道德行為與制度而論之,對於「禮」的根據也與荀子一樣是從故有習俗與傳統中得到經驗的整合而來,同樣沒有追求「禮」的形上根源與價值的企圖。[152]

由此必須了解到,應該放棄以孟子強調內在價值本原的思維進路來作為儒家正變的判準。也就是說不應該以心性儒家的典範,先入為主地將孟子所謂「人之所不學而能者,其良能也;所不慮而知者,其良知也。」(〈盡心上〉)「人之有是四端也,猶其有四體也」(〈公孫丑上〉)[153]的思維,灌注於孔子的學說之中,並以此來質問荀子之「本原不足」[154]。孟學論者這樣的思維,正如萊肯(Todd Lekan)所說:

> 我們對人類的有限性和偶然性的焦慮,致使我們設計出更高級的不變的實在,這就是上帝、形式、道德法則,或世界自身。我們不是運用我們的概念創造去應對我們所面對的不確定的現實(realities),而是設計出一個遠離我們的完美存在的王國,讓我們逃避不確定的現實。[155]

是一種追求形而上的永恆與超越的慰藉,藉此逃避現實的不確定性與

---

151 〔魏〕何晏注,〔宋〕邢昺疏:《論語注疏》,頁16、19。

152 荀子所謂的「禮」不具有內在根源價值意義,而是從故有傳統與習俗、人的須要以及現實環境三者互動之下所整合而形成的道德體系,而孔子的「禮」顯然也是如此,二者有其一致性,同樣有著實用主義的性格。關於荀子無根源的禮義建構,請參考曾暐傑:《打破性善的誘惑──重探荀子性惡論的意義與價值》,頁131-140。

153 〔宋〕孫奭疏:《孟子注疏》,頁232、66。

154 牟宗三用以言荀子順孔子外王禮憲發展之弊,參見氏著:《名家與荀子》,頁203。

155 〔美〕托德‧萊肯(Todd Lekan)著,陶秀璈等譯:《造就道德──倫理學理論的實用主義重構》(北京市:北京大學出版社,2010年),頁2。

變異性。而實用主義對形上學的批判所帶給我們的啟示是：打破「柏拉圖以來的哲學傳統：尋求超越意見的真實知識，發現現象背後的絕對實在。」[156]杜威認為：「只有這樣一個施虐—受虐傾向才會導致這樣一個觀念：『缺乏永遠固定且普遍適用的現存原則等於道德的混亂。』」[157]亦即對於杜威或是荀子這樣的存有（being）認為：不必如孟學那般發明絕對天理以及為善的內在價值根源，一味地追求寂然不動的永恆真理（Eternal Truth）以及為善的必然性。

事實上，不必也不能將所有儒學型態皆納入道德形上學的體系中，並以此為標準來評判何者為是？何者為非？那會使某一典範形成思想霸權而具有排他性與侵略性。李澤厚的一段話頗能述說孟學權威在宋朝以降如何改造了儒學的本來面貌：

> 從宋明理學到「現代新儒家」，都一貫抨擊荀子，表彰孟子，並以朱熹、王陽明直接孟子，認為這才是值得繼承發揚的中國思想史的主流正宗。而三十年來國內的研究則又大都只讚揚表彰荀的唯物論，近則抨擊他的尊君尚禮的法家傾向。這些似乎都沒抓著荀的要害。孟子固然有其光輝的一面，但如果完全遵循孟子的路線發展下去，儒家很可能早已走進神祕主義和宗教裡去了。正是荀子強調人為，並以改造自然的性惡論與孟子追求先驗的性善論鮮明對比，才克服和沖淡了這種神祕方向。[158]

也就是說，所謂的心性之學，如果以現代經驗主義而言，無疑是帶有

---

156 黃勇：〈羅蒂實用主義的後哲學文化觀〉，收入〔美〕理查德・羅蒂（Richard Rorty）：《後哲學文化》（上海市：上海譯文出版社，2004年），譯者序頁3。

157 〔美〕理查德・羅蒂（Richard Rorty）著，張國清譯：《後形而上學希望》，頁54-55。

158 李澤厚：《中國古代思想史論》（北京市：生活・讀書・新知三聯書店，2008年），頁122-123。

一種神祕主義的傾向，因為所謂的內在命令就是簡單地相信：「我想要做X」，「就可以立刻完成X」，這難道不含有「巫術思維」於其中嗎？[159]亦即基礎主義者與心性論者這樣的信仰與慰藉，使得荀學的價值不彰，儒學原本的素樸圖式（schema）也由此被改易。

（二）拋棄追尋最高真理的永恆性，關注具體的理路與脈絡

另外一個針對當前荀子定位及儒家體系圖式的研究趨勢所要面對的問題在於，大部分的人都不願意面對現實的不確定性、偶然性與可錯性，而花費一切心神去探求與追尋那永恆的、不變的最高真理。也因為如此，當人們面對荀子所謂的禮義，是在現實中依靠經驗與傳統、習俗整合建構起來的論述，就感到不安進而不滿並批判之。

因為宋明以降的儒學場域都處於形上的孟學思維當中，也是基礎主義的思維之下；在近現代更是吸納了柏拉圖以降的哲學傳統，總認為「理」與價值就應該是永恆不變而普遍的，不應該是隨著時空而改易、修正的。因此荀子謂：「聖人積思慮，習偽故，以生禮義而起法度」[160]，這樣在現實中生成的禮義與道德體系，就被多數學者斥為無根、本原不足。[161]即便近來越來越多學者大聲疾呼荀學的價值，但他

---

159 正如杜威認為，對於內在道德的追求與信仰，是一種類似於「巫術思維」的簡單迷信。當然將孟子的形上學與心性論約為巫術思維也太過極端與偏頗，此處要強調的只是：不同典範會有截然不同的思維方式，就如在實用主義者的脈絡中，內在根源的追求將會成為一種迷信；相對的，道德形上學的實踐者，同樣覺得荀學或實用主義者不可理喻，放失了內在根源的價值。也就是說，他者的糟粕，可能是我輩的真理，反之亦然。參見〔美〕托德・萊肯（Todd Lekan）著，陶秀璈等譯：《造就道德——倫理學理論的實用主義重構》，頁54。

160 〔清〕王先謙撰，沈嘯寰、王星賢點校：《荀子集解》，頁437。

161 如牟宗三言：「荀子特順孔子外王之禮憲而發展，客觀精神彰著矣，而本原又不足。」見氏著：《名家與荀子》，頁203。唐君毅亦言：「荀子對其修養工夫之所以可能，尚缺乏一超越的反省。」見氏著：《中國哲學原論・原性篇》，頁75。

們並不肯認荀子「禮（理）在事中顯」的思維，反而是致力於為荀子找內在根源與價值。[162]

　　那麼就必須打破將形而上學作為方法與信仰的脈絡，才能夠改變這樣的現象──即是坦然面對生命的不確定性、暫時性、可變性，並不迷信絕對普遍價值，而能夠面對具體的現實意義。實用主義學者萊肯的一段話，倒是可以作為當前漢語文化圈所面對的哲學困境，他說：

> 在當代元倫理學中，我們發現某種抽掉實際義務和實踐的趨向。哲學家運用人類的理論的和想像的思辨能力把我們作為道德實踐的參與者的經驗抽象掉了。……一旦你把道德品性設想為可以從上帝的視角觀察的某一「外在」對象的屬性，那麼，不論你承認或否定這種品性的存在，你都已經採取了一種脫離了實踐的外在視角來看待道德，可正是在實踐中，道德考慮才被應用、討論、修改、維護或排斥。實用主義是一種對道德信念進行重構的修正主義。它以絕對嚴肅的態度來看待實踐生活的相當普通的特點，並由此而糾正對待道德的理論的和常識性的解釋，而常識和哲學思辨往往忽略實踐生活的內涵。[163]

的確，現在所要面對的問題就是，近當代學者總把問題抽象化、普遍化，使得道德價值成為一種超越性的神聖。即便當代新儒家並不認為自身是一種脫離現實的實踐，但是當其賦予道德價值一個最高的形上

---

162 如王楷即言：「任何對荀子倫理學特定的、具體的層面和問題的討論都必須建立在這一個問題（筆者案：指本性與內在根源的問題）的解決基礎之上方始具有真正的理論意義，否則只能流於一種『無根的』討論。」參見氏著：《天然與修為──荀子道德哲學的精神》，頁52。

163 〔美〕托德·萊肯（Todd Lekan）著，陶秀璈等譯：《造就道德──倫理學理論的實用主義建構》，頁3。

根源,而不是從現實情境中去發掘「事理」時,便有著現實與真理分裂與二元對立的危險。是以荀子在儒家體系內的價值探索,更應該試圖擺脫的就是那從古希臘哲學傳統傳承下來的二元論,也就是一種本質和偶然、本性和屬性、表象和實在的對立思維——這正是荀學之所以為荀學的要緊處。[164]

原始儒學談的不是永恆不變的天理價值,儒學所說的是在特殊脈絡下所建構的道德體系,這個道德體系必然是隨著時空而修正、更動的。如孔子說:「唯女子與小人為難養也,近之則不孫,遠之則怨。」(〈陽貨〉)[165]如果說這是永恆不變的哲學定律,大概沒有人會同意吧!

但也不必為孔子辯護,對此章作些九彎十八拐的曲折解釋。其實,孔子那個時代有那時代的脈絡與情境,當時「男尊女卑」是一種道德價值,孔子做這樣的論述是道德的、符合社會意義的。只是「男尊女卑」的思維時至今日已成為一種不道德的價值,必須對其作出轉化或理解,而不能一味將之奉為不可改易的經典。[166]如此也才符合儒

---

164 參見〔美〕理查德·羅蒂(Richard Rorty)著,張國清譯:《後形而上學希望》,頁25。

165 〔魏〕何晏注,〔宋〕邢昺疏:《論語集解》,頁159。

166 孔子所處的時代屬於農耕社會,男丁就等同於生產力的保證,也就是經濟的來源。在這個脈絡下,很自然地會形成一種男尊女卑的社會型態。這就如同在原始社會中之所以會出現母系社會、信仰大母神,這是因為在狩獵的時代,男性常因出外狩獵而死亡或移動,來來去去,是個只知其母、不知其父的狀況,如此也自然而然地形成母系社會型態。無論是母系或父系社會本無其優劣,都是從物質與經濟的現實中逐漸形成的生活方式與習慣。那麼正如馬克思(Karl Marx, 1818-1883)所說:「人們在自己生活的社會生產中發生一定的、必然的、不以他們的意志為轉移的關係,即同他們的物質生產力的一定發展階段相適合的生產關係。這些生產關係的總和構成社會的經濟結構,即有法律的和政治的上層建築豎立其上並有一定的社會意識形式與之相適應的現實基礎。」所有的思想與存有都有其時代性與局限性,甚至可以說思想與道德體系應該從生活方式與物質基礎上所形塑與探究。是以,思想隨時代而新而變,本無所謂永恆不變的真理。中共中央馬克思恩格斯列寧史達林著作編譯局編譯:《馬克思恩格斯選集》上冊(北京市:人民出版社,2012年),頁82-83。

學在具體脈絡中醞釀出道德價值的真義，這也是實用主義所信仰的內涵與方法。

　　就像杜威認為，道德理論是來自具體的事實和對具體道德情境的思考[167]，而原則看似是普遍而恆常的道德觀點，實際上，它們的有效性還是依賴於特定的情境之中，其本身不具備任何規範的力量。[168]致力於杜威研究的帕帕斯（Gregory F. Pappas）闡述杜威對於的「黃金律」態度的一段文字，頗可以說明本書的研究進路與方法，並以之借鏡：

　　　　杜威所指的原則並不是規定或決定主體該做什麼的固定或放之四海而皆準的箴言。原則是繼承下來的、用於分析個別和獨特情境的工具。例如，他願意接受並採納「金律」（the "golden rule"，己所不欲，勿施於人），但只是作為必要的分析工具以幫助決定具體情境中哪些應被視為相關因素。杜威解釋說：「金律絕對沒有給我提供任何知識，不論是有關它自身的還是我應該做的。我在這種情況下該做什麼才可能是做別人會對我做的事？這個問題是沒有得到解決，雖然我曾千百次把金律當作我的處事格言。」[169]

就是要以杜威這樣的態度，才能夠真正體會儒學的意義與價值。如果

167　參見〔美〕拉里·希克曼（Larry A. Hickman）主編，徐陶等譯：《閱讀杜威——為後現代做的闡釋》，頁117。

168　參見〔美〕拉里·希克曼（Larry A. Hickman）主編，徐陶等譯：《閱讀杜威——為後現代做的闡釋》，頁119。

169　〔美〕格雷戈里·F·帕帕斯（Gregory F. Pappas）：〈杜威的倫理學：作為經驗的道德〉，收入〔美〕拉里·希克曼（Larry A. Hickman）主編，徐陶等譯：《閱讀杜威——為後現代做的闡釋》，頁119。

將孔子說：「己所不欲，勿施於人」（〈顏淵〉、〈衛靈公〉）[170]提高到一種至高不變的道德價值，那麼就失去了儒學語境的脈絡性意義，也將儒學最為可貴的價值拋棄了。

是以，儒學到了宋明，受到佛家的衝擊與影響，建構了強調主體自覺的形上哲學，並將孟子奉為正宗，這自有其時代意義與合理性。同樣的，荀子在戰國末年，面對時代的混亂、禮樂的徹底崩壞，加諸孟子形上學系統的挑戰，其建構出一套不追求形上價值根源的形而下儒學體系，亦有其必要性與正當性。宋明以降的「孔孟」道統當然有其存在的意義，但不能藉此否定荀子在戰國末年開展的儒學型態及其存在的正當性——孟學不是不能被轉化的絕對神聖權威，必然在時代中不斷被吸納、批判與超越；孔子如是、孟子儒是、荀子亦如是。

（三）擱置固有孔孟道統的權威性，作為他者的批判與超越

將孔子的現實脈絡神聖化、永恆化的關鍵在於：一個時代平凡無奇的日常，在經過時代的積累與加乘後，往往因為時間的距離感與時代的陌生化而形成一種不熟悉感；而人們對於不熟悉或不可見的時代與情境，總會自我填補歷史的空隙，展開自我的想像——或是無限神聖化的想望，如同堯舜禹湯被神聖化至無以復加[171]，朱熹即言：

---

170 〔魏〕何晏注，〔宋〕邢昺疏：《論語集解》，頁106、140。

171 就如顧頡剛所質問：「若禹確是人而非神，則我們看了他的事業真不免要駭昏了。人的力量怎能毊鋪土陳山？就說敷土是分畫九州，甸山是隨山刊木，加以疏瀹江河，試問這事要做多少年？……據《孟子》說，他做這番事業只有八年，就硬用了〈禹貢〉的『作十有三載乃同』之句也不過十三年，試問有何神力而致此？」之所以會有《古史辨》這一系列對於古代聖人與聖王的質疑，正在於那樣的「神聖性」已經完全失去了「人性」。參見顧頡剛：〈討論古史答劉胡二先生〉，收入顧頡剛、羅根澤編著：《古史辨》（第一冊）（臺北市：藍燈文化事業公司，1993年），頁111。

「堯、舜、禹之心，皆無一毫私意也。」（〈萬章章句上〉）[172]；或是極盡妖魔化的想像，如同桀紂一般，被後世賦予「紂王無道造炮烙」[173]的邪惡形象。

1 世俗化神聖：在平凡聖人中開展新價值

對於儒學的信仰者而言，孔子大抵屬於上述前者──無限神聖化的脈絡，因而形成了一種道統的權威；或許可以說這個時代的權威，只是上個時代的日常。[174]如同前文所提及的孔子重男輕女思維，其實就是當時社會脈絡下的一種道德化表述；但這樣的表述隨著時間與歷史的遞進，逐漸變成一種集體意識、形成一個時代的傳統，傳統進而形成規範與價值，作為秩序的來源與根據。這正如高達美（Hans-Georg Gadamer, 1990-2002）所說：「被奉為傳統和習俗的神聖的東西都具有一種無名的權威」[175]，無論是孔子的神聖性或是後世的儒學道統，都是在這樣的脈絡底下發展起來。

亦即男尊女卑的父權社會，本是人類邁入農耕時代後必然的社會型態，只是到了軸心時代（Axial Age）[176]，這樣的生活型態逐漸被神

172　〔宋〕朱熹撰：《四書章句集注》（北京市：中華書局，1983），頁308。

173　參見〔明〕許仲琳著：《封神演義》（臺北市：桂冠圖書公司，1990年），頁42。

174　美國哲學家羅蒂（Richard Rorty, 1931-2007）也說：「一個世紀的『迷信』，就是前一世紀的理性勝利。」孔子在那個時代脈絡中，隨著社會型態與經濟類型以理性提出了對應那個時代的道德化論述，那是有其時代意義與歷史條件下的理性；但後人因著孔子的神聖化，把這樣一種日常的道德論述也隨之神聖化、奉為不可改異的教條，便竭盡所能要幫孔子所言做出符合這個時代的「超譯」，那麼這就可能使儒學陷入了思想的迷信之中，反而遠離了儒學的理性成分。羅蒂所言見〔美〕理查·羅蒂（Richard Rorty）著，李幼烝譯：《哲學和自然之鏡》（臺北市：桂冠圖書公司，1994年），頁348。

175　Hans Georg Gadamer, *Wahrheit und Methode*. Berlin: Akademie Verlag, 2007, p. 265.

176　參Karl Jaspers, *The Origin and Goal of History*. translated by Michael Bullock. London, New York: Routledge, 2010, pp.1-21.

聖化與道德化，形成一種秩序的根源與根據。是以，在孔子的時代有重男輕女的論述，一點都不迂腐，也非不道德。重男輕女在農業社會有著其社會性意義，不必以今非古，或是在現代價值的脈絡下，去為孔子辯護，言其無重男輕女的思維與意識，以提高與穩固其作為聖人的形象。

其實，在現代商業社會的經濟型態下，經濟生產不再以勞力為核心，是以女性意識逐漸抬頭，這也是隨著社會經濟與生活型態的轉變而逐漸形成；社會是不斷變化、流動的，價值與道德也是不斷遞衍的，不該想像或期望整個世界在孔子那邊就已經完滿。這也是當前中國式思維的問題所在——貴古賤今，認為孔子的道德是終極的價值根源，孔子的論說就是絕對典範，而後人所有的一切價值體系都必須由此開展與追隨；這樣的退化史觀在當代來看是十分有問題的。

關於這樣的思維，從中國歷來有「注不破傳、疏不破注」的傳統，就可以看到這是個真理遞減的思維模式。即便這樣的體例近來多有學者亟欲翻案[177]，但無論如何，中國學者即便認為聖賢書所言有所不妥，他們所做的不是直接批評與議論，而是思考這可能是誤傳、錯抄或是誤解——聖賢怎麼可能是這樣說呢？然而，在今日學術研究的脈絡中，應該理解到：把孔子的經典作為儒學的根源與源頭來思考是可以的，但是如果把孔子的經典當作完滿而不可改易的真理來信奉，那就會有很大的問題。

在現代脈絡下，如果延續這樣的思維模式，要不就是認為孔子迂腐，不適合當代社會；要不就是穿鑿附會、以今說古，無論如何都要捍衛孔子的原本論述，不容許孔子的思維有一絲不妥。但是孔子身為兩千年前的「人」，為何要期待他的理論能夠完全符合今日的社會價

---

177 參姜龍翔：〈《五經正義》「疏不破注」之問題再探〉，《成大中文學報》第46期（2014年9月），頁137-184。

值型態與道德體系？

　　社會型態是動態的、道德價值也是動態的，今日要做的是在動態中尋求能為今所用的價值，而不是逼顯孔子成為一超越時空的存有典範。孔子應該如赫伯特・芬格萊特（Herbert Fingarette）所說是「即凡而聖」的[178]，今日儒學與孔子的價值在於其對於生命的態度以及追求理想的堅持，必須從其處世態度與行事原則去抽繹其意義；而不是把《論語》中的一切都形上化與絕對化。

2 超越性回歸：在古典他者中開創新古典

　　而孔曾思孟的道統建構，也是在這樣的神聖思維模式下所形塑，認為有一個「道」能夠一代一代傳遞下來，而孔子就是道統的根源，自然最為完備，後人無論如何繼承與發揚，都不可能超越孔子。因為中國歷來說「聖」說「賢」，「後聖」總不如「先聖」、「先賢」又不如「後聖」，這樣道統之下的歷史觀是減法的。那麼中國式的思維中，就陷入在希望回到過去的脈絡中，進行永恆的追尋、卻也永恆地失落。

　　宋明以降，孟學的權威對於荀學的指責、批判與漠視，也是在這樣的道統思維中呈現——孟學才是孔學真傳，那麼孟子之後與其不同思維者皆是異端、皆為歧途[179]；孟子的「道德形上學」系統就是真理，是不得更動的。那麼既然荀子批判孟子，自是不明「孔孟之道」（宋明儒所認為的），是以其思想必須予以揚棄或導正。[180]

178　參〔美〕赫伯特・芬格萊特（Herbert Fingarett）著，彭國翔、張華譯：《孔子：即凡而聖》（南京市：江蘇人民出版社，2002年），頁1-16。

179　如前文所引韓愈的道統觀所言：「孔子傳之孟軻。軻之死，不得其傳焉。荀與揚也，擇焉而不精，語焉而不詳。」正體現出了這樣的具有排他性的道統思維。見韓愈：〈原道〉，頁22。

180　如牟宗三即言：「荀子之廣度必轉而繫屬于孔孟之深度，斯可矣。」見牟宗三：《名家與荀子》，頁215。

　　就是當代為荀子辨誣的學者，或許也仍然在這個道統之下，受到了「性善的誘惑」、「道統的召喚」，仍然企圖將荀子的思想與價值，去契合形上的孔子之道，甚至是形而上的孔孟之道——這點從前一節的回顧即可看出這樣的端倪。[181] 是以，今日要開展儒學的當代價值，必須先擱置宋明以來的孟學道統、先放下孟學的權威，重新理解孔子的「道」為何？荀子為何會批判思孟悖離了孔子之道——「略法先王而不知其統」（〈非十二子〉），[182] 唯有如此才能呈現出儒學的動態圖式。

　　當放下了道統權威，孔子是可以被檢視與超越的、孟子也是可以被檢討與超越的。是以本書企圖在重新思考孔子之「道」的內涵脈絡之下，逆轉孟荀的正統與異端之關係——讓荀子從儒學道統中的他者轉為具有獨立價值的存有，企圖在《荀子》的脈絡中去同情地理解為何荀子要將孟子視為應該被批判的他者進行轉化、回歸與超越。那麼，就可以發現，儒學的體系與道的發展，會是一個不斷被檢視與超越的過程。

　　這就是為何荀子會特別對於「法後王」與「法先王」的關係提出辯證並由此來區分儒者的層次，他說：

> 略法先王而足亂世術，繆學雜舉，不知法後王而一制度，不知隆禮義而殺《詩》、《書》……是俗儒者也。

> 法後王，一制度，隆禮義而殺《詩》、《書》；其言行已有大法矣，然而明不能齊法教之所不及，聞見之所未至，則知不能類也……是雅儒者也。

181 另參曾暐傑：《打破性善的誘惑——重探荀子性惡論的意義與價值》，頁23-27。
182 〔清〕王先謙撰，沈嘯寰、王星賢點校：《荀子集解》，頁94。

> 法先王，統禮義，一制度，以淺持博，以古持今，以一持
> 萬……是大儒者也。(〈儒效〉)[183]

「法先王」是中國普遍的回歸意識，但荀子還特別提出「法後王」，正是要強調不能一味追求上個世代的規範理則，而應該要根據這個世代的現實與須要去創建禮法、統合制度，否則就會出現前文所述的一味迷信道統權威的現象。但這並不是說荀子就否認「法先王」的意義——因為傳統與文化是連續性的流動與發展，不能完全忽視先祖的道德系統與規範，那會使當下的體制與禮法沒有根據，因而徒造新法新說，造成道德體系的崩解與社會體制的混亂。

是以荀子並非以「法後王」與「法先王」區分「雅儒」與「大儒」，從「略法先王」、「不知法後王」到「法後王」再到「法先王」是一個累進的過程與層次——從「俗儒」、「雅儒」到「大儒」。雖然並不是說這是一個必然的過程，但如果「法後王」的「雅儒」能夠進一步「法先王」，那麼就可以成為「大儒」——並不是說要人從「法後王」改為「法先王」。這點從荀子言「法先王」時，同時強調「以淺持博，以古持今，以一持萬」，正表示「法先王」的前提是要以當下的需求為本，也就是不能放失「法後王」的意義。

由此可以了解到，不能一味「法先王」——信仰上個世代的道統權威，而不顧當下社會脈絡與經濟型態，因此必須敢於批判與超越，而不能想望一個永恆絕對的真理與道德權威，那會使人陷入窠臼與迂腐之中；也不能一味「法後王」——不顧前個世代的傳統與脈絡，逕自憑空開展自己的體系與論述，因此必須將當下的論述建立在作為他者的先人思想體系之上，才能進行批判與超越，也才能在動態中保持

---

183 〔清〕王先謙撰，沈嘯寰、王星賢點校：《荀子集解》，頁138-139、140、140-141。

傳統的活性與生命力。這並不是說當下不該也不能回歸傳統脈絡、將古代經典納入當代社會；只是不能單純地回歸，那造就了迂腐——而必須在「法先王」與「法後王」的動態平衡中尊重他者、批判他者、超越他者，而成就具有當下意義的「超越性回歸」。[184]

這樣被視為他者的批判與超越，不僅僅是荀孟之間，本書更企圖在孟荀關係逆轉的嘗試後，再進行二次逆轉，透過荀韓之間的關係，讓荀子作為韓非思維中應該被批判的他者，來明晰荀子的思想內涵以及其作為儒學的特色所在。更重要的是，這就呈現出中國思想發展的動態性與連續性，隨著時間與社會的流動，思想與價值體系也隨之流動——沒有絕對永恆的價值、沒有不可變動的體系；在不以宋明以降的孟學本位架構下去思索，那麼孟子是可以作為他者被超越的，而荀子也可以作為他者被超越。當然，韓非也會作為他者被超越，是以有後來漢代「陽儒陰法」儒學型態的形成。[185]

---

184 本書所謂的「超越」並非西方具有宗教性意義的「超越」（Transcendence）——一種超然的存在，亦非中國哲學脈絡中所言之「內在超越」（Transcendence Immanent），而僅僅是世俗意義下的後出轉精、因時制宜的轉變之義，是經過反思與批判他者後所整合與轉化出的成果。關於「超越」請參林啟屏：〈「內在超越」的一個發生學解釋：以堯舜形象為討論中心〉，《哲學與文化》第39卷第4期（2012年4月），頁117-140。

185 當然，「陽儒陰法」這樣的論述其實帶有站在「道德形上學」的傳統儒家道統思維下的貶抑內涵——意味著漢儒如董仲舒等人雖講儒學，甚至推行「獨尊儒術」，但實際上卻是法家思維，是表裡不一的儒學歧途。然而，事實上所謂的「陽儒陰法」正是在將韓非作為他者進行批判後，取其長、補其短，並在一定程度上回到荀子、卻又修正荀子、超越荀子——可說是超越性的回歸，將法為儒所用的一種儒學型態。是以，在不以孟學道統本位的思維去理解，漢代儒學也就不是所謂的「儒皮法骨」，而是在批判與超越先秦學術後的一種儒學型態，有其正當性與意義。這正如金春峰所說的：「不能因為未講孟子式的心學，就否定其為儒學的新發展。不能因為未講柏拉圖式的理型論思想，就否認其為哲學思想。」見金春峰：《漢代思想史（增補第三版）》（北京市：中國社會科學出版社，2006年），序頁6。

　　縱然這樣的超越是否合理與恰當並非必然，但是否恰當是評價與判教，那必須在承認每個時代的儒學脈絡與存在之後才能進行批判；不能先入為主地將這一系列的儒學動態歷程直接置入括弧之中——存而不論，徒將孟學作為一以貫之的神聖性存有。也就是說，可以不同意荀子，但不能繞過荀子，這也是本書的思維脈絡與目標所在。

二　方法：基進的跨學科進路

　　從形而上學的迷思中出走，轉為形而下的進路，是探索荀子思想的必要進路，因為這正是荀學的特質所在。是以必須要正視荀學的特色與內涵，避免潛抑在孟學的形上無意識之中，那將無法真正透顯出荀子思想的獨立意義與價值。但除了破除形上學的迷思、打破性善的誘惑外，更須要建構真正符合荀學體系的形而下系統、建置「性惡」理論的合理性與必要性，才能賦予荀子思想獨立的意義與價值；否則論述僅僅停留在荀學「不是什麼」，而未真正建構荀學是什麼？那麼儒學體系就不可能真正被重建，荀子系統也無法真正確立而能夠與孟學卓然並立，堂而皇之地納入儒學的歷史脈絡之中。是以在「打破性善的誘惑」之後，本書將積極開展與建構荀子思想的體系，並賦予其在中國思想史上的新定位。[186]

---

186 本書的定位在於創建一屬於荀子思想的獨立體系，開展一真正脫離孟學框架的荀學系統。相較於筆者上一本著作《打破性善的誘惑——重探荀子性惡論的意義與價值》的任務在於解構孟學對於荀子性惡論的誤解與非難，本書的任務則在於組織與重建荀子性惡系統——荀學自有自的心性論、修養論而不僅僅有禮法論與政治論，整個根據性惡論所建立起的荀學系統是個完整自足的結構，不須繫屬於孟學的心性論方顯價值。這也是本書將荀子思想體系凸顯為「倫理經濟學」的目的所在。

（一）一切問題都是性惡：把握荀學性惡表述系統

首先，要建構具有獨立價值的荀學系統，必須要確立的觀念是：一切的理論都是「人性論」──或者更大膽地說：一切的理論都是「性惡論」。這樣的說法似乎和當代荀子研究的主流相悖反，但這卻也是完全扭轉「道德形上學」系統對荀學宰制的必要進路。

如同龍宇純所說，荀子「表面上雖取與性善說相對，出發點不在性本身，而是在聖王禮義；不在性之果為惡，而在聖王禮義之不可無。」[187]此段論述的潛論述是為：荀子的思想重點在於聖王、在於禮義，而非「性惡」；是以儘管荀子言「性惡」是「有所為而發」[188]，但不必多所著墨，應該將重點置於荀子理論中的聖王禮法之上，那才是荀學真正具有價值之核心。

唐端正也認為：「說人天生就是善的，便不必師法、積文學、道禮義，不再須要後天人事上的努力。」[189]同樣地將荀子「性惡論」作為其提倡師法、禮義的必要條件（necessary condition），「性惡」僅是荀子思想中的第二義。

佐藤將之在檢視過往荀學研究中也提出了這樣的詰問：荀子最重視的觀念為何？佐藤認為關鍵應該在於「禮」──在荀學中被視為萬靈丹的價值體系。[190]此處將「禮」視為荀子最重視的核心的確是不錯的，但「最重視」與「最重要」卻是兩個不同層次的問題──荀子本人自然不會將「性惡」這個負面概念拉升為首要理念，而會將其作為最高價值的「禮」視為首要核心，亦即成為荀子最重視的核心價值。但如果要說荀子中「最重要」而根本的思想，應該要屬「性惡論」

---

187 龍宇純：《荀子論集》，頁74。
188 龍宇純：《荀子論集》，頁74。
189 唐端正：《先秦諸子論叢（續編）》，頁163。
190 參〔日〕佐藤將之：《荀子禮治思想的淵源與戰國諸子之研究》，頁2-3。

了——因為無有「性惡論」，禮論即無從開展。[191]

之所以會這麼說的原因在於，荀子的思想體系，無論是人性論、禮義論、修養論或是政治論，其實都是建立在「性惡之人」的基礎上；甚至可以說一切都是「性惡論」的不同層次表述。荀子說「禮」的起源：

> 禮起於何也？曰：人生而有欲，欲而不得，則不能無求；求而無度量分界，則不能不爭；爭則亂，亂則窮。先王惡其亂也，故制禮義以分之，以養人之欲，給人之求。（〈禮論〉）[192]

在複數的「性惡之人」中，每個「性惡之人」為了生存必然會產生彼此相互爭奪有限資源的混亂，而「禮」其實就是為了避免衝突與動亂，企圖以一種公平而穩定的制度達到有效的資源分配與群體和諧。可以說沒有複數的「性惡之人」，「禮」就無從產生也無意義；而這之中也就蘊含了社會制度與政治體制產生的根本原因與內涵，是以可以

---

191 佐藤將之指出：透過版本文獻的考察，追溯漢代劉向整理的《孫卿書》之篇章順序，可以發現〈性惡〉原本列於第二十六章，混居在七篇雜錄之中；是唐代楊倞才把〈性惡〉移居第二十三篇，是以給人〈性惡〉是探討理論性或哲學性問題的重要篇章之印象。佐藤認為，實際上〈性惡〉並非荀子思想的重點，〈禮論〉才是。但這樣說法不禁讓人思考：從第二十六章移至第二十三章真的有如此大的作用，能夠讓人由此認為〈性惡〉是為荀子的重要學說嗎？且即便如此排序有其重要意義與透露出重大訊息，但那只能說是劉向與楊倞對於荀子的理解與詮釋，是他們的「荀學觀」，並不能藉此證明〈性惡〉不是荀子本人所重視的篇章。且不能透過清儒的視角去看漢代學術，而以為漢代是為荀學時代；其實無論是在學術上或是在政治上，孟學的勢力在漢代都是相當龐大的。或許劉向的編排即受到漢代孟學思潮的影響，是以刻意將「性惡」這樣的論述弱化。參〔日〕佐藤將之：《參於天地之治——荀子禮治政治思想的起源與構造》，頁35；曾暐傑：〈想像與嫁接——荀子傳經系統的建構與問題〉，頁187-190。

192 〔清〕王先謙撰，沈嘯寰、王星賢點校：《荀子集解》，頁346。

說無論是就禮論而言或由政治學而論，都是建基在「性惡之人」的現實意義之上。而「性惡」就是「人」原初狀態的表述，正如荀子所言：

> 今人之性，生而有好利焉，順是，故爭奪生而辭讓亡焉；生而有疾惡焉，順是，故殘賊生而忠信亡焉；生而有耳目之欲，有好聲色焉，順是，故淫亂生而禮義文理亡焉。(〈性惡〉)[193]

可以見得，「性惡」是未經教化的「自然人」之內涵表述，而「性惡」的「自然人」作為荀子理論的對象與主體，那麼一切就都是「性惡」的顯發與轉化——如「化性起偽」的修養論；一切都是「性惡」的開展與延伸——如以情性共感發展出的樂論。是以可以說，荀子一切的理論都是性惡論。

這就好比孟子的理論核心可以說是其「性善論」，一切的可能都根源於人生而有的「四端」；一旦脫離了這個預設，那麼就失去了人足以為善的根源——至少在「道德形上學」的體系內是成立的。因為唯有挺立了道德主體，孟子的心性論才有合理性與正當性；一旦此一「道德人」的預設不成立，一切就沒有意義，其修養論、政治論都將崩解而無依。

將「性善」作為孟子人性論的核心，說孟學中的修養論、政治論皆是「性善主體」的開展，想必沒有人會感到扞格與反對；但相對的，為何說荀子理論的核心是「性惡」，說荀學中的修養論、政治論皆是「性惡群體」的開展，人們就感到不安與焦慮呢？這即是因為當代學者生於「形上學」的時代，即便後現代哲學的興起，但形上學的魅影卻未能從時代與環境中褪去；而信仰形上學，便會尋求道德價值

---

193 〔清〕王先謙撰，沈嘯寰、王星賢點校：《荀子集解》，頁434。

的形上根源，便會產生「性善的誘惑」，便在自覺或不自覺中，弱化了荀學中「性惡」論述的地位與價值。

（二）感謝儒學中的他者：從批判孟學中建構系統

何以說荀子的「性惡論」是其思想體系中最重要的觀念？正在於荀子一切的理論都可以說是從批駁孟子的「性善論」體系而展開的。也就是說，荀子以身為儒者的道統意識去批判儒家中的「他者」，大罵「子張氏之賤儒」、「子夏氏之賤儒」、「子游氏之賤儒」（〈非十二子〉）[194]；而其中他最在意、批駁也最深的儒家中的他者即是孟子──尤其是針對孟學體系中的「性善論」做出批駁。荀子對於孟學體系的批判在於：

> 略法先王而不知其統，猶然而材劇志大，聞見雜博。案往舊造說，謂之五行，甚僻違而無類，幽隱而無說，閉約而無解。案飾其辭而祇敬之。（〈非十二子〉）[195]

這可視為一種對「道德形上學」的反動與批駁──無論是在孟荀的脈絡中或是當代對於「形上學」的反思，皆點出了孟學與形上學體系的問題。荀子認為孟學不明就理地接受了過往駁雜的學說，在充滿自信與光輝中去追求那帶有神祕主義色彩、在現實上無法印證的道德內在根源；僅僅在「仁義禮智信」[196]的脈絡中追求自身的覺醒，而沒有真正去理解與開展儒學的真正面向。

---

194 〔清〕王先謙撰，沈嘯寰、王星賢點校：《荀子集解》，頁104-105。
195 〔清〕王先謙撰，沈嘯寰、王星賢點校：《荀子集解》，頁94。
196 參陳麗桂：〈先秦儒學的聖、智之德──從孔子到子思學派〉，《漢學研究》第30卷第1期（2012年3月），頁11。

　　而這樣的批駁，荀子用力最深的即是針對孟學「道性善」這件事做回應與責難，甚至可以說〈性惡〉通篇皆是建立在孟子學說的基礎上——一種以批判為建構的進路。亦即荀子抓住數個孟子據以稱「性善」的根據進行反面論證，企圖透過反駁「性善」來建立「性惡」。這正如唐端正所認識到的，荀子的「性惡論」是透過反對孟子的「性善論」而發。[197]

　　從〈性惡〉開篇即言：「人之性惡，其善者偽也。」（〈性惡〉）[198]可以看出這裡的句法顯示出「善」的觀念先行，然後才有「性惡」的表述——「善者偽也」顯然是有所對而發，強調「善」是後天的「作為」[199]而來，人原初的「性」應該是「惡」的，這明顯地是要回應孟子言「善」是先天的「性善」論述；否則荀子不必在論證後再強調一句「用此觀之，然則人之性惡明矣，其善者，偽也。」（〈性惡〉）[200]唯有在「性善」立場先在於「性惡」，荀子才須要反反覆覆不斷地強調人是「性惡」的、不是「性善」的。

　　也就是說，荀子的「性惡」論述不是一個獨立形成的概念，而是在「性善」中轉出的對反論述。這點由〈性惡〉中不斷引述孟子道「性善」的話語——

　　　　孟子曰：「人之學者，其性善。」（〈性惡〉）[201]

　　　　孟子曰：「今人之性善，將皆失喪其性故也。」（〈性惡〉）[202]

---

197 參唐端正：《先秦諸子論叢（續編）》，頁163。
198 〔清〕王先謙撰，沈嘯寰、王星賢點校：《荀子集解》，頁434。
199 見郝懿行注解，請參〔清〕王先謙撰，沈嘯寰、王星賢點校：《荀子集解》，頁434。
200 〔清〕王先謙撰，沈嘯寰、王星賢點校：《荀子集解》，頁435。
201 〔清〕王先謙撰，沈嘯寰、王星賢點校：《荀子集解》，頁435。
202 據包遵信的說法，此句應改為「今人之性惡，將皆失喪其性故也。」意思如王天

孟子曰：「人之性善。」（〈性惡〉）[203]

便可以了解到，「性惡」的確是建基在「性善」的對反立場之上而形成；它不是從荀子思想中橫空出世的論述，而是從孟子「性善」中萌發的理念。可以說，孟子「性善論」是荀子「性惡論」的養分；甚至可以說沒有「性善」的論述就沒有「性惡」的表述。

　　但這並不是說荀子欲成一家之言，故特別標新立異[204]，利用批駁孟子來建立自己的聲望與學派；而是他看到現實中的人性與孟子所表述的人性——「人之有是四端也，猶其有四體也」（〈公孫丑上〉）[205]不類，甚至可以說是與事實悖反，到了「起而不可設，張而不可施行」（〈性惡〉）[206]的地步，是以發出對孟子學說「豈不過甚矣哉！」（〈性惡〉）[207]的質問。荀子切切實實是以「善言古者必有節於今，善言天者必有徵於人」（〈性惡〉）[208]的治學態度去批駁與立說的。

　　而這一切的對於「性善」的質疑，都在於荀子追求建構一「起而可設，張而可施行」（〈性惡〉）[209]的思想體系；亦即由此對理論對象——「自然人」的理解與建置，進而有可能以此為基礎開展修養論、政治論的正當性。顯然孟子將「自然人」視為「道德人」在現實中是得不到驗證而空礙難行的。

海所說：「失喪其性者，必惡也。」本書接受並採用這樣的解釋與說法。參見〔清〕王先謙撰，沈嘯寰、王星賢點校：《荀子集解》，頁436；〔戰國〕荀況著，王天海校釋：《荀子校釋》（上海市：上海古籍出版社，2005年），頁940。

203 〔清〕王先謙撰，沈嘯寰、王星賢點校：《荀子集解》，頁439。

204 郭沫若語，參氏著：《十批判書》，頁172。

205 〔漢〕趙岐注，〔宋〕孫奭疏：《孟子注疏》，頁66。

206 〔清〕王先謙撰，沈嘯寰、王星賢點校：《荀子集解》，頁441。

207 〔清〕王先謙撰，沈嘯寰、王星賢點校：《荀子集解》，頁441。

208 〔清〕王先謙撰，沈嘯寰、王星賢點校：《荀子集解》，頁440。

209 〔清〕王先謙撰，沈嘯寰、王星賢點校：《荀子集解》，頁441。

　　由此可以發見，荀子的理論是建立在孟學之上的，是從孟學轉向而開展的學說。這必須從「感謝他者」[210]——感謝儒家中的他者，特別是孟子此一「他者」來理解——荀子學說的提出，正是在孟子學說這樣的「前見」（prejudice/Vorurteil）[211]存有下才有意義；假使歷史上不曾存在「性善論」，荀子就不必特別提出「性惡論」。

　　如果世人都不認為「性」是「善」的，那就沒有「性」是「善」還是「惡」的問題，「性」就是世人所認為的「那個樣子」——不言自明的。正因為有著荀子以為「性善」等學說是錯誤的建構與理解，他才須要以「非十二子」的氣度行文、才須要在〈性惡〉、〈禮論〉、〈正論〉等篇章自難而自答。或許可以說，對荀子而言，正因為孟子是個不可忽視的「他者」，是個值得「感謝」的「他者」，是以必須由此作為其理論的始點。

　　當然，荀子作為戰國時期的思想集大成者，其思想上的他者不會僅有孟子一家，如荀子即言：「我以墨子『非樂』也則使天下亂，墨子之『節用』也則使天下貧。」（〈富國〉）[212]可以見得墨家亦被作為

---

210 「感謝他者」為沈清松用以述說朱熹思想形成的思路與模式，意指其學說是建立在對「他者」的學說有所「感」而吸納，並對所受於他者表示感「謝」，由此轉化與建構自身的體系。本書奪胎與轉化「感謝他者」的概念來說明儒學由孟子到荀子轉向的關係。亦即荀子有所「感」於孟子的「性善論」——一種批判性意義的「感」，由衷地感到「性善」學說的不當，並將由此所感悟中所得到的扞格轉化為新的系統與理論、開展出「性惡論」。而「謝」的感激之意應該以廣義的概念觀之；從後見之明來看，即是在「謝」的推卻、拒絕與替代之意義中致敬，那是對於「他者」最高的敬意——唯有成為體系、具有影響力的「他者」，才被批判與轉化的價值與可能。是以，從後代荀學論者而言，荀子必須「感謝」孟子；就荀子自身而言，他在哲學體系上以批判表現出了具有特殊意義的「感謝」。參沈清松：〈建構體系與感謝他者——紀念朱子辭世八百週年〉，《哲學與文化》第28卷第3期（2001年3月），頁193。

211 參〔德〕漢斯-格奧爾格‧加達默爾（Hans-Georg Gadamer）著，洪漢鼎譯：《真理與方法：哲學詮釋學的基本特徵》（上海市：上海譯文出版社，2004年），頁357-367。

212 〔清〕王先謙撰，沈嘯寰、王星賢點校：《荀子集解》，頁185。

荀子思想中的他者。但荀子有意識地自我定位為儒者，是以其體系的建構必然要回到儒門之內進行批判、轉化與超越。

荀子因為看見現實中墨家「非樂」與「節用」造成社會的貧困混亂，是以產生了「非墨」思想。而此一「非墨」思想的內涵又與其「非孟」思想有其一定程度的同構性，是以造成「非墨」與「非孟」思想得以產生共振——如墨子「非樂」與孟子不言「樂」，同樣忽視了「樂」對於德行的化導與秩序建構的效率與效能；墨子「節用」而孟子認為「何必曰利」，同樣是在企圖透過減少人的需求與欲望來對治「爭則亂，亂則窮」的現實——此是荀子未明言，但可從中看出對其而言，為何會反對孟學甚至將之批判為異端的潛在結構。

但墨家本就是儒家的他者，是以荀子對其批評是順理成章而理所當然；然而孟子以儒者為職志，並主張自己是繼承孔門思想，但荀子亦將其作為他者，就必然有其關鍵性意義。由此可以了解到，正因為對荀子而言，孟子思想與儒門之外的思想具有部分的同構性，是以荀子才會在〈非十二子〉中如此嚴厲地批判思孟——認為孟學的思想已成為儒學之歧途，已是其理想中儒學的他者。

正因為儒門外的他者是荀子所必須批判的對象，但其作為儒者必然須由儒學內部體系進行轉化、開展與回歸，是以在其思想體系的建構中，在對儒門外的他者進行交融與交鋒後，再回到儒家體系之內，將孟子作為首要的他者進行批判就要其必要性。且諸如墨家者流，並沒有正面建構關於「人」的倫理道德之理論體系，是以荀子必然要針對孟子性善系統所據以開出的修養論、政治論進行全面性的轉化，才能夠真正建構一套屬於儒家的思想體系。

是以，要正確理解荀子思想的意義與定位，就不能不釐清從孟子到荀子的思想為何轉向？如何轉向？更明確地說是回歸性的轉向、超越性的回歸——有意識地藉由批判作為他者的孟子，指出孟子偏離儒

學核心價值、悖離孔子的思想體系,而欲在此中力挽狂瀾,將思孟學派的異說導正回歸孔子的系統、儒學的脈絡之中。但荀學的回歸並非回到孔子的時代與儒學的始點,而是在這之中統合出一套隨時代而新的儒學體系。是以可以說荀子對作為他者的孟子之批判既是轉向、也是回歸,是一種回歸性的轉向、超越性的回歸。

也唯有明晰由孟到荀的體系轉變與思維的變化,才能真正理解荀學的脈絡與深義,進而有可能重新定位荀子思想在儒家體系中的地位與價值。這也是本書何以要特別強調在荀子脈絡中,將孟子作為他者進行批判與超越、回歸儒學的意義與進程;因為這正是荀子思想、甚至是儒學思想再定位的關鍵。

(三)形而下中的形而下:打破學科邊界的新系統

既然荀子如此強調「有辨合,有符驗,故坐而言之,起而可設,張而可施行」(〈性惡〉)[213]的實用面向,那麼就應該順著荀學實在的性格去理解,而不能在形而上學那「僻違而無類,幽隱而無說,閉約而無解」(〈非十二子〉)[214]的體系內打轉──至少對荀學而言是如此──而必須從更具有現實性意義的體系來建構荀學的理路。

前文曾不斷提到「實用主義」哲學家的理念及其對於形而上學體系的批判,的確帶來不少啟發;然而,在荀學體系建構中,或許「實用主義」更重要的是給予反思的可能與方法的思考,而不在於單純直接運用「實用主義」建構荀學。也就是說,「實用主義」在本書荀學的建構中,是作為一種理念、一種信仰;也因為這種信仰,讓荀學體系有衝破當下形上學體系的勇氣與可能。

正是基於這樣的信念,在重新定位荀學思想時,或許可以再激進

---

213 〔清〕王先謙撰,沈嘯寰、王星賢點校:《荀子集解》,頁440-441。
214 〔清〕王先謙撰,沈嘯寰、王星賢點校:《荀子集解》,頁94。

／基進（radical）一些，才能真正消解固有的形上學之遺留——無論是自覺的或不自覺的——真正開展出屬於荀學特色的系統，進而能夠毫無忌諱地對於固有體系對荀子思想的定位與理解進行解構與重建。而所謂的激進／基進可分為兩個層次：思維上的與形式上的。

1 精神的開顯：激進的詮釋學

所謂思維上的激進在於不必忌諱「性惡」的提法、不必擔心為善的不確定性、不必恐懼沒有形上的最高價值根源，而能夠有勇氣面對真實的人生——亦即不要帶著先入為主的驚懼去理解荀子，認為人怎麼能夠是「惡」的？如果我是「惡」的又該如何？不要帶著逃避「惡」的心態去解讀荀子、不要讓逃避「惡」的無意識（unconscious）[215]顯露出來，如此才不會落入孟學的脈絡中而「改造」、「創造」了荀子。

正如卡普托（John D. Caputo）開創的激進詮釋學（Radical Hermeneutics）所強調，對於理論的詮釋應該要跳出形上學的困境當中，不要妄想有著絕對的天理與天賦能夠一勞永逸地使我們覺知、得到救贖；而應該如亞里斯多德（Aristotélēs, 384-322B.C.）所說面對「生命原初的艱難」——正因為人可能是「性惡」的，沒有天生於人的內在價值根源，是以更須要知識與勇氣去面對與提升自我。[216]這樣的理念是面對荀子思想最重要的精神，否則存有（being）將會被荀學中那種帶有「惡意」的論述、尋求不到永恆不變真理的不確定性所擊潰。如此便會不自覺將孟學與形上學當作求生的浮木，進而將孟學中的性

---

215 參〔瑞士〕卡爾・古斯塔夫・榮格（Carl G. Jung）著，徐德林譯：《原型與集體無意識》（北京市：國際文化出版公司，2011年），頁5-59。

216 參 John D. Caputo, *Radical Hermeneutics: Repetition, Deconstruction, and the Hermeneutic Project.* Bloomington and Indianapolis: Indiana University Press, 1987, pp1-7.

善論思維帶入荀學之中，使得荀學顯現出的圖式（schema）不那麼艱難——但那並不是真正的荀學。

2 形式的建構：基進的經濟學

既然能夠以激進詮釋學面對生命原初的艱難之態度去思考荀子思想，那麼就應該要更重視荀子對於「性惡」的論述。應該正視荀子所謂的「性惡」之人具有「生而有好利」、「生而有疾惡」、「生而有耳目之欲，有好聲色」（〈性惡〉）[217]的特質；而其對於善惡的定義是「所謂善者，正理平治也；所謂惡者，偏險悖亂也。」（〈性惡〉）[218]由此可見，荀子的「性惡」思想完全是建基於現實的基礎上，沒有一點形上學的筋脈。

更進一步來說，荀子思想體系有著豐富而深刻的內涵，而不僅僅是哲學意義的道德論述，而是含括道德學、倫理學、經濟學、政治學；包括禮義論、制度論、音樂論、政治論等等現實社會的複雜體系。以當代學科的分化，很難定義荀子的思想究竟屬於哪一單一學科。即便從「實用主義」面向來開展荀子「哲學」，也很難完整將其定位；也就是說，就是連「實用主義」這等檢討「形上學」而凸出「形而下」進路的哲學體系，對荀子來說或許都太哲學、太形上了。

如果由荀子以「性惡」之人為基礎的脈絡來看，其所謂的「性惡」其實就是充滿欲望與求生本能的「自然人」；假使此一欲望未受到節制，必然會在「順是」中產生「爭奪生而辭讓亡」、「殘賊生而忠信亡」、「淫亂生而禮義文理亡」（〈性惡〉）[219]的結果。就這一論述的脈絡而言，似乎不近於哲學體系中對於人性的定義，反倒是頗符合

217　〔清〕王先謙撰，沈嘯寰、王星賢點校：《荀子集解》，頁434。
218　〔清〕王先謙撰，沈嘯寰、王星賢點校：《荀子集解》，頁439。
219　〔清〕王先謙撰，沈嘯寰、王星賢點校：《荀子集解》，頁434。

「經濟學」（Economic）中對於「經濟人」（homo economicus）的描述──具有理性（rational）與自利（self-interested）導向的決策能力與選擇傾向──更為相近。[220]

而荀子對於「禮」如何形成的論述中，更是有著相當明顯的經濟學脈絡：

> 禮起於何也？曰：人生而有欲，欲而不得，則不能無求；求而無度量分界，則不能不爭；爭則亂，亂則窮。先王惡其亂也，故制禮義以分之，以養人之欲，給人之求。使欲必不窮乎物，物必不屈於欲。（〈禮論〉）[221]

這裡點出作為「經濟人」的「自然人」在資源「稀少性」（scarcity）下所產生的競爭與爭奪[222]，是以聖王才針對這個情境制定禮法，使人能夠滿足基本的欲望與需求，而又不至於使資源匱乏；這樣的論述充滿了經濟學的智慧，並沒有一絲形上學的內涵。

是以可以了解到，荀子的思想立基於「性惡」之人，其追求道德與秩序的途徑是先透過滿足「自然人」的需求與欲望；而這樣的思維正是經濟學以「經濟人」為核心的思考進路。是以，似乎可以用「經濟學」來作為荀學系統建構的形式──一種還未數字化的「經濟學」[223]：統括了倫理學、道德學、政治學等多層次的脈絡──反倒更類似於中國傳統「經濟學」中「經世濟民」的概念。[224]

---

220 參溫明忠：《經濟學原理》（新北市：前程文化事業公司，2013年），頁10-11。

221 〔清〕王先謙撰，沈嘯寰、王星賢點校：《荀子集解》，頁346。

222 參溫明忠：《經濟學原理》，頁5。

223 參〔捷〕湯瑪斯‧賽德拉切克（Tomas Sedlacek）著，劉道捷譯：《善惡經濟學》（新北市：大牌出版，2013年），頁313-334。

224 關於「經濟」一詞的原義與演變請參金觀濤、劉青峰：《觀念史研究：中國現代重要政治術語的形成》（香港：香港中文大學出版社，2008年），頁283。

但荀子作為儒家，他並沒有放棄儒家的道德核心思想，他只是在現實中看到了「經濟人」的特質、思維了「經濟學」的思維、方法了「經濟學」的方法，並由此開展出一個綜合「倫理」與「經濟」的系統——本書將之稱為「倫理經濟學」（Ethical Economy）。

是以此處所說的基進詮釋策略在於：（1）凸顯出荀子以性惡之人——亦即以「經濟人」的欲望與需求為基礎的進路開展道德哲學；（2）在這個基礎上，不妨大膽地跨越當代學科的限制，創建一套能夠完全符合荀子性惡論系統的全新形式來建構荀子思想，如此才能真正還原與凸出荀子思想的真義，並重新在思想史的脈絡中給予他恰當的定位。關於「倫理經濟學」此一基進／激進的觀念，後續章節將會詳細說明與論證，並作為貫穿本書的核心概念。

三 視野：從當代淬鍊出古典

誠如實用主義與激進詮釋學帶來的啟示——普遍的、永恆的真理之不可得，是以在研究的態度與範圍的取捨上，本書不渴望對於世界上整全普遍問題做出解決與研究。因為每個時空都有自己的問題存在，當下所能處理的，也就只有當下視野能夠觸及的一切，沒有超越與絕對客觀的可能。這正羅蒂所說：「只有上帝才能超越我們所有的各種不同觀點，來斷定它們是否同樣地真或者同樣地假。」[225]因此，每個「存有」都是有限的，不可能是上帝，也不渴求做一個超越者，本書所企盼的，只是面對當下的問題——漢語哲學場域未能完全跳脫心性論與基礎主義的制約，而對於荀子的定位有所偏見、對於孔子、對於儒家、對於儒法的關係有所偏執。

---

225 參見張國清：〈當代美國著名哲學家羅蒂〉，收入〔美〕理查德・羅蒂（Richard Rorty）著，張國清譯：《後形而上學希望》，譯者序頁10。

　　這是當前迫切的問題與目標，也是憧憬未來的研究方向。所以說，本書的研究將關注在漢語哲學場域中的問題，而不在於囊括一切文化的普遍價值；在時間與空間上把握與解決當下儒學場域中所面對的荀學困境，而不在於開展超越時空的永恆探究。

（一）立足當下，感謝他者：從當代新儒學的孟學思維批判中建構

　　首先就時間的座標來看，本書企圖面對當前儒學場域中基礎主義與形上學系統的孑遺，重新梳理先秦以至於秦漢的思想史體系與建構，以還原宋明以降孟學意識型態形成以前的儒學圖式。必須特別說明的是，這並非否定當代新儒家對於中國傳統文化的努力與貢獻，亦非認為心性哲學與基礎主義沒有價值；而是荀學的研究與理解不該也不能限縮於心性論與形上學的一元系統當中。

　　本書的目的不在於塑造另一個學術霸權，回溯正統與重構儒學體系不是為了名與利、權與勢，而是要再現荀子清晰眉目、重整孔子真實容顏、還諸儒學完整身影，以解決當前漢語哲學場域所面對的問題，使各種信仰、各種方法、各種學說，都能夠有自己的定位與空間。

　　因此，本書的研究有明確的針對性——從對於當代孟學本位荀學研究的批判，以及對於形上學的檢討與反思，由此還原荀子思想的形而下體系，凸出性惡論在荀子思想中的核心脈絡與價值，並由此重新定位荀子在儒家系統中的意義與價值。也就是說，本書的論述在當代新儒家強調孟學道統是唯一正宗的「前見」脈絡下、在當下以孟子的「道德形上學」詮釋與批判荀子是為儒門歧出的「前見」氛圍下才有意義。

　　因為當下荀學研究的問題，皆來自於形上學的執著與孟學本位所帶來的「性善的誘惑」；假使沒有宋明以降乃至當代新儒家孟學本位

的宰制、假使沒有形上學體系籠罩的哲學氛圍,那麼就不會有這樣的論述、也不須要有本書的批判與重構。是以,就如同荀子的性惡論及其理論系統是針對「儒家中的他者」──尤其是孟子而來;本書也同樣必須從「感謝他者」的理路來建構──有感於當代新儒家與孟學本位以形上學體系詮釋與定位荀子思想的扞格,進而轉化與開展本書的思想體系。是以可以說,沒有當代新儒家、沒有孟學道統、沒有形上的誘惑,就沒有本書的批判、轉向與回歸。

也正是因為神聖的「孔孟道統」與歧出的「荀學典範」,是在宋明以後所逐漸發展,是當代新儒家以「道德形上學」的進路去建構的系統,是以在當下的研究,就必須針對此一作為「道德形上學」的孟子為批判對象,將「道德形上學」作為本書的他者──而不僅僅針對戰國時期的孟子本身;如此也才能真正回應「孔孟道統」之所以形成的思維與脈絡,也才能藉此回溯至先秦時代孟荀互動的情境去做一反思與重構。

是以本書的研究將以近現代學者對荀子定位問題的探究文獻為核心,進而去探求其與孔子、韓非的關係,以之求諸儒學的真實樣貌。除了透過當代學者的論述作為橋樑,更須回到《荀子》、《孔子》、《韓非子》等原始文獻,去梳理其中的脈絡與關聯,才能不囿於他者的論述脈絡而有所限制。所以本書關注的是當前研究的困境以及須要突破的樞紐,而不在於孔、孟、荀與韓非之間的歷史傳承的細密考證,此處所要做的,是針對這些文本的義理與內涵進行梳理與對比,就思想脈絡來建構其之間的關係與意義,並由此建構一個思想體系。[226]

───────────────

226 依黃俊傑所闡述,本書的研究是透過「外在研究途徑」(external approach)──當代新儒家在漢語文化圈中的荀學研究為基礎,進而去反思與梳理儒家經典文本的思想脈絡,亦即藉由當代思維脈絡轉向「內在研究途徑」(internal approach)──在現實中注重文本與文本間的概念與關係,而不僅僅是歷史與社會層面的考察。

（二）中國文化，全球視野：在漢語文化圈的形上意識解構中重建

誠如前文所提及，本書立基於作為他者的當代形上學體系與孟學本位的論述，進而思考與重構《荀子》文本內部之論述及其與儒家中的「他者」、甚至是法家中的「他者」之關係。是以本書主要是針對漢語文化圈的論述為核心，以此時此地之學術脈絡解決漢語哲學場域的學術問題。

1 避免幻想普遍：解決當前漢語文化圈的問題

因為沒有一種完全普遍、放諸四海而皆準的道德體系或論述，也沒有一種「上帝之眼」足以觀照所有的問題與視角的可能。每個文化、每個區域都有各自的問題，不須要一以貫之地去追求絕對的普遍性，那只會造成虛無、氾濫，甚至可能成為一種「套套邏輯」（Tautology）。正如梁家榮所說的：「對阿拉伯沙漠的生活環境有正面效用的文化，對北極冰原的生活環境不但未必也有正面的效用，抑且還可能會有致命的負面效果。」[227]

是以本書針對漢語文化圈中長期受到當代新儒家的心性論宰制的現象做出回應與批判，希望能夠透過這樣的研究進路，不僅能夠重構儒學體系的樣貌、還原荀子思想的樣態與定位，進而平衡當前漢語文化圈一味追求圓融、美好、純真之集體無意識的壓抑與扭曲，以此給

又或者可以說是在當下新儒家批判的有限「時間」區間中，萃取文本中「超時間」的義理脈絡與體系。參黃俊傑：〈思想史方法論的兩個側面〉，《國立臺灣大學歷史系學報》第4期（1977年5月），頁357-383；黃俊傑：《儒家思想與中國歷史思維》（臺北市：臺灣大學出版中心，2014年），頁38-45。

227 參見梁家榮：《仁禮之辨──孔子之道的再釋與重估》，引言頁3。

予漢語文化圈某種病理的借鑑與建議。[228]

2 避免反向格義：建構專屬於荀學的理論系統

既然要解決漢語文化圈內的孟學本位與形上學迷思的問題，必須回到當前的脈絡中去回顧與展望；同樣的，屬於中國思想史脈絡中的荀學體系，也應該為其量身打造一個完全符合荀子思想，且具有獨特性與「他者」不可取代性的理論系統來詮釋與建構；這也是為何本書以跨學科的全新概念——「倫理經濟學」來統括荀子思想體系。

或許學者會認為可以嘗試以「效益主義」（Utilitarianism）或是「社群主義」（Communitarianism）[229]來詮釋與建構荀學——觀念清晰而為人所熟悉，而不易誤解。但問題是：這些固有的西方脈絡下之理論，並不是專為荀子而生；或許每種理論對於荀子而言都有部分相似性[230]，但都不能整全呈現出荀子思想的樣貌。在簡單與容易理解中，反而失之嚴謹，成了為了比附而比附。這正如史華慈（Benjamin

---

228 所謂的病理的借鑑即指出人們不願面對變動的、黑暗的與暫時的限制性意義，而只敢於面對陽光的、永恆的心理結構。也就是說人們不敢面對人性的黑暗面，不敢正視人的欲望，因而形成了一種壓抑的心理——有欲望卻不能正面地表現與討論，還要在社會壓力下對於性（sex）、對於惡等議題表示忌諱並嗤之以鼻，而可能變成一種虛假的社會風氣——這也正是漢語哲學場域中由性善論述而產生的集體無意識。可參曾暐傑：《打破性善的誘惑——重探荀子性惡論的意義與價值》，頁25-26。

229 參林火旺：《基本倫理學》（臺北市：三民書局，2009年），頁55-74；〔加〕貝爾（Daniel Bell）著，李琨譯：《社群主義及其批評者》（香港：牛津大學出版社，2000年），頁3-14。

230 如果轉化維根斯坦（L. Wittgenstein, 1889-1951）的「家族相似性」（Family Resemblance）來解釋，即可以了解到，每一個不同的概念之間必然有著部分的相似性；但如果在理論的建構上都利用此相似性，則可以說每一種理論都或多或少可以找到與荀子思想相似的「部分」。是以，依賴固有理論、原封不動地套用，是詮釋上的怠惰，雖然正確，但卻沒有凸出的意義與價值。參Glock, Hans-Johann, *Wittgenstein*. Oxford: BlackWell Publisher Ltd, 1996, pp. 120-124.

I. Schwartz, 1916-1999）所說，不能以「功利主義」概括荀子思想，因為那並非貫穿荀子體系的核心[231]；既不妥當、亦不準確。

　　雖然在既有的學說中去詮釋荀子相較於創建一個符合荀子理論系統的方法與架構容易許多，但這對於重新理解荀子與重新建構儒學系統並無幫助亦無重要意義；這樣的研究進路或許艱困，但正如卡普托所說，生命本就不是容易的[232]——在艱難與複雜中才能呈現真正的樣貌。

　　況且，本書所謂的「倫理經濟學」並非一個先在的理論架構，而是透過抽繹荀子思想所統合出來的系統；亦即其發生程序是為：（1）先透過理解荀子後；（2）才梳理出其理論系統具有「倫理經濟學」的內涵，並將之以此定名；（3）然後再將「倫理經濟學」作為一種方法與視野去理解荀子、重構儒學。也就是說，這樣的進路是以追求完全契合荀子思想體系為目標，以此架構進行梳理，是用荀子的方法理解荀子、用荀子的思維思考荀子；有其必要性與合理性。

　　且如劉笑敢所說，當今哲學文化始終依附在西方哲學的脈絡之下，呈現由西方哲學主導中國哲學的現象；然而要真正開展中國思想體系的價值與系統，就必須開展具有「現代科學」、「民族文化」與「生命導師」三重身分的中國哲學體系；並尊重中西經典文本特性的不同，以期達到未來西方哲學與中國哲學從主從關係轉為對等關係。[233]且要

---

231 參Benjamin I. Schwartz, "Hsun-tzu: The Defense of the Faith," in *The World of Thought in Ancient Chaina*. Cambridge, Mass: Belknap Press of Harvard University Press, 1985, pp. 290-320.

232 參 John D. Caputo, *Radical Hermeneutics: Repetition, Deconstruction, and the Hermeneutic Project*. Bloomington and Indianapolis: Indiana University Press, 1987, pp. 1-7

233 參劉笑敢：《詮釋與定向——中國哲學研究方法之探究》（北京市：商務印書館，2009年），頁2-12；沈清松：《跨文化哲學與宗教》（臺北市：五南圖書出版公司，2012年），頁48-50。

解決荀子在儒學內部定位的問題與漢語文化圈中孟學形上學宰制的問題，還須回到自身的脈絡中去尋求與建構，沒有理由以既不合身又不熟悉的西方理論來對荀學進行「反向格義」[234]，那將是詮釋上的本末倒置。

　　然而，雖然必須以漢語文化圈——也就是我們所處的文化圈與學術圈為研究的核心，但並不表示在研究的進路上是故步自封的。以漢語文化圈的研究成果為主軸，並不代表不能運用其他文化、其他地區的視角、方法甚至是研究成果為借鏡與參照，來增進研究價值與其可信度。

　　就如同本書可以借鏡於實用主義帶來的啟發，將之作為研究的思維與方法；或是取徑於「激進詮釋學」的精神，以此來探尋荀學的真義，這就是以他山之石攻錯，是一種透過中西文化的交融與交鋒，進而企圖達到一種動態平衡與和諧的狀態，以期在研究中能夠開出新的意義與價值。

第四節　回歸的藍圖：在倫理經濟學中開展荀學的新脈絡

　　本書的寫作架構，以「倫理經濟學」作為方法與思維，去重新思考儒學的體系，並回歸歷史脈絡，在作為孟子的他者中凸顯荀子的思維與脈絡。亦即透過對「道德形上學」的批判與反思，跳脫固有「孔孟道統」，以帶有「荀子前見」的視角去梳理荀子之所以為荀子的關鍵——正在於對作為他者的孟子做出回應、批判與回歸性轉向，進而進行超越性回歸，由此呈顯出荀子的儒學本位與回歸孔學的決心。是

234　參沈清松：《跨文化哲學與宗教》，頁48-50；劉笑敢：《詮釋與定向：中國哲學研究方法之探究》，頁102-107。

以本章作為卷首是為「緒論──從『道德形上學』出走的『經濟人』」，針對固有孔孟道統下的思維進行回顧與反思，企盼藉此能夠走出「道德形上學」的脈絡，由此了解到此一進路並非理所當然，亦非儒學唯一的型態與典範。

接著第二章是為「倫理的經濟學──『經濟人』的儒學視域與荀學典範的開展」，將從「倫理經濟學」的定義與來源談起，並述說荀子透過現實經驗的觀察，預設了人是好利惡害的「經濟人」，而否定了孟子「道德人」設定。也就是由此對「人」的不同認知與定位，連帶影響了整個儒學體系的轉向──一個從理想到現實、從四端到禮義、從強調自覺到注重師法的體系改變。而荀子之所以有著建構「倫理經濟學」的背景正在於戰國末年「私有制」的逐漸形成，加深了人對於欲望的追求與衝動，是以必然要將孟子作為他者，否定「道德形上學」在現實中不可行，唯有回歸性轉向「倫理經濟學」，才能夠與孔學相契，並真正達到治亂而使人為善的效果。

第三章是為「性惡的經濟學──『經濟人』的性惡意識與荀學系統的根柢」，將先定義何謂「性惡」？以穩固「倫理經濟學」作為基礎的「經濟人」設定。唯有了解到「性惡」就是如字面上所言，不能擅自改變預設為「弱性善」或是「無善無惡」，那將會脫離了荀子的儒家脈絡；且忽略了「性惡」正是針對孟子「性善論」進行批判而建構的論述。雖然誠如大部分學者所說，「禮論」才是荀子的核心；但這必須建立在「性惡」的基礎之上，「禮論」的建構才有根基與意義。「性惡」當然不是荀子的核心價值，但卻是荀子思想重要的基點與設定；可以說荀子的思想體系，亦即「倫理經濟學」，都是建立在「性惡」的預設之上的。

第四章是為「政治的經濟學──『經濟人』的政治論述與荀學治亂的途徑」，此章將說明，「倫理經濟學」在政治與治亂層面的開展，

是在封建秩序完全崩壞下企圖開展新秩序的新進路——不再一味期望回到封建體制。「倫理經濟學」於政治中的理論建設，可以進一步開展為「政治經濟學」；亦即政治理論是透過解決社會群體中，因為個體欲望的無限流動，而現實中的資源又是有限的，是以造成爭、亂而窮的窘境。這是透過實際的政治方法去解決爭亂問題，追求每個個體需求的基本滿足；唯有社會中的主體——「經濟人」的欲望與需求得到滿足，社會才有穩定的可能，這樣的進路是相對於孟子由「道德形上學」中延伸出的「政治道德學」而論。荀子認為，「政治道德學」並非真正的政治理論，而只是再次強調「道德主體」良知的擴充，一味強調作為君王道德主體能夠萌發，政治秩序也就水到渠成——但是現實中的君王就是未能萌發良知，是以未能達到預期中治亂的效果。

第五章為「音樂的經濟學——『經濟人』的禮樂結構與荀學化性的工夫」，在這章中將論述「倫理經濟學」為何要特別凸出「樂」對於治性的重要。過往一般關注荀子的「禮義論」，這點固然是正確且必要的；但是荀子的思想必然要是「禮、樂」雙彰的，否則「倫理經濟學」中治性與治亂的效率及效能將會大打折扣。因為「樂」是根據人的情感欲望而發，那是能夠讓人感到愉悅、滿足欲望的能量；但「樂」同時又能夠在無形中傳遞道德訊息與能量，讓「經濟人」的欲望透過與「樂」的共感，不知不覺中內化了道德訊息。相對於「禮」的規範與約束，帶著某種程度的「逆性」進程，且須要透過「學」來接收禮中的道德訊息；但「樂」則是透過能量的共感，在無形中達到教化的目的。是以，荀子期待透過「禮樂」的配合，使人由充滿欲望的「經濟人」——欲望的身體，轉化為「道德人」——禮樂的身體。甚至可以說，「樂」是荀子思想中最具特色的思維體系之一，因為這正是講求絕對理性的孟子之「道德形上學」所闕如的。[235]

---

235 本書特別凸出「樂」的論述並非否認「禮」的重要性，而是在談人性、談政治理論

　　最末章「結論──在『經濟人』視域中重構儒學圖式」則在本書前六章重新詮釋與建構荀子思想，從中凸顯「倫理經濟學」的基礎上，由此重新檢視儒學的脈絡與道統。從中將會發現，荀子有意識地將孟子作為他者進行的批判有其道理，其關鍵正在於透過此超越性的繼承、回歸性的轉化，去溯源孔門的正統思維；透過對比與梳理，可以發現「孔荀」的提法的確有其合理性與正當性，「孔孟」並非理所當然。當然，此一重構並非要否定孟學，而是希望填補儒學史上，「作為他者的孟子」觀點與視角的空缺；唯有在以回到歷史與文本脈絡，以荀子為主體，將孟子作為他者，呈顯出「倫理經濟學」的內涵及其意義後，才能再進一步將荀子作為他者──或批判揚棄、或弘揚繼承。也就是說，儒學研究可以批判荀子、否定荀學，但不能逕自以「道德形上學」的典範繞過荀子。

的脈絡中，其實無一不是在論述荀子的「禮論」；甚至可以說，荀子的理論脈絡中沒有不涉及「禮」的。且「禮」的層次歷來已有足夠的關注與豐富的研究成果，而「樂」卻是被忽視的一環，這裡實有必要特別強調荀子「樂論」的內涵與結構；因為這是荀學異於孟學的關鍵之一，也是回歸孔子禮樂論述的必要途徑。

第二章

倫理的經濟學

——「經濟人」的儒學視域與荀學典範的開展

引言——即方法即內涵的跨學科脈絡

　　所謂的「倫理經濟學」不是固有的學科概念，而是在當今學術分化下一個跨學科整合的概念。「倫理經濟學」不僅作為一種方法，也是一種典範（paradigm）——這是一種探究荀子思想與儒學體系的視野與角度，也是荀學理論內涵的指涉；可以說「荀學」在一定意義上就等同於「倫理經濟學」。這是用「荀學」自身理論作為研究「荀學」的方法，也就是說，「倫理經濟學」是荀子思想在現代話語脈絡中的表述；它是從荀學系統中抽繹出的體系，而非先於荀學而存在。也就是說，這是一個以荀學本身研究荀學的進路，避免了「反向格義」與理論套用的窘境。

一　何以「倫理經濟學」？

　　「倫理經濟學」是一個相對於「道德形上學」的概念——亦即牟宗三從康德的「道德底形上學」（Metaphysic of morals）概念進一步開展出更為「具體而圓熟」的「道德的形上學」（Moral metaphysics）。[1]牟宗三認為，康德的體系只講道德，而對存在界完全沒有解釋；然而

1　參牟宗三：《心體與性體》（臺北市：正中書局，1973年），頁139。

儒家不是只講「應當」（ought）卻不涉及存在的問題。[2]是以牟宗三以「道德的形上學」來指涉儒學，即是將存有（being）作為道德的本身；亦即每個人都是道德的存有，用孟子的脈絡而論，就是所謂的「性善」。

也就是說，「道德的形上學」（以下簡稱「道德形上學」）可以說是當代哲學脈絡下的「孟學」表述，可以說「孟學」就等同於「道德形上學」。當然並不是說在孟子本人那裡便自覺地使用或開展「道德形上學」此一概念，而是《孟子》思想中有著「道德形上學」的潛質與趨向。或許在孟子自身的思想那裡未有當代「道德形上學」的縝密思維與架構，但是從漢語哲學場域的孟學意識型態來說，可以將孟子本人的思想視為廣義的「道德形上學」或是「道德形上學」的早期型態；至宋明乃至當代才逐漸成熟、完備與理論化。同樣的，「荀學」之於「倫理經濟學」也就如同「孟學」與「道德形上學」的關係。

那麼之所以須要特別提出「倫理經濟學」的系統，關鍵在於：牟宗三與當代新儒家以「道德形上學」概括了孟學論述，尤其是宋明儒學系統，並以此為判準，作為儒學核心價值，去評判各家學說的正統與歧出。由此，只要與孟學系統不相疇者，皆會被視為非正統的儒學甚至被斥為儒學的歧途。但是這忽略了儒學發展的時代脈絡與動態性；其實在孟子之後，還有荀子的「倫理經濟學」系統，是將「孟子作為他者」進行表述的不同典範。如果以「倫理經濟學」為方法，那麼整個儒學史的定位與評價都將改觀；因為在「倫理經濟學」的脈絡中，「孟學」才是作為他者的歧出——漢代不是儒學的黑暗時期，宋明也非儒學的高峰，儒學史也將因此而改寫。

本書目的並非藉由彰顯「倫理經濟學」來否定「孟學」的「道德

2　牟宗三：《中國哲學十九講：中國哲學之簡述及其所涵蘊之問題》（臺北市：臺灣學生書局，1983年），頁72-75。

形上學」體系，也不是要透過這樣的詮釋與梳理來顛覆儒學系統；而是嘗試在宋明以降，理所當然地將「道德形上學」作為儒學的正宗，將荀學視為儒學中的他者之脈絡脫出，回到荀學的脈絡，去呈現一個「作為他者的孟子」視角，以真實呈現儒學開展的動態性與時代性。將孟子作為他者的進路，是填補宋明以來孟學道統以外的詮釋觀點；然而這並非詮釋的目的與終點，而是唯有在「作為他者的孟子」之脈絡被真實呈現了，那麼「作為他者的荀學」的脈絡與批判，才有其正當性與開展的意義——而非伊始便將荀子作為他者進行批判。正如前文所言，學界可以不同意荀子、批判荀子，但不該就此繞過荀子。

二　何謂「倫理經濟學」？

「倫理經濟學」與「道德形上學」一個基本的差異即在於對於存有（being）的預設，「道德形上學」認為所有的人都是「道德存有」，也就是每個人都是作為一個「道德人」（Moral man）而存在；在儒學的脈絡裡就是所謂的「性善」——人皆生而有作為價值根源的仁義禮智「四端」，而且能夠依此內在根源為善，且此一根源即是人趨向於「善」的動力與根源。

然而「倫理經濟學」的預設是，人皆是充滿欲望與自利性的「經濟人」（Economic man）[3]，在儒學的脈絡中就是所謂的「性惡」——人天生就有好利惡害的本能與衝動，且必須有外在禮義規範與教化才能夠使人為善。也就是說，人沒有內在的道德價值根源，亦即無有天生的道德感，是以本身沒有為善的動力與本能。

由此儒學發展的脈絡而論，從「道德形上學」到「倫理經濟學」

3　參周榮華：《道德經濟學引論》（南京市：江蘇人民出版社，2011年），頁11-17。

的轉向，基本上即是從形上根源的追求到經濟學的現實性建構；從道德的主體論述到倫理間的個體表述。

（一）從「形上」到「經濟」

「形上學」強調的是一「理型」（idea）的追求，亦即任何現實中的事物都有一完滿理型的存在。也就是說，當現實中有「A'」，那麼必然要有作為根源的「A」。[4]這也就是《孟子》中所說：「人之有是四端也，猶其有四體也。有是四端而自謂不能者，自賊者也。」（〈公孫丑上〉）[5]可以了解到孟子認為人性中皆有善端，是以人皆可以為善；亦即有「A」必然能夠開顯出「A'」，現實中的「善」是作為一種價值與德目存在的。亦即人能夠為善，或說這個世界上之所以能夠有「善」，那麼必然有「善」的根源存在於「理型」之中，否則現實中的「善」由何而來就不合理。這也是為何「道德形上學」中必須要說人性是「善」的，關鍵就在於假使人性本然非「善」，那麼人何以能夠為善？就「道德形上學」的思路而言，如人性不為善，則形成無根的論述，難以成立。

但是就「經濟學」的脈絡而言，是在現實的世界與行為中來討論，而不在現實的事物之上另外樹立一作為根源的「理型」；因為就「經濟學」而論，任何事理都是在具體的脈絡中呈現，亦即必須從經驗與實證來建構理論與系統。它是在觀察與驗證中建立起來的社會科學（social science）[6]，是以一切都要從現實中得到印證，這也就是為

4　關於「理型論」（theory of ideas）可參〔美〕撒穆爾・伊諾克・斯通普夫（Samuel Enoch Stumpf）、詹姆斯・菲澤（James Fieser）著，丁三東等譯：《西方哲學史（第七版）》（北京市：中華書局，2005年），頁76-81。

5　〔漢〕趙岐注，〔宋〕孫奭疏：《孟子注疏》（臺北市：藝文印書館院元校勘十三經注疏本，2013年），頁66。

6　參吳聰敏：《經濟學原理》（臺北市：吳聰敏出版，2014年），頁22。

何荀子會從經驗性中建構「性惡論」，而不像孟子從理想中預設「性善論」。

是以「經濟學」不須要探問如果這個世界有「善」、有成就秩序的可能，那麼此一「善」與秩序的來源為何？因為就「經濟學」的脈絡來說，「善」與秩序就是在這個世界上，人與人的互動或群體間的某種狀態與情境，那就稱為「善」、稱為秩序；「善」與秩序不是一種道德價值，而是一種狀態的描述，就如同荀子所說的：「所謂善者，正理平治也。」（〈性惡〉）[7]「善」就是一種狀態的表述，而不是一種德目與價值。

（二）從「道德」到「倫理」

進一步而論，孟學與荀學的區分，大致上可以「道德」與「倫理」兩個概念來指涉。雖然「道德」（morality）與「倫理」（ethics）在有些時候，哲學家與學者並沒有特別明確區分，甚至可能將兩者視為是一體的、或是同義的。但如探究其根本上的差異，二者所要表述的內涵其實並不一樣。「道德」一般較偏重某個特定對象的道德義務（obligation）表述，它主要涉及一個人的對、錯、羞恥心、罪惡感等個人的修養與感受；而「倫理」通常用以表示特定群體的價值與風俗體系，包括生活的方式與行為規則的探討。[8]大體上來說，可以基本上將「道德」訴諸個人層次、或以個人為始點的道德論述；而「倫理」則是強調人與人之間的關係或群體間的規範與價值的建立。

故在「道德形上學」的脈絡中，更強調自我的修養與覺察，其理

7　〔清〕王先謙撰，沈嘯寰、王星賢點校：《荀子集解》（北京市：中華書局，2010年），頁439。

8　關於「道德」與「倫理」的差別請參林火旺：《基本倫理學》（臺北市：三民書局，2009年），頁7-8。

論更多建立在作為道德存有（being）的個人，亦即是從道德主體（Moral subject）來開展其論述與體系。如孟子所說：

> 仁，人心也；義，人路也。舍其路而弗由，放其心而不知求，哀哉！人有雞犬放，則知求之；有放心，而不知求。學問之道無他，求其放心而已矣。（〈告子上〉）[9]

所謂的修養與善的可能，必然要從作為道德主體的內在去省察並尋求自覺；而一切的學問與現實中的家庭、社會與國家，也都只要由此道德主體內在價值的發動，便能夠將此「理型」擴展到現實之中，此即孟子所謂「先王有不忍人之心，斯有不忍人之政矣」（〈公孫丑上〉）[10]的表述模式。也就是在「道德形上學」的論述中，善與不善取決於道德主體的良知良能是否覺察與作用，關鍵全在一己的修養工夫之上。

至於「倫理經濟學」這個概念的辯證與融合，在荀學的價值體系中更是有其必要性與合理性。因為就「倫理學」的脈絡而言，其強調的是主體間的道德體系與規範，是人與人之間互動的準則與期待；善與不善並非從單一主體能夠決定，而必須從群體性的脈絡來思考，亦即荀子「所謂善者，正理平治也；所謂惡者，偏險悖亂也」（〈性惡〉）[11]的表述方式──價值體系是在整體社會與國家中定義與呈現，而非作為個人主體的修養層次。

而「倫理學」中所強調的主體間性（intersubjectivity）正與「經濟學」所建基於群體的理論是一致的。「經濟學」核心概念即是資源有限而欲望無窮，可以說沒有群體的存在就沒有經濟學的必要──因

9　〔漢〕趙岐注，〔宋〕孫奭疏：《孟子注疏》，頁202。

10　〔漢〕趙岐注，〔宋〕孫奭疏：《孟子注疏》，頁65。

11　〔清〕王先謙撰，沈嘯寰、王星賢點校：《荀子集解》，頁439。

為只有一個主體的時候，不須要在有限的資源中做出選擇。群體間因為互動與競爭所產生資源稀少性（scarcity）[12]的情境，才使得「經濟學」得以成立。故「倫理經濟學」所建構理論的對象是「經濟人」的「個體」，而非具有道德意義的「道德主體」；或者說是在生物性「個體」與「個體」間所形成的「群體」中來開展其理論。這也就是荀子的論述策略：

> 禮起於何也？曰：人生而有欲，欲而不得，則不能無求；求而無度量分界，則不能不爭；爭則亂，亂則窮。（〈禮論〉）[13]

亦即荀子探討「禮」——也就是「善」的根據，是從個體的欲望衝突洞悉到資源的稀少性問題，並期待透過規範與協調來滿足人的需求與欲望。這裡的「善」即是在現實中個體間的和諧與整合的狀態，而不是如「道德形上學」般追問「善」的根源與理型。

（三）從「道德形上學」到「倫理經濟學」

是以，「道德形上學」即是預設了所有的存有皆是「道德主體」，而透過追問此「道德主體」善的根源，並將一切現實中的價值與秩序，皆訴諸此一道德主體中「理型」的萌發與擴充；只要「道德主體」一發動，則整個世界與「道德主體」便能夠合而為一，形成一完滿秩序狀態。在儒學中即是「孟學」的表述途徑。

至於「倫理經濟學」則是設定了人皆是充滿欲望與需求的「經濟個體」，它不去探問「善」與秩序的根源問題，而只在現實中去尋求

「善」與秩序的根據。這是一種以「經濟人」的需求為基礎的理論體系，一切都必須也必要從人的欲望與需求來探究。

但是其與當代數理化的「經濟學」不同之處在於，當代經濟學偏重於強調效率與效能以及最大產值的追求；對於倫理價值體系並不重視甚至認為那不是經濟學領域的問題。然而，「倫理經濟學」是一個在「倫理」中體現「經濟學」的體系，它的重點是如何在經濟脈絡──亦即在沒有道德感的「經濟人」之需求與欲望中開展具有道德意義的倫理價值體系。

也就是說，「倫理經濟學」是強調倫理的系統，其主體是倫理體系的建構，而「經濟」是其據以開展的基礎與思維；其中當然有著「經濟學」強調的效率與效能、自利與理性的追求與預設，但是這都是依附在倫理體系之中的一個重要脈絡，卻不是其目的本身──以「經濟學」作為目的自身，那已經脫離了儒學脈絡。

是以更明確的說，就如同牟宗三強調孟學的理論是「道德的形上學」，是由道德為主體的理論開展，而非康德之「道德底形上學」──更多的是形上學的表述，作為一種「道德之形上的解析」，而非真正基於「道德」的「形上學」。[14] 本書所說「倫理經濟學」也應該是「倫理的經濟學」──是基於「倫理」的「經濟學」，「經濟」只是載體、過程、方法，「倫理」才是最終目的與核心。

然而，之所以從「倫理經濟學」來講，而非以「經濟倫理學」而論，關鍵即在於荀子的理論思考是建基於「經濟人」的預設以及由物質與欲望上的需求，去探究現實社會中個體與個體間的互動及情境。也就是說，對荀子而言，人的行為無一不是經濟行為與考量，但倫理的價值正是在此一作為經濟人的載體中呈顯、正是在此等經濟行為中

---

14 參牟宗三：《心體與性體》，頁136；牟宗三：《中國哲學十九講：中國哲學之簡述及其所涵蘊之問題》，頁74-76。

開展，是一個即經濟即倫理的論述——甚至可以說合理的經濟行為與狀態即是倫理的呈顯。

當然，此處所言之「經濟學」並非現代數理化後的「計量經濟學」，而是一個傳統經濟學的概念——當代所謂經濟學、社會學、道德學、倫理學、政治學等多元學科的整合。只是就荀子的脈絡而言，特別強調從經濟人與經濟行為本身中開顯出倫理價值的事實與可能；關鍵在於荀子並非單純地從倫理價值去訴求與建構，而是從人作為「經濟人」的根本上去談。

這就如同為何牟宗三必須強調孟學的理論是「道德形上學」而非「形上道德學」一般——從構詞學（Morphology）的脈絡而論，後者看似以「道德學」為主體，應該更符合儒者的期待，但事實上那降低了人即存有即道德的「道德人」意義，而會落入空洞的道德價值表述。「倫理經濟學」也同樣是這樣的思維模式：唯有如此才能呈顯出人作為充滿欲望與情感的動物，是充滿驅動力的存有——驅動人的是情感、是欲望，而倫理價值即在情感欲望中整合與呈現，而不是受到倫理價值的宰制與驅動。[15]

這與學界的「道德經濟」的表述不同，因為學界一般觸及「道德」與「經濟」問題者，多半是經濟領域之專家，其將兩者結合而論的「道德經濟學」，其實是「道德底經濟學」——即其根本與核心是「經濟學」，目的是要探討如何更有道德地體現經濟理論與體系，或是說如何將價值系統嵌入當前經濟體系之中，以彌補當前價值闕如的「經濟學」；「經濟學」才是其主要學科與本質。[16]

---

15 正如李澤厚所說，人是「以『情』為人生的最終實在、根本」的「情本體」。參見李澤厚：《論實用理性與樂感文化》（北京市：生活・讀書・新知三聯書店，2008年），頁54-71。

16 此類相關著作可參李國旺：《國學與新經濟學：《大學》啟示錄》（太原市：山西人民出版社，2011年）；盛洪：《儒學的經濟學解釋》（北京市：中國經濟出版社，

　　此處構詞的脈絡看似與本書所論相同，事實上兩者因為對於「經濟學」的預設不同，是以也在相似的構詞中形成了語意脈絡上的差異。經濟領域的學者預設了「經濟學」本身作為沒有價值考量的學科，是以企圖將倫理價值帶進經濟體系中來討論，故其目的還是在於「經濟學」的發展而非關注倫理價值本身；這就與本書的「經濟學」作為具有價值義的跨學科預設不同。是以荀子所謂的「倫理經濟學」之價值是能夠從經濟行為本身開顯出來，而如何能夠從經濟行為與體制中開顯倫理價值才是其焦點所在。

　　最後，必須特別說明的是：本書之所以採取「倫理經濟學」而不用「道德經濟學」的原因，一方面如前文所言，從「道德」到「倫理」，更能夠凸顯其由「個人主體」到「經濟群體」理論對象的轉向；也更符合孟學對於個人內在價值的修養與擴充，以及荀學對於社會性的禮義價值之強調與建構。另一方面在於，「道德經濟學」（Moral Economics）在政治學領域或說政治經濟學的脈絡中，已形成一門專為討論勞動者的道德意識與其生產、交易與消費行為間的聯繫與理論，尤其是指涉農民勞動者的道德意識與經濟選擇；為了避免混淆與誤解，故本書選擇以更符合也更適切荀學研究的「倫理經濟學」作為表述。[17]

2016年）；韋森：《經濟學與倫理學：市場經濟的倫理維度與道德基礎》（北京市：商務印書館，2015年）；王小錫：《經濟倫理學：經濟與道德關係之哲學分析》（北京市：人民出版社，2015年）；〔丹麥〕彼得森（Nicolai Peitersen）、〔瑞典〕阿維森（Adam Arvidsson）著，劉寶成譯：《道德經濟：後危機時代的價值重塑》（北京市：中信出版社，2014年）。當然，此些著作也多具有哲學濃度，只是其重點在於以經濟學的角度或思維解析儒學或倫理學，與本書企圖將「倫理經濟學」作為一根本的儒學體系不同。

17 「道德經濟學」（Moral economy）或譯為「道義經濟學」，雖然在中文裡能夠以不同的譯名做區分，但在論述上還是有混淆之疑慮；這點特別感謝臺大哲學系佐藤將之教授之提醒與建議。不過中文學界也有周榮華以「道德經濟學」來表述類似於本書

　　總之本書是以「倫理經濟學」詮釋荀子思想與重建儒學體系的論著，其本質是在「倫理學」中表述其間蘊含的「經濟學」理路與智慧；並在「倫理學」中解釋荀學、理解儒學。這是一本以儒學為核心的論著，而不是關於經濟問題的探討。在此僅釐清與定義「倫理經濟學」之大要與方向；更詳細與深入的理念，本書期望透過在對荀學的解讀中一層一層顯現出「倫理經濟學」的要義。畢竟就如前文所提到，「倫理經濟學」不是先於「荀學」的一種方法，而是在「荀學」中抽繹出的內涵與意義。以下即以「荀學」為核心，展開「倫理經濟學」的論述與建構。

第一節　典範的轉移：倫理經濟學的根源與基礎

　　荀子自唐宋以降，孟子升格運動之際，其學說及地位即遭受宋明儒者強烈的挑戰與批判。程伊川即言：「荀子極偏駁，只一句『性惡』，大本已失」（〈伊川先生語五〉）[18]；熊鉌亦認為：「以性為惡，以禮為偽，大本已失，更學何事？」（〈考亭書院記〉）[19]朱熹更表示「不須理會荀卿，且理會孟子性善。」（〈戰國漢唐諸子〉）[20]而此一尊孟抑荀的思維卻也延續至今，受當代新儒家繼承與發揚。[21]如牟宗三即指

「倫理經濟學」所要強調的核心思維與進路，有著清晰的條理與創見；但其所謂「道德」是從康德式的「道德」而論，與本書之立場與觀點不同。參〔美〕斯科特（James C. Scott）著，程立顯、劉建譯：《農民的道義經濟學：東南亞的反叛與生存》（南京市：譯林出版社，2013年）；周榮華：《道德經濟學引論》。

18 見〔宋〕程顥、程頤著：《二程集》（臺北市：漢京文化事業，1983年），頁262。

19 〔宋〕熊鉌：《勿軒集》卷二，《景印文淵閣四庫全書》第1188冊（臺北市：臺灣商務印書館，1986年），頁783。

20 見〔宋〕黎靖德編，王星賢點校：《朱子語類》第八冊（北京市：中華書局，2007年），頁3254。

21 參黃俊傑：〈序〉，收入東方朔：《合理性之尋求：荀子思想研究論集》（臺北市：臺灣大學出版中心，2011年），頁i。

出荀子徒順外王禮憲發展，彰顯客觀精神，本原卻是不足，「非中國正宗之重仁系統」。[22]徐復觀與唐君毅也分別點出荀子性惡主張重禮、重師、重法、重君上的外在強制力，因而缺少了超越的內向反省之心性系統，是偏離了儒家正統。[23]

由宋明以降對於荀子的批判，可以了解到其重點在於認為荀子主性惡，強調外在禮法系統，而失去了儒學中道德價值的內在根源性與自覺的主動性。就客觀事實而言，這樣的批評當然有其道理；但如能同情地理解與梳理荀子的時代背景及其理論的立基點，那麼，對於荀子理論系統將會有不一樣的理解並開展出其不同於「求其放心」（〈告子上〉）[24]之孟學系統的意義與價值。

正如蕭公權所說，在面對春秋時代空前的鉅變中，思想家基本上可分為兩派：挽救封建禮教、恢復舊秩序與任由封建消亡、建立新秩序。[25]而荀子處於戰國末年，氏族政經制度徹底瓦解，已非孔孟時代可同日而語[26]；孟子強調四端的「擴而充之」（〈公孫丑上〉）[27]與自覺的內在修養，恐已緩不濟急，無法面對當時混亂的局勢，是以荀子批判孟子學說「僻違而無類，幽隱而無說，閉約而無解」（〈非十二子〉）[28]；因此，荀子的思想理論由偏重「仁義」的內在價值發掘，轉

22 參牟宗三：《名家與荀子》（臺北市：臺灣學生書局，2006年），頁193-194、203。

23 參徐復觀：《中國人性論史：先秦篇》（臺北市：臺灣商務印書館，2007年），頁238、247；唐君毅：《中國哲學原論‧原道篇》（臺北市：臺灣學生書局，2004年），頁75、444。

24 〔漢〕趙岐注，〔宋〕孫奭疏：《孟子注疏》，頁202。

25 蕭公權：《中國政治思想史》（臺北市：聯經出版事業公司，1982年），頁243。

26 參李澤厚：《中國古代思想史論》（北京市：生活‧讀書‧新知三聯書店，2008年），頁109-110。

27 〔漢〕趙岐注，〔宋〕孫奭疏：《孟子注疏》，頁66。

28 〔清〕王先謙撰，沈嘯寰、王星賢點校：《荀子集解》，頁94。

而強調外在的規範與約束。[29]

那麼就可以了解到,荀子的思想是就社會現實的考量來建構的理論,在理想與現實之間取得平衡,而跳脫孟子「何必曰利」(〈梁惠王上〉)[30]的義利之辨之思維,坦然面對人「生而有好利」、「生而有疾惡」、「生而有耳目之欲」(〈性惡〉)[31]的現實;而這即是對應於現實中私有田制成形後所顯現「自利」傾向的思考。[32]也就是說,荀子的思想是具有時代性意義與強烈現實考量的,是亟欲解決當下混亂狀態的論述。

因而,荀學體系是講求「效用」的學說,甚且可以發現:「速」的概念貫穿其人性論、修養論與政治論,這與孟子單提仁義的進路是非常不同的。荀子甚且開展「議兵」之論,將作戰中「欲疾以速」(〈議兵〉)[33]的觀念帶入了道德的思想體系當中——〈勸學〉有言:「學之經莫速乎好其人」,〈儒效〉亦言:「人有師有法而知則速通,勇則速威,云能則速成,察則速盡,辯則速論。」[34]可以見得荀子在學習與教化上都強調了「速」的概念。[35]

---

29 參李澤厚:《中國古代思想史論》,頁110-111。

30 〔漢〕趙岐注,〔宋〕孫奭疏:《孟子注疏》,頁9。

31 〔清〕王先謙撰,沈嘯寰、王星賢點校:《荀子集解》,頁434-435。

32 參王曉波:《儒法思想論集》(臺北市:時報文化出版企業公司,1986年),頁248。

33 〔清〕王先謙撰,沈嘯寰、王星賢點校:《荀子集解》,頁277。

34 〔清〕王先謙撰,沈嘯寰、王星賢點校:《荀子集解》,頁14、143。

35 當然,荀子作為儒家不會為了「速」——也就是效率,而放棄道德的根本。荀子所言的「速」不可否認地是要人掌握學習與成聖的要領與途徑,但這是對於使人為善與成聖之路的修正——如孟子一味強調自覺與求放心,看似簡單而一蹴可幾,但事實上卻沒有實質的可行性。如同荀子所說:「人之生固小人,又以遇亂世,得亂俗,是以小重小也,以亂得亂也。」(〈榮辱〉)在亂世中人只有爭奪,又如何能主動自覺為善?是他強調透過君師與禮法來幫助人為善,是有效而可行的,只要按部就班,就能夠達到效果。相較於不可預期的「自覺時刻」,重師法、隆禮義可謂是同時兼具效能(Effectiveness)與效率(Efficiency)的修養進路。這就如同荀子

如能釐清與梳理荀子道德體系中的「速」的意義,將可以重建荀子道德體系,並分辨其與孟學性善論下的修養論與政治論的差異;進而能夠同情地理解為何荀子必須言性惡,為何要強調「學」的重要,為何講禮法、師法而不是孟子那種強調自覺的進路?以下茲分別論述之。

一 從理想到現實──荀子人性論的重構及其現實可行性的提升

在探討荀子的理論系統為何會特別強調效率與效能,又為何要在傳統儒學重心性道德的典範中轉向之前,可以先從荀子的時代背景及其對於孟子性善論與修養論的反思與批判做一梳理;便能夠了解到荀子性惡論及其重禮法思維的內在理路與意義。以下茲分別從人性論與修養論的轉向談起。

(一)「道德人」與「經濟人」:性善與性惡的兩種預設

荀子對於孟子性善論的批判,其理由即在於「無辨合符驗,坐而言之,起而不可設,張而不可施行。」(〈性惡〉)[36]也就是性善論在現實環境中無法得到印證,隨之而建構的修養論與政治論更是無法施

所說:「能積微者速成」(〈彊國〉),為學、成聖,無不是靠著一點一滴「積」的工夫而成。「積微」工夫看似長久而繁複,「自覺」修養看來一蹴可幾,但就荀子來說,「求放心」的進路似快實慢,「積微」的路徑似慢實快。這正如荀子所強調的:「積土成山,風雨興焉;積水成淵,蛟龍生焉;積善成德,而神明自得。」(〈勸學〉)為學成聖都能夠透過「積微」而「速」。是以本書所謂的「速」與「效率」不是單純地求快,而是相對於強調自覺的孟學思維而論。見〔清〕王先謙撰,沈嘯寰、王星賢點校:《荀子集解》,頁64、305、7。

36 〔清〕王先謙撰,沈嘯寰、王星賢點校:《荀子集解》,頁441。

行。如荀子所言：「今當試去君上之埶，無禮義之化，去法正之治，無刑罰之禁，倚而觀天下民人之相與也。」（〈性惡〉）[37]假使沒有禮義教化與禮法的約束，人民將相互爭奪而無所節制，也就是霍布斯（Thomas Hobbes, 1588-1679）所謂的「戰爭狀態」[38]；由此可以印證「人之性惡，其善者偽也。」（〈性惡〉）[39]那麼，也就可以了解到，荀子的性惡論是建立在現實的基礎之上的。

誠如前文所提到的，王曉波指出，荀子的性惡論正是出自「不能不承認由私有田制所產生的自利是一項事實昭然的存在」[40]，也就是荀子的人性論觀點是建立在對人類欲望與自利的觀察而來，是「實然」的論述；這與孟子含有道德期待的「應然」表述是不同的。如果用現代脈絡來區分，大抵可以說荀子所言性惡之人是一種「經濟人」（Economic man）的論述；而孟子所說性善之人是一種「道德人」（Moral man）的表述。[41]

---

37 〔清〕王先謙撰，沈嘯寰、王星賢點校：《荀子集解》，頁440。

38 〔英〕霍布斯（Thomas Hobbes）著，黎思復、黎廷弼譯：《利維坦》（北京市：商務印書館，1997年），頁94。

39 〔清〕王先謙撰，沈嘯寰、王星賢點校：《荀子集解》，頁434。

40 王曉波：《儒法思想論集》，頁248。

41 「經濟人」是古典經濟學研究的主要範疇，最早由亞當‧斯密（Adam Smith, 1723-1790）提出，意指人具有理性、利己（self-interest）的傾向；而「道德人」假設亦為亞當‧斯密在《道德情操論》中所凸顯，即認為「道德」是人高於其他動物的關鍵，也是人生命的意義。必須說明的是，此處所說「經濟人」不完全是經濟學上的假設，亦是哲學範疇中的指涉——在學科還未分化前的經濟學論述——包含道德、政治、倫理等諸面向的原初經濟學概念。在這樣的論述與假設中，只是藉此說明荀子所謂「好利而惡害」（〈榮辱〉）的人性特質——透過Herbert A. Simon所說的「有限理性」（bounded rationality）去追求對自己生存與生命最有利的模式。參王小錫：《經濟倫理學——經濟與道德關係之哲學分析》，頁69-71；盛洪：《儒學的經濟學解釋》，頁40；高希均、林祖嘉：《經濟學的世界：中篇——個體經濟理論導引》（臺北市：遠見天下文化出版公司，1997年），頁5。

荀子對於人性的表述是針對人天生而有的欲望與衝動來討論的：

> 今人之性，生而有好利焉，順是，故爭奪生而辭讓亡焉；生而
> 有疾惡焉，順是，故殘賊生而忠信亡焉；生而有耳目之欲，
> 有好聲色焉，順是，故淫亂生而禮義文理亡焉。然則從人之
> 性，順人之情，必出於爭奪，合於犯分亂理而歸於暴。(〈性
> 惡〉)[42]

也就是說，其對於「人性」的定義無關乎道德，這正如荀子所言：
「今人之性，固無禮義」(〈性惡〉)[43]，這樣的「人」是天生不具有道
德內在價值，而徒有「好利」與「耳目之欲」的「經濟人」。這很明
顯與孟子所謂的「人」是不一樣的，孟子認為：

> 無惻隱之心，非人也；無羞惡之心，非人也；無辭讓之心，非
> 人也；無是非之心，非人也。惻隱之心，仁之端也；羞惡之
> 心，義之端也；辭讓之心，禮之端也；是非之心，智之端也。
> 人之有是四端也，猶其有四體也。(〈公孫丑上〉)[44]

亦即他將「人」定義為天生具有仁義禮智四端之道德價值根源的「道
德人」，這顯然是一種哲學性的預設，認為人之所以為人的關鍵即在
於有仁義禮智內在於心，也就是「人之所以異於禽於獸者幾希」(〈離
婁下〉)[45]的精微之處。如此可以了解到，孟子所謂的「人」是具有為

42　〔清〕王先謙撰，沈嘯寰、王星賢點校：《荀子集解》，頁434-435。
43　〔清〕王先謙撰，沈嘯寰、王星賢點校：《荀子集解》，頁439。
44　〔漢〕趙岐注，〔宋〕孫奭疏：《孟子注疏》，頁66。
45　〔漢〕趙岐注，〔宋〕孫奭疏：《孟子注疏》，頁145。

善價值根源的「道德人」，而荀子所謂的「人」是順著欲望與衝動而行為的「自然人」──從現實社會而言就是所謂的「經濟人」。

（二）「道德人」到「經濟人」：理想到現實的兩個進路

何以可以說荀子人性論中所建構的是「經濟人」呢？關鍵在於荀子認為，人禽之別的關鍵在於「辨」而非孟子所謂的道德感；而「辨」正是思考與辨別的能力，這樣的能力當然可以使人辨別是非對錯，但在「知道」之前是無法進行道德判斷的。[46]是以荀子所言之「辨」即是強調人有「理性」做主觀判斷的能力，這正符合「經濟人」的定義之一：「理性」。[47]

荀子又言：「飢而欲食，寒而欲煖，勞而欲息，好利而惡害，是人之所生而有也」（〈榮辱〉）[48]；又言：「形體好佚……心好利……」（〈王霸〉）[49]，即是說人天生有趨利避害的能力，也就是有著「自利」的特質，是以荀子說：「子之讓乎父，弟之讓乎兄，子之代乎父，弟之代乎兄，此二行者，皆反於性而悖於情也。」（〈性惡〉）[50]而「自利」──在做抉擇時會選擇對自己最有利的事物，正是「經濟人」之另一特質。[51]

由此可知，荀子所謂性惡之人即是一「經濟人」的論述，這與孟子的「道德人」系統是不同的典範（paradigm），應該跳脫用孟學的

---

46 荀子即言：「故心不可以不知道；心不知道，則不可道而可非道。」（〈解蔽〉）這就預設了人並不是天生就明白何謂「道」，唯有透過修養達至大清明之心，才能夠使人心內在具有道德價值與正確判斷是非的能力。〔清〕王先謙撰，沈嘯寰、王星賢點校：《荀子集解》，頁394。

47 參溫明忠：《經濟學原理》（臺北市：前程文化事業公司，2013年），頁10-11。

48 〔清〕王先謙撰，沈嘯寰、王星賢點校：《荀子集解》，頁63。

49 〔清〕王先謙撰，沈嘯寰、王星賢點校：《荀子集解》，頁217。

50 〔清〕王先謙撰，沈嘯寰、王星賢點校：《荀子集解》，頁437。

51 參溫明忠：《經濟學原理》，頁10-11。

典範來檢視與評價荀子的理論系統，才能避免詮釋的失真與扞格，並凸顯荀學的意義與價值。[52]

也就是說，荀子或許不是如唐君毅所說「不重更向內反省此心之所以為心之性」[53]，而是在現實的情境下，他必須從自利的觀點去思考人性，才能避免孟子性善論「無辨合符驗」、「張而不可施行」的時代困境。亦非如蔡仁厚所認為荀子認識不透「人性卓然而善處」，忽略了「義道之根、禮義法度之根」[54]；而是荀子以「經濟人」為出發點的論述，為一經驗式的思考，與孟子所謂「盡其心者，知其性也。知其性，則知天矣」（〈盡心上〉[55]的思維不同。孟子將人自覺的可能歸諸生而有的道德意識，亦即所謂的「性」；而此一人性的根源又可上溯於天道，形成一天人合一的道德價值系統，是在為人為善之可能探尋一道德根源之形上先驗系統[56]，這顯然並非荀子所追尋與探問的關鍵所在。

對於荀子而言，以「經濟人」為前提的性惡論系統，其禮義與修養論的建構即使沒有形上根源，亦可以開展出一套完整而有效的理論

---

52 參劉又銘：〈合中有分──荀子、董仲舒天人關係論新詮〉，《臺北大學中文學報》第2期（2007年3月），頁49。

53 唐君毅：《中國哲學原論・原道篇》，頁444。

54 蔡仁厚：《孔孟荀哲學》（臺北市：臺灣學生書局，1988年），頁364。

55 〔漢〕趙岐注，〔宋〕孫奭疏：《孟子注疏》，頁228。

56 本書所謂的「形上」是就價值的先驗根源而論，是相對於經驗層次的本原追尋。如孟子探尋人為善的可能以及人之所以能夠為善的內在價值根源，他將之歸諸人生而有的仁義禮智，又將這樣的價值根源上溯於「天」，這就是一種先驗價值層次的追尋，也就是哲學中所謂的元哲學（metaphilosophy）的探究──對人的本質之追尋──亦即如勞思光所說，孟子所謂的「性」類似於「essence」。本書據此以區分與凸顯荀子從現實治亂來定義善惡──「所謂善者，正理平治也；所謂惡者，偏險悖亂也」（〈性惡〉），並將「禮義」作為道德與為善「根據」（而非「根源」）的經驗性論述體系。參〔美〕托德・萊肯（Todd Lekan）著，陶秀璈等譯：《造就道德──倫理學理論的實用主義建構》（北京市：北京大學出版社，2010年），頁3。

系統。[57]誠如萊肯（Todd Lekan）所說，「人類的有限性和偶然性的焦慮，致使我們設計出更高級的不變的實在」[58]，也就是如同孟學體系不安於禮義無內在根源，焦慮於為善無必然性，是以極力建構生而有的四端、強調盡心知性以知天的形上道德法則。荀子正是在這個意義上反駁孟子——「案往舊造說，謂之五行」；因為過往追尋形上的仁義禮智信之形上根源並未解決春秋戰國時代的混亂[59]，故而荀子企圖開展新的典範，亦即以性惡之「經濟人」為理論建構的始點。[60]

二　從四端到禮義——荀子道德體系的建構及其規範明確性的確立

　　在確立了荀子沒有內在價值根源的「經濟人」預設，接著必須理

57 參曾暐傑：《打破性善的誘惑——重探荀子性惡論的意義與價值》（新北市：花木蘭文化事業公司，2014年），頁130-132。

58 〔美〕托德・萊肯（Todd Lekan）著，陶秀璇等譯：《造就道德——倫理學理論的實用主義建構》，頁2。

59 參陳麗桂：〈先秦儒學的聖、智之德——從孔子到子思學派〉，《漢學研究》第30卷第1期（2012年3月），頁11。

60 何謂「善」？何謂「惡」？這是個複雜的問題。就儒家的立場來說，「善」與「惡」都應該是就現實社會中的禮教為判準，去思考什麼樣的意識、動機或行為是「善」的或是「惡」的。尤其是在探討荀子性論時，有不少學者認為荀子所謂的衝動與欲望只是人的自然傾向，無所謂善惡；但這樣的思考並不符合儒家（特別是注重現實的荀子）的理論圖式——任何動機、意識與行為在社會群體中都是有意義的，不會停留在原初自然的層次去探討。也就是說不該將荀子的人性論視為「性朴論」或是「性無善惡論」，對於儒家人性論的探討，也必須從現實義來說——無論動機或結果皆是如此。這個議題茲事體大，並非此處能夠展開梳理；也正因為如此，本書企圖以「道德人」與「經濟人」的實質內涵去概括與討論孟荀的人性論，避免始終陷於「善」、「惡」定義的泥沼與爭論中而無所實際上的開展。相關論述參李哲賢：〈荀子之性惡說析論：從文本談起〉，《哲學與文化》第40卷第5期（2013年5月），頁148；周熾成：〈荀子乃性朴論者，非性惡論者〉，收入康香閣、梁濤主編：《荀子思想研究》（北京市：人民出版社，2014年），頁44-46。

解的是：「性惡」的「經濟人」如何而可能為善而成就道德？梳理《荀子》中之論述，可以發見其關鍵即在於「學」。荀子客觀的禮義建構是其理論的特色與核心，以作為化導「經濟人」的標準；然而「禮義」並非內在於人所固有的價值，是以必須透過「學禮義」才能使人為善。

（一）「求放心」到「勸為學」：勸學的人性導引與修養的有效性

　　既然荀子的理論建構基礎在性惡的「經濟人」之上，那麼，其修養論就必須透過學習外在的規範與禮義，以達到使人為善的可能；因為「經濟人」的預設是沒有內在道德價值根源的。是以荀子說：「今人之性，固無禮義，故彊學而求有之也；性不知禮義，故思慮而求知之也。（〈性惡〉）[61]一切的道德價值都是透過後天的學習而進入人身人心之中的；尤其「彊學」二字更能凸顯出荀子強調「人」原初僅是好利惡害的「經濟人」特質，須要透過君師、禮法一定程度的強制性才能化性、使人朝向善的方向開展。

　　荀子人性論中的「經濟人」論述顯然與孟子的「道德人」建構十分不同，孟子說：

> 仁，人心也；義，人路也。舍其路而弗由，放其心而不知求，哀哉！人有雞犬放，則知求之；有放心，而不知求。學問之道無他，求其放心而已矣。（〈告子上〉）[62]

正因為孟子認為「仁」與「義」都是人固有的內在道德價值，是以在

---

61 〔清〕王先謙撰，沈嘯寰、王星賢點校：《荀子集解》，頁439。

62 〔漢〕趙岐注，〔宋〕孫奭疏：《孟子注疏》，頁202。

為善與修養的進程中，就不須要朝外追求，而是向自己的內在去探尋；順從自己的良知而行，那價值根源自然會指引人回到原初的聖域，帶領人走向正確的道路。一旦人在現實中迷失了方向——「耳目之官不思，而蔽於物」（〈告子上〉）[63]時，只要能夠順著內在道德良知的道路，尋找失去的本心，自然而然能夠使自己為善，做出正確的道德判斷。由此可知，在不同的人性論脈絡下，會自然形成兩種修養的進路——荀子認為「人為」才有禮義，故要在天性外想辦法使人為善；孟子主張「勿喪」即有仁義，故在天性內就有辦法為善。[64]

　　乍看之下似乎孟子所謂的人性是內在具有價值根源，只要勿失勿喪就可以很自然地行善；反倒是荀子要透過外在學習去內化禮義，透過「學」使禮義「入乎耳，著乎心，布乎四體，形乎動靜」（〈勸學〉），看來似乎須要不少氣力工夫。但其實孟子所謂的人性描述是理想中的「道德人」，其所描述與「現實」的人性並不一致。

　　是以荀子反駁孟子所謂「今人之性善，將皆失喪其性故也」（〈性惡〉）[65]的說法，他認為：「今人之性，生而離其朴，離其資，必失而喪之。用此觀之，然則人之性惡明矣。」也就是說，現實中人人一出生就有著「好利」、「疾惡」、「耳目之欲」的傾向，那麼事實就是人其實是「性惡」的；否則豈有「性善存有（being）」皆一出生便剛好都喪失本性之道理？一出生就必然喪失「善性」的「存有」，又怎麼能夠說是「性善」的呢？是以這又是一個荀子批駁孟子性善「無辨合符驗」的例子。

　　既然如此，在現實中人的情況是：不會——或者說很難主動自覺

---

63 〔漢〕趙岐注，〔宋〕孫奭疏：《孟子注疏》，頁204。

64 參蔡錦昌：《拿捏分寸的思考：荀子與古代思想新論》（臺北市：唐山出版社，1996年），頁136。

65 〔清〕王先謙撰，沈嘯寰、王星賢點校：《荀子集解》，頁436。

而求放心，否則何以天下如此紛亂？荀子認為，與其強調人性的自覺，倒不如按部就班，樹立一套「學」的程序；看似繁複、實則能夠達到使人為善的保證，而不會如孟子的四端之說看似簡單，實則如空中樓閣，窒礙難行。如果以佛家語比喻，則是「漸修」與「頓悟」之別；後者看似一念即可成佛，但事實是那一念不知要經歷多少困頓與苦難，而且還不能保證必然能達到此一境界。

是以《荀子》開宗明義即言「勸學」，希望透過「學」的進路使人「積善成德」（〈勸學〉）[66]；那一點一滴、按部就班地學習、內化，就如同「積土成山」、「積水成淵」一般，能夠在不同的時期達到不同效果。故而荀子不像孟子單提一個求放心的自覺工夫，而是強調為學的步驟與目標──「始乎誦經，終乎讀禮」、「始乎為士，終乎為聖人」（〈勸學〉）[67]；每個階段都有不同的工夫與成效，效果是看得見的。[68]

為什麼荀子要特別凸出為學的次第，也就是強調「學」的重要性呢？正因為對荀子來說，人的本性是和動物一樣的，沒有透過「學」的步驟，就無法化性，無法內化禮義、內化道德價值。是以「學」在荀子的工夫論中有關鍵意義，亦即其所謂「為之，人也；舍之，禽獸也」（〈勸學〉）[69]──不學，人就失去人之所以為人的價值。

是以，荀子提出「學」的功效在於能夠透過「假物」與「積漸」去幫助人修身為善。所謂的「假物」即是透過外在的力量與資源幫助人性導向善的一面。如荀子即言：

66　〔清〕王先謙撰，沈嘯寰、王星賢點校：《荀子集解》，頁7。

67　〔清〕王先謙撰，沈嘯寰、王星賢點校：《荀子集解》，頁11。

68　參何淑靜：〈由「成聖」看荀子的「為學步驟」〉，收入氏著：《荀子再探》（臺北市：臺灣學生書局，2014年），頁29-60。

69　〔清〕王先謙撰，沈嘯寰、王星賢點校：《荀子集解》，頁11。

> 木直中繩，輮以為輪，其曲中規，雖有槁暴，不復挺者，輮使
> 之然也。故木受繩則直，金就礪則利，君子博學而日參省乎
> 己，則知明而行無過矣。(〈勸學〉) [70]

又說：

> 吾嘗跂而望矣，不如登高之博見也。登高而招，臂非加長也，
> 而見者遠；順風而呼，聲非加疾也，而聞者彰。假輿馬者，非
> 利足也，而致千里；假舟檝者，非能水也，而絕江河。君子生
> 非異也，善假於物也。(〈勸學〉) [71]

人性即便是惡的──就像木頭本來是彎曲的、金屬本來是駑鈍的，但是只要透過外在的烝矯、磨礪，也可以使木頭變直或屈伸、使金屬鋒芒而銳利。這就說明了「學」對於人就好比烝矯之於木、磨礪之於金；無論本來人的狀態如何，都能夠透過外在禮義的化導而成就符合禮教規範的意念與行為。

是以，對荀子來說，人本身就是有限的，但是因為人能夠透過「學」禮義──前人智慧的整合與結晶，而使人不再是原來的「自然人」、不再是僅有欲望與利己意念的「經濟人」，轉而成為具有道德意識的「道德人」。這個透過「學」使人從有限（就物質而言）到無限（就價值而言）的過程，就好比人登高而能望遠、乘輿馬而能日行千里一樣，都是透過「假物」而能成。

---

70 〔清〕王先謙撰，沈嘯寰、王星賢點校：《荀子集解》，頁1-2。
71 〔清〕王先謙撰，沈嘯寰、王星賢點校：《荀子集解》，頁4。

（二）「一念覺」到「漸積微」：為學的假物積微與修養的效率性

故荀子認為，「學」是使人為善最有效而有效率的方法──正因為其能夠不局限於身體本身，而能「假物」而化性。既然是透過「假物」而化性與修養，那麼勢必要將外在禮義與道德內化於心性之中，是以這樣的過程並非「頓悟式」的自覺，而必須靠著不斷內化與累積，是以荀子說：

> 積土成山，風雨興焉；積水成淵，蛟龍生焉；積善成德，而神明自得，聖心備焉。故不積蹞步，無以致千里；不積小流，無以成江海。騏驥一躍，不能十步；駑馬十駕，功在不舍。鍥而舍之，朽木不折；鍥而不舍，金石可鏤。（〈勸學〉）[72]

這樣將外在禮義內化到人身心之中的過程，就好比寸土成山、滴水成淵的過程，也就是荀子所謂的「積善成德」──透過外在「善」的行為與禮義的追尋，而逐漸內化成人身內在的「德」。也就是說，成聖之路就像是江水一樣，從一涓細流開始；就像千里之行，從一步伊始。

那麼，這樣一點一滴的累積不是漫漫長路嗎？為何荀子卻說「能積微者速成」（〈彊國〉）[73]呢？這或許可以說是相對於孟學期待人自覺地求其放心，一味期待人自主去學習、去為善，去追求人們道德心的萌發之遙遙無期而言。「自覺」就像「頓悟」一樣，好像只是一念之轉，人即可為善；但當現實中「經濟人」始終未能「從其大體」、「先立乎其大者」，豈不陷入無限欲望的追尋及永無止境的期待？

---

72 〔清〕王先謙撰，沈嘯寰、王星賢點校：《荀子集解》，頁7-8。
73 〔清〕王先謙撰，沈嘯寰、王星賢點校：《荀子集解》，頁305。

在荀學的思維中，可以推想：莫以為「自覺」易簡而快速。這就好比「颺下屠刀，立地成佛」[74]的頓悟思維，看似容易；但為了追尋與等待那一念是經歷了多少錯誤與百死千難中的體悟才得以達成！而在「勸為學」的荀學思維中，以「彊學」為始點，帶著一定程度的強制意義，促使人去「學禮義」——人一旦開始「學」，便進入了工夫次第之中；每學一點，心性中就多一點禮義，這也正是荀子認為「跬步」足以「致千里」的原因。

或許要達到「積善而全盡」的成聖境界須要一輩子的追索，也就是要從「好法而行」到「齊明而不竭」的聖人境界是終身的修養工夫；但是人從「不知」禮義到「知」禮義、身心從「無」禮義到「有」禮義卻是在很短的時間就可以達成的。正如荀子所說：「全之盡之，然後學者也」，這個「通倫類」、「一仁義」的境界就像射箭一樣，「百發失一，不足謂善射」——要達到百發百中無一失誤的地步，這肯定不是一蹴可幾的；但是從不會射箭到會射箭，卻不用太長時間，這就是生活中都可以經驗到的「易學難精」。

正如荀子對於「學」的層次與境界所區分的：「彼學者，行之，曰士也；敦慕焉，君子也；知之，聖人也。」（〈儒效〉）[75]到了聖人境界之「知」，已經類似於孟子所謂的「良知」——知是非、知禮之所以為禮的深刻意義、知所進退而有所自覺的修養層次，這當然是須要相當長時間的累積與培養。那麼相對來說，人原初在不知禮義的「經濟人」狀態下，如果還採用激發「自覺」的修養進路與方式，要使人為善可說是遙遙無期；但在這個階段如能按部就班地「積微」，那麼就能很快地使人進入修養系統，也就是荀子所謂的「速」。

74 〔宋〕普濟著，蘇淵雷點校：《五燈會元》卷第十九，（北京市：中華書局，1984年），頁1297。

75 〔清〕王先謙撰，沈嘯寰、王星賢點校：《荀子集解》，頁125。

　　荀子所謂的「能積微者速成」(〈彊國〉)[76]，從經濟理論來說，就是所謂的「邊際效益遞減」(The law of diminishing marginal utility)──單位資源的投入會對於產出的效益逐漸遞減。[77]也就是說，在修養初期，一點點的工夫與修養都會帶來顯著的改變與精進──亦即從「不知禮義」到「知禮義」的改變效果是顯著而立即可見的，這即是荀子所說「積微者著」(〈大略〉)[78]的關鍵所在。

　　然而，隨著修養層次的提升，要再進一步拔升到更高的境界，所做的工夫就須要越大，才能有些微的進展；亦即在禮義內化於心性後，修養工夫的差異就不再是「有」與「無」，而是程度上的差別──從「自覺」到「絕對自覺」之間須要長時間的修養才能有所進展，而且在過程中的增長並不明顯。這就如同田徑選手從百米十五秒進步到十一秒在短時間的練習中就足以達成，但要從百米九點八九秒精進到九點五八秒可能就是其運動生涯一輩子工夫與成就。

　　是以荀子說：「君子之學如蛻，幡然遷之。故其行效，其立效，其坐效，其置顏色、出辭氣效。」(〈大略〉)[79]由此可知，「學」對於人的修養能夠產生立即性的改變，就像蛇蛻皮一般，轉瞬即變；相對於孟學對充滿欲望的「經濟人」一開始就以「自覺」修養的進路期待他為善，「勸學」可謂有其積極性的效益與效果。所謂的「倫理經濟學」正是在這個意義上而論。

　　這就是荀子歸結於歷史與現實，因而能夠從「經濟人」的角度去思考以「學」為修養工夫的進路，是以能「速」能「成」；而孟子則歸結於內在心理與先驗根源，從「道德人」的理想去闡述「求其放

76　〔清〕王先謙撰，沈嘯寰、王星賢點校：《荀子集解》，頁305。
77　參高希均、林祖嘉：《經濟學的世界：中篇──個體經濟理論導引》，頁80-82。
78　〔清〕王先謙撰，沈嘯寰、王星賢點校：《荀子集解》，頁506。
79　〔清〕王先謙撰，沈嘯寰、王星賢點校：《荀子集解》，頁505。

心」的工夫，是以在現實上日久而難成，終不能在亂世中力挽狂瀾，達至治世之效能與效率。此一人性預設與修身的差異，使其在儒學的典範終分道揚鑣，也形成了截然不同的效果。[80]

（三）「養其心」到「好其人」：師教的柔性權威與修養的必然性

首先，荀子必須面對的問題在於，不具有內在價值根源的「經濟人」為學的動力是什麼？誠如勞思光所詰問：人的文化性應該透過自覺努力以成就之，那麼，荀子所謂只有動物性的人要如何達至此種自覺努力的可能？[81]其實，這個問題在荀學脈絡中是個假議題，因為誠如本書所言，荀子透過對孟子道德體系的批判，建立了一套以現實為基礎的理論系統；在他的思維中，並沒有期望人一開始便能夠「自覺」為學、為善。正如路德斌所說：「不管何人，無論貴賤，無論貧富，良心之能否發現與發用，道德之能否自覺與提升，事實上都是不可期必的，是或然，而非必然。」[82]既然「自覺」不是必然，荀子為了尋求快速而有效的治亂方法，自然不會由此進路開展，否則便落入了其批判孟子性善論「無辨合符驗」之困境之中。

順著荀子強調「為學」重要性的論述，所謂「能積微者速成」，是指相對於期待不知何年何月能夠達成且非必然的「自覺」，以「學」為進路可說是「速」而有效。然而，「學」畢竟也是一種修養工夫，必然有其艱苦與困難的一面；對於「形體好佚而安重閒靜莫愉

---

80 參李澤厚：《中國古代思想史論》，頁114、許建良：《先秦法家的道德世界》（北京市：人民出版社，2012年），頁304。

81 見勞思光：《新編中國哲學史（一）》（臺北市：三民書局，2005年），頁320。

82 路德斌：《荀子與儒家哲學》，自序頁7。

焉」(〈王霸〉)[83]的「經濟人」來說,似乎不必然會主動去「為學」。是以如果說人有求知與為學的動力,那大概也必須從「經濟人」的「自利」特質來談。

如同荀子所指出人有「心好利」(〈王霸〉)[84]之特質,是以人心會自主追求對於自己有利益的事物,這是不待逼迫或強制、是人性中既有的動力。這正如熊秉元所說的:「各種道德、良知、善惡等價值,都會通過所隱含的誘因而影響人的行為。」[85]人們願意為學、追求道德的動機,或許不在於天生的道德感,而是「經濟人」追逐利益下的「副作用」。[86]就如荀子認識到的:「人生而有欲,欲而不得,則不能無求。求而無度量分界,則不能不爭;爭則亂,亂則窮。」(〈禮論〉)[87]那麼正因為人有追求利益的本能,但社會上的資源又是有限的,這就是經濟學上必須面對的難題:資源的稀少性(scarcity)。[88]

在如此追求個人利益最大化之時,個體間會在衝突中發現彼此退一步,遵守所謂的禮法規範,雖然可能比贏者全拿的情況減損了獲利,但是卻可以保證長期的利益;這也是人們願意為學、接納道德的動力來源——是以在原初社會,人們會願意行道德、立人倫,不在於人有天生的道德感;而是在「心好利」的利己導向行為模式中所演化出的道德法則。此亦即是荀子所謂:「制禮義以分之,以養人之欲,給

83 〔清〕王先謙撰,沈嘯寰、王星賢點校:《荀子集解》,頁217。

84 〔清〕王先謙撰,沈嘯寰、王星賢點校:《荀子集解》,頁438。

85 熊秉元:《正義的成本:當法律遇上經濟學》(北京市:東方出版社,2014年),頁137。

86 參〔美〕麥特・瑞德里(Matt Ridley)著,范昱峰譯:《德性起源——人性私利與美善的演化》(臺北市:時報文化出版企業公司,2006年),頁159。

87 〔清〕王先謙撰,沈嘯寰、王星賢點校:《荀子集解》,頁346。

88 參高希均、林祖嘉:《經濟學的世界:上篇——經濟觀念與現實問題》,頁69-70。

人之求。使欲必不窮乎物，物必不屈於欲」（〈禮論〉）[89]的道理所在。

但即便人可能有「為學」與認知道德的可能，還是不能夠保證「經濟人」能夠順利而正確地理解禮義，這對於荀子急於達到治亂的效果來說是不能接受的。是以荀子一方面鼓勵人透過「為學」來修養自己，另一方面同時強調「師法」的重要性，來達成修養工夫的效能與效率。故其言「學之經莫速乎好其人。」（〈勸學〉）[90]也就是說，徒有禮法幫助「經濟人」導向正軌還不夠精準有效率，荀子更指出了師教是對於人為學的方便法門。

因為在人內化禮義道德之前，人並沒有價值標準根植於心，如果沒有師教的指引，很容易因為自利之心與衝動而「不可道而可非道」（〈解蔽〉）[91]，誤解了禮法的意義，如此也就容易使人走上錯誤的道路，或是走了許多冤枉路，對於修養與治亂的效率與效能而言都大打折扣。正如荀子所說：

> 人之生固小人，無師無法則唯利之見耳。人之生固小人，又以遇亂世，得亂俗，是以小重小也，以亂得亂也。君子非得埶以臨之，則無由得開內焉。今是人之口腹，安知禮義？安知辭讓？安知廉恥隅積？亦呥呥而噍，鄉鄉而飽已矣。人無師無法，則其心正其口腹也。（〈榮辱〉）[92]

人生來本就是追求利己與生存需求的「經濟人」，尤其是在亂世中資源不足的時候更是會為了基本的生存而一味追求滿足自己的生理欲

---

89 〔清〕王先謙撰，沈嘯寰、王星賢點校：《荀子集解》，頁346。
90 〔清〕王先謙撰，沈嘯寰、王星賢點校：《荀子集解》，頁14。
91 〔清〕王先謙撰，沈嘯寰、王星賢點校：《荀子集解》，頁394。
92 〔清〕王先謙撰，沈嘯寰、王星賢點校：《荀子集解》，頁64。

望，更不用說會有辭讓與羞惡之心的道德感。因此，唯有師教能夠作為價值的標準與指引，讓人「知則速通，勇則速畏，云能則速成，察則速盡，辯則速論」，避免落入「人無師無法而知則必為盜，勇則必為賊，云能則必為亂，察則必為怪，辯則必為誕」(〈儒效〉)[93]的道德困境之中，也就避免了「經濟人」為了追求利益而停留在荀子所說人原初的「小人」狀態之中。

也就是說，對荀子而言，「師」對於人道德人格的養成有著關鍵的作用，「師」能夠使本無道德意識的「經濟人」或是在逐漸內化與形塑良知良能的人正確地理解禮義、思索道德、建立價值，而不會陷在自利的本能與血氣衝動之中，此即荀子所說「非我而當者，吾師也。」(〈修身〉)[94]對荀子而言，這比一味期待人們道德的自覺以及在自以為的「良知」中進退兩難與陷入道德的困境，在不知何所是、何所非的渾沌良知之中摸索，顯然多了一份效率與效能。

但是荀子的意思絕非一味聽從外在「師教」的提點與指正，也並非要人作為道德與禮教的傀儡，而沒有自覺與判斷的能力。他只是要先確立道德內化與建立正確價值觀的可能與效率，一旦能夠在修養的初期就將人導向正確的方向，那麼未來的完全自覺就指日可待了。荀子不是反對孟子所說的「求其放心」的內向修為，他僅僅是認為在「經濟人」原初的狀態下是不可能自主地朝著正確的方向前進的。是以必然要有「師教」作為規矩、繩墨，幫助人們的情性朝向道德價值發展，荀子即言：

　　禮然而然，則是情安禮也；師云而云，則是知若師也。情安

---

93 〔清〕王先謙撰，沈嘯寰、王星賢點校：《荀子集解》，頁142-143。
94 〔清〕王先謙撰，沈嘯寰、王星賢點校：《荀子集解》，頁21。

禮，知若師，則是聖人也。（〈修身〉）[95]

情性本來是不知禮義的，但是當人能夠透過師教，了解師教所告訴人的真理，進而使情性符合禮教，自然而然地去實踐禮義、尊崇師教，那麼人的情性就已經與師教及禮義合一，形成伍振勳說的「禮義的身體」[96]——身禮一體的狀態，那麼此時禮教與師法就不再是外在的，而是與情性合一的。這個時候的心性已經不再是「惡」的，人也不再僅是順從情性、追求利益的「經濟人」，而已經是個具有道德意識的「道德人」；將這樣的狀態修養到極致，就是所謂的聖人了。

是以，師教是荀子認為能夠最快速而有效幫助「經濟人」轉向「道德人」的途徑與方法，是使人具有道德內涵而能夠自覺為善的關鍵進路——「經濟人」是其指出「自然人」的人性特質、是其修養論的標的，「道德人」是其修養後的理想與目標。

三　從自覺到師法——荀子修養進路的轉向及其為善必然性的追求

接著，可以進一步討論荀子期待「經濟人」所學者為何？梳理《荀子》行文脈絡，可以發現其關鍵即在於「禮」。荀子客觀的禮義建構是其理論的特色與核心，以作為化導「經濟人」的標準。唯有透過「學禮義」才能夠形成道德與秩序，也才能樹立治亂系統，使其理論能夠同時具有執行上的效率與效能。以下茲分別論述之。

95　〔清〕王先謙撰，沈嘯寰、王星賢點校：《荀子集解》，頁33。

96　伍振勳：〈荀子的「身、禮一體」觀——從「自然的身體」到「禮義的身體」〉，《中國文哲研究集刊》第19期（2001年9月），頁334-338。

（一）「形而上」到「形而下」：禮法的現實考量與治亂的客觀性

荀子認為重點在於學「禮」，是其言「學」的方法與途徑在於「始乎誦經，終乎讀禮」，「禮」可說是人為學的最終價值與目的；因而荀子強調「學至乎禮而後止也」（〈勸學〉）[97]，甚至讚嘆「禮豈不至矣哉！」（〈禮論〉）[98]荀子之所以如此強調「禮」，正在於其作為「法之大分，類之綱紀」（〈勸學〉）[99]的重要地位，是一切價值的標準與依歸，也是治亂的關鍵要素。荀子即言：「禮之所以正國也，譬之猶衡之於輕重也，猶繩墨之於曲直也，猶規矩之於方圓也。」（〈王霸〉）[100]

這樣以「禮」作為價值判斷的標準、作為人「為學」的對象，目的即在於建立一套統一的價值判準系統，使人不會無所適從。所以說「禮」是作為人道德準則的最高規範，也是君王在治理家國百姓的最高準則，荀子即言：

> 以類行雜，以一行萬，始則終，終則始，若環之無端也，舍是而天下以衰矣。天地者，生之始也；禮義者，治之始也；君子者，禮義之始也。為之，貫之，積重之，致好之者，君子之始也。（〈王制〉）[101]

也就是說儘管在現實中有太多事理，但荀子強調掌握以「禮」統貫萬事萬理，就能夠確實達到治天下的目標。而這樣的最高準則，要由有

---

97 〔清〕王先謙撰，沈嘯寰、王星賢點校：《荀子集解》，頁12。

98 〔清〕王先謙撰，沈嘯寰、王星賢點校：《荀子集解》，頁355。

99 〔清〕王先謙撰，沈嘯寰、王星賢點校：《荀子集解》，頁12。

100 〔清〕王先謙撰，沈嘯寰、王星賢點校：《荀子集解》，頁209-210。

101 〔清〕王先謙撰，沈嘯寰、王星賢點校：《荀子集解》，頁163。

德的君子來整合與運用；因為荀子的禮治論是建基在其人性論基礎之
上的——人原初是不知禮義、沒有道德意識的「經濟人」，須要由聖
王來統合禮法而「彊學」之。

　　但所謂的「禮」並非憑空而來僅由聖王單方面立法便要人接受與
遵循，所謂的「禮」是有「根據」的，亦即荀子所強調——「禮有三
本：天地者，生之本也；先祖者，類之本也；君師者，治之本也。」
（〈禮論〉）[102]「禮」是根據「人」所以生的狀態——亦即荀子所說的
「性惡」所開展，以及根據人類歷史長久以來的風俗習慣所整合，再
加上聖王合理地統合與運用，才形成「禮」作為最高理據的正當性。
也就是說，荀子對於人為善的可能以及使人為善的體制，都是就現實
的情境與狀況去探尋；他所在意的是現實中禮法的「根據」，本書也
就是在這個意義上講「形而下」——相對於孟學追尋的是使人為善的
「形而上」之「根源」。

　　孟子雖然也講「學者亦必以規矩」（〈告子上〉）[103]，看似有所依
歸準則，但那畢竟只是個理念，並非一套規範法度；正如其言：「學
問之道無他，求其放心而已矣。」（〈告子上〉）[104]其所謂的「學」重
點還是在養其四端之心，是出自於內在自覺的層面，而非外在具有標
準性的禮法；是其言：「諸侯之禮，吾未之學也。」（〈滕文公上〉）[105]

　　孟子此等「仁義禮智，非由外鑠我也，我固有之也」（〈告子
上〉）[106]的境界當然是極其崇高而有意義的。但是在現實上，並非人
人都是理想中的「道德人」，而是事實上的「經濟人」；當「經濟人」

102　〔清〕王先謙撰，沈嘯寰、王星賢點校：《荀子集解》，頁349。
103　〔漢〕趙岐注，〔宋〕孫奭疏：《孟子注疏》，頁205。
104　〔漢〕趙岐注，〔宋〕孫奭疏：《孟子注疏》，頁202。
105　〔漢〕趙岐注，〔宋〕孫奭疏：《孟子注疏》，頁89。
106　〔漢〕趙岐注，〔宋〕孫奭疏：《孟子注疏》，頁195。

還未內化禮義之時,無從有價值判斷的標準,則可能形成一人一天理,百人百天理的狀況。如此則會形成價值的紊亂,也就無法在短時間內達到限制人為惡的效果。

　　此是因為孟子忽略了所謂的「良知」是長時間的衝突與互動下所形成之非零和行為準則,而此一互利行為模式經過長期滲透成為社會規範與價值,進而逐漸使人將此行為準備內化於心性之中,而成為一種好像本來就內在於人的道德意識。[107]事實上「道德人」所預設的原初道德並非自覺地為自己立法,而是「一個無意識的非自覺的過程,是一種自然的生活方式。」[108]也就是說,在孟子那裡或許把那經過長期內化與社會化而形成的道德意識認定為「良知」,誤以為那是「不慮而知」(〈盡心上〉)[109],本來就根植於心的。殊不知那是須要長時間的累計才能形成,在現實狀態中並不符合人人天生都是「道德人」的預設[110];也無怪乎荀子要批判其理論「無辨合符驗」了!

　　王邦雄認為,荀子將儒學的重心轉向客觀化的建構,心不再是人心實理,因此開不出道義,一切的禮義法度都被迫外推,心性根源完全失落,在理論上有極大的問題。[111]但假使不以孟學的典範作為儒學的判準,就可以了解到,荀子正是從「經濟人」的角度去批判孟子「道德人」的預設;特別要跳脫道德的形上學,不欲將禮義道德上溯至形上根源而是在現實的欲望開展與資源分配中尋求「禮」的根據及秩序的可能,這正是其對於時代的反思與回應。王邦雄對荀子所指謫之缺失,或許反倒是荀子所要強調的精隨所在。

---

107 參楊國榮:《倫理與存在——道德哲學研究》(北京市:北京大學出版社,2011年),頁200。

108 徐宗良:《道德問題的思與辨》(上海市:復旦大學出版社,2011年),頁19-20。

109 〔漢〕趙岐注,〔宋〕孫奭疏:《孟子注疏》,頁232。

110 參曾暐傑:《打破性善的誘惑——重探荀子性惡論的意義與價值》,頁64-65。

111 王邦雄:《中國哲學論集》(臺北市:臺灣學生書局,2004年),頁34。

（二）「法先王」到「法後王」：禮義的當世整合與治亂的效率性

　　所以說，荀子禮法的外在客觀性，正是儒學隨著時代的變動與需求所做出的回應與調整。正如子產公開刑鼎法典的動機，也就在於避免道德規範的模糊性與任意性。[112]外在的統一標準是能夠讓人明確看到何者為是、何者為非的客觀標準；如此也就避免了主觀上認知的衝突。在人還未修養為「道德人」之前，透過客觀禮法來幫助人不做惡甚至為善，可說是一條快速而有效的途徑，這也正是荀子強調禮法重要性的意義與價值。

　　是以荀子說：「習俗移志，安久移質。」（〈儒效〉）在「經濟人」還未達到「全盡」（〈儒效〉）禮義、「齊明而不竭」（〈修身〉）[113]的工夫境界之前，可以讓約定俗成的習俗規範去制約、改變人的心智；至於要使「經濟人」的性惡之性能夠透過禮義化性起偽，達到人性上的質變，那是須要長期的累積與修養的。

　　而所謂的「習俗」和「禮義」，其實正是社會規範的一體兩面；荀子有言：「聖人積思慮，習偽故，以生禮義而起法度。」（〈性惡〉）[114]也就是說，禮義就是聖人經過整合、具體化的規範，能夠用以規範社會人民。而這樣的禮義建構，是在固有的「潛規範」上建立的，因此可說是「由後推進的策略」（bottom-up policy）。[115]也就是透過聖王隨順時代、社會的情況，在固有的基礎上去建構一套規範，也即荀子所

---

112 參〔美〕史華慈（Benjamin I. Schwartz）著，程鋼譯：《古代中國的思想世界》（南京：江蘇人民出版社，2004年），頁340。

113 〔清〕王先謙撰，沈嘯寰、王星賢點校：《荀子集解》，頁33-144。

114 〔清〕王先謙撰，沈嘯寰、王星賢點校：《荀子集解》，頁437。

115 參吳定：《公共政策》（新北市：國立空中大學，2003年），頁235-237。

言「法後王，統禮義，一制度。」(〈儒效〉)[116]「法後王」正是要與時俱進，利用當下的潛規範與資源去建構禮義，才能夠達到快速而有效的治理環境。

當然，荀子並不反對「法先王」，他甚至批判名家者流「不法先王，不是禮義，而好治怪說，玩琦辭，甚察而不惠，辯而無用，多事而寡功，不可以為治綱紀」；批評思孟學派「略法先王而不知其統，猶然而材劇志大，聞見雜博。案往舊造說，謂之五行，甚僻違而無類，幽隱而無說，閉約而無解。」(〈非十二子〉)[117]但其所謂的「法先王」是為了成就「法後王」的，也就是說「法後王」必須建立在「法先王」的基礎上，而不能憑空創造辭彙、規則與學說，而完全捨棄舊有的習俗與理則。

這也就是荀子所說，禮的三個來源之一即在於先祖——所謂「先祖者，類之本也」(〈禮論〉)[118]之關鍵所在。「禮」當然是隨時代而新的，「法後王」正是要從近於當代的法則與規範來創建與實踐禮義，以符合該時代的需求與環境；但是這樣的規範是不能脫離固有傳統文化與習俗的，是以荀子說：「無先祖惡出？」(〈禮論〉)[119]沒有「先王」的文化又怎麼會有「後王」的可能呢？這也正是荀子強調「積思慮，習偽故」，從傳統習俗文化中開展禮義的意義。「後王」建立在「先王」的基礎之上，而「先王」隨「後王」而新；重點終在於「後王」的開新，隨時代而「新」的「禮」才有其效率與效能，才能真正快速而有效地達到「正理平治」的目的。[120]

---

116 此句原為「法先王」，據楊倞注改為「法後王」。見〔清〕王先謙撰，沈嘯寰、王星賢點校：《荀子集解》，頁140。

117 〔清〕王先謙撰，沈嘯寰、王星賢點校：《荀子集解》，頁94。

118 〔清〕王先謙撰，沈嘯寰、王星賢點校：《荀子集解》，頁349。

119 〔清〕王先謙撰，沈嘯寰、王星賢點校：《荀子集解》，頁349。

120 如同〈正名〉中所說：「後王之成名：刑名從商，爵名從周，文名從禮，散名之加

　　而這樣的禮法建構，亦是建立在「經濟人」特質的基礎上，即荀子所言：「先王惡其亂也，故制禮義以分之，以養人之欲，給人之求。使欲必不窮乎物，物必不屈於欲。」聖王因為了解到「經濟人」「生而有欲，欲而不得，則不能無求；求而無度量分界，則不能不爭」（〈禮論〉）[121]的狀況，因此建立了類似「契約論」的禮法，使人能夠從爭奪的狀態中脫離，又能夠滿足其欲望，這正是每個「經濟人」所期望的──所謂「人之所惡何也？曰：汙漫、爭奪、貪利是也。人之所好者何也？曰：禮義、辭讓、忠信是也。」（〈彊國〉）[122]

　　雖然「經濟人」自利、理性的本性應該會抗拒禮法等規範；但假使這樣的規範能夠使他們得到長期的穩定，出於理性，人們還是願意受到一些限制，而得到相對的安穩。那麼，這樣的限制是建立在人性基礎上的，是而減少了反抗力量也就能夠達到立竿見影之效。這也就類似霍布斯所說：「我承認這個人或這個集體，並放棄我管理自己的權利，把它授與這人或這個集體，但條件是你也把自己的權利拿出來授與他，並以同樣方式承認他的一切行為。」[123]亦即禮法雖然對於經濟人而言是一種約束，但經濟人的理性讓其自願接受一定程度的限制，以獲取長期的安全與穩定。

　　相對於孟子所謂「人皆有不忍人之心。先王有不忍人之心，斯有不忍人之政矣。以不忍人之心，行不忍人之政，治天下可運之掌上。」（〈公孫丑上〉）[124]將治亂的希望寄託在君王的自覺，這不但是可遇而

　　於萬物者，則從諸夏之成俗曲期，遠方異俗之鄉則因之而為通。」禮法要能夠貫通古今禮俗制度而為今用。見〔清〕王先謙撰，沈嘯寰、王星賢點校：《荀子集解》，頁411-412。

121　〔清〕王先謙撰，沈嘯寰、王星賢點校：《荀子集解》，頁346。
122　〔清〕王先謙撰，沈嘯寰、王星賢點校：《荀子集解》，頁298。
123　〔英〕霍布斯（Thomas Hobbes）著，黎思復、黎廷弼譯：《利維坦》，頁131-132。
124　〔漢〕趙岐注，〔宋〕孫奭疏：《孟子注疏》，頁65。

不可求的，而且是一種「向前推進的策略」（top-down policy），[125]那是一種透過在上位者企圖以道德感化人民的進路。一方面，所謂的道德法則是與現實中「經濟人」之本性相悖，所以在執行上必定不能夠毫無阻礙，在時效上來講也須要長期經營；畢竟移風易俗不是短時間就能達成。

另一方面，孟子對於「先王」有著濃烈的期待與想望，而對於「後王」——湯武之後的君政多無積極正面地表述與褒揚，是其言：「堯舜，性者也；湯武，反之也」（〈盡心下〉）[126]，又說：「堯舜，性之也；湯武，身之也；五霸，假之也。久假而不歸，惡知其非有也。」（〈盡心上〉）[127]在孟子的思維中，僅有堯舜的心性值得讚揚，此正其所謂「言必稱堯舜。」（〈滕文公上〉）[128]此「法先王」的思維使他將一切治亂的希望都寄託於「堯舜」的「性善」之道，而所謂的堯舜之道就是所謂的「仁政」，孟子說：

> 堯舜之道，不以仁政，不能平治天下。今有仁心仁聞而民不被其澤，不可法於後世者，不行先王之道也。（〈離婁上〉）[129]

一言以蔽之，所謂的「法先王」就是孟子的核心思想——「仁心仁政」的政治理路，一種沒有外王的外王思想。他企圖以古代先聖先賢或是西周封建的制度與禮教來施行於戰國，在執行上一方面不符合現實人性與狀態，無法達到治亂的效能；另一方，即便堯舜之道可行，

---

125 參吳定：《公共政策》，頁235。

126 〔漢〕趙岐注，〔宋〕孫奭疏：《孟子注疏》，頁261。

127 〔漢〕趙岐注，〔宋〕孫奭疏：《孟子注疏》，頁239。

128 〔漢〕趙岐注，〔宋〕孫奭疏：《孟子注疏》，頁88。

129 〔漢〕趙岐注，〔宋〕孫奭疏：《孟子注疏》，頁123。

但一個久遠時代的體制要在當代重現，必然須要磨合與重構，想來是曠日廢時，沒有效率的。

　　荀子對此有著針對性的批判，認為孟子「略法先王而不知其統」（〈非十二子〉）[130]，這之中其實蘊含了兩層批判並指出孟子的雙重謬誤。其一，「略法先王」指出孟子沒有正確地理解先王之道，而逕自改易「性」的內涵與用法[131]，藉此提出性善說，致使名實混亂，此即荀子所說「案往舊造說，謂之五行，甚僻違而無類，幽隱而無說，閉約而無解」（〈非十二子〉）[132]──自認為是照著堯舜的「往舊」思維體系開展學說，實際上是在「創造學說」──一個全新的學說，稱之為仁義禮智聖的「五行」學說；這在現實上是無可印證、更無法實際施行的。

　　其二，「略法先王而不知其統」同時隱含著孟子不「法後王」的缺失。正如前文所說，「法先王」正是為了給予「法後王」基礎與合法性，「法後王」就是整合先哲與體制而開展符合當下的禮制規範。荀子即言：

> 法後王，統禮義，一制度；以淺持博，以古持今，以一持萬，苟仁義之類也，雖在鳥獸之中，若別白黑，倚物怪變，所未嘗聞也，所未嘗見也，卒然起一方，則舉統類而應之，無所儗怎，張法而度之，則晻然若合符節：是大儒者也。（〈儒效〉）[133]

130　〔清〕王先謙撰，沈嘯寰、王星賢點校：《荀子集解》，頁94。

131　路德斌：〈一言之誤讀與荀學千年之命運──論宋儒對荀子「性惡」說的誤讀與誤解〉，收入涂可國、劉廷善主編：《荀子思想研究》（濟南市：齊魯書社，2015年），頁109-110。

132　〔清〕王先謙撰，沈嘯寰、王星賢點校：《荀子集解》，頁94。

133　〔清〕王先謙撰，沈嘯寰、王星賢點校：《荀子集解》，頁140。

所謂的「法後王」，正是統合從古到今的禮義為當下的禮義、整合由古至今的制度為當前的制度，唯有掌握了先王的禮義法度，才能夠恰當而正確地治理當下的家國社會。這也是荀子強調「大儒」必須具有「統類」的能力——統合類歸古今的萬事萬物萬理，進而能夠使人與社會朝向「正理平治」的目標發展。

也就是說，荀子所說的「法後王」中就已經蘊含了「法先王」，但是不能夠僅法後王而不法先王，那就失去了「禮」的本源之一——先祖，亦即傳統禮俗與文化——也就失去了「禮」的歷史性、連貫性與合理性。是以荀子說：「學者，以聖王為師，案以聖王之制為法，法其法，以求其統類，以務象效其人。」（〈解蔽〉）[134]「學」的重點就在於學聖王，但並不是直接運用先王之法，而是統合抽繹出法之所以為法的禮義法則，以此「統類之法」運用於當世，才能確實而有效地治理家國。

這也是為何說荀子批判孟子「略法先王而不知其統」不僅僅是表面上非議孟子不「法先王」，更重要的是他未能以「法先王」為基礎而「法後王」，開展出符合當下狀態與情境的「統類法」。這也就是為什麼孟子徒讚堯舜，而荀子卻並舉堯舜與湯武[135]——前者作為「先王

---

134 〔清〕王先謙撰，沈嘯寰、王星賢點校：《荀子集解》，頁407。

135 荀子多次提到堯舜，將之作為聖王的典範，是以其言：「堯、舜，至天下之善教化者也。」（〈正論〉）這一方面凸顯出堯舜之功在外王而不在其內聖，亦不如孟子所言在其「性」，正所謂「凡人之性者，堯、舜之與桀、跖，其性一也」（〈性惡〉）；另一方面也表現荀子對於堯舜等先王的尊崇。但可以注意的是，荀子對於堯舜的論述都是就原則性的讚揚——如就善教化、尚賢、禪讓等議題做討論。而真正在政治與外王的制度性探討，荀子多由「後王」湯武而論，如其〈王霸〉所言：「湯、武者，循其道，行其義，興天下同利，除天下同害，天下歸之。故厚德音以先之，明禮義以道之，致忠信以愛之，賞賢使能以次之，爵服賞慶以申重之，時其事、輕其任以調齊之，潢然兼覆之，養長之，如保赤子。」可以見得荀子的後王之法是法先王之法後統類而出的當世法。見〔清〕王先謙撰，沈嘯寰、王星賢點校：《荀子集解》，頁336-337、441、224。

之法」，後者作為「法其法而求其統類」的「統類法」，是隨時代而新的當世法。

（三）「期自學」到「法刑戮」：聖王的剛性權威與治亂的必然性

在此一當世法的基礎上，君王便能夠運用這樣的法刑去使人為善，以補足柔性權威的師教尚無法化導的「經濟人」──因為那並不具有絕對的強制性。而如前文所說的，荀子在戰國末年亟欲扭轉亂世，故批判孟子那種透過自覺的修養工夫不切實際而沒有效率，而欲建構一套對於使人為善有必然性的理論。就此而論，師教顯然是不夠的，故荀子即言：「治之經，禮與刑。」（〈成相〉）[136]在修養與師教的修養進路外，還樹立了一條以政治權威作為保證人為善的途徑。

是以，荀子提出了剛性的權威──法與刑來達到保證人能在短時間內為善的可能。正如其言：「去法正之治，無刑罰之禁，倚而觀天下民人之相與也。」（〈性惡〉）[137]唯有在師教之上再加諸法刑的強制性力量，才能迅速而有效導正人性，這也正是其所謂「人無師無法而知則必為盜，勇則必為賊，云能則必為亂，察則必為怪，辯則必為誕」（〈儒效〉）[138]的原因。因為「禮」畢竟沒有強制的約束力，荀子感悟到了這一點，是而在「禮」的基礎上更提出了「法」的概念。[139]因為依靠不具內在道德價值的「經濟人」之自利心與可能朝向錯誤發展的工具理性，是無法保證必然能夠達至善的結果；誠如許建良所說，在一定的強迫意義下，法的約束是必須而不得不的。[140]

---

136 〔清〕王先謙撰，沈嘯寰、王星賢點校：《荀子集解》，頁461。

137 〔清〕王先謙撰，沈嘯寰、王星賢點校：《荀子集解》，頁440。

138 〔清〕王先謙撰，沈嘯寰、王星賢點校：《荀子集解》，頁142-143。

139 參許建良：《先秦法家的道德世界》，頁24。

140 參許建良：《先秦法家的道德世界》，頁17。

「法」相對於「禮」而言，關鍵就在於其強制性[141]，而強制性來自於隨「法」而至的「刑」。也就是說，一旦人不遵重「法」的規範，將會受到「刑」的懲戒，這正如荀子所說：

> 君上之所惡也，刑法之所大禁也，然且為之，是忘其君也。憂忘其身，內忘其親，上忘其君，是刑法之所不舍也，聖王之所不畜也。(〈榮辱〉)[142]

為了避免「經濟人」為了追求自身利益，而將倫理道德都擱置一邊，於是君王便制定了「法」與「刑」，禁止「經濟人」欲望的無限延伸。這正是抓住了「人之所生而有」的特質——「飢而欲食，寒而欲煖，勞而欲息，好利而惡害」(〈榮辱〉)[143]，讓人在追求欲望滿足的同時，能夠因為害怕受到刑罰而有所警戒，不敢為惡，而朝著「善」的方向發展，這就是荀子所說：「孝弟原愨，軥錄疾力，以敦比其事業而不敢怠傲，是庶人之所以取煖衣飽食，長生久視，以免於刑戮也。」(〈榮辱〉)[144]由此來看，荀子凸出「性惡」，將「人」初生的狀態定位為「經濟人」而非「道德人」有其必要性，更是其學說中的關鍵與慧見。

---

141 如美濃部達吉（みのべたつきち，1873-1948）所說，法和道德的區別關鍵就在於「強要性」，在於人們有必須服從法的規律之義。但即便是在現代法學體系中，也很難完全區分法與道德的關係，就像在荀子這裡法與禮是難以截然二分的；只能大略來說，前者是人外部行動的規律，而後者則是人內部精神作用的規律。但就「強要性」這點而言，法的強度無疑是高於禮與道德的。參〔日〕美濃部達吉著，林紀東譯：《法之本質》（臺北市：臺灣商務印書館，2012年），頁56-68。

142 〔清〕王先謙撰，沈嘯寰、王星賢點校：《荀子集解》，頁55。

143 〔清〕王先謙撰，沈嘯寰、王星賢點校：《荀子集解》，頁63。

144 〔清〕王先謙撰，沈嘯寰、王星賢點校：《荀子集解》，頁59。

　　雖然如牟宗三認為，荀子的禮義法度未繫於內在德性，失去了人為善的普遍性與必然性；李哲賢也表示，荀子此處僅是他律的道德，並非真正的道德，顯現出其理論的限制性。[145]但或許這並非荀子的限制——只要能夠跳脫孟學形而上根源的典範——就可以了解到，荀子正是為了解決孟子訴諸自覺的理論沒有必然性之問題，這並非荀子理論的限制與不足，反倒是具有時代性的意義與價值。

　　由此可知，荀子的確對於孟子的理論作出了回應，亦即，當孟子將人為善的希望訴諸「道德人」的自覺，那麼當四端之火未能燃起、良知之泉未能長流之時，他又能怎麼辦呢？[146]對荀子來說，「無辨合符驗」之處即在於將為善寄託於人的自覺，在當下是不符合效益且沒有必然性的——我們永遠無法保證與掌握每一個充滿欲望的身體什麼時候會自覺；畢竟「道德人」是一個先驗性的預設。

　　然而，荀子就經驗性建構的「經濟人」雖然是就現實來考量，但他並沒有偏離儒家以禮義道德為核心的修養進路，並沒有一味地利用人好利惡害的傾向，為了追求治亂的效率而放棄化導人性的可能——這也是荀子與法家的根本差異，是其言：「姦言、姦說、姦事、姦能、遁逃反側之民，職而教之，須而待之，勉之以慶賞，懲之以刑罰。」（〈王制〉）[147]順著「經濟人」的欲望發展，必然會造成姦惡的言行，但必須循序漸進，先以禮義師教化導之，給人機會轉變，以鼓勵與勸學的方式使人為善；最後，在無法教化的情況下，才給予刑罰以威嚇之。是以荀子治亂的原則是：「以善至者待之以禮，以不善至者待之以刑」（〈王制〉）[148]——能以禮義化性則以師教之，不能以禮

---

145 參牟宗三：《名家與荀子》，頁227；李哲賢：《荀子之核心思想——「禮義之統」及其現代意義》（臺北市：文津出版社，1994年），頁196。

146 參曾暐傑：《打破性善的誘惑——重探荀子性惡論的意義與價值》，頁165-170。

147 〔清〕王先謙撰，沈嘯寰、王星賢點校：《荀子集解》，頁149。

148 〔清〕王先謙撰，沈嘯寰、王星賢點校：《荀子集解》，頁149。

義化性則以君刑之。

也就是說，荀子認為當柔性的權威——師教已無法將人導正、或是緩不濟急時，唯有訴諸法與刑才能夠最有效地避免人為惡。正如史華慈（Benjamin I. Schwartz, 1916-1999）所認識到的，或許「世界的最終得救只有依靠恢復君子德性的政府來實現，但從短期看——就像荀子後來所承認的那樣——殘酷的刑法體系可能是最有效的。」[149]荀子提高了為惡的「成本」，使「自利」的「經濟人」出於自利而避免受到傷害進而形成不敢為惡的動力。[150]

亦即荀子觀察到在現實中，「好利而欲得者，此人之情性也」（〈性惡〉）[151]，他便利用此一欲利惡害的特質，使人為了免於受到責罰刑辱而不敢為惡；此正如其言：「天下曉然皆知夫盜竊之人不可以為富也，皆知夫賊害之人不可以為壽也，皆知夫犯上之禁不可以為安也。由其道，則人得其所好焉；不由其道，則必遇其所惡焉。」（〈君子〉）[152]這是在無法以師教化人之性時，利用「經濟人」欲利惡害的天性，使人能夠當下為善的說服的手段；此是為了避免尋求自覺與道德感萌發的無效性與耗時性，與根本上並未放棄成德成聖的可能與目標，不能藉此批判荀子流於法家。

正如荀子所說的：「不教而誅，則刑繁而邪不勝；教而不誅，則姦民不懲」（〈富國〉）[153]，師教與刑罰同樣是治國之大寶，是使人為善的兩條進路：不能徒求以道德與自覺的理想來解決現實的問題，那

---

149 〔美〕史華慈（Benjamin I. Schwartz）著，程鋼譯：《古代中國的思想世界》，頁 340-341。

150 關於犯罪成本的提高之相關理論請參熊秉元：《正義的成本：當法律遇上經濟學》，頁137。

151 〔清〕王先謙撰，沈嘯寰、王星賢點校：《荀子集解》，頁438。

152 〔清〕王先謙撰，沈嘯寰、王星賢點校：《荀子集解》，頁450。

153 〔清〕王先謙撰，沈嘯寰、王星賢點校：《荀子集解》，頁191。

不切實際；但也不能僅欲以律法與刑戮的手段來化解現實的混亂，那也不能真正解決問題。荀子扣其兩端而執其中，是其「倫理經濟學」的特色與凸出之處。

第二節　典範的確立：倫理經濟學的內涵與意義

誠如前文所述，荀子在唐宋以降就受到儒家學者的批判，牟宗三亦「照著」[154]宋明道統講，認為「荀子之廣度必轉而繫屬於孔孟之深度」，否則「弊不可言」。[155]勞思光亦謂「荀子倡性惡而言師法」，「是為儒學之歧途」。[156]由此可知，宋明儒學以至當代新儒家大抵是從荀子的「性惡」進行批判，因為一旦言「性惡」，則沒有道德價值的內在根源，亦即蔡仁厚所說荀子是忘掉了道德的「本源」。[157]這樣的思維大抵是建立在牟宗三所梳理出的「道德形上學」（moral metaphysics）之上[158]，即是《孟子》所謂「盡其心者，知其性也。知其性，則知天矣」（〈盡心上〉）[159]之天人合一的形上道德體系。

假使將《荀子》置入「道德形上學」體系中去檢視與批判，那麼荀學肯定是沒有內在根源的失敗體系，但似乎不該預設著儒學中只有「道德形上學」的孟學系統；至少在唐代以前，將「孔孟」定於一尊的道統是不存在的。那麼或許可以嘗試回歸到荀子的時代，在當代多

---

154 「照著講」是相對於馮友蘭所謂「接著講」——在固有最好的傳統體系中開展出新的視野與系統，此處所謂「照著講」即是指當代新儒家在宋明道統中延續尊孟抑荀的傳統。參馮友蘭：《新原道》（臺北市：臺灣商務印書館，1995年），頁193-194。

155 牟宗三：《名家與荀子》（臺北市：臺灣學生書局，2006年），頁215。

156 勞思光：《新編中國哲學史（一）》，頁316。

157 蔡仁厚：《孔孟荀哲學》，頁366。

158 參牟宗三：《中國哲學十九講：中國哲學之簡述及其所涵蘊之問題》，頁75-76。

159 〔漢〕趙岐注，〔宋〕孫奭疏：《孟子注疏》，頁228。

元價值體系下的哲學「花園風景」（landscape）[160]中，跳脫「形上根源的誘惑」[161]，重建荀學典範（paradigm）。

是以，在了解荀子有意將孟子視為他者進行批判並轉向後，可知荀學的建構截然不同於孟學的「道德形上學」典範，其性惡論、禮論、重「學」與師法的提出，在多數學者自覺或不自覺的孟學意識型態下，認為是有所不足或缺陷的理論，其實正是荀子思想的特色與核心所在。[162]而此一系統作為區別孟學典範的「道德形上學」，可以將之定位為「倫理經濟學」（ethical economy）──亦即有別於心性儒學的荀學典範。

一　探討道德的起源──「禮義」的形下系譜及「稀少性」概念的開展

在探討荀子思想體系的形成前，可以先釐清荀學建構的時代背景，便能夠理解荀子為何會發展出一套與孟學典範截然不同的思想系統。亦即透過時代背景的釐清，將可以梳理出為何荀子由經驗來展開形而下的起源，開展出「倫理經濟學」的體系；而孟子卻從先驗去開展形而上的起源，是為「道德形上學」。[163]

---

160 參王晴佳：〈後現代主義與經典詮釋〉，收入黃俊傑編，《中國經典詮釋傳統（一）通論篇》（臺北市：臺灣大學出版中心，2006年），頁134。

161 參曾暐傑：《打破性善的誘惑──重探荀子性惡論的意義與價值》（新北市：花木蘭文化事業公司，2014年），頁26-27、43-44。

162 參曾暐傑：《打破性善的誘惑──重探荀子性惡論的意義與價值》，頁4-13。

163 關於道德的兩種起源，參盛洪：《儒學的經濟學解釋》（北京市：中國經濟出版社，2016年），頁7。

（一）從春秋到戰國：「私有制」的形成對儒學典範轉向的影響

首先，必須了解到，荀子處於戰國末年，其政治環境與經濟體制皆非春秋時代孔子、甚至是戰國初年的孟子所能經歷與體會，這也是探究為何儒學會由孟子的內在之「仁義」系統轉向外在之「禮義」系統的關鍵所在。

戰國末年，人口隨著時間的自然增加，鐵器運用於農作的技術也日趨成熟，在如此雙重驅力下，使得勞動力大幅提升；而勞動力的提升打破了孟子理想中「方里而井，井九百畝，其中為公田。八家皆私百畝，同養公田」（〈滕文公上〉）[164] 之井田制度，私有田制的發展便勢在必行，無可抗拒。[165] 那麼，這個看似經濟制度上的問題，為何會造成儒學史上的轉向、荀學典範的形成呢？

此中的關鍵即在於荀子的核心思想——「禮」的形成與建構，即是由於人口的成長以及財產私有制的形成所促成的。依照人口經濟學家馬爾薩斯（Thomas R. Malthus, 1766-1834）的說法，人口力量太過強大，遠遠超過自然資源所能供給人類維生的產量[166]；而在財產私有制下，個體的生存沒有必然的保證，人們便只能依靠爭奪與占有來取得生存上優勢。

那麼，在人口與資源分別以等比級數（geometric progression）與等差級數（arithmetic progression）成長下造成的生存缺口，便使人與人間的爭奪成為常態。是以荀子觀察到了這個狀態，並藉此推導出

---

164 〔漢〕趙岐注，〔宋〕孫奭疏：《孟子注疏》，頁92。

165 關於先秦勞動力的變遷及其影響，請參王曉波：《儒法思想論集》，頁248；張純、王曉波：《韓非思想的歷史研究》（臺北市：聯經出版事業公司，1983年）頁6-7。

166 Thomas Malthus, *An Essay on the Principle of Population*. New York: Oxford University Press, 1993, p. 6.

「禮」的來源：

> 禮起於何也？曰：人生而有欲，欲而不得，則不能無求。求而
> 無度量分界，則不能不爭；爭則亂，亂則窮。先王惡其亂也，
> 故制禮義以分之，以養人之欲，給人之求。使欲必不窮乎物，
> 物必不屈於欲。兩者相持而長，是禮之所起也。（〈禮論〉）[167]

由此可以了解到，荀學中的核心概念——「禮」[168]，即是透過現實環境中的觀察與體會，進而發展出的學說理論。也就是說，在現實社會中，荀子看到了人們屈就於資源不足而相爭的情況，是以特別推崇「禮」的制約與調和，這是在現實中經驗性的論述，並由此以具體的、制度的方法來解決當下的問題，此正是荀子經驗性格與學說的特色[169]，也是荀子思想的核心。正如孟旦（Donald J. Munro）所言，荀子藉此思索欲望與物質如何達至所謂的供需平衡[170]，而其禮論與性惡論之形成也皆由此經濟因素所開展。

也就是說，荀子的理論價值核心是從經濟民生的問題開展出來的，這點是類似於現代經濟學的範疇與論述核心的。然而，荀子經濟學層面的論述，與十六世紀以來西方社會那種將「經濟」與「道德」分離的傾向並不相同[171]——荀子並不追求效益的最大化，也不因為從

---

167 〔清〕王先謙撰，沈嘯寰、王星賢點校：《荀子集解》，頁346。

168 「禮學」作為荀子思想的核心與理論上的第一義，大抵為當代學者所認同，參龍宇純：《荀子論集》（臺北市：臺灣學生書局，1987年），頁71。

169 關於荀子的經驗性格請參徐復觀：《中國人性論史：先秦篇》，頁253-254。

170 參Donald J. Munro, *The Concept of Man in Early China*. Stanford: Stanford University Press, 1969, pp.89-90.

171 參〔澳〕約翰・韓納楓（John Hanafin）著，周秉生譯：〈中西倫理學交流的新領域：道德和市場經濟的關係〉，《哲學研究》1997年第4期（1997年4月），頁78。

經濟的角度出發便將「道德」置入括弧之中。

由〈禮論〉這段文字，可以發現，荀子用具有道德意義的「禮」來解決資源不足下「爭則亂、亂則窮」的經濟問題，這是以「道德」為核心所構成的經濟學論述，是以將之稱為「倫理經濟學」——相對於牟宗三提出以「道德」為核心的形上學而論。[172]對於荀子而言，「經濟」與「道德」是一體而無法割裂的；這正如王小錫所說：沒有道德，經濟將無法被正確地認識；離開經濟，道德也將變得空洞。[173]

（二）從經濟到道德：「稀少性」的概念對荀子禮學起源的關鍵

是以從荀子論「禮」的起源之論述來看，他特別注意到了經濟學中資源「稀少性」（scarcity）的問題——亦即社會必須面對如何將有限的資源做最佳的運用，以滿足無窮的欲望。[174]這可說是經濟學最重要的核心概念之一，正如單驥簡單而深刻的描述——「天堂裡沒有經濟學」——唯有在「資源有限，人欲無窮」的狀況下，才會有經濟學的問題產生。[175]

在《論語》中孔子也曾說過「不患寡而患不均」（〈季氏〉）[176]，這亦是經濟學中分配資源的概念——亦即探討如何分配有限資源以達到最大效用。[177]但在孔子那裡，似乎沒有凸出「稀少性」的概念，只

---

172 參牟宗三：《中國哲學十九講：中國哲學之簡述及其所涵蘊之問題》，頁72-76。

173 王小錫：《經濟倫理學——經濟與道德關係之哲學分析》，頁2。

174 參高希均、林祖嘉：《經濟學的世界：上篇——經濟觀念與現實問題》，頁69。

175 參單驥：《天堂裡沒有經濟學》（臺北市：遠見天下，2014年），頁9-11。

176 〔魏〕何晏注，〔宋〕邢昺疏：《論語注疏》（臺北市：藝文印書館阮元校勘十三經注疏本，2013年），頁146。

177 參高希均、林祖嘉：《經濟學的世界：上篇——經濟觀念與現實問題》，頁3。

強調了「選擇」（choice）──如何取捨（trade-offs）與分配的思考[178]，這或許與春秋時代人口及資源的緊張關係還沒有那麼明顯有關。

在孟子那裡，雖然看似同時強調「稀少性」與「選擇」的重要──「魚，我所欲也；熊掌，亦我所欲也，二者不可得兼，舍魚而取熊掌者也。」然而孟子卻將之導向道德與價值抉擇的層面──「生，亦我所欲也；義，亦我所欲也，二者不可得兼，舍生而取義者也」（〈告子上〉）[179]，而非以經濟聯繫道德，僅僅將經濟作為道德的隱喻。這點由其「王何必曰利？亦有仁義而已矣」（〈梁惠王上〉）[180]的論述，就可知孟子的立場在於絕對的道德價值，而將「義利之辨」成為其學說的核心。

相對地，荀子則特別關注物質經濟上的「稀少性」與「選擇性」，這點在前引〈禮論〉中的文字即可探得端倪。相較於孟子對「何以利吾國」（〈梁惠王上〉）[181]論述的排斥，荀子則大談「富國」之道。在〈富國〉中荀子直言：「足國之道，節用裕民而善臧其餘。節用以禮，裕民以政。」[182]從國家的經濟富強問題為始點，而以具有道德價值意義的「禮」為解決之道，是將經濟與道德緊密聯繫的論述進路；亦即梁啟超所言：荀子由經濟的現象說明法制的現象，博深而切明，可作為當代經濟學、社會學、國家學觀念的共同根源。[183]

又其在談論利國利民的可能時，明言：「不利而利之，不如利而後利之之利也……利而後利之，不如利而不利者之利也。」（〈富

---

178 參溫明忠：《經濟學原理》，頁5。

179 〔漢〕趙岐注，〔宋〕邢昺疏：《孟子注疏》，頁201。

180 〔漢〕趙岐注，〔宋〕邢昺疏：《孟子注疏》，頁9。

181 〔漢〕趙岐注，〔宋〕邢昺疏：《孟子注疏》，頁9。

182 〔清〕王先謙撰，沈嘯寰、王星賢點校：《荀子集解》，頁177。

183 參〔清〕梁啟超：〈中國法理學發達史論〉，收入氏著：《飲冰室合集》第2冊（北京市：中華書局，1989年），頁45。

國〉）[184]大談君王如何「利民」而「利國」進而得天下；可謂與孟子的「義利之辨」截然不同，是為荀子「倫理經濟學」典範得以建構的重要關鍵。

二　開展真實的欲望——「性惡」的利己論述及「經濟人」概念的建構

順著荀子由經濟學上資源的稀少性推論出「禮」的起源及其重要性，並看到其對於「利」之平衡的追求與重視；由此便可進一步理解，為何荀子會強調「性惡」的人性論，並極力否定孟子的性善論。

（一）為何人性？在現實環境下的人性論思考與建構

荀子的人性論可以說是建立在經濟基礎之上，或者說是隨著荀子對於「禮」的起源與重視必然開展出的「經驗式」人性論。[185]也就是說，荀子對於「禮」的重視來自於現實人性與社會之需求；這點與當代學者指出：性惡論的推導是來自於荀子先在對於「禮」的重視而發[186]，或許在發生程序上有些許地不同——因為沒有經濟人所形成的性惡現實，就沒有強調「禮」的必要。

是以，由上引〈禮論〉中對於「禮」的起源之論述，可以看出，荀子性惡論與禮論的確有其同構性與聯繫性：

---

184 〔清〕王先謙撰，沈嘯寰、王星賢點校：《荀子集解》，頁192。

185 參徐復觀：《中國人性論史：先秦篇》，頁224、路德斌：《荀子與儒家哲學》，頁101。

186 龍宇純認為荀子思想系統乃是「禮」概念先行，為了凸顯「禮」的重要性，是以必須開展「性惡論」。然而本書認為，應是荀子注意到存有作為經濟人的性惡特質，進而強調以「禮」對治之。也就是說，荀子的學說就是個「性惡系統」。參龍宇純：《荀子論集》，頁71-75。

> 今人之性，生而有好利焉，順是，故爭奪生而辭讓亡焉；生而
> 有疾惡焉，順是，故殘賊生而忠信亡焉；生而有耳目之欲，有
> 好聲色焉，順是，故淫亂生而禮義文理亡焉。然則從人之性，
> 順人之情，必出於爭奪，合於犯分亂理而歸於暴。故必將有師
> 法之化，禮義之道，然後出於辭讓，合於文理，而歸於治。
> （〈性惡〉）[187]

由此可知，荀子的人性論同樣是出於人在現實中可能產生的爭奪而
言，亦即是建立在資源的稀少性下所產生的爭奪行為，進而去檢視人
性的內涵。當私有田制使人產生對財富的追求與獨占的私欲成為事實，
荀子必然要承認人有「好利」、「疾惡」與「耳目之欲」的衝動。[188]也
就是說，除了在外部現象去理解人類為了生存而產生爭奪的行動，荀
子更往前去思考人的本質——亦即讓人產生爭奪行為的內在根據。因
此，他看到了人「好利」、「疾惡」與「耳目之欲」的原始欲求。

（二）如何人性？在現實經驗中的人性論批判與轉向

據此可以了解到，為何荀子會提出性惡論與孟子的性善說針鋒相
對，正因為在現實的觀察中，人不可能如孟子所說「人之有是四端
也，猶其有四體也」（〈公孫丑上〉）[189]——人天生順著欲望只會有
「好利」之心，而不會有「辭讓」之心；只會有「疾惡」之心，而不
會有「羞惡」之心，因為那是在資源稀少性下，人為了生存而必然形
成的衝動與趨向。

---

187 〔清〕王先謙撰，沈嘯寰、王星賢點校：《荀子集解》，頁434-435。

188 參楊大膺：《荀子學說研究》，收入嚴靈峰編：《無求備齋荀子集成》第卅九冊（臺
北市：成文出版社，1977），頁99、王曉波：《儒法思想論集》，頁248。

189 〔漢〕趙岐注，〔宋〕孫奭疏：《孟子注疏》，頁66。

1 純粹・道德人：孟子「性善論」下直把「應然」作「實然」的反思與批判

　　荀子正是從現實中人最基本之「生理的需求」（physiological needs）去建構人性論，亦即馬斯洛（Abraham Maslow, 1908-1970）所說，人都有基本維持生命的需求；而唯有滿足了此一低層次的需求，才有可能開展更高層次如「自我實現的需求」（self-actualization needs）——大抵即孟子所說的辭讓與羞惡之心之屬。[190]

　　是以孟子將仁義禮智四端視為人固有的內在道德根源，進而強調「無惻隱之心，非人也；無羞惡之心，非人也；無辭讓之心，非人也；無是非之心，非人也。」（〈公孫丑上〉）[191]在現實層面來看，是顛倒了「自我實現」與「需求層次」，是以難以理解與說明。故而荀子批判孟子的人性論是「僻違而無類，幽隱而無說，閉約而無解」（〈非十二子〉）[192]；因為對荀子而言，孟子把四端作為「做人」的始點與資格，將「做人」的始點訂得太高[193]——依此定義在現實中檢視，將使每個存有出生之時皆成為孟子定義中所謂的「非人」。

　　當然，在「道德形上學」的脈絡中，孟子是預設了一個具在內在價值根源的「道德人」（Moral man），亦即人生而有「四端之心」；那是一種「形上學」與「本體論」的思考進路——企圖在偶然中區別本

---

190 根據參馬斯洛的「需求層次」（Hierarchy of Needs）理論，人有五個層次的需求：生理需求、安全需求（Safety needs）、愛和歸屬需求（belongingness needs）、自尊需求（esteem needs）、自我實現需求；必須由低層次需求先滿足了才能進一步追求高層次需求。參莊耀嘉：《馬斯洛：人本心理學之父》（新北市：桂冠圖書公司，2004年），頁59-65。

191 〔漢〕趙岐注，〔宋〕孫奭疏：《孟子注疏》，頁66。

192 〔清〕王先謙撰，沈嘯寰、王星賢點校：《荀子集解》，頁94。

193 參孔憲鐸、王登峰：《基因與人性》（北京市：北京大學出版社，2009年），頁62。

質、在屬性中區別本體、在表象中區別實在[194]，追求道德的形上根源，以彰顯人的特殊性與絕對理性。[195]然而，從荀子「倫理經濟學」的角度而論，孟子形而上學的人性論進路，其錯誤與缺陷正在於提出了一個純粹的、無關利益的理性（良知、良能）[196]；陷入康德式的道德義務論述，把任何報酬與利益皆視為道德的墮落。[197]

2 利己·經濟人：荀子「性惡論」中能將「理想」化「現實」的開展與轉向

　　正是出於對孟子人性論中「道德人」概念的批判，是以荀子提出了「生而有好利」、「生而有疾惡」、「生而有耳目之欲」，沒有固有道德價值根源的人性觀點；在當代經濟學的脈絡中，這樣的人性設定即可稱之為「經濟人」（Economic man）。「經濟人」的特點是理性的（rational）[198]、利己的（self-interest）[199]，不避諱對於利益的討論，亦不將利他傾向賦予固有的人性當中——如同孟子的四端之心。

　　對於荀子而言，「好利」、「疾惡」、「耳目之欲」與「好聲色」是追求生存的內在動力，「爭奪」、「犯分亂理」而「歸於暴」是在資源

---

194 參〔美〕理查德·羅蒂（Richard Rorty）著，張國清譯：《後形而上學希望》（上海市：上海譯文出版社，2009），頁25。

195 如牟宗三即特別強調此一進路。參氏著：《名家與荀子》，頁218、227。

196 參John D. Caputo, *Radical Hermeneutics: Repetition, Deconstruction, and the Hermeneutic Project.* Bloomington : Indiana University Press, 1987, p. 262.

197 參〔捷〕托馬斯·賽德拉切克（Tomas Sedlacek）著，劉道捷譯：《善惡經濟學》（新北市：大牌出版，2013年），頁314。

198 經濟人所謂的「理性」是指根據主體能夠掌握的訊息所做出對自己最有利的選擇之「有限理性」，與「道德人」預設之形上學式的「絕對理性」（The absolute logos）不同。參 Herbert A. Simon, "Rational choice and the structure of the environment," *Psychological Review*, 63(1956), pp. 129-138.

199 參熊秉元：《正義的成本》，頁256。

稀少性之環境下的外在行為，這是「實然」（is）；而透過禮義師法化
導後的「辭讓」、「合於文理而歸於治」則是道德層次的「應然」
（ought）──前者為當代經濟學科的表述，後者為當代倫理學的表
述，是為從「經濟」貫通「道德」的理論進路，是為「倫理經濟學」
的開展。

　　此一「倫理經濟學」與「道德形上學」的關鍵差異即在：後者將
「應然」──惻隱、羞惡、辭讓、是非之心的道德價值，亦即對於人
性的想望與期待──加諸「實然」的人性論述，這在形上學體系中似
乎理所當然、順理成章；但從現實的角度檢視之，便會如同荀子對孟
子人性論提出的質疑與批判：「無辨合符驗，坐而言之，起而不可
設，張而不可行」（〈性惡〉）[200]，在現實資源「稀少性」的脈絡與人
性「利己」的現實之雙重否定下，顯得窒礙難行。

　　所以說，荀子的「性惡論」其實就是「經濟人」的一種表述，他
將現實中人性的「實然」描述得淋漓盡致，毫不避諱──如「好榮惡
辱，好利惡害，是君子小人之所同」（〈榮辱〉）[201]、「好利而欲得者，
此人之情性也。」（〈性惡〉）[202]顯然荀子並不忌諱於對於人性「利
己」一面的肯認，這是其與「倫理學」不同之處。但另一方面，荀子
卻也強調「應然」的表述與堅持，這也是其作為儒家的重要關鍵──
如其言，雖君子小人皆好利惡害，但「其所以求之之道則異」──
「先義而後利者榮，先利而後義者辱」（〈榮辱〉）[203]，顯現其對於道
德價值並未棄之不顧，這是其與「經濟學」不同之處。兩者兼而論
之，不「蔽於一曲」（〈解蔽〉）[204]，是為其「倫理經濟學」之開展，

200　〔清〕王先謙撰，沈嘯寰、王星賢點校：《荀子集解》，頁441。
201　〔清〕王先謙撰，沈嘯寰、王星賢點校：《荀子集解》，頁61。
202　〔清〕王先謙撰，沈嘯寰、王星賢點校：《荀子集解》，頁438。
203　〔清〕王先謙撰，沈嘯寰、王星賢點校：《荀子集解》，頁58。
204　〔清〕王先謙撰，沈嘯寰、王星賢點校：《荀子集解》，頁386。

亦是儒學內部之轉向──一種將孟子視為儒學中的他者所進行的批判，藉此期望回到孔子典範的回歸性轉向。[205]

三　追求秩序的必然──「師法」的功利誘因及「效用」概念的實踐

正是荀子這樣對於現實世界資源「稀少性」下人性「利己」傾向的體察，使其建構了性惡論與禮法系統；這樣的系統是貫穿經濟與道德的，是以「經濟實然」為始點、以「道德應然」為想望的「倫理經濟學」系統。此即王小錫所說的，「經濟」與「道德」的合觀，避免了道德的空洞化[206]──亦即荀子所指出孟子的問題之所在：「無辨合符驗，坐而言之，起而不可設，張而不可行」（〈性惡〉）[207]──因為道德形上學太過理想，在現實而言，便顯得空洞而虛無。

（一）形上的激情：對「孟學」典範中「自覺」修養的反思與批判

以「倫理經濟學」來定義荀學體系，進一步可由其思想上的特點檢視──亦即其根本上與孟子思想不同之處。在孔子與孟子的時代，儘管禮崩樂壞，但其社會的動亂與環境的嚴苛，畢竟不如荀子所處戰國末年動盪。是以孔孟皆以挽救並渴望恢復封建秩序為其理論目標，企圖以此達至社會的安定；而荀子則在動盪之中力挽狂瀾，因為封建之不足救，而另尋他法。[208]此即是孟學與荀學理論基礎上不同的現實

---

205 關於「回歸性轉向」請參本書第一章之論述。

206 參王小錫：《經濟倫理學──經濟與道德關係之哲學分析》，頁2。

207 〔清〕王先謙撰，沈嘯寰、王星賢點校：《荀子集解》，頁441。

208 關於先秦思想家對時代空前鉅變的對應之策與思想分野可參蕭公權：《中國政治思想史》，頁243。

背景。

　　在封建基礎下的氏族政治與經濟制度徹底瓦解，而區域性國家體制確立的現實政治環境中，荀子不得不在儒學體系上改弦易張，對孟子思想進行批判與轉向。亦即他不同意孟子將一切溯源於道德的論述——「學問之道無他，求其放心而已矣」（〈告子上〉）[209]——將人為善的可能完全訴諸自覺。

　　孟子的「道德形上學」是具有超越性（transcend）意義的宗教式道德判斷[210]，將人為善與否完全寄託於「不慮而知」、「不學而能」的「良知」、「良能」（〈盡心上〉）[211]，強調仁義禮智四端的「擴而充之」（〈公孫丑上〉）[212]；荀子認為將仁義禮智之道德德行皆內在化的思維太過宗教化、形上化，是以批判孟子「案往舊造說，謂之五行，甚僻違而無類，幽隱而無說」（〈非十二子〉）[213]，難以使人認同。對於從形而下思考的經驗性格者而言，大抵會如杜威（John Dewey, 1859-1952）將生而有的內在良知思維視為「巫術思維」——相信：「我想要做 X」，我們就可以立刻完成 X。[214]

　　當然，這樣的思維與批判，只是在荀學脈絡中對於孟子的評定，

209　〔漢〕趙岐注，〔宋〕孫奭疏：《孟子注疏》，頁202。

210　雖然牟宗三強調儒家的「超越」是「內在超越」（Immanent transcendence），與西方宗教的「外在超越」不同；但如羅秉祥與林鴻信等人所述，「超越」本身很難區分內在或外在，無法明確證成其中沒有宗教性意義——或者說無論如何，其中必然帶有冥契主義（Mysticism）的思維。參羅秉祥：〈上帝的超越與臨在——神人之際與天人關係〉，收入何光滬、許志偉編：《對話二：儒釋道與基督教》（北京市：社會科學文獻出版社，2001年），頁243-277；林鴻信：《基督宗教與東亞儒學的對話：以信仰與道德的分際為中心》（臺北市：臺灣大學出版中心，2009年），頁23。

211　〔漢〕趙岐注，〔宋〕孫奭疏：《孟子注疏》，頁232。

212　〔漢〕趙岐注，〔宋〕孫奭疏：《孟子注疏》，頁66。

213　〔清〕王先謙撰，沈嘯寰、王星賢點校：《荀子集解》，頁94。

214　參〔美〕托德・萊肯（Todd Lekan）著，陶秀璈等譯：《造就道德——倫理學理論的實用主義重構》，頁54。

並非絕對的真理與不可批判的系統,亦未必如此的進路便優於孟學的形上論述。但必須承認的是:歷史與現實中的確有著荀學此類將形上學視為儒學歧途的典範,這不容否認也不能將其存有的正當性從儒學史上抹去;而是必須理解到:荀學之所以會有這樣的思維,正是針對孟子這類的形上學論述,有意將孟子作為他者的思考進路。是以,荀子不是如學者說忘掉了「本源」[215],亦非「本原不足」,成了「無根」的論述[216],恰恰是荀子自覺地對孟子的道德形上學進路進行了批判,並有意識地建構了倫理經濟學的體系,將儒學帶入另一個典範與方向。

(二)在激情過後:於「荀學」典範中「他律」道德的開展與意義

在倫理經濟學脈絡下的思考,荀學典範對於孟學典範的批判,正是把孟子將道德理想帶入「實然」的宗教式之「形上學激情」(metaphysical pathos)[217]轉向現實的層次。[218]亦是企圖跳脫康德式反功利主義的純粹道德之追求,反對將道德視為一種崇高的道德義務[219],導正如卡普托(John D. Caputo)所指出「形上學」的最大缺陷——強調純粹、無關利益的理性。

---

215 參蔡仁厚:《孔孟荀哲學》,頁366。

216 參牟宗三:《名家與荀子》,頁203。

217 參〔美〕諾夫喬伊(Arthur O. Lovejoy)著,張傳有、高秉江譯:《存在巨鏈:對一個觀念的歷史的研究》(南昌市:江西教育出版社,2002年),頁10-13。

218 如唐端正所說:「孟子著重樹立理想,荀子著重把理想化為現實。」見氏著:《先秦諸子論叢(續編)》(臺北市:東大圖書公司,2009年),頁161。

219 參〔捷〕托馬斯·賽德拉切克(Tomas Sedlacek)著,劉道捷譯:《善惡經濟學》,頁314。

1 效率‧柔性權威：「師教」對為學成果的速效性及其機會成本

　　「道德形上學」強調純粹而無關利益的思維並無錯誤，甚至可以如張亨所說凸顯人的高貴性與特質。[220]但是講求純粹性的道德，則效用（utility）通常不那麼明顯，無法達到立竿見影之效。而在戰國末年亟需整治亂世、追求社會秩序重建的當下，荀子無法接受形上學式的修養進路——因為「自覺」是須要長時間修養才可能達至，並非如孟子所說如此易簡。[221]因此，就如同經濟學之父亞當‧斯密（Adam Smith, 1723-1790）將「效用」作為秩序之美的主要根源[222]，荀子也強調道德修養的「速」。

　　荀子不同於孟子的「自覺」進路，強調「為學」的重要性，更將「學」作為人禽之辨的關鍵——「為之，人也；舍之，禽獸也。」（〈勸學〉）[223]因為透過學禮義，能夠使人「積善成德」（〈勸學〉）[224]；相較於「自覺」看似須要下更多工夫，但事實上是否能讓每個人「自覺」，那是可遇而不可求，而透過「學」則有立即的效果——是以荀子說「能積微者速成」（〈彊國〉）[225]，此為相對於「求放心」之外「勸為學」的修養進路。[226]

---

220 參張亨：〈荀子對人的認知及其問題〉，《文史哲學報》第22期（1971年6月），頁190。

221 如史華慈所說，當時的思想家有著「秩序至上的觀念」，尤其到了戰國末年這樣的追求更是急迫。參〔美〕史華慈（Benjamin I. Schwartz）著，程鋼譯：《古代中國的思想世界》（南京市：江蘇人民出版社，2004年），頁426。

222 參〔英〕亞當‧史密斯（Adam Smith）著，謝宗林譯：《道德情感論》（臺北市：五南圖書出版公司，2009年），頁247。

223 〔清〕王先謙撰，沈嘯寰、王星賢點校：《荀子集解》，頁11。

224 〔清〕王先謙撰，沈嘯寰、王星賢點校：《荀子集解》，頁7。

225 〔清〕王先謙撰，沈嘯寰、王星賢點校：《荀子集解》，頁305。

226 關於荀子的「為學」思想請參曾暐傑：〈論荀子「為學」的「終始」問題〉，《鵝湖》第470期（2014年8月），頁13-22。

　　除此之外，荀子更考量到「學」的動力，故進一步強調師法幫助人為學向善，故其言「學之經莫速乎好其人」（〈勸學〉）[227]，企圖尋找一條使人為善最快的進路，這就與「道德形上學」中對於道德純粹的追求有所不同；「倫理經濟學」還同時考慮到了使人為善的「效率」（efficiency）。對荀子而言，他不認為去除師法的狀態下，經濟人能夠必然走向「自覺」的進路──「無禮義之化……倚而觀天下民人之相與也」（〈性惡〉）[228]。荀子不能接受當四端的水斷流、良知之火熄滅的風險，可說在秩序的追求上有著「風險趨避」（risk averse）[229]的態度──也就是說，這是在追求社會秩序時「機會成本」（opportunity cost）[230]較低的選擇──這在孟學典範中的「道德形上學」思路是不能理解亦不能接受──然而，在「倫理經濟學」的脈絡中，除了德行的訴求外還考量到「效率」的問題。

2 效能‧剛性權威：「君刑」對秩序建構的有效性及其功利誘因

　　除了「柔性權威」的「師教」進路外，荀子還提出「剛性權威」的「君」與「法」的概念，他說：「今當試去君上之埶……去法正之治，無刑罰之禁，倚而觀天下民人之相與也。」（〈性惡〉）[231]這與荀子所處戰國末年，私有田制與區域衝突日益強烈，君王不再以安居一方為滿，紛紛以一統天下為職志；是以可以看到《荀子》中明列〈富國〉、〈王霸〉與〈彊國〉諸篇章，這是在孔子、在孟子時代的儒學經典中都不得見的。由此可以見得儒學由「道德形上學」轉向「倫理經

---

227 〔清〕王先謙撰，沈嘯寰、王星賢點校：《荀子集解》，頁14。
228 〔清〕王先謙撰，沈嘯寰、王星賢點校：《荀子集解》，頁440。
229 參溫明忠：《經濟學原理》，頁219。
230 參蔣兆康：〈譯序〉，見〔美〕理查‧波斯納（Richard A. Posner）著，蔣兆康譯：《法律經濟學》（臺北市：五南圖書出版公司，2010年），頁viii-ix。
231 〔清〕王先謙撰，沈嘯寰、王星賢點校：《荀子集解》，頁440。

濟學」之端倪。[232]

　　是以，在「君」的權威建構下，荀子認為在禮義教化無效後，便應該用以刑殺——「節威反文，案用夫端誠信全之君子之天下焉……不順者而後誅之。」（〈彊國〉）[233]然而作為儒者的荀子並沒有放棄禮儀道德教化的可能，只是強調二者必須兼而有之，是以其言「不教而誅，則刑繁而邪不勝；教而不誅，則姦民不懲。」（〈富國〉）[234]這正如史華慈（Benjamin I. Schwartz, 1916-1999）所指出，荀子當然了解世界的秩序終究須要君子德性來實現，但就現實考量，短時間內使用刑法體系可能是最有效的。[235]也就是說，荀子在實踐禮義的道德思維中，還同時考慮到了實現國家秩序與使人為善的「效能」（effectiveness）。

　　而荀子之所以強調君權與刑罰重要性，顯然是以富國強兵為目標的。他告訴君王，只要能夠「以義應變」作為「政之始」、「進退誅賞」作為「政之終」（〈致士〉）[236]，那麼就能夠「兵不復出於塞外而令行於天下」（〈彊國〉）[237]。他亦不避諱明言「利」之所在，〈富國〉中所謂：「量地而立國，計利而畜民，度人力而授事，使民必勝事，事必出利，利足以生民，皆使衣食百用出入相揜，必時臧餘，謂之稱數。」[238]這與孟子「何必曰利」的純粹道德思維截然不同的。

---

232 在學科未分化的時代，經濟學便蘊含在政治的脈絡中；而西方古典經濟學時期，經濟學即是政治經濟學（Political economy）的表述——即對於統治者的政治制度作討論。而荀子的思想基本上亦是由政治經濟視角來建構其學說，不過其將道德價值作為論述的必要條件與核心。參高安邦：《政治經濟學》（臺北市：五南圖書出版公司，2002年），頁1-2。

233 〔清〕王先謙撰，沈嘯寰、王星賢點校：《荀子集解》，頁302。

234 〔清〕王先謙撰，沈嘯寰、王星賢點校：《荀子集解》，頁191。

235 參〔美〕史華慈（Benjamin I. Schwartz）著，程鋼譯：《古代中國的思想世界》，頁340-341。

236 〔清〕王先謙撰，沈嘯寰、王星賢點校：《荀子集解》，頁262。

237 〔清〕王先謙撰，沈嘯寰、王星賢點校：《荀子集解》，頁302。

238 〔清〕王先謙撰，沈嘯寰、王星賢點校：《荀子集解》，頁178-179。

　　可以說荀子透過「倫理經濟學」的思考了解到：利用人功利的本性去誘君行道，比要求君王作為一個毫無功利動機的道德人去思考那純粹的道德來得有效與容易。對荀子而言，孟學的理論在現實層面上與時代相悖，或者說與現實的人性與環境相悖，因此荀子暫時擱置了純粹道德的講述，而從經濟效用出發，來達到最後道德的目標。[239]

第三節　典範的必要：倫理經濟學的可能與展望

　　對於荀子「倫理經濟學」的建構何以可能與必要，這可以從儒學的現代性來思考。儒學的現代化意義，一直是當代儒者與學人積極探索與追求的目標與價值。儘管歷經民國時期五四運動，有胡適等人倡議全盤西化，認為唯有放棄儒學傳統才能開展出中國的現代性[240]；或是如西方學者艾愷（Guy S. Alitto, 1942- ）提出，中國現代化面臨了進退不得的兩難，而梁漱溟正是那個關鍵時刻的代表，可將之稱為「最後的儒家」（The last Confucian）[241]；亦有諸多中西學者甚至提出

---

239 這樣的論述進路，或許可以亞當・斯密論述的一段話來概括與思索：「唯有為了利潤的緣故，人們才會將其擁有的資本用來支持一個產業，而且他們總是會努力促使所支持的產業能夠生產出最大的價值……然而事實上，個人並不是自願要增進公共利益，而且個人本身也不知道自己增進了多少公共利益。……他原先只想到自己的利益，並以此種態度去指導產業，使其生產價值達到最大。」見高希均、林祖嘉：《經濟學的世界：上篇──經濟觀念與現實問題》，頁24。

240 參牟宗三、徐復觀、張君勱、唐君毅等：〈中國文化與世界──我們對中國學術研究及中國文化與世界文化前途之共同認識〉，收入唐君毅：《說中華民族之花果飄零》（臺北市：三民書局，2011年），頁161、周陽山、陳弱水：《儒家思想的現代化──劉述先教授筆談錄》，收入周陽山主編：《文化傳統的重建──中國文化的危機與展望》（臺北市：時報文化出版企業公司，1988年），頁334-335。

241 參〔美〕艾愷（Guy S. Alitto）著，王宗昱、冀建中譯：《最後的儒家：梁漱溟與中國現代化的兩難》（南京市：江蘇人民出版社，2003年），序言頁1-3。

儒家只具歷史意義而沒有現代價值，僅僅是「博物館內」的儒學。[242]
但是，這些說法與論述在今日其實都並未實現，儒學在中國、東亞文
化圈甚至是歐美都有蓬勃的生命力與發展。[243]

　　然而，儒學在當代持續發展，是否能夠真正進入現代社會的脈
絡，賦予國學具有現代化意義的可能性，那又是另一個必須努力的課
題。正如韋政通所說，大約自新中國成立以來，新儒家的發展也有六
十餘年的時間，儘管著書滿盈，但能夠真正開展出儒學現代性意義的
部分，似乎並不多見。究其原因，或許在於一直以來儒學界對於道統
有著過分的敬意，將敬意優先於知識的建構與判斷。[244]

　　所謂優先的敬意是指：歷來儒學研究中承繼了韓愈所謂：「孔子傳
之孟軻，軻之死，不得其傳焉」（〈原道〉）[245]，程頤所言：「孟軻死，
聖人之學不傳……聖人之道，得先生（案：指程顥）而後明」（〈明道
先生墓表〉）[246]，朱熹所論：「千百年來無人曉得，後都黑了。到程先
生後，說得方分明」[247]的孔孟道統意識；而當代新儒家亦以承接此道

---

242 參〔美〕李文遜（Joseph R. Levenson）著，鄭大華、任菁譯：《儒教中國及其現代
　　命運》（北京市：中國社會科學出版社，2000年），頁372-373。

243 中國近年來的國學熱積極將儒學納入學術、政道與生活文化當中，而港臺新儒家
　　持續開展與發揚傳統儒學亦是不遺餘力，甚至在美國有南樂山（Robert C.
　　Neville）等人發展波士頓儒學（Boston Confucianism），都可以見得儒學在新世紀
　　中並未衰弱、退出歷史的舞臺。參〔美〕杜維明：〈儒學第三期發展的前景〉，《杜
　　維明文集》第一卷（武漢市：武漢大學出版社，2002年），頁424-427；黃俊傑：
　　《東亞文化交流中的儒家經典與理念：互動、轉化與融合》（臺北市：臺灣大學出
　　版中心，2011年），頁7-22；哈佛燕京學社主編：《波士頓的儒家》（南京市：江蘇
　　教育出版社，2009年）。

244 參韋政通：《儒家與現代中國》（臺北市：東大圖書公司，1991年），頁168-169。

245 見〔唐〕韓愈著，閻琦校注：《韓昌黎文集注釋》（西安市：三秦出版社，2004
　　年），頁22。

246 見〔宋〕程顥、程頤：《二程集》，頁640。

247 見〔宋〕黎靖德編，王星賢點校：《朱子語類》第四冊（北京市：中華書局，1986
　　年），頁1464。

統為職志[248]，並將荀學等儒學型態斥為「歧途」。[249]

當然，孔孟心性思想為儒學之「神髓」，這不必否定也不能否定；對於孔孟—宋明儒學的道統也並不該全盤否認。但是在新世紀追求儒學現代化的氛圍下，太過強烈的道統意識可能造成儒學在現代社會的開展上遇到挫折與阻礙。[250]尤其是在當代全球化的脈絡中，世界呈現紛雜的狀態，不同時空有不同的背景與問題；假使堅持以孟學道統一以貫之，恐有重蹈西方文化霸權在現代化過程中欲透過現代化的歷程將世界趨同劃一的可能，使「東亞孟學化」的單一系統拒斥儒學的其他可能性。[251]

是以在後現代的社會脈絡中，當社會氛圍與學術研究的不再追求詮釋的絕對統一性與價值，因而呈現出百花齊放、眾聲喧嘩之花園風景（landscape）的當下[252]，實有必要跳脫儒學一元道統的束縛，開展儒學「多重現代性」的道路與契機，以鋪陳更利於中西文化交流、發展更具時代性的儒學現代化進程。

是以荀學體系的重建與儒學體系的重構，正是要還原儒學的動態發展，而非將宋明儒建構的道統一以貫之地套入儒學的歷史脈絡中，

---

248 參劉述先著，景海峰編：《儒家思想與現代化——劉述先新儒學論著輯要》（北京市：中國廣播電視出版社，1992年），頁236。

249 參勞思光：《新編中國哲學史（一）》，頁316。

250 關於道統意識對於當代儒學發展可能的困境可參曾暐傑：〈回歸、跨越與開放——「現／當代新儒家」的普遍化意義及其多元化策略〉，《當代儒學》第6輯（2014年11月），頁139-141。

251 正如泰勒（Charles Taylor）所指出，現代化的進程一度只是一種「地方歐洲化」（provincializing Europe）的表象，而非真正的現代化。儒學的現代化歷程也應該有這樣的警醒：是否有落入「東亞孟學」的單一價值化的傾向與危險。參〔加〕查理斯‧泰勒（Charles Taylor）著，李尚遠譯：《現代性中的社會想像》（臺北市：商周出版公司，2008年），頁292-293。

252 參王晴佳：〈後現代主義與經典詮釋〉，頁132-134。

這也是何以須要建構荀子「倫理經濟學」以區別孟子「道德形上學」之必要。因為「道德形上學」不應該被普遍化為儒學的必然型態，逕自將孟學的「道德形上學」等同於「儒學」──進而否認其他任何型態的儒學體系，將之排除在「儒學」之外。[253]如此便忽略在孟子之後，還有將孟學視為他者進行批判與超越，企圖回歸孔學與儒學正宗的荀子；忽略了「倫理經濟學」作為儒學的一種型態。也就是說，儒學應該是動態的、不斷隨時代而新的；在現代性脈絡中，「道統」不該視為儒學的第一要義，多元的開放性與時代的可塑性才是最重要的關鍵。

一　他山之石──儒學傳統在中西文化交流中的省思及其現代化的契機

所謂的開展儒學多重現代性，即是跳脫歷來「尊孟抑荀」的傳統[254]，嘗試接受與開展儒學中的小傳統（little community）[255]。這並不是說荀學優於孟學，而是在現代化的歷程中，荀學適合作為中西文化交流的過度，也是開展儒學現代化的橋樑。也就是說，這無關孰優孰劣，而是一個「聖之時」（〈萬章下〉）[256]的概念。正如梁漱溟在討論中西思想的互動時所說：西洋文化的勝利與中國、印度文化的失

---

253 參曾暐傑：〈回歸、跨越與開放──「現／當代新儒家」的普遍化意義及其多元化策略〉，頁141-145。

254 參劉又銘：〈當代新荀學的基本理念〉，收入龐樸主編：《儒林》第四輯（濟南市：山東大學出版社，2008年），頁4。

255 相對於荀學，孟學可謂是儒學中的主流，亦可謂之為儒學的「大傳統」。「大傳統」與「小傳統」的概念參Robert Redfield, *The little community and peasant society and culture*. Chicago: The University Chicago Press, 1989, pp. 1-16.

256 〔漢〕趙岐注，〔宋〕孫奭疏：《孟子注疏》，頁176。

敗，不在於好壞的問題，而在於是否適應當前人類的問題。[257]

　　也就是說，孟學作為儒家傳統應該是最具中國特色的思維；也正是其心性論系統與西方思維有較大的差異，在現代化的進程上自然較不融洽。而荀學作為「非典型」的小傳統，不僅其性惡論與西方基督宗教傳統有其相似性[258]；由「禮」來建構秩序系統而不單提內在心性論系統，這也是較容易為西方文化理解與接納的。這也是為何「波士頓儒家」自稱「荀子的儒家」，自覺地認同荀子的禮論，並致力於透過荀學來打造儒學作為全球性價值的「可攜式傳統」（portable tradition）。[259]

　　或許可以說，儒學中的小傳統荀學之所以為西方漢學界與基督宗教所接受，不是其特別優秀或超越孟學；如果以中國典型思維孟學的心性論系統檢視之，反而正是因為其不「超越」也不「究竟」，其思維方式較類似西方思維，是以能夠在中西文化衝擊與交流下，較順利地開展出現代性意義。以梁漱溟的話語來說，就是孟學太過「早熟」——強調天人合一、內求於心性根源的道德觀，意欲調和持中。[260]這與西方式意欲向前的文化路徑——遇到問題皆由前面著手，企圖改造局面，滿足我們的要求——是有很大的不同的。[261]這也正是波士頓儒者白詩朗（John Berthrong, 1946-）所體認，荀子是儒家傳統中的一個「反證」。[262]

　　正因為如此，在探求儒學的現代性意義時，不妨先放下儒學唐宋

---

257 參梁漱溟：《東西文化及其哲學》（北京市：商務印書館，2010年），頁 221。

258 參林鴻信：《基督宗教與東亞儒學的對話：以信仰與道德的分際為中心》，頁65。

259 參黃萬盛：〈編者手記〉，收入哈佛燕京學社主編：《波士頓的儒家》，頁1-4。

260 參梁漱溟：《東西文化及其哲學》，頁221。

261 參梁漱溟：《東西文化及其哲學》，頁66-69。

262 參〔美〕白詩朗（John H. Berthrong）：〈波士頓儒學：對北美「新儒學」的思考〉，收入哈佛燕京學學社主編：《波士頓的儒家》，頁19-20。

以降所建立的道統，以非典型的儒學小傳統荀學去契合現代性脈絡，進而展望未來能夠逐步接上孟學的「超越」理路、「究竟」思維。為什麼須要如此去趨近於儒學的現代性，而不直接以大傳統孟學去開展呢？此正如梁漱溟所說，以孟學的究竟與「早熟」，要降而去尋求與西方傳統的交流與交融，進而發展出現代性那是有困難的，這也就是其所謂「改移而上，可也；改移而下，不可也」[263]之關鍵所在。是以，在儒學的現代性開展的歷程中，借助荀學的「廣度」去融洽西學，進而能夠繫屬孟學的「深度」，那將是儒學現代化的極致；而這樣的歷程也是西方學者白詩朗與當代儒者牟宗三同樣體認到的必要進路。[264]

二　手足競合──儒學傳統中孟荀思想核心的差異性及其現代化的可能

那麼，要在儒學現代性開展的歷程中，以荀學作為中西文化溝通與交融的橋樑，就必須確立荀學與孟學根本上的不同。歷來學者對於孟荀的差異，論著不可謂不多[265]，但多有不自覺地處於「以孟解荀」的誤區的現象，並未真正凸顯出荀學體系與孟學系統的根本分野。[266]

---

263 梁漱溟：《中國民族自救運動之最後覺悟》（臺北市：學術出版社，1971年），頁119。

264 參〔美〕白詩朗（John H. Berthrong）：〈波士頓儒學：對北美「新儒學」的思考〉，頁20、牟宗三：《名家與荀子》（臺北市：臺灣學生書局，2006年），頁215。

265 如柳熙星：〈論孟荀人性論之異同〉，《鵝湖學誌》第36期（2006年6月），頁185-210；何淑靜：〈論孟子與荀子對人性了解之根本差異〉，《中國文化月刊》第94、95期（1987年8、9月），頁81-95、74-85；蔡仁厚：《孔孟荀哲學》，頁362-367。

266 參路德斌：《荀子與儒家哲學》，自序頁1；曾暐傑：《打破性善的誘惑──重探荀子性惡論的意義與價值》，頁18-28。

要釐清這個問題，就必須從歷來以孟學角度對荀學的批判來檢視，即能辨明其體系上根本的不同。

（一）道德形上學：孟學的思想核心與現代性轉向

唐宋以降，荀子的思想即受到非難與挑戰，除了前文所提及，程頤與朱熹都針對荀子「性惡」指謫之外，熊鈇也強調：「以性為惡，以禮為偽，大本已失，更學何事？」[267]由此可以觀察到，宋明儒者對於荀學的非難主要在於「倡言性惡」、「大本已失」上。而當代新儒家對於荀子的批評，也大抵如李澤厚所說，是順著宋明儒學的道統觀而論，基本上「照著」宋明儒學講。[268]

故牟宗三說：「惻然不安於生命之毀滅而必欲成全之，即是人性之卓然而善處……天心天理是達道之本。」然而荀子不知此要緊處，言人之性惡，則「性分中無此事，而只繫於才能，則偽禮義之聖人可遇而不可求……即失其必然性與普遍性。」[269]其弟子蔡仁厚亦倡議此說，批評荀子一味「知性用事」，忘掉「智」的本源；「宋明儒者認為荀子本源不透，故尊孟而抑荀，要非偶然。」[270]

可以見得，牟宗三、蔡仁厚與宋明儒有著一貫的表述，皆指出荀子言性惡不言性善，因而失去了孟子所謂「人之有四端也，猶其有四體也」（〈公孫丑上〉）[271]的內在根源價值；如此便也否定了「盡心」、

267　〔宋〕熊鈇：《勿軒集》卷二，頁783。

268　此處「接著講」是指以前人的論述為基礎進而開展出符合自身時代的新論述，而「照著講」則是繼承前人的理論脈絡與評價而論。參馮友蘭：《三松堂全集》第四卷（鄭州市：河南人民出版社，2001年），頁4；參李澤厚：《歷史本體論・己卯五說（增訂版）》，頁139-140。

269　牟宗三：《名家與荀子》，頁218、227。

270　蔡仁厚：《孔孟荀哲學》，頁366。

271　〔漢〕趙岐注，〔宋〕孫奭疏：《孟子注疏》，頁66。

「知性」以「知天」（〈盡心上〉）[272]的天人一貫之形上體系與修養進路。

　　孟學如此的形上價值體系，賦予「善」形上的價值根源，這是在宋明時即已被強調與深化的儒家核心理念；直至牟宗三將孟學體系高度哲學化、體系化後，將其建構為「道德的形上學」（moral metaphysics）──基於「道德」而言宇宙與人類的存有與形上的根源；這是創造性繼承康德「道德底形上學」（metaphysics of morals）而來。[273]

　　這即是肯認孟子所言「性善」，強調人人都有「惻隱」、「羞惡」、「辭讓」、「是非」之心，亦即仁義禮智「四端」；正如孟子所言，「人之有是四端」，「猶其有四體也」（〈公孫丑上〉）[274]；即確立了人之性善的根源性與普遍性。進一步由孟子所言「盡心知性以知天」，更將人性中之善上溯於「天」，即確立了新儒家所謂「大本」；樹立了先驗的形上「道德人」與「道德天」。

　　孟學至少在宋明以降的此一設定，是一完全「純粹」而「究竟」的論述，具有「莊嚴」而「崇高」的「生命圖像」。[275]這正如康德的道德哲學，將道德視為「責任」（duty），一切道德目標都是純粹的責任與理性，不能有任何追求效用與功利的心理，否則即是道德上的墮落。[276]也即可對應到孟子所說，救孺子將入於井的動機，「非所以內交于孺子之父母也，非所以要譽于鄉黨朋友也，非惡其聲而然也」

272　〔漢〕趙岐注，〔宋〕孫奭疏：《孟子注疏》，頁228。

273　參牟宗三：《中國哲學十九講：中國哲學之簡述及其所涵蘊之問題》，頁72-76。

274　〔漢〕趙岐注，〔宋〕孫奭疏：《孟子注疏》，頁66。

275　劉又銘語，見氏著：〈當代新荀學的基本理念〉，頁11。

276　參林火旺：《基本倫理學》，頁104-137、〔捷〕托馬斯・賽德拉切克（Tomas Sedlacek）著，劉道捷譯：《善惡經濟學》，頁314。

（〈公孫丑上〉）[277]，而僅僅是「惻隱之心」的發動，亦即純粹道德理性與責任的體現。

港臺新儒家對於孟學「道德形上學」系統的建構，的確是開展了儒學現代性的一個重要面向。然而在現實中，如牟宗三者，極力要透過其所謂良知的「坎陷」開展出儒學的科學與民主之現代價值，但卻也一直受到學理與現實上的挑戰與質疑。[278]且在現代性的趨勢與氛圍下，學界對於純粹的形上學有著全面性的檢討與批判。如戴安娜・蜜雪兒菲爾德（Diane P. Michelfelder）即從詮釋學論證：沒有先驗的真理是無關緊要的；在某些方面，形上學就如同幻覺一樣。[279]卡普托（John D. Caputo, 1940-）更點出了形上學的可能錯誤或弱點在於：「認為我們必須提出一個純粹的、無關利益的理性。」[280]當然在多元現代性的脈絡下，不必也不能完全否定形上學的意義與價值，本書僅是期望透過一種將孟學、形上學作為「他者」的視角，去回應與批判宋明以降，理所當然地將荀學視為他者、把非形上學的論述視為缺少根源性價值的思維。唯有承認彼此的正當性，才能更進一步做出評定。

---

277 〔漢〕趙岐注，〔宋〕孫奭疏：《孟子注疏》，頁65。

278 誠如何信全所說，牟宗三所言良知的坎陷是透過挺立道德主體與政治主體，強調在傳統心性之學中開出新外王有其合理性與必要性，但這並非唯一的進路。是以在現實中的實踐與理論上的可行性似乎並非那麼通達的情況下，或許可以改弦易張、繞道而行。參何信全：《儒學與現代民主——當代新儒家政治哲學研究》（臺北市：中研院文哲所籌備處，1996年），頁90、97。另關於坎陷說的檢討可參楊澤波：〈牟宗三坎陷論的意義與缺陷〉，《社會科學研究》2013年01期（2013年1月），頁121-124、周恩榮：〈牟宗三「坎陷開出民主論」的再檢討〉，《孔子研究》2014年05期（2014年9月），頁62-70。

279 參〔美〕戴安娜・蜜雪兒菲爾德（Diane Michelfelder）：〈哲學詮釋學與激進詮釋學：謙卑的教訓〉，〔美〕羅伊・馬丁內茲（Roy P. Martinez）著，汪海譯：《激進詮釋學精要》（北京市：中國人民大學出版社，2011年），頁34。

280 John D. Caputo, *Radical Hermeneutics: Repetition, Deconstruction, and the Hermeneutic Project*, p. 262.

　　是以，可基進地嘗試先從儒學的另一個面向——非形上學體系的小傳統——荀學，去與現代性交會，再思考如何或者是否要「改移而上」回溯孟學的大傳統。

（二）倫理經濟學：荀學的思想核心與現代性開展

　　既然儒學的現代性可以嘗試由小傳統——荀學去開展，進而去契近孟學的的「純粹」與「究竟」，那麼就可以暫時放下孟學道統觀，去思考荀學與孟學的根本差異。在這之中，應該避免以孟學的典範（paradigm）去批判與非難荀學典範，才能真正凸顯荀學的意義與價值，並突破傳統思維上的窠臼。[281]

　　那麼，從前文所述孟學對於荀學批判的關鍵在於倡言性惡、大本已失，正因為如此造成「本原不足」，形成「無根」的價值論述。[282]也就是說，荀學典範的核心在於：「人之性惡，其善者偽也」（〈性惡〉）[283]——人沒有形上的內在價值根源；「禮義者，是生於聖人之偽，非故生於人之性也」（〈性惡〉）[284]——確立道德價值的外在性與非先驗形而上的價值；「天行有常，不為堯存，不為桀亡」[285]——自然天的確立而不將道德價值根源上溯於「天」。由此顯現出與強調性善與形上價值根源的「道德形上學」有根本上的不同。

　　也就是說，荀子有著實在的經驗性格，不願意以抽象的概念來講

281　參劉又銘：〈合中有分——荀子、董仲舒天人關係論新詮〉，《臺北大學中文學報》，第2期（2007年3月），第49頁、趙吉惠：〈論荀學與孔孟哲的根本區別〉，《哲學與文化》第26卷第7期（1999年7月），頁653。

282　參牟宗三：《名家與荀子》，頁203。

283　〔清〕王先謙撰，沈嘯寰、王星賢點校：《荀子集解》，頁434。

284　〔清〕王先謙撰，沈嘯寰、王星賢點校：《荀子集解》，頁437。

285　〔清〕王先謙撰，沈嘯寰、王星賢點校：《荀子集解》，頁306-307。

原則,而傾向具體地講述制度、辦法[286];他的理論幾乎可以說皆是建立在經驗命題而非形上學層次,如其性惡論與天論皆如是。[287]形上學的激情(pathos)[288]對於荀子來說是不必要甚至是排斥的,是以荀子說批評孟子「案往舊造說,謂之五行」──即言仁義禮智聖──「僻違而無類」、「幽隱而無說」、「閉約而無解」(〈非十二子〉)[289]此正如張亨所說,荀子的確企圖將人從形上的幻境中解放出來。[290]

但張亨將荀子的經驗性與實在性格視為「功利」進行檢討是不恰當的,如史華慈(Benjamin I. Schwartz, 1916-1999)所觀察到的,不能以「功利主義」(Utilitarianism)[291]概括荀子的理論;只能說他在理性判斷道德修養時,對於現實環境與條件有較多的考量。[292]那麼如果要避免再陷入傳統孟荀之辨的泥沼當中,除了避免以當代西方倫理學「反向格義」[293]外,也應避免「照著」傳統語境脈絡言說,那都會失去儒學與西學交流的主動性而阻礙其開展現代性意義。因此,不

---

286 參徐復觀:《中國人性論史:先秦篇》,頁253-254。

287 參路德斌:《荀子與儒家哲學》,頁101。

288 參〔美〕諾夫喬伊(Arthur O. Lovejoy)著,張傳有、高秉江譯:《存在巨鏈:對一個觀念的歷史的研究》(南昌市:江西教育出版社,2002年),頁10-13。

289 〔清〕王先謙撰,沈嘯寰、王星賢點校:《荀子集解》,頁94。

290 張亨:《荀子對人的認知及其問題》,頁180。

291 為避免「功利」造成的誤解,近年學界多譯為「效益主義」。而效益主義判斷一個行為的對與錯,完全以結果所帶來的幸福與不幸福作為考量,並追求「幸福最大化」(Maximum Happiness),這顯然是與荀學理路不同的。參林火旺:《基本倫理學》,頁62-80。

292 Benjamin I. Schwartz, "Hsiin-tzu: The Defense of the Faith," in *The World of Thought in Ancient China*. Cambridge, Mass.: Belknap Press of Harvard University Press, 1985, pp. 290-320.

293 「反向格義」是指在西方文化霸權下,漢語文化場域中的學者習於以自身所不熟悉的西方理論去直接套用與解釋我們較熟悉的中國經典。參劉笑敢:《詮釋與定向》(北京市:商務印書館,2009年),頁97-107。

妨相對於孟學在現代性脈絡下建立的「道德形上學」，以「創造性的詮釋」[294]學建構荀學，建立一套「倫理經濟學」（Moral Economics）典範。

三　拋磚引玉──儒學小傳統作為儒學現代性的橋樑及其現代化的關鍵[295]

（一）為何現代？倫理經濟學的必要性

　　所謂的「倫理經濟學」是以道德為根本討論人的選擇（choice）、社會制度的建構與各種政策與修養方法的效率性與可行性。為何要以「倫理經濟學」的概念來梳理荀學的理路與體系，基本上有以下三個關鍵：

---

294 亦即以開放的態度去說出原思想家「本來要說什麼？可能要說什麼？在當代社會應該說什麼？」的多層次詮釋進路。參傅偉勳：《從創造的詮釋學到大乘佛學》（臺北市：東大圖書公司，1999年），頁1-46。

295 此處所言之「小傳統」是指荀子以性惡論開展之思想系統。之所以言其「小」，在於其「隱」而鮮發；亦即真正繼承與開展性惡思想體系者──包括人性論、修養論及政治論者，除了清代荀學復興運動下幾位學者明確張揚之，幾乎難以得見於儒學思想的發展史中，或是如劉又銘所說以「孟皮荀骨」的方式呈現。即便是在漢代──以往所認為的荀學時代，荀學相對於孟學仍是屬於弱勢、隱而不顯。雖然有如羅欽順、王廷相、顧炎武、戴震等思想家或許可以被納入荀學系統中，但也都是以思維的同構性言之，並非直接的繼承與發展。無論如何，相對於孟學，荀學的確可以稱之為儒學中的小傳統──一個讓人不敢直說或不願明說，被潛抑的思想體系。參曾暐傑：〈想像與嫁接──荀子傳經系統的建構與問題〉，《政大中文學報》第26期（2016年12月），頁187-190；劉又銘：〈當代新荀學的基本理念〉，頁6；劉又銘：《理在氣中：羅欽順、王廷相、顧炎武、戴震氣本論研究》（臺北市：五南圖書出版公司，2000年），頁19-172。

1 統合：荀學綜合性思維下的宏觀跨學科整合

　　誠如前文所言，荀子的思想與理論鮮少有先驗與形上學的論述，大抵是十分篤實的經驗論述；那麼其性惡論、天論、禮論與政治論都不只是哲學體系或倫理學（ethics）可以概括。這點前文已略有所論，也是本書會一再強調的重點，如〈天論〉所言：

> 列星隨旋，日月遞炤，四時代御，陰陽大化，風雨博施，萬物
> 各得其和以生，各得其養以成，不見其事而見其功，夫是之謂
> 神。皆知其所以成，莫知其無形，夫是之謂天。唯聖人為不求
> 知天。[296]

將「天」作為日月星辰的流轉，以及萬物所得以生長的潛在力量與時序，這樣的「天論」在當時是具有時代意義的——完全超越了「天」的神祕主義性格。即便荀子這裡所謂的「神」，也只是作為一種不可知的大自然生發力量與理序的表述，而無冥契主義（Mysticism）的影子。[297]荀子重視的只是人類生活與作物的耕耘，如何順著自然的流轉而富足與安定。這樣的「天」論，是十分務實的，只要一個轉念——從「不求知天」轉為「求知天」，可能就是「科學」（science）的萌發——但這也正是使荀子作為思想家而非科學家的特質與關鍵。

　　而〈禮論〉則說：

> 禮起於何也？曰：人生而有欲，欲而不得，則不能無求；求而

---

296 「夫是之謂天」據楊倞注增補為「夫是之謂天功」。〔清〕王先謙撰，沈嘯寰、王星賢點校：《荀子集解》，頁308-309。

297 關於冥契主義請參：〔英〕史泰司（Walter Terence Stace）著，楊儒賓譯：《冥契主義與哲學》（臺北市：正中書局，1998年），頁1-159。

> 無度量分界，則不能不爭；爭則亂，亂則窮。先王惡其亂也，
> 故制禮義以分之，以養人之欲，給人之求，使欲必不窮乎物，
> 物必不屈於欲，兩者相持而長，是禮之所起也。[298]

將儒家社會秩序的核心——「禮」的起源，從社會的觀察中來理解與建構：現實中的人在資源有限的社會中，出於生存的欲望與本能，會為了有限的資源而互相爭奪；在互相爭奪中就會產生混亂；當社會持續處於混亂之中，資源會趨向匱乏，社會秩序也就無從建立與開展。是以聖王——也就是統治者不得不針對人因欲求而起的爭奪行為而制定一套規範與規則，讓社會資源得以適當分配，滿足人的生存需求。這與孟子所謂：

> 無惻隱之心，非人也；無羞惡之心，非人也；無辭讓之心，非
> 人也；無是非之心，非人也。惻隱之心，仁之端也；羞惡之
> 心，義之端也；辭讓之心，禮之端也；是非之心，智之端也。
> 人之有是四端也，猶其有四體也。(〈公孫丑上〉)[299]

將「禮」視為人生而固有的德性，由形上根源來建構「禮」的來源是完全不同的進路。荀子更在意的是「禮」在現實失序下的意義與價值，並藉此推本溯源，樹立「禮」的價值，並由此尋求重建禮義的方針。亦即荀子強調「禮的根據」，而不如孟子那般強調「禮的根源」。

　　至於荀子的人性論，也就是從「禮」所要對治的對象——人的欲望與衝動而論，是即〈性惡〉中所言：

298　〔清〕王先謙撰，沈嘯寰、王星賢點校：《荀子集解》，頁346。
299　〔漢〕趙岐注，〔宋〕孫奭疏：《孟子注疏》，頁65-66。

> 人之性惡，其善者偽也。今人之性，生而有好利焉，順是，故
> 爭奪生而辭讓亡焉；生而有疾惡焉，順是，故殘賊生而忠信亡
> 焉；生而有耳目之欲，有好聲色焉，順是，故淫亂生而禮義文
> 理亡焉。[300]

荀子據以稱人之性惡的理據即在於，當人在沒有「禮義」約束下，必
然會出於求生的本能，讓欲望無限發展，進而產生現實中爭與亂的後
果。這與孟子從仁義禮智「四端」——以內在價值根源來說性善，有
著更強烈的現實感與可驗證性。

　　而荀子這樣的思維進路，其實就是在有限的資源內，尋求如何讓
人得到生存上的滿足，不會為了爭奪而造成社會的混亂。這樣的理路
其實與一般所謂的哲學體系——尤其是傳統認知中狹義的哲學：形上
學（metaphysic）是很不相同的。[301]反觀經濟學（economics）作為管
理稀少資源的科學，是一個基於人性與思考誘因的管理體系，是研究
人類與社會如何「選擇」——貨幣或非貨幣的——具有不同用途的
「稀有」資源的分配與安排，來滿足無窮盡的欲望。[302]——這也就是
荀子所謂的透過「天政」來施行「天養」。

---

300 〔清〕王先謙撰，沈嘯寰、王星賢點校：《荀子集解》，頁434。

301 在當代哲學的發展中，尤其是後現代體系，逐漸了解到，形上學不是哲學唯一的
　　進路與真理，哲學還有形上學之外不同的型態，而這樣的非形上學系統亦有其意
　　義與價值。而荀學可說是在傳統形上學主流中被壓抑的非形上學系統；在當代多
　　元價值體系脈絡中，應該被重新理解與定位。關於對形上學的批判與檢討，以及
　　非形而上學的可能之探討，請參〔美〕理查德・羅蒂（Richard Rorty）著，張國清
　　譯：《後形而上學希望》，頁1-70；John D. Caputo, *More radical hermeneutics : on
　　not knowing who we are*. Bloomington: Indiana University Press, 2000, pp. 17-126.

302 參N. Gregory Mankiw著，王銘正譯：《經濟學原理（四版）》（臺北市：新加坡商聖
　　智學習，2014年），第1-2頁、高希均、林祖嘉：《經濟學的世界：上篇，經濟觀念
　　與現實問題》，頁9。

實際上經濟學實可概括個人到社會以至於國家，並以經驗性來建構理論，不僅沒有形上學的內涵，亦不僅是哲學性的思考，而能夠將理論思想與制度合而論之。以此來界定與整合荀學系統有其合理性與必要性。且如同佐藤將之與王楷所觀察到，荀子身為稷下學者，有「綜合」各家各類學說之特質；佐藤將之更指出荀子之學實是一門「帝王之學」，自然不可能僅限於倫理道德的講述。[303]因此荀學的綜合性與豐富性內涵，實非現今任一專門學科可一以貫之；故以「經濟學」作為論述與概括荀子儒「道」之「術」[304]——以經濟之術中彰顯儒家之道——「倫理」的建構，有其統合的必要性與合理性。

2 辯證：道德形上學與倫理經濟學典範的交鋒

相對於孟學以具有現代性意義的「道德形上學」概括，將「道德」概念與「形上學」有機地整合，而成為一套有系統的典範；「倫理經濟學」的建構則凸顯出荀學思維的差異性與特殊性。「道德」（moral）與「倫理」（ethic）可說是儒家的核心價值與概念，是「道德」（Moral）體系之一體兩面；而孟子與荀子選擇了以不同的進路開展儒學的核心價值——孟子從「形上學」的思維貫通「道德」（Moral），是以強調內在的「道德」（moral）價值與根源，荀子則是從「經濟學」的視野來疏通「道德」，是以凸出外在的「倫理」（ethic）體系與互動。

這不能簡單視為「重仁系統」與「重智系統」的差異，或者說是

---

303 參〔日〕佐藤將之：《荀子禮治思想的淵源與戰國諸子之研究》（臺北市：臺灣大學出版中心，2013年），頁xiii、19、王楷：《天然與修為——荀子道德哲學的精神》（北京市：北京大學出版社，2011年），頁4。

304 誠如路德斌所說，孟荀同樣身為儒家，其關鍵在於「道」同而「術」不同。此「經濟學」即為荀子用以將儒家之道穿針引線於個人與社會各個領域間的「術」，有別於孟子「形上學」之「術」。參路德斌：《荀子與儒家哲學》，自序頁2。

「仁學系統」與「禮學系統」的分別[305]，那樣不全面也不準確；「仁」與「禮」是在辯證中各自存在於孟學與荀學當中，而非有此無彼、有彼無此的關係。孟子與荀子都是企圖在理論架構中開展一套完整的儒學體系而無所偏廢，他們皆思考如何能夠契近儒學的核心——孟子認為：「孔子之謂集大成。」（〈萬章下〉）[306]荀子亦言：「孔子仁知且不蔽，故學亂術，足以為先王者也。」（〈解蔽〉）[307]二人都有意識地要回到孔子這個儒家的正宗，但又有各自的方法與進路，有各自的堅持卻也都有著時代的限制。

孟子說：「我亦欲正人心，息邪說，距詖行，放淫辭，以承三聖者；豈好辯哉？予不得已也。能言距楊墨者，聖人之徒也。」（〈滕文公下〉）[308]他將楊墨視為他者進行批判，以求回歸孔聖之道；但他的回歸是建立在「無父無君」的他者之上，是以特別訴諸形上價值的根源，形塑了「道德形上學」系統，名為「回歸」，事實上是「超越性的回歸」。其所謂孔子是孟學中的孔子，是孟子對孔子的詮釋，並非原來的孔子，是以他認為：「孔子曰：『道二：仁與不仁而已矣。』」（〈離婁上〉）[309]孟子的時代背景與思維讓他特別凸出孔子的「仁」，並將此概念形上化、根源化。

那麼唐宋以降的「孔孟」系統，其實也就是在這個脈絡上而言。如以當代繼承的「孟學道統」來看，「孔孟」系統的發生程序是先有

---

305 如蔡仁厚即言：「孟子順承孔子之仁而發揮，開出心性之學的義理規模。荀子則順承孔子外王禮憲之序，彰顯禮義之統。」此處雖是要發揚孟荀各自繼承了孔子之道，而帶出「荀子遭長期之貶抑，則是儒學之不幸」之平反；但僅將荀子視為「禮學系統」，作為儒學的一端，恐有忽略荀子思想的整全性，及其有意識地將孟子作為他者進行批判與回歸孔學的意圖。參蔡仁厚：《孔孟荀哲學》，頁362。

306 〔漢〕趙岐注，〔宋〕孫奭疏：《孟子注疏》，頁176。

307 〔清〕王先謙撰，沈嘯寰、王星賢點校：《荀子集解》，頁393。

308 〔漢〕趙岐注，〔宋〕孫奭疏：《孟子注疏》，頁118。

309 〔漢〕趙岐注，〔宋〕孫奭疏：《孟子注疏》，頁125。

孟子而後有孔子，孔子是孟學建構下的孔子。假使能夠正視荀子將孟子視為他者進行批判的歷史脈絡，正當地看待荀子所說：「世俗之溝猶瞀儒，嚾嚾然不知其所非也，遂受而傳之，以為仲尼、子游為茲厚於後世，是則子思、孟軻之罪。」（〈非十二子〉）[310]而不理所當然地以宋明以降的「孔孟道統」帶著護教的防衛意識去批駁荀子、弱化荀子，那麼就能夠理解荀子「倫理經濟學」的意義與價值——其用意也在於回歸孔子，當然也是帶著時代背景與思維下的方式去進行超越性回歸。

如果能接受這樣的視角，那麼就可以回到儒學發展的歷史性脈絡，回歸儒學發生程序是由孔—繼孟—而荀的線性歷程，而非宋明以降的「孟學道統」是個由孟—塑孔—排荀的非線性歷程。亦即，應該正視荀子將孟子作為他者的視角去詮解儒家系統[311]，了解荀子是有意識地去批判與超越孟子的，承認兩者是不一樣的兩個系統；而不鄉愿地將孟學與荀學視為「鳥之兩翼、車之兩輪」。[312]只有承認兩者的差異，先放下孟學道統（但不必放棄），接受荀學的思維方式——而非先入為主地就認為「不須理會」，呈現真實儒學的歷史脈絡；讓彼此在辯證中被超越與回歸，這才是現代性下儒學應有的進路與氣度——而非固守舊時代的「道統」。

---

310 〔清〕王先謙撰，沈嘯寰、王星賢點校：《荀子集解》，頁94-95。

311 當然不是說孟學開展儒學的歷程不重要，不是說孟子將楊朱作為他者進行批判以回歸孔學的進路不應被重視，而是此一進路在宋明以來已經成為一種傳統與權威，可說幾乎所有的論述都是這樣的視角與進路，實在無須再「照著講」地重複。而隨著時代脈絡的演進，荀子也是必然會成為他者被進行批判與超越，但要將荀子作為他者進行批判與超越前，必須先正視荀子思想是如何而形成，先理解荀子是如何批判與超越他者的。這也正是本書的核心與企圖。

312 參王斐弘：《儒宗正源》（廈門市：廈門大學出版社，2011年），自序頁3。

3 跨域：儒學與經濟學的整合及其現代性建構

　　跨領域與跨學科的整合為當代趨勢，唯有透過跨界統合才能更宏觀去檢視一個思想與體系的全貌。「倫理經濟學」在哲學思想中乍看之下或許突兀，然而這樣的整合在西方其實相當普遍。如賽德拉切克（Tomas Sedlacek, 1977- ）著有《善惡經濟學》（*Economics of Good and Evil*）；學界也因意識到當今經濟學排除了倫理學的重要性，淪為僅關注數位的效益分析之錯誤[313]，因此結合了政治倫理與經濟理論，開展了「政治經濟學」（Political economy）。[314]而其中最具啟發性的是為芝加哥大學法學院波斯納（Richard Allen Posner, 1939- ）倡議之「法律經濟學」（Economics of Law）。

　　「法律經濟學」是利用與整合經濟學的理論和方法，去考察與研究法律制度的形成、結構、過程、效果、效率與展望的學科。[315]它不僅僅關注法律中的正義（justice）問題，更關注正義的成本[316]；正如

---

313 參〔捷〕托馬斯・賽德拉切克（Tomas Sedlacek）著，劉道捷譯：《善惡經濟學》，頁333-334。

314 所謂的「政治經濟學」，是以人的需求與資源分配為核心的理論，並將經濟問題與政治體制與制度作整合，強調政府對於民生問題的解決。其學派又可分為古典經濟學脈絡下的「政治經濟學」，以及「激進政治經濟學」（Radical political economy）。後者在經濟效率考量中加入了倫理價值的考慮，更關注社會正義（social justice）的問題，並結合了文學、歷史、社會、政治、文化人類學等人文學科，使經濟學的脈絡具有道德溫度與人文情感。而本書所討論的是為「激進政治經濟學」的脈絡，關於此理論之意義與如何在荀子中開展，請見本書第四章。參高安邦：《政治經濟學》，頁1-12。

315 參〔美〕理查・波斯納（Richard A. Posner）著，蔣兆康譯：《法律經濟學（第七版）》，譯序頁iv。

316 這裡所說的成本是指經濟學概念中「機會成本」（Opportunity Cost），而非資金上的成本。參高希均、林祖嘉：《經濟學的世界：上篇，經濟觀念與現實問題》，頁25。

波斯納所說：對公平正義的追求，不能無視於代價。[317]也就是說，唯有透過效率來解釋正義，才能真正體會正義的意義[318]，否則正義將只是個空心的概念，沒有實踐上的可能。而荀子講師法、講禮刑，在一定意義上，也正是效率的考量；他不是不期待人性的自覺，而是在當下緩不濟急，是以其《荀子》中不僅講禮義、道德，「莫速乎好其人」之「速」的概念更是貫穿全書。

當然，如牟宗三創造性轉化康德「道德底形上學」，此處「倫理的經濟學」亦一定程度轉化了「法律經濟學」的概念；它的重點不在於用「經濟分析」（Economic Analysis）去梳理道德，而是在道德的實踐中呈現出「經濟學」的理念與方法。這也正如波斯納法官所說：經濟學的精髓在於慧見，而非技巧[319]；「經濟學」對於荀學只是一種表現倫理價值的方法與進路，更重要的在於其「道」——如何在現實中的欲望與衝突中，體現儒家仁義禮智的思想核心。

而荀學系統之所以能夠以「倫理經濟學」概括，關鍵還是在於其思維理路本身與「經濟學」的慧見具有一致性。這是一種在欲望的個體與混亂的社會中建立起善行與秩序的非實在論（non-realism）理路；與孟子那種預設天道與理型（ideas）世界的存在，期待人回到性善之初的理型存有是不同的。「經濟學」也正是預設人性貪婪與充滿欲望，而企求在這充滿「惡」與衝突的世界中尋求秩序與平衡，這也正是荀學的思維理路。

而「倫理經濟學」正是在混亂與衝突中、在充滿欲望與貪婪的人性中建立善的價值與秩序；這是荀學體系的核心思想與進路，是從荀

---

317 參熊秉元：《正義的效益：一場法學與經濟學的思辨之旅》（臺北市：商周出版公司，2015年），頁51。

318 參熊秉元：《正義的效益：一場法學與經濟學的思辨之旅》，頁128。

319 參熊秉元：《正義的效益：一場法學與經濟學的思辨之旅》，頁21。

學中抽繹出的觀念與方法，而非天外飛來一筆的體系。是以「荀學」與「倫理經濟學」是同體而異名的同構性概念；利用此同構性，開展傳統荀學道德的現代性，正是「倫理經濟學」建構的意義與價值。

（二）以何現代？倫理經濟學的合理性

「倫理經濟學」的內涵在於利用「經濟學」對於人的觀察與歸納以及「生活世界」——亦即帕森斯（Talcott Parsons, 1902-1979）所說「關係的機制」[320]中的互動與機制，來探討道德實踐的可能性。其理論的建構基於以下幾個經驗性的觀察與設定：

1 利己：經濟人的預設與性惡

首先，經濟學中最基本的假設是從對「人」的定義，這個也是中國思想家的哲學體系必然觸及的關鍵之一，因此在這方面就有其相似性與同構性。如同前文所提及，孟學對於人身而為人最感到神聖與安心的，即是其「性善論」；亦即人人皆有「四端」根植於心。而孟學對於荀學最大的批判也是從人性論伊始——「只一句性惡，大本已失」，可以見得對於人性的觀察與預設，在理論系統中有關鍵性的意義。

而「經濟學」對於人的定義是：人都是理性（rational）[321]的「經濟人」（homo economicus），會有「利己」（self-interested）的傾向，做出自己主觀判斷下認為對自己最有利的或最大報酬的決定。[322]也就

---

320 參〔德〕阿克塞爾・霍耐特（Axel Honneth）著，王旭譯：《自由的權利》（北京市：社會科學文獻出版社，2013年），頁197-198。

321 這裡是指「有限理性」（bounded rationality），指人在當下可以獲得的有限資訊中所做出對自己主觀認定最好的選擇；並非哲學意義上的絕對理性。參溫明忠：《經濟學原理》，頁11。

322 參溫明忠：《經濟學原理》，頁10-11、高希均、林祖嘉：《經濟學的世界：上篇，經濟觀念與現實問題》，頁45。

是說經濟學對於人的定義即是利己的主體，這樣的「經濟人」預設，是經濟學最根本且必要的設定；一旦失去了此一預設，經濟學的體系也就沒有意義，甚至會隨之瓦解。

由此可以了解到，孟學的先天「道德人」（moral man）預設──人之有四端，猶其有四體的論述，在經濟學理論的脈絡下是無法相容的。因為孟子的「道德人」是具有「惻隱」、「羞惡」、「辭讓」、「是非」之心的道德主體，他並沒有利己的傾向與動機，反而會具有「辭讓」的利他傾向，這就是「道德人」與「經濟人」根本上的不同。

相對而言，荀子的性惡論對於人的觀察，就相當符合「經濟人」的定義──「今人之性，生而有好利焉」（〈性惡〉）[323]，可以見得人有天生追求利益的傾向；「饑而欲飽，寒而欲煖，勞而欲休」（〈性惡〉）[324]，可以了解到人天生有利己的傾向，因此會展現出「順情性則不辭讓」（〈性惡〉）[325]的本能。由此可知，荀子由經驗觀察而得的「性惡之人」，其實就是與經濟學中定義的「經濟人」，二者有其相似性與同構性。

2 選擇：資源有限性與競爭

經濟學的第二個重要預設在於指出資源的稀少性（scarcity）──亦即資源是有限的，未必能夠滿足我們的欲望；因此一切有形或無形的財貨、勞務，都必須經過選擇與付出代價才能獲得。也因為資源的有限性，隨之而來就會有選擇（choice）的必要──必須在有限資源內做出取捨（trade-offs）。[326]是以只有在「資源有限，人欲無窮」的

---

323 〔清〕王先謙撰，沈嘯寰、王星賢點校：《荀子集解》，頁434。
324 〔清〕王先謙撰，沈嘯寰、王星賢點校：《荀子集解》，頁436。
325 〔清〕王先謙撰，沈嘯寰、王星賢點校：《荀子集解》，頁437。
326 參溫明忠：《經濟學原理》，頁3-5。

現實下，才須要做出經濟學上所謂的「選擇」；所以在天堂與極樂世界中是不須要經濟學的。[327]

孟子的理論中，當然也涉及了選擇的概念，如其在〈告子上〉所論述「魚與熊掌」不可得兼時的選擇。[328]魚與熊掌之間僅能擇一，當然也顯現出了資源的稀少性，但是孟子所表現出的抉擇中，已經超越了「利己」與追求對自己有利的最大效益的「經濟人」預設。「舍魚而取熊掌」、「舍生而取義」都是「道德人」才能有的抉擇高度。這也是為何梁漱溟會說孟學這類的典型中國思想過於「早熟」；也就顯現出孟學的「超越」義，與經濟學中的形而下思維不相契。

至於荀子則幾乎可以說是從經濟學——在資源有限性中做選擇的脈絡來觀察社會的現象與人的行為。〈禮論〉中開宗明義即言：「人生而有欲，欲而不得，則不能無求；求而無度量分界，則不能不爭；爭則亂，亂則窮。」[329]這就一方面點出了資源的有稀少性與有限性，另一方面也指出了人在面對這樣的困境中必須要有取捨、有抉擇，否則就不必爭、不必禮去「養人之欲，給人之求」了。又荀子說「從人之性，順人之情」的結果必然會「出於爭奪」，更是明顯指出人的無限欲望；而經濟學很大的目的即是研究如何選擇與分配資源來滿足無窮盡的欲望[330]，是以荀子的思想中是具有經濟學的內涵與架構的。

3 效用：利益追求與義利之辨

第三個可以為倫理經濟學所吸納的經濟學理論即是對於「效用」

---

327 參單驥：《天堂裡沒有經濟學》，頁9-11。

328 見〔漢〕趙岐注，〔宋〕孫奭疏：《孟子注疏》，頁201。

329 〔清〕王先謙撰，沈嘯寰、王星賢點校：《荀子集解》，頁346。

330 參高希均、林祖嘉：《經濟學的世界：上篇，經濟觀念與現實問題》，頁9。

（utility）的追求，以計算個人幸福的大小。[331]雖然經濟學上的「效用」未必是指金錢或實際的利益，但是在其追求最大幸福的論述中，的確是鼓勵與正視人對於利益的追求。正如亞當・斯密（Adam Smith, 1723-1790）所說：「我們訴諸他們自利的心態而非人道精神，我們不會向他們訴說我們多麼匱乏可憐，而只說他們會獲得什麼好處。」[332]

這樣的概念與孟學中的義利之辨——詰問「王何必曰利？」，並認為「亦有仁義而已矣」（〈梁惠王上〉）[333]的超越利益之概念是截然不同的。而荀子所謂「貧願富，賤願貴」（〈性惡〉）[334]的思維，在一定程度並不否定人對於富貴、財利的追求。又其在〈王霸〉中對於「心好利」並沒有提出質疑，可以見得荀子與經濟學的同一性。而此處又再一次顯示孟學的超越性及其在當下不可「改移而下」的例證。

（三）如何現代？倫理經濟學的可能性

由前文論述可知，這裡提出的「倫理經濟學」不僅是個方法與詮釋的概念，而在於荀子思維本身即蘊含這樣的思想理路。觀者或許會提出疑問：「經濟學」這個至少在一七七六年亞當・斯密發表《國富論》後才逐漸成為人重視的顯學，形成一門「文科中最老，科學中最新」的學科[335]，在二千多年前的荀子有可能有這樣的思想嗎？關於這點必須由以下幾個關鍵來釐清：

---

331 參高希均、林祖嘉：《經濟學的世界：上篇，經濟觀念與現實問題》，頁76。

332 見Adam Smith著，謝宗林、李華夏譯：《國富論》（臺北市：先覺出版公司，2000年），頁30。

333 〔漢〕趙岐注，〔宋〕孫奭疏：《孟子注疏》，頁9。

334 〔清〕王先謙撰，沈嘯寰、王星賢點校：《荀子集解》，頁439。

335 參高希均、林祖嘉：《經濟學的世界：上篇，經濟觀念與現實問題》，頁8。

1 慧見：與倫理學合一的經濟傳統

在經濟學發展的歷程中，一直是與倫理學緊密結合、相互影響的概念；早在希伯來人、希臘人那裡，便有「經濟學」的概念，只是當時沒有如今日獨立分化的學科概念與名稱而已。只是當今的經濟學被過度簡化、簡化到變成只強調利用數學配置的科學[336]；將人視為沒有情感、一味追求效用最大化的「數字人」，才讓我們印象中經濟學只剩下經濟分析的部分，而忘記了波斯納所強調的：經濟學的精髓在於慧見，而非技巧！[337]

也就是說，「倫理經濟學」的論述只是利用經濟學的預設與概念去梳理人的行為與制度的可行性；就如前文所提到的「經濟人」的假設、資源稀少性的提出、效益最大化原則與機會成本、社會成本的運用[338]，來檢視中國古代思想類型及其理論內涵。不能說荀子的「性惡論」不是「經濟人」的概念；不能否認荀子由「爭則亂，亂則窮」的體會，進而梳理出「先王惡其亂也，故制禮義以分之」（〈禮論〉）[339]的理路來探索「禮」的起源之論述不是從資源的稀少性為思考起點的經濟思維。可以說即便在先秦時代沒有「經濟學」的名目，但從前文概述的蛛絲馬跡，可以肯定當時已有類似的內涵與概念。

2 欲望：與人共生共亡的經濟根源

既然經濟學的概念並非近現代的專利，那麼就不必質疑在中國古

---

336 參〔捷〕托馬斯・賽德拉切克（Tomas Sedlacek）著，劉道捷譯：《善惡經濟學》，頁313-334。

337 參熊秉元：《正義的效益：一場法學與經濟學的思辨之旅》，頁21。

338 參蔣兆康：〈譯序〉，見〔美〕理查・波斯納（Richard A. Posner）著，蔣兆康譯：《法律經濟學》，頁vii-xvi。

339 〔清〕王先謙撰，沈嘯寰、王星賢點校：《荀子集解》，頁346。

代甚至是先秦時代是否有「倫理經濟學」這樣類型學說的可能。甚至可以進一步來說：有人類就有經濟學的存在。如同歷史學家諾曼·戴維斯（Norman Davies, 1939-）指出：亞當·斯密是藉由思考人性貪欲的意義來進入經濟學的領域的。[340]而貪婪（在經濟學中的中性概念稱為「利己」）並非在經濟學的時代才出現，而是在人類歷史的搖籃時期，與「原罪」（original sin）一同產生。[341]

如同在《舊約·傳道書》中就有這樣的論述：「眼看，看不飽；耳聽，聽不足。」[342]而荀子所謂「生而有好利」、「生而有疾惡焉」、「生而有耳目之欲，有好聲色」，一旦「順是」而發展，將會造成「爭奪生而辭讓亡」、「殘賊生而忠信亡」、「淫亂生而禮義文理亡」（〈性惡〉）[343]的結果。而此一對於人禽與共的動物性預設，是在古今中外皆有之的；或者可以說，有人類就有動物性的欲望與衝動是必然存在而驅策人類的動力[344]，只是我們是否如同荀子般肯認其正當性，或是由孟學的「道德人」預設來淡化之。而經濟學可說就是以人類欲望為探討始點的學問，故可說有人的時代就有經濟學概念的開展與可能。

3 資源：思考稀少性下競爭的常態

再者，欲望無窮的人類此一條件，還要搭配上資源的稀少性才會形成經濟學的概念與思路；否則如前文所言，在資源無限的時空中是

---

340 Norman Davies, *Europe: A History*. London: Pimlico, 1997, p. 604.

341 參〔捷〕托馬斯·賽德拉切克（Tomas Sedlacek）著，劉道捷譯：《善惡經濟學》，頁271。

342 見聯合聖經公會編：《新舊約全書》（臺北市：聖經公會，2005年），頁795。

343 〔清〕王先謙撰，沈嘯寰、王星賢點校：《荀子集解》，頁434-435。

344 參〔捷〕托馬斯·賽德拉切克（Tomas Sedlacek）著，劉道捷譯：《善惡經濟學》，頁347；John M. Keynes, *General Theory of Employment, Interest, and Money*. London: Macmillan, 1936, pp. 273-274.

不須要「選擇」，也就不須要經濟學。而在現實生活中，即便再富足的年代，除了空氣這樣的「自由財」（free good）[345]，資源都不可能是無限的。且如同馬爾薩斯（Thomas R. Malthus, 1766-1834）所論，人口的力量極為強大，地球所能提供的維生物資遠少於人類所需[346]；因此資源不足或是分配不均，這可說是世界的常態。

是以荀子所論「生而有欲，欲而不得」則爭，「爭則亂，亂則窮」的情況是一種常態；「從人之性，順人之情」而「出於爭奪，合於犯分亂理，而歸於暴」的闡述也是一種常態，而非條件論述。也就是說，至少在沒有律法或是荀子所強調的禮法的制約與約束下，人是長時間處於霍布斯（Thomas Hobbes, 1588-1679）所謂的「戰爭狀態」[347]之下的。

況且在戰國時期，禮崩樂壞，世局之亂與戰爭之殘酷更勝以往，在這樣的情況下其資源的稀少性問題更加凸顯，在爭奪上也必然更加劇烈。而戰國時期井田制的崩解，私有田制的出現；加上人口的自然增加，此一雙重性更深化了資源的爭奪情況，也印證了馬爾薩斯的人口論。[348]在這樣的時代背景，就更有理由促成荀子由資源的稀少性與人性欲望的角度開展「倫理經濟學」之可能。

---

345 參溫明忠：《經濟學原理》，頁3。

346 Thomas Malthus, *An Essay on the Principle of Population*, p. 6.

347 〔英〕霍布斯（Thomse Hobbes）著，黎思復等譯：《利維坦》，頁94。

348 參張純、王曉波：《韓非思想的歷史研究》，頁2-11。

小結

一　在道德與經濟之間

　　透過本章的梳理，可以了解到荀子在時代的脈絡下反思孟學四端的自覺體系，並對其進行批判。因為在戰國時代末期，禮崩樂壞已到了極點，天下的混亂已非春秋與戰國初年可以比擬，將人預設為「道德人」的孟學自覺體系已緩不濟急，不符合現實需求，是以荀子創建了儒學的另一典範，以「經濟人」為基礎，坦然面對人的自利傾向，並期望透過主動的「為學」與「被動」的師法權威，使客觀的「禮法」與道德規範內化於人。這樣的典範建構是出於對孟學的反思與批判，也是對於緩不濟急的自覺系統的轉向與開展；可以看到荀子不時強調為學、修養與治亂「速」的可能，亦即如何使其學說同時兼具效率與效能。

　　但是這並不表示荀子脫離了儒家，是個功利主義者，其本質上仍是個儒者。荀子在〈禮論〉中說：「故殯，久不過七十日，速不損五十日。」[349] 由此可見，禮儀與倫理對其來說還是有優先性與神聖性，這與其所批判的墨家「上功用、大儉約而僈差等」（〈非十二子〉）[350]，完全以功利優先的思維是明顯不同的。

　　當然，荀子也不是法家──即便韓非的學說與其有密切關係，但荀韓兩人的思想核心畢竟是不同的。韓非雖同主性惡，但他根本不相信人性有改變的可能，他說：「善毛嬙、西施之美，無益吾面；用脂澤粉黛，則倍其初。言先王之仁義，無益於治；明吾法度，必吾賞罰者，亦國之脂澤粉黛也。故明主急其助而緩其頌，故不道仁義。」

349　〔清〕王先謙撰，沈嘯寰、王星賢點校：《荀子集解》，頁362。
350　〔清〕王先謙撰，沈嘯寰、王星賢點校：《荀子集解》，頁92。

（〈顯學〉）[351]韓非認為張揚道德仁義不會改變人性，道理就如同讚美西施絕世之美也不會使女人變美。因此，韓非只欲利用「經濟人」理性與自利的本性，利用刑、德「二柄」（〈二柄〉）[352]去誘導人性，完全放棄成就善的可能。

荀子儘管也將人視為「經濟人」，但他並沒有放棄將人轉化為「道德人」的可能；是其修養論從來都是以成為全盡禮義、齊明不竭而能夠自覺的聖人為目標。他的理想是在最後能夠達至不用外在的師法禮義，也能自覺行善，亦即其所謂「聖人縱其欲，兼其情，而制焉者理矣。夫何彊，何忍，何危？」（〈解蔽〉）[353]這與孔子所謂「從心所欲而不踰矩」（〈為政〉）[354]並無二致。荀子所要強調的只是：不能在一開始就將人設定為「道德人」期待人的自覺，並由此來達至治亂的效果；對荀子來說，那樣要付出的代價太大、時間太長。唯有先以外在的禮法，甚至是法刑使人「免而無恥」，再來談「有恥且格」（〈為政〉）[355]，否則一切都是枉然。

以經濟理論為檢視荀子理論的工具，正可以彰顯出其為何要反對孟子的性善論與自覺的系統，又為何會在其思想中不斷強調「速」的重要性。此即其對於儒家思想在現實社會中所能夠達至的效果與效率的反思，是在理想與現實之間的妥協與融合。最後，對於從孟子到荀子的儒學轉向，謹以波斯納法官的一句話作為註記與反思：「對於公平正義的追求，不能無視代價。」[356]

---

351 〔清〕王先慎撰，鍾哲點校：《韓非子集解》（北京市：中華書局，2011年），頁462。

352 〔清〕王先慎撰，鍾哲點校：《韓非子集解》，頁39。

353 〔清〕王先謙撰，沈嘯寰、王星賢點校：《荀子集解》，頁404。

354 〔魏〕何晏注，〔宋〕邢昺疏：《論語注疏》，頁16。

355 〔魏〕何晏注，〔宋〕邢昺疏：《論語注疏》，頁16。

356 見熊秉元：《正義的成本：當法律遇上經濟學》，頁193。

二　在經濟與倫理之間

　　荀子從戰國末年資源的「稀少性」造成之爭奪，並由之推導出「禮」的起源，並凸顯與面對在私有制下顯發的「利己」傾向，建構了「性惡論」；更進一步開展具有強制性與他律性的師法與刑罰系統[357]，走出「道德形上學」對於純粹性與無關利益道德的追求，凸出了「道德」與「效用」可以兼容並行的可能，是為儒學在戰國末年的轉向——「倫理經濟學」體系的開展。

　　「倫理經濟學」的概念並不突兀也不新穎，經濟學與倫理學本是同宗共源[358]，甚至在十六世紀以前，經濟學與倫理學本就是緊密結合、相互影響的；今日學科分化下，經濟學被簡化為數理化的經濟學，排除了道德與倫理在經濟學中的重要性，追求絕對的「客觀性」，完全誤解了經濟學的意義。[359]應該說，有人類就有「經濟學」，而所謂的「經濟學」是包含政治、經濟與道德的多元整合；然而今日「經濟學」已經被數學化，故特別以「倫理經濟學」定義之，更能凸顯荀子思想的特色與核心價值，並可以作為儒學另一種典範之開展及其與現代性聯繫契機。

　　凱因斯（John M. Keynes, 1883-1946）就呼籲回歸經濟學作為道

---

357 當代學者多對於他律性道德感到忌諱與批判，其實荀子也以成聖為修養的目標，也凸出自覺為善的重要性與可能性。他只是在時代的推進中，適當地兼容各家思想，企圖建構更具現實意義的儒學，但這並不礙於其作為儒者的本質。參曾暐傑：《打破性善的誘惑——重探荀子性惡論的意義與價值》，頁198-206。

358 參萬俊人：《道德之維——現代經濟倫理導論》（廣州市：廣州人民出版社，2000年），頁8。

359 參〔捷〕托馬斯‧賽德拉切克（Tomas Sedlacek）著，劉道捷譯：《善惡經濟學》，頁313-334、王小錫：《經濟倫理——經濟與道德關係之哲學分析》，頁4。

德學科的傳統[360]，波斯納（Richard A. Posner）也建構了「法律經濟學」（Economic Analysis of Law）體系[361]；道德、倫理與經濟的交融絕非不可能，問題只在於是不是能夠跳脫長久以來華人社會習慣於「道德形上學」的框架之中。這正如劉又銘所說，漢語哲學圈往往無法接受荀子性惡與他律的表述，而必須追求孟學典範中那莊嚴「而崇高的生命圖像才感到安心[362]；亦是曾暐傑所說「性善的誘惑」。[363]假使能夠重新建構「倫理經濟學」的概念，以正面而積極的態度理解荀學典範中的不純粹、不超越而形下的思考模式，那麼將能夠提供儒學現代化另一條新的進路與展望。

三　在形上與實證之間

根據法國實證主義（positivism）哲學家孔德（Auguste Comte, 1798-1857）的說法，歷史進程的發展有所謂三階段定律（the law of the three stages）：分別是「神學階段」、「形上學階段」與「實證階段」，並且是一個逐漸進化的過程，至實證階段而達到極致。[364]基本上孔德依照西方文明的發展來訂定這樣的歷程，而中國從殷周時期的「軸心時代」（Axial Age）[365]伊始，巫覡退位、絕地天通，「人格神」

---

360 參〔捷〕托馬斯・賽德拉切克（Tomas Sedlacek）著，劉道捷譯：《善惡經濟學》，頁333。

361 參〔美〕理查・波斯納著，蔣兆康譯：《法律經濟學》，頁3-27。

362 參劉又銘：〈當代新荀學的基本理念〉，頁4。

363 參曾暐傑：《打破性善的誘惑——重探荀子性惡論的意義與價值》，頁23-28。

364 參〔法〕孔德（Auguste Comte）著，蕭贛譯：《實證主義概觀》（臺北市：臺灣商務印書館，1966年）。

365 參Karl Jaspers, *The origin and goal of history*. translated by Michael Bullock. London, New York: Routledge, 2010. pp. 1-21.

與「人格天」為「天道」與「形上天」所取代，而孔子人文精神也由此萌發。[366]

　　然而，中國文明在現代化的過程中，儒學似乎並沒有順理成章進入孔德所說的「實證階段」。當然，孔德的分期未必是對的，但今日現代化的進程，的確是在反形上學的進路中發展，或者說朝向「後形上學」開展。[367]而荀子將孟子視為他者進行批判與超越的歷史進程，可以說是從「形上學階段」過渡到「實證階段」時期的萌發；在今日現代化脈絡下，儒學的開展不能忽略由孟到荀此一超越性回歸的轉向──在信仰上，可以不認同荀子；但在儒學的歷史脈絡與現代化進程中，不可以繞過荀子而逕言孟子的「道德形上學」。

　　當然，荀子對於「形上學」的批判性轉向，實證化儒學的脈絡，然後荀子之後的兩千年，在中國儒學史上畢竟沒有真正邁入「實證階段」──這是儒學的思維使然、亦是荀子作為發揚儒學核心價值的思想家性格使然。即便荀學的體系中蘊含著實證元素的「經濟學」思維，但終究是必須回到「倫理」的核心議題──「求知天」始終不是荀子所關注的。

　　不過這未必是儒學──或者說是中國哲學的缺陷或不足，反倒是梁漱溟所說的過於「早熟」。在今日儒學現代化脈絡下，每個人都可以選擇是要發揚孟學體系的「道德形上學」，讓「形上學階段」的智慧在當代閃爍；或是決定要發乎荀學體系的「倫理經濟學」，讓帶有實證元素的「後形上學進程」繼續在當代綻放。甚至是究竟要不要真

---

366 參勞思光：《新編中國哲學史（一）》，頁37-38、77-80、〔英〕凱倫‧阿姆斯壯（Karen Armstrong）著，孫艷燕、白彥兵譯：《軸心時代──人類偉大宗教傳統的開端》（海口市：海南出版社，2010年），頁122-127。

367 參〔美〕理查德‧羅蒂（Richard Rorty）著，黃勇編譯：《後哲學文化》（上海市：上海譯文出版社，2004年），譯者序頁1-45。

真切切地將儒學帶入「實證階段」，或是停留在荀學系統的「後形上學階段」，孰利孰弊，這都是值得思量與辯證的。

但無論如何，必須要正視儒學發展史上，孟子將楊朱視為他者進行批判，而超越性回歸孔子的歷程；宋明以降，「孔孟的道統」是「孟學的道統」，而非現實意義下「孔子的道統」。也不然不能忽視儒學發展脈絡下，荀子將孟子作為他者進行批判，而超越性回歸孔子的歷程；這個「孔荀的道統」是以往被忽略與弱化的。至於「孔荀的道統」與「孔孟的道統」究竟哪個接近於「孔子的道統」，這必須真正釐清：荀學如何將孟子視為他者進行批判性回歸後，才能進一步判定。

畢竟今日的研究多在「孟學道統」下繞過荀子便進行判教，那不公允也非真實的儒學圖式（schema）。或許在孟子「道德形上學」的脈絡下，荀子的「倫理經濟學」不「究竟」也不完滿，就如劉又銘所說的：「荀學所描繪的基本生命圖像則相對顯得平常、普通。」[368]或許在「莊嚴、崇高」[369]的孟學體系下覺得此是不值一提的「庸俗化的儒家」（vulgar Confucianism）[370]；但這樣的批判必要在正視「作為他者的孟子」脈絡下的荀學後——讓孔孟的歸孔孟、孔荀的歸孔荀，才能進行批判、選擇與超越。

---

368 劉又銘：〈當代新荀學的基本理念〉，頁11。

369 此語為劉又銘對「孟學」的描述，參見氏著：〈當代新荀學的基本理念〉，頁11。

370 參金耀基：〈儒家倫理與經濟發展：韋伯學說的重探〉，收入李亦園等編：《現代化與中國化論集》（臺北市：桂冠圖書公司，1985年），頁51。

第三章

性惡的經濟學

──「經濟人」的性惡意識與荀學系統的根柢

引言──思孟何以必須作為他者？

誠如前文所述，「性惡」在荀學體系中有其關鍵意義，可以說一切的思想都是以「人之性惡」為基礎，來開展其修養論、禮義論與政治論；也正因為如此，荀子才會如此強調「化性」與「禮義」的重要性──不如此充滿欲望的自然人、經濟人就無法導向善的結果，也就無法建置社會的秩序。是以，「倫理經濟學」正是建立在此一人性的欲望與衝動的人性之上──在荀子來說即是所謂的「性惡」。

正因為荀子的「性惡論」如此關鍵，又作為其理論體系的基礎，在以孟子作為他者的研究進路中，不得不面對的問題即是：宋明儒者與港臺新儒家對於荀子「性惡」的批判。就如同本書所一再提及的，荀子所謂：「人之性惡，其善者偽也」（〈性惡〉）[1]，得到朱熹（1130-1200）「不須理會」的評價，使其哲學體系長期受到批判與忽視。然而也正是因為如此，長久以來在孟學的「孔孟道統」下，荀學在儒學史上被刻意繞過，而沒有得到真正的理解。但在儒學發展的脈絡中，思想家可以不同意荀子，卻不能繞過荀子──否則就會忽略了儒學的動態性與荀學在歷史脈絡中的正當性。

1　〔清〕王先謙撰，沈嘯寰、王星賢點校：《荀子集解》（北京市：中華書局，2012年），頁434。

　　正是在這樣繞道而行的儒學研究脈絡中,「性惡」被視為「洪水猛獸」[2],對孟學而言,「性惡」最致命問題即在於牟宗三（1909-1905）所說的──「本原不足」──徒順外王系統而缺少內在道德根源。[3]這樣的評價其實是順著宋明以降、孟學本位的「道德形上學」（moral metaphysic）[4]體系而論,就如同程頤所說:「荀子極偏駁,只一句性惡,大本已失。」[5]認為「性惡論」使人失去了價值本源,因而整套體系都是不成立的。

　　但孟學系統用以攻詰荀子性惡論的關鍵──「本原不足」、「大本已失」,反而是荀子性惡論的要緊處,是荀卿持之以批判孟子性善論的核心論點。也就是說,「道德形上學」據以為寶並視為儒學核心價值的「有其本原」、「立其大本」,對於「倫理經濟學」而言,反倒是其偏離儒學的硬傷。這正如荀子對思孟學派的批評:

> 略法先王而不知其統,猶然而材劇志大,聞見雜博。案往舊造說,謂之五行,甚僻違而無類,幽隱而無說,閉約而無解。案飾其辭而祇敬之曰:此真先君子之言也。子思唱之,孟軻和之。世俗之溝猶瞀儒,嚾嚾然不知其所非也,遂受而傳之,以為仲尼、子弓為茲厚於後世,是則子思、孟軻之罪。（〈非十二子〉）[6]

2　見陳大齊:《荀子學說》（臺北市:中國文化大學出版部,1989年）,頁3。

3　參牟宗三:《名家與荀子》（臺北市:臺灣學生書局,2006年）,頁203。

4　參牟宗三:《中國哲學十九講:中國哲學之簡述及其所涵蘊之問題》（臺北市:臺灣學生書局,1983年）,頁76-77。

5　〔宋〕程顥、程頤:《二程集》（臺北市:漢京文化事業公司,1983年）,頁262。

6　「以為仲尼、子弓為茲厚於後世」,據王先謙注本原為「以為仲尼、子游為茲厚於後世」。據郭嵩燾注曰:「荀子屢言仲尼、子弓,不及子游。本篇後云『子游氏之賤儒』,與子張、子夏同譏,則此『子游』必『子弓』之誤。」以及王天海之考證:

由「僻違而無類，幽隱而無說，閉約而無解」之評價而論，可以了解到荀子正是要攻其「有本原」一事──將仁義禮智「四端」視為根植於人性之中道德價值根源，並由此立說；此亦即孟子所謂：

> 乃若其情，則可以為善矣，乃所謂善也。若夫為不善，非才之罪也。惻隱之心，人皆有之；羞惡之心，人皆有之；恭敬之心，人皆有之；是非之心，人皆有之。惻隱之心，仁也；羞惡之心，義也；恭敬之心，禮也；是非之心，智也。仁義禮智，非由外鑠我也，我固有之也，弗思耳矣。（〈告子上〉）[7]

對荀子而言，「惻隱之心」、「羞惡之心」、「恭敬之心」與「是非之心」是固有於人性之中的說法，太過形上而幽微，難以說明、解釋與印證；而將「性」的內涵定為「四端」，這在當時也是思孟學派自成一系的乖僻學說，無所溯源於任何一個儒學系統的門類。

　　也就是說，荀子認為，子思與孟子是「假今之世，飾邪說，交姦言，以梟亂天下，矞宇嵬瑣，使天下混然不知是非治亂之所存者」（〈非十二子〉）[8]之其二；其二人身為儒家而不知儒家、誤解儒家，並以繼承孔子學說自居──號稱「此真先君子之言」，尤為毀壞儒學體系之罪人。

　　「子游，當是『子泓（即子弓）』之誤。《荀書》仲尼、子弓並言，此外凡三次，然無孔子、子游並言者。思、孟之書縱不及子弓，然此乃言世俗之見。」當改「子游」為「子弓」，今從之。見〔清〕王先謙撰，沈嘯寰、王星賢點校：《荀子集解》，頁94-95；〔戰國〕荀況著，王天海校釋：《荀子校釋》（上海市：上海古籍出版社，2005年），頁212。

7　〔漢〕趙岐注，〔宋〕孫奭疏：《孟子注疏》（臺北市：藝文印書館阮元校勘十三經注疏本，2013年），頁195。

8　〔清〕王先謙撰，沈嘯寰、王星賢點校：《荀子集解》，頁89-91。

　　荀子所非其餘十子：它囂、魏牟、陳仲、史鰌、墨翟、宋鈃、慎
到、田駢、惠施、鄧析，皆非儒家中人，不明孔子所以為儒家之正
道，猶有可議；而思孟自處於儒門之內，卻還不明孔子之真義，對以
儒學道統繼承者自居的荀子而言，更是不能諒解的。

　　是故從〈非十二子〉的行文脈絡來看，可以發現，荀子所非十二
子，二人為一組；在評價五組非儒家的思想家之段落後，便以「是它
囂、魏牟也」、「是陳仲、史鰌也」、「是墨翟、宋鈃也」、「是慎到、田
駢也」、「是惠施、鄧析也」（〈非十二子〉）[9]作結，僅指名所非者誰。
然而，唯獨在評價作為儒家的思孟時，荀子特別以「是則子思孟軻之
罪也」總結；不僅言其學說之非，更明確指謫其「罪」。足見荀子對
思孟批判之深，並視此為須要導正的關鍵所在。[10]

　　關於這點可以〈解蔽〉的行文脈絡相互對照，以明「作為他者的
孟子」在荀學論述中的重要性。荀子在闡述其理念「凡人之患，蔽於
一曲而闇於大理」（〈解蔽〉）[11]中，認為各種學說家派與行為行事，其
禍亂皆因所論有所偏執而忽略了「道」的整全性。是以其特別舉例指

9　〔清〕王先謙撰，沈嘯寰、王星賢點校：《荀子集解》，頁91-94。

10　雖然有學者從《韓詩外傳》中與《荀子・非十二子》的重文做比較，指出《韓詩外
　　傳》僅「非十子」，不包含對於子思、孟子的批判，由此判定〈非十二子〉為荀子
　　後學偽作。然而，根據張西堂的考察，〈非十二子〉大罵子思、孟軻，推崇仲尼、
　　子弓，這唯有主張「性惡」的荀子才會做出這樣的論述，主張「性善」者如《韓詩
　　外傳》的作者，並不可能有此推論。是以，〈非十二子〉不但不是漢人刻意由《韓
　　詩外傳》中抄錄過去，並刻意加上批判子思、孟子的言論；與此恰恰相反，反而極
　　有可能是《外傳》的作者基於孟學立場，改造了《荀子》的〈非十二子〉，刻意去
　　除了對子思、孟軻的批評──因為正如曾暐傑所論，漢代在檯面上孟學仍有其勢力
　　所在，不能透過清儒的脈絡去回顧漢代，而主觀認定漢代是荀學的時代。參張西
　　堂：《荀子真偽考》（臺北市：明文書局，1994年），頁89-95；曾暐傑：〈想像與嫁
　　接──荀子傳經系統的建構與問題〉，《政大中文學報》第26期（2016年12月），頁
　　187-190。

11　〔清〕王先謙撰，沈嘯寰、王星賢點校：《荀子集解》，頁386。

出，在當時遊走於各國的思想家中，多因蒙蔽於「道」的一端，而造成天下家國不得治的後果。荀子說：

> 昔賓孟之蔽者，亂家是也。墨子蔽於用而不知文，宋子蔽於欲而不知得，慎子蔽於法而不知賢，申子蔽於執而不知知，惠子蔽於辭而不知實，莊子蔽於天而不知人。故由用謂之道，盡利矣；由俗謂之道，盡嗛矣；由法謂之道，盡數矣；由執謂之道，盡便矣；由辭謂之道，盡論矣；由天謂之道，盡因矣；此數具者，皆道之一隅也。夫道者，體常而盡變，一隅不足以舉之。……孔子仁知且不蔽，故學亂術，足以為先王者也。（〈解蔽〉）[12]

由此可以見得，荀子在指出當時「蔽於一曲」的思想家僅及墨翟、宋鈃、慎道、申不害、惠施、莊周，並皆以「子」敬稱之，以此與「仁知且不蔽」的孔子相對舉，由此來凸出儒門孔學的至尊地位。值得注意的是，荀子在此隻字未提子思與孟子，這或許意味著，思孟對於孔學的改造，已非僅止於「蔽於一曲」，而是在根本意義上否定了孟學體系的正當性。

荀子如此凸出子思、孟軻之非，批評思孟的力道更勝於儒門之外的他者，關鍵或許在於：儒門外的他者畢竟明確立說異於儒學，也僅能達到「欺惑愚眾」（〈非十二子〉）[13]，讓那些沒有智慧的人受到誘惑與蒙蔽，他們明確知道自己信仰的不是儒學，但依然選擇了遵循那「蔽於一曲」的「道」；但是思孟的學說卻打著儒學正宗的旗號，讓那些愚昧的儒者自以為追隨了儒門正道，而不知道自己所信奉的不是

12　〔清〕王先謙撰，沈嘯寰、王星賢點校：《荀子集解》，頁391-393。
13　〔清〕王先謙撰，沈嘯寰、王星賢點校：《荀子集解》，頁91-94。

真正的孔門學說，此即荀子疾言「世俗之溝猶瞀儒、嚾嚾然不知其所
非也，遂受而傳之，以為仲尼、為茲厚於後世：是則子思、孟軻之罪
也」之關鍵所在。

是以荀子雖非難十二子之學說——它囂、魏牟、陳仲、史鰌、墨
翟、宋鈃、慎到、田駢、惠施、鄧析都是荀子將其作為他者進行批判
的對象，但「作為他者的孟子」在荀學的儒學體系卻有其關鍵性意
義，是「他者中的他者」。畢竟荀子身為儒家，其要緊處在於將儒門
系統內的異說導正，進行超越性的回歸——回歸孔門正道，是以必須
以儒學系統為核心進行批判與轉化。

而就現實研究意義而論，荀子與儒門之外思想家的關係與差異，
在學界並無太大爭議，甚至藉此凸出了荀子思想的脈絡與意義。[14]但
是就儒家內部的體系而論，荀子始終沒有取得完全的獨立性價值，而
必須依附在孟學的體系下去開展與論述。亦即「作為他者的孟子」在
儒學與歷史脈絡始終沒有被凸顯出來，荀子總是以「他者」的角色出
現在思想史的論述脈絡中。即便是認可與贊同荀學思想之論者，也多
不能接受與還原以荀子為主體、將孟子作為他者的儒學脈絡。是以將
孟子作為他者的研究進路便有被彰顯與梳理的必要。

儘管近年的荀子研究已經逐漸脫離「尊孟抑荀」[15]的價值觀，
但多企圖透過弱化孟荀人性論之間的差異——採取「互補主義的策
略」[16]——仍將兩者視為僅繼承孔子學說之一端而有所不足。如王軍

---

14 如佐藤將之就曾明確指出《荀子》對《墨子》、《莊子》與《管子》等學說的吸納與
轉化，而李哲賢則就荀子對於名家的批評與重建進行論述。參〔日〕佐藤將之：
《荀子禮治思想的淵源與戰國諸子之研究》（臺北市：臺灣大學出版中心，2013
年），頁22-28；李哲賢：《荀子之名學析論》（臺北市：文津出版社，2005年），頁
70-74。

15 參劉又銘：〈合中有分——荀子、董仲舒天人關係論新詮〉，《臺北大學中文學報》
第2期（2007年3月），頁49。

16 參王楷：《天然與修為——荀子道德哲學的精神》（北京市：北京大學出版社，2011

即認為「孟、荀的人性論不是對立的」[17]，呂思勉也認為「荀子之言性惡，與孟子之言性善，初不相背也。」[18]這樣的論述其實還停留在「以孟解荀」[19]的誤區之中──站在道德形上學的立場去為荀子找道德與為善的根源。[20]

　　然而，荀學應該是自成一系的典範（paradigm），不須「疏導而貫之於孔孟」[21]方顯示出其意義，每個哲學體系應該是自足的──可以說一個哲學體系有何特色與缺點，但不能言其必依附於另一哲學體系方開展得出其價值。也就是說，孟荀之間的差異應該將其視為不同的「典範」──在儒學的交會中交鋒、在並立中獨立。亦即，荀子的「人性論」不是孟學式的「形而上」探求，而是在政治與現實中，為了秩序的保證而界定出的現實[22]──一種「形而下」的「人性論」建構。

　　那麼必須說，孟子與荀子不是互補的關係，孟子對於荀子而言是個須要被批判與超越的「他者」，是「外傾型人格」（extraversion）的荀子對於「內傾型人格」（introversion）的孟子之挑戰。[23]孟子選擇以「道德形上學」的進路去繼承孔子，賦予儒學根源意識，是一種超越性繼承；而荀子認為「道德形上學」系統悖離了孔門之道，是以將孟

　　年），頁91。

17 王軍：《荀子思想研究：禮樂重構的視角》（北京市：中國社會科學出版社，2010年），頁101。

18 呂思勉：《先秦學術概論》（北京市：中國大百科全書出版社，1985年），頁84。

19 參路德斌：《荀子與儒家哲學》（濟南市：齊魯書社，2010年），自序頁1。

20 參曾暐傑：《打破性善的誘惑──重探荀子性惡論的意義與價值》（新北市：花木蘭文化事業公司，2014年），頁26-27。

21 參牟宗三：《名家與荀子》，頁203。

22 如史華慈（Benjamin I. Schwartz, 1916-1999）所說，中國的思想家皆有著「秩序至上」的思維。參〔美〕史華慈著，程鋼譯：《古代中國的思想世界》（南京市：江蘇人民出版社，2004年），頁426。

23 關於人格類型的分類請參〔加〕達瑞爾・夏普（Daryl Sharp）著，易之新譯：《榮格人格類型》（臺北市：心靈工坊文化事業公司，2012年），頁19-117。

子作為他者，企圖以「倫理經濟學」系統去重構孔子之道，是一種超越性回歸。

而「性善論」就是孟子建構存有系統的基礎與根源，在「作為他者的孟子」脈絡下，這必然是荀子首要必須進行批判、轉向與回歸的。是以，荀子的「性惡論」不僅不是其缺陷、不足與難堪的一環，更非應該予以弱化的議題；這反而是荀子之所以為荀子最基礎的關鍵論述——沒有「性惡存有」的建置，就沒有勸學重禮思想的必要與可能。[24]所以實有必要明晰「性惡」是針對「作為他者的孟子」刻意為之的論述，唯有確認「性惡」就是「性惡」，才能確立荀學體系——「倫理經濟學」的價值與正當性。

第一節　何謂性惡？荀子性惡論意義的批判與釐清

儘管「性惡」的問題在當代研究中已經多如繁星，但近年的荀子人性論研究，無論是如當代新儒家從孟學的角度批判荀子的內在根源不足，或是對荀子的思想與價值持肯定態度的學者，卻都同樣認為荀子「性惡論」其實不是「性惡論」[25]，也不必刻意強調「性惡論」[26]，

---

24 佐藤將之指出荀子的核心思想在於「禮」，這點是不錯的；但如果沒有「性惡」作為關鍵基礎與根基，「禮論」即開展不出也凸顯不出其關鍵意義。可以說「性惡」論述的最終目的是要證成「禮法」思想的核心，但如果說「禮論」才是重點，不須理會「性惡」，則會讓「禮論」失去了根基與載體。參〔日〕佐藤將之：《荀子禮治思想的淵源與戰國諸子之研究》，頁2-5。

25 像是牟宗三、龍宇純、勞思光等人都認為，荀子所謂塗之人「皆有可以知仁義法正之質」，皆有可以能仁義法正之具」，幾乎可說與孟子的性善論無異，因此「性惡論」是有問題的。參牟宗三：《名家與荀子》（臺北市：臺灣學生書局，2006年），頁223-224；龍宇純：《荀子論集》（臺北市：臺灣學生書局，1987年），頁64；勞思光：《新編中國哲學史（一）》（臺北市：三民書局，2005年），頁321。

26 如王靈康提出以「人觀」取代「人性論」的研究進路，路德斌則認為「性」惡不等於「人」惡，而東方朔也以「人的概念」來重新思考荀子心性論的問題。這樣的思

甚至可以說是「人性向善論」、「弱性善論」。[27]

　　但是荀子在〈性惡〉中不斷強調「人之性惡，其善者偽也」，更再三針對此一命題進行論證，正如史華慈（Benjamin I. Schwartz, 1916-1999）所說，「性惡」在荀子的概念中有重要的意義[28]，似乎不能夠輕易抹煞「性惡論」在《荀子》中的地位。

　　就荀子的論述來看，所謂「今人之性，固無禮義，故彊學而求有之也；性不知禮義，故思慮而求知之也」（〈性惡〉）[29]，人的確是沒有內在價值根源的。而「從其性，順其情，安恣睢，以出乎貪利爭奪。故人之性惡明矣」（〈性惡〉）[30]的敘說也可以了解到荀子將人性中本能的欲望衝動稱之為「惡」。又所謂「今誠以人之性固正理平治邪？則有惡用聖王，惡用禮義矣哉！」（〈性惡〉）[31]將性惡論與禮論、政治論緊密聯繫起來，證明了「性惡論」存在之必要。這正如李哲賢所言：

維共同點即在於認為荀子的人性論並不能包含人的整體，因此應該跳脫或超越人性論的思維角度，才能對荀子理論中的「人」有更正確的理解，自然也就沒有所謂的「人性惡」的問題。參王靈康：《荀子哲學的反思：以人觀為核心的探討》（臺北市：政治大學哲學系博士論文，2008年），頁45-76；路德斌：《荀子與儒家哲學》，頁104-108；東方朔：《合理性之尋求：荀子思想研究論集》（臺北市：臺灣大學出版中心，2011年），頁175-206。

27 如傅佩榮即認為孟子的「性善論」和荀子的「性惡論」其實分別是「心善論」與「欲惡論」，兩者並不衝突，且潛在的觀念都是「人性向善論」。劉又銘亦認為荀子的人心中有著一個有限度的道德直覺，只要把這個部分亦視為性，則人性中也有善，相對於孟子的性善論，可以稱之為「弱性善觀」。參傅佩榮：〈人性向善論──對古典儒家的一種解釋〉，《哲學與文化》第12卷第6期（1985年6月），頁30；劉又銘：〈當代新荀學的基本理念〉，收入龐樸主編：《儒林‧第四輯》（濟南市：山東大學出版社，2008年），頁5。

28 參Benjamin Schwartz, *The World of Thought in Ancient China*. Cambridge, Mass: Harvard University Press, 1985, p. 292.

29 〔清〕王先謙撰，沈嘯寰、王星賢點校：《荀子集解》，頁439。

30 〔清〕王先謙撰，沈嘯寰、王星賢點校：《荀子集解》，頁442。

31 〔清〕王先謙撰，沈嘯寰、王星賢點校：《荀子集解》，頁439。

「若無性惡說之建立，禮義即無存在之意義。」[32]也就是說，否定了「性惡論」，很可能造成荀子理論體系的崩解。

此正如廖名春所說，荀子所謂的人「生下來就有貪圖私利的一面……就有忌妒、憎恨之心……人們一生下來就具有耳目的私欲……由此看來，人的本性是惡的，道理非常明顯。」[33]至少在「意謂」的層次──荀子原初所想要表達的，的確就是「人性惡」的概念。[34]

而當代荀子「性惡論」詮釋的爭端主要在於，「人」或「人性」中是否只有「惡」的欲望，是否還有其他層面的可能？如果有，是不是就不能說人本來就是「惡」的？又荀子所謂的「惡」，是否只是順著自然欲望而產生的結果，但自然情性並不是惡？本節即緊扣這幾個爭論，試圖從「性」字的定義談起，對於荀子「性惡論」做一梳理，以說明荀子的人性論確實是「性惡論」，甚至可以說「性惡」即是「本惡」。亦即本節將先為「性惡」正名，以穩固荀學之根基，並確立「倫理經濟學」的基礎──一切的理論都是建立在「性惡」的「經濟人」之上。

---

32 李哲賢：〈荀子之性惡說析論：從文本談起〉，《哲學與文化》，第40卷第5期（2013年5月），頁150。

33 廖名春：《荀子新探》（臺北市：文津出版社，1994年），頁106。

34 「實謂」為傅偉勳在創造的詮釋學中的第二個層次，其主要探尋的是「原思想家想要表達什麼？」然而當代荀子人性論的研究者，多從「蘊謂」──「原思想家可能要說什麼？」或「當謂」──「原思想家（本來）應當說出什麼？」來詮釋荀子的性惡論，因此得出的結論多半為否認「性惡」的概念，認為其理論內涵並非「性惡論」。然而，本書以為應當先試圖了解思想家原來想要表達什麼，再針對這個論述進行評價與補充，而非逕為其代言。且關於荀子性惡論的探討應先從大方向著手（如荀子說「人之性惡，其善者偽也」），再去梳理各個脈絡中可能與「人之性惡，其善者偽也」這個大命題相扞格之處；而非先從細微的脈絡著手，反過來否定明顯的大命題。參傅偉勳：《從創造的詮釋學到大乘佛學》（臺北市：東大圖書公司，1999年），頁10-12。

一　性惡即本惡——從「生之謂性」探尋荀子「性惡」之本意

要探尋荀子「性惡論」的意義，首先必須先從「性」的定義談起，也就是所謂的「正名」；因為對「性」沒有正確的認識，就不可能對於「性惡論」有適當的理解。因此，透過「性」字意義的把握與追尋，並由此來分析「性惡」的意義與可能，便有其必要性與價值。唯有從根本用語及定義上釐清，才能真正解決「性惡」的問題。

（一）從「生之謂生」到「生之謂性」

「性」字在先秦最基本而普遍的定義即是「生之謂性」。傅斯年認為當訓為「生之謂生」，並解釋說：「『生』字本有平去兩讀，則此處上『生』字當為平，下『生』字當為去，其讀去之『生』字即後世所謂『性』字也。」[35]無論當時是否真如傅斯年所說，先秦沒有獨立的「性」字使用的記錄，但至少可以肯定的是，人們普遍有著「性」這個概念，且與「生」有密切的關係。對於「生」的理解與由來，大致亦如孟真所說：「古初以為萬物之生皆由於天，凡人與物生來之所賦，皆天生之也。」[36]所以「人出生即賦有的」可以稱之為「性」。這也就是徐復觀所說，「性」是「指人生而即有之欲望、能力等而言，有如今日所說之『本能』。」[37]這個定義與用法在先秦可謂有其普遍性，告子直言「生之謂性」（〈告子上〉）[38]、荀子亦言「生之所以然者謂之性」（〈正名〉）、「凡性者，天之就也，不可學，不可事」（〈性

---

35 傅斯年：《性命古訓辨證》（上海市：上海古籍出版社，2012年），頁89。
36 傅斯年：《性命古訓辨證》，頁93。
37 徐復觀：《中國人性論史‧先秦篇》（臺北市：臺灣商務印書館，2007年），頁6。
38 〔漢〕趙岐注，〔宋〕孫奭疏：《孟子注疏》，頁193。

惡〉）[39]，甚至孟子對「性」的定義也是「不學而能者」、「不慮而知者」（〈盡心上〉）[40]。

從孟子對於「性」的定義來看，他並沒有改變「性」是天生而有的這個概念，他所抽換的只是「性」的內涵——也就是人「天生有的」是什麼。孟子所謂「不學而能」、「不慮而知」者是為「良知」、「良能」，這就是他給予「性」的內容物。所以孟荀人性論根本的差異處即在於他們認為「性」——人天生而有的內涵不一樣。值得注意的是，雖然人生而有這個概念在孟荀的人性論中是一致的，但孟子卻將「性」作為人之所以為人的根據，這是將本質（essence）與性（nature）合而為一，這點才是孟子對於「性」改異的關鍵。[41]

當然孟子如此將「本質」與「性」合而為一是其學說的特色，但不能據此反倒認為「性」必然要作為人之所以為人的關鍵而論，逕將「性」以「essence」來檢視先秦其他思想家的「性」。如傅佩榮就曾質疑荀子說：「難道荀子不曾發現人與禽獸之間的差異嗎？假使他發現的話，為何不透過這種差異來界說人的本質呢？」[42]這似乎與當初孟子質問告子「然則犬之性，猶牛之性；牛之性，猶人之性歟？」（〈告子上〉）[43]如出一轍。蕭振聲就指出這是將「本質」與「性」混同而論，且如果一定要以「本質」來定義「性」話，那還有哪一種人

---

39 〔清〕王先謙撰，沈嘯寰、王星賢點校：《荀子集解》，頁412、435。

40 〔漢〕趙岐注，〔宋〕孫奭疏：《孟子注疏》，頁232。

41 對於荀子而言，「性」是人禽所共，並非人之所以為人的關鍵，而人之所以為人的本質在於知、在於學。勞思光認為孟子的「性」類似於西方的「essence」固然不錯，但在先秦的脈絡中，與其說孟子把「性」作為人之所以為人之本質，不如說他將「本質」與「性」混同合而為一了。參勞思光：《新編中國哲學史（一）》，頁158-159。

42 傅佩榮：〈人性向善論——對古典儒家的一種解釋〉，頁28。

43 〔漢〕趙岐注，〔宋〕孫奭疏：《孟子注疏》，頁193。

性論不是「性善論」呢？[44]

　　因此，在討論人性論時，應該把握「天生而有」的意義，以此為核心進行探討，不宜做過多的預設與假定，那將會對人性論的詮釋有所瑕疵。是以在詮釋荀子「性惡論」時，也應該從「天生而有」的意義來切入，並僅止於「天生而有」這樣的意義，而不應該加入其他道德性的判斷。那麼荀子「人之性惡」就字面上的意思就是「人天生就有惡」，一如孟子「性善」是「人天生就有善」。[45]此即傅斯年所說的：「荀子所謂性惡者，即謂生來本惡也。孟子所謂性善者，亦為生來本善也。」[46]唯有如孟真在歷史考據的脈絡中，不帶有主觀信仰去解讀孟荀人性論的意義，才能夠真正梳理出荀子「性惡」之真義。

（二）從「生而有惡」到「生而是惡」

　　孟真這裡說「性惡」為「生來本惡」，「性善」為「生來本善」是不錯的，但由「性惡」推出「本惡」、「性善」推出「本善」似乎太過

44　參蕭振聲：〈論人性向善論——一個分析哲學的觀點〉，《中央大學人文學報》，第51　　期（2012年7月），頁93-94、120-121。

45　雖然傅佩榮認為，孟子的「性善論」是為「人性向善」，而非「人性本善」，但《孟　　子》有言：「惻隱之心，人皆有之；羞惡之心，人皆有之；恭敬之心，人皆有之；　　是非之心，人皆有之。惻隱之心，仁也；羞惡之心，義也；恭敬之心，禮也；是非　　之心，智也。仁義禮智，非由外鑠我也，我固有之也，弗思耳矣。」（〈告子上〉）　　「君子所性，仁義禮智根於心。」（〈盡心上〉）可以了解到，孟子認為仁義禮　　智——也就是所謂的善是人天生而有的，如此說人天生就有善並無不妥。傅佩榮的　　說法正如蕭振聲所言，是預設了「善是一種行為」的思維，而否定了孟子性中有善　　此一事實。且正如徐復觀所說，人性論本帶有形上的意味，如果完全否定了人性中　　具有善或惡此等價值意義，替人性做出一個定位，那麼似乎是無法順利對於人性論　　進行探討的。參傅佩榮：《人性向善——傅佩榮談孟子》（臺北市：遠見天下文化出　　版公司，2007年），頁5；15-19、461-462、蕭振聲：〈論人性向善論——一個分析哲　　學的觀點〉，頁100；徐復觀：《中國人性論史：先秦篇》，頁233；〔宋〕孫奭疏：　　《孟子注疏》，頁195、233。

46　傅斯年：《性命古訓辨證》，頁84。

跳躍,有必要再進一步梳理「性惡」如何推出「本惡」。[47]何以說從「性惡」無法直接推論出「本惡」這樣的概念?因為依照「生之謂性」——也就是人生而有的定義來檢視「人之性惡」,基本上可以理解為「人生而有(have)惡」(B),但「生來本惡」的意思是為「人生而是(is)惡」(A)[48],「是」(is)已經將人限定在「惡」的範疇之中,沒有其他可能,即是「本惡」。(關於「性惡」可能的情況與推論請參看圖1)

但「人生而有惡」,並不必然可以推論出「人天生就是惡的」這樣的命題。因為「人生而有惡」的論述並不能否定「人生而有善」的可能,假使人生而有「惡」亦有「善」,似乎就不能說人生來就是「惡」的。此外,一個生來就有「惡」的人,卻能夠自然而然地朝著「善」的方向發展,如此似乎也不能說這樣的人是「惡」的。

因此,要確定「人之性惡」是否可確認為「本惡」,還須要確定兩個問題:(1)人性中是不是沒有善?(2)人性必然會朝著惡的方

---

47 本書主要針對荀子的「性惡」如何推出「本惡」作梳理,但孟子的「性善」到「本善」的論據大抵是一致的。人性論的詮釋,除了忌諱上述以某家「性」的內涵強加到另一思想家的理論之上,亦忌諱對於各家人性論的理解,採取雙重標準。如果可以認同孟子的「性善」是「本善」,沒有理由否認荀子的「性惡」是「本惡」。這正如廖名春所說的:「孟子的仁義禮智是善,荀子的爭奪、殘賊是惡;孟子的『惻隱之心』、『羞惡之心』、『辭讓之心』、『是非之心』是善端,荀子的『好利』、『疾惡』之心,『好聲色』的『耳目之欲』就是惡端;孟子的『擴而充之』就是荀子的『從』、『順』。所以,只要我們承認孟子的性善說是先天的性善說,勢必就得承認荀子的性惡說是先天的性惡說。」參蕭振聲:〈論人性向善論——一個分析哲學的觀點〉,頁113-114;廖名春:《荀子新探》,頁124。

48 這裡說「人本惡」而不言「人性本惡」的關鍵在於,「性」原初的意義即是「生」,無論理解為「生而是」、「生而有」,都已含有「本」的意思,也就是「人性惡」就等同於「人生來本來就是惡」或「人生來本來就有惡」。假使說「人性本惡」,至少在先秦的語法中,「性」與「本」會形成重複的贅語——使一個語彙中具有兩個「本」的意涵。因此「人本惡」和「人性惡」是一致的,都是在說明人本來、原初就有惡或就是惡的狀態。

向發展？關於前者，可能出現兩種情形：（B1）人生而有惡，但亦有善；（B2）人生而有惡，且只有惡。基本上「B1」的情況，就是承認了人有內在善的價值根源，那麼，就不能說人天生就是「惡」的；如牟宗三等學者便以此質問荀子「性」中亦有「善」的根源，何以能夠道「性惡」？

又如王靈康等人，以「人觀」的進路認為荀子的「人」之中不應該只有「惡」，也有「善」的價值，也就是路德斌所謂「性惡不等於人惡」[49]，以此來脫離、超越「性惡論」的論述。當然亦可如劉又銘所指出，荀子所謂人心當中也有著道德直覺，因此可以稱之為「弱性善觀」。[50]如果要證成荀子是為「性惡論」、為「本惡」，反駁這類的論述，就必須證明「人性」中、甚至是「人」本身是沒有道德價值根源——亦即存有（being）原初是無「善」的（B2）。

假使順著「B2」的情況，則可以進一步探問第二個問題，再延伸出兩種情況：（B2-1）原來只有惡，但自然朝著善的方向發展；（B2-2）原來只有惡，且自然朝著惡的方向發展。以「B2-1」的情況而言，或許可以歸入傅佩榮所謂的「人性向善論」；這樣的情況是說即便人性原初有「惡」，但這個「性」具有去「惡」的本能與動力，那麼就不能稱之為「性惡論」。

因此只有證明人性必然會如「B2-2」所述，天生自然地朝著「惡」的方向發展，才能夠避免如陳大齊、吳乃恭等學者所質疑，自然欲望情性不是「惡」，只有當人「順是」而為、放縱情性的「結果」才會形成「惡」；當這個「順是」的條件沒有形成，就不會有所謂「惡」的結果產生。[51]

---

49 路德斌：《荀子與儒家哲學》，頁104-108。

50 劉又銘：〈當代新荀學的基本理念〉，頁5。

51 參陳大齊：《荀子學說》（臺北市：華岡出版社，1989年），頁58；吳乃恭：《儒家思想研究》（長春市：東北師範大學出版社，1988年），頁155。

　　以下就分別論證，就荀子而言，其所論人性中沒有「善」的根源，以排除「B1」的情況；並述說人會自然地向「惡」的方向發展此一事實，以反駁「B2-1」的情形，也一併回應「性無善惡」與「善惡無定向」的說法（B1-3）。並由此解釋為何自然情欲可以視為「惡」，以論說荀子的「性惡論」不但無可懷疑，且可以稱之為「本惡」而無礙。

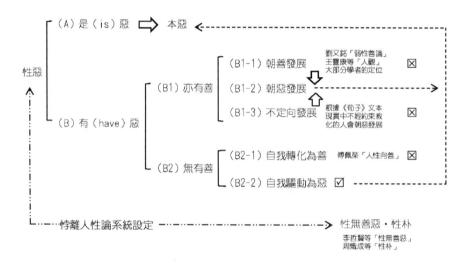

圖一　荀子「性惡」意義的推理架構圖

二　「有惡」到「是惡」──從「必歸於暴」理解「順性」為惡是必然

　　誠如上文所言，要從「人生而有惡」（B）推論出「人生而是惡」（A），必須進一步確認兩個問題：第一，人天生是否只有「惡」而沒有「善」，否則人天生有「惡」亦有「善」，就很難說人本來就是「惡」的；第二，在確認人性有「惡」而無「善」後，還必須進一步

確認，此「惡」是不是一定會使人自然地朝「惡」發展，如果是否定的，那麼也就不能說人本來就是「惡」的。以下茲依序梳理這兩個問題，以證明「人生而有惡」可以形成「人生而是惡」的命題，也就是所謂的「本惡」。

（一）有惡無善的人性

荀子曾明白說過：「今人之性，固無禮義，故彊學而求有之也；性不知禮義，故思慮而求知之也。然則性而已，則人無禮義，不知禮義。」（〈性惡〉）[52]這裡很清楚地表示，人性之中是沒有「禮義」的。即便以「人觀」的角度視之，亦不能否定這樣的論述，因為荀子除了說「性不知禮義」，更言「人無禮義，不知禮義」。總之，禮義是外在於人而非天生內在於人的心性之中。依照荀子所謂「人無禮義則亂，不知禮義則悖」（〈性惡〉）[53]的論述，「不知禮義」、「人無禮義」即所謂的悖亂，而「偏險悖亂」正是荀子對於「惡」的定義，如此一來證明了荀子的人性是「惡」的，一來也說明荀子所論「性」中沒有善──也就是順著「性」自然發展時無有「正理平治」的可能。[54]

除此之外，荀子的比喻與論證中，也一再表達出禮義──即「善」，是外在於人，而非根植於人性之中的。〈性惡〉中有言：

> 夫陶人埏埴而生瓦，然則瓦埴豈陶人之性也哉？工人斲木而生器，然則器木豈工人之性也哉？夫聖人之於禮義也，辟則陶埏而生之也。然則禮義積偽者，豈人之本性也哉！[55]

52　〔清〕王先謙撰，沈嘯寰、王星賢點校：《荀子集解》，頁439。
53　〔清〕王先謙撰，沈嘯寰、王星賢點校：《荀子集解》，頁439。
54　〈性惡〉：「所謂善者，正理平治也；所謂惡者，偏險悖亂也。」見〔清〕王先謙撰，沈嘯寰、王星賢點校：《荀子集解》，頁439。
55　〔清〕王先謙撰，沈嘯寰、王星賢點校：《荀子集解》，頁441。

此處將禮義之善喻為磚瓦、器物，而將聖人比為瓦匠、陶工，那麼很
明顯地，荀子有意將「善」排除在人之外，無論如何，都不能說人有
善的內在價值根源。荀子如此刻意為之，因此可以說，荀子的本意是
要表達「人性惡」的。

　　而當代學者認為荀子性惡論不成立，否認其「性」中只有
「惡」，最常見的論述進路，就是將荀子的「心知」納入「性」之
中，以此來說明人有內在價值根源。如李哲賢即言：

> 荀子除了主張「人生而有欲」之外，尚言「人生而有知，……
> 心生而有知。」且以為「塗之人也，皆有可以知仁義法正之
> 質。」可見，荀子以為除了人之自然情欲及自然本能是性之
> 外，復以人之心亦是性。[56]

的確，荀子所論之「心」亦是「人生而有」的，似乎也符合其對於
「性」之「不可學、不可事而在人者」（〈性惡〉）[57]的定義。但是必須
要注意的是，荀子人性論的特色，正在於「以欲為性」[58]，故其言
「性之好、惡、喜、怒、哀、樂謂之情。」（〈正名〉）[59]所謂的「性」
是會產生好惡喜怒哀樂的情感，也就是會形成「好利」、「疾惡」、「好
聲色」與「耳目之欲」等等的衝動，而「心知」的能力並不會主動產
生這樣的情感，因此不應該將荀子所論之「心」納入「性」中。

　　就「心」而言，那只是人的一種被動能力，它不會驅動人朝向某

56　李哲賢：〈荀子之性惡說析論：從文本談起〉，頁147。另外劉又銘、何淑靜也有類
　　似的論述，參劉又銘：〈當代新荀學的基本理念〉，頁5；何淑靜：《孟荀道德實踐理
　　論之研究》（臺北市：文津出版社，1988年），頁60-65。
57　〔清〕王先謙撰，沈嘯寰、王星賢點校：《荀子集解》，頁436。
58　蔡仁厚：《孔孟荀哲學》（臺北市：臺灣學生書局，1988年），頁390。
59　〔清〕王先謙撰，沈嘯寰、王星賢點校：《荀子集解》，頁412。

一方面發展；而「性」則會自然而然地產生欲望情感，驅使人朝著某一方向行為。因此正如王靈康所指出：「荀子論『性』有個特殊之處，就是關於『心』的討論並未列於其中。」[60]荀子將「心」獨立於「性」之外來論述不是沒有原因的。

　　況且即便以「人」的角度來探討荀子所論之「心」，將其視為「人」天生所本有的一種能力，還是不能夠以此來證明荀子的所謂的「人」，天生有內在道德價值。傅佩榮曾經表示：「我們無法否認『心』（代表人性）與『道』（代表善）之間是有某種密切關係。我們若認為荀子心中也有『人性向善論』的想法，並非憑空杜撰。」[61]但這樣的說法可能是有問題的。「心」與「道」當然有密切關係，但是不能說荀子的「心」就是「道」、是「理」；假使「心」不是天生含有道德禮義，那麼還是不能說荀子所謂的「人」有內在價值根源，否則荀子之論豈不成為心學一系？

　　荀子說：「人何以知道？曰：心」，又說「心不可以不知道……心知道，然後可道；可道，然後能守道以禁非道。」（〈解蔽〉）[62]可見「心」只是「可以」知道，其本身並不是「道」，而且顯然在「知」道之前，心不但不會認可禮義，還會否定禮義，更遑論作為「出令而無所受令」的「形之君」了（〈解蔽〉）[63]——在「心」不知「道」前，「心」亦只是和感官欲望同一層次的「天官」罷了。

　　而這也是部分學者將荀子的「可以知仁義法正之質，可以能仁義法正之具」（〈性惡〉）[64]視為荀子所論「人」具有內在善的價值所造成

60 王靈康：《荀子哲學的反思：以人觀為核心的探討》，頁66。

61 傅佩榮：〈人性向善論——對古典儒家的一種解釋〉，頁28。

62 〔清〕王先謙撰，沈嘯寰、王星賢點校：《荀子集解》，頁394-395。

63 〔清〕王先謙撰，沈嘯寰、王星賢點校：《荀子集解》，頁397。

64 〔清〕王先謙撰，沈嘯寰、王星賢點校：《荀子集解》，頁443。

的誤解,甚至認為荀子此處所言,幾乎與孟子性善論相同。[65]但其實「可以知之質」與「可以能之具」,僅是指人有客觀的認知能力,正如荀子所謂「凡以知,人之性也;可以知,物之理也。」(〈解蔽〉)[66]人身為主體有認知客體的能力,而外在客體也有被主體認知的可能,但並不能說這個被認知客體本身就內在於主體之中。如果這個「客體」本來就在「主體」之中,何來主客之分?又何來「認知」呢?也就是說,「可以知之質」只是指人具有可以認知外在客體的能力,而「仁義法正」僅是被認知的客體之一,這個「可以知之質」一樣可以認知「偏險悖亂」,這也就是廖名春所說:「『知』只是人的一種認識本能,而並非一種道德本能。」[67]

至於「可以能之具」也僅是具有達成某種行為的內在潛力,這個潛力是中性的,人同樣具有能偏險悖亂的潛力。就好比說人有使用電腦的「內在潛力」,但不代表人天生具有使用電腦的「能力」。我們可以說清代人同樣有使用電腦的「內在潛力」,但不能說清人有使用電腦的「能力」,因為那時根本沒有電腦;如果將使用電腦的能力置於人的內在之性,那麼豈不現代人的「人性」和清朝人的「人性」不一樣?如此就不符合「人性」具有普遍性的意義了。既然今日不會把使用電腦的能力內置於人之中,又為何能夠將「行仁義法正」的能力內置於人之中,而說人天生有內在價值根源呢?至此,基本上可以說,「B2」的情況——認為人生而有「惡」亦有且有「善」的進路是一種誤解且不成立的。

---

65 如牟宗三、勞思光與龍宇純皆持這樣的論點,參牟宗三:《名家與荀子》,頁223-224;勞思光:《新編中國哲學史(一)》,頁321;龍宇純:《荀子論集》,頁64。

66 〔清〕王先謙撰,沈嘯寰、王星賢點校:《荀子集解》,頁406。

67 廖名春:《荀子新探》,頁116。

（二）順性發展是常態

在確認了荀子所論「人」沒有天生的內在價值根源後，另外一個必須解決的問題在於，李哲賢、陳大齊、徐宗良與吳乃恭等眾多學者，都根據〈性惡〉中的一段文字，否認人性是「惡」的：

> 今人之性，生而有好利焉，順是，故爭奪生而辭讓亡焉；生而有疾惡焉，順是，故殘賊生而忠信亡焉；生而有耳目之欲，有好聲色焉，順是，故淫亂生而禮義文理亡焉。然則從人之性，順人之情，必出於爭奪，合於犯分亂理而歸於暴。[68]

他們以此推論，「惡」是順性而為的「結果」，而不是「性」本身，假使人不順性而為，那麼「性」本身無所謂惡可言。[69]但荀子在這段論證的首尾各強調了一次「人之性惡，其善者偽也」，那麼不能不說，從「意謂」層次而言，荀子的本意就是要表達「人性惡」這一概念，關鍵在於，「人本來就是惡的」這樣的命題是否可以成立。當然依諸先生的觀點，這個命題是不恰當的，因為他們認為「惡」的是行為、是結果，不是於人性本身。

首先，從順性而為才是「惡」的這個觀點視之，顯然學者承認「順是」所造成的結果：「爭奪生而辭讓亡」、「殘賊生而忠信亡」、「淫亂生而禮義文理亡」是「惡」的。那麼要形成惡，條件在於「順是」，只要不符合這個條件，自然也就沒有「惡」的形成。但問題在於，荀子這裡的論述，是一個條件敘述、是一個假設嗎？根據霍布斯

---

68 〔清〕王先謙撰，沈嘯寰、王星賢點校：《荀子集解》，頁434。

69 參李哲賢：〈荀子之性惡說析論：從文本談起〉，頁148；陳大齊：《荀子學說》，頁58；徐宗良：《道德問題的思與辨》（上海市：上海復旦大學出版社，2011年），頁59；吳乃恭：《儒家思想研究》，頁155。

（Thomas Hobbes, 1588-1679）所言「在沒有一個共同權力使大家懾服的時候，人們便處在所謂的戰爭狀態之下。」[70]也就是說，在沒有國家禮法形成前，人是處於自然狀態的；亦即黎鳴所指出，人的「競爭是常態的」。[71]

荀子不也說「必將有師法之化，禮義之道，然後出於辭讓，合於文理，而歸於治。」（〈性惡〉）[72]顯然在有禮義之前，人會自然而然地朝向爭奪、殘賊與淫亂的結果發展，那麼荀子這裡所描述的情形，就是一種自然狀態下的常態，而不僅僅是一種假設。而討論人性，當然必須從自然的狀況而論，才符合「性」字「生而有」的概念，而不針對禮義師法教化後的「性」來討論，如此才能夠去推論人天生是什麼樣的。那麼，此一「人性」便是會自然而然朝著「惡」發展的型態，故「B2-1」的情境中所謂：人能夠自我轉化惡性，朝著善發展的立論，也不能成立。

進一步來說，一個天生會朝著「惡」的結果發展之人性，難道不該將其定義為「惡」的嗎？如果順著性發展，自然會導向「惡」的結果，那還不能說此「性」是「惡」的嗎？正如廖名春所說：

> 「爭奪」、「殘賊」、「淫亂」這些大家公認的惡行，在荀子看來，並非是人性變異後的現象，而是「從人之性，順人之情」的結果。既然是「順」是「從」，人的情欲之性並沒有異化，所以荀子認為「人之性惡」。此「惡」不但包括了「爭奪」、「殘賊」、「淫亂」，當然也包括了人生而有之的「好利」、「疾

---

70 〔英〕霍布斯（Thomas Hobbes）著，黎思復等譯：《利維坦》（北京市：商務印書館，1997年），頁94。

71 黎鳴：《問人性：東西文化500年的比較》（上海市：上海三聯書店，2011年），頁31。

72 〔清〕王先謙撰，沈嘯寰、王星賢點校：《荀子集解》，頁435。

惡」之心，「好聲色」的「耳目之欲」。[73]

也就是說，從人性的「好利」、「疾惡」、「好聲色」與「耳目之欲」發展為現實中「爭奪」、「殘賊」、「淫亂」的「惡」，這之間「性」並沒有被轉化與改變，而是自然而然地就如此成為「惡」；那麼此「性」在未經「異化」下便形成「惡」，便不能不說「好利」、「疾惡」、「好聲色」與「耳目之欲」之「人性」不是「惡」的。

正因為人天生擁有「好利」、「疾惡」、「好聲色」這樣的「惡」，會必然使人去做「惡」的行為、去造成「惡」的結果，那麼難道我們不該將這樣的存有定義為是（is）「惡」的嗎？因此荀子所謂的「人」，在沒有經過禮義教化之前，都會自然而然地做壞事，應該就可以說人天生是「惡」的。是以即便如馮耀明所指出：

> （荀子）是以人類行為的後果（或治亂）來界定善惡之二元性，有很濃厚的「後效論」（consequentialism）色彩；而非以性情動機本身為善或惡，亦即荀子所持者並不是動機論（motivationalism）的觀點。[74]

將荀子的善惡定為「後效論」是很有說服力的見解，但即便荀子的善惡非動機論；可是只要從後設的角度──從禮法體制的脈絡去檢視這樣的原初之性，即便不是就「經濟人」的動機而言「惡」，但此不受節制的行為與衝動的確會產生「惡」的結果，那麼還是可以說此「性」為「惡」。依是而論，在荀子的人性論脈絡中，「人生而有（have）

---

73 廖名春：《荀子新探》，頁123。

74 馮耀明：〈荀子人性論新詮：附〈榮辱〉篇23字衍之糾謬〉，《國立政治大學哲學學報》第14期（2005年7月），頁172。

惡」（B）是可以推論出「人生而是（is）惡」（A）之意義的。

三　「禮法」與「定向」——從「正理平治」作為評價「人性」之判準

　　承前文所言，「好利」、「疾惡」、「好聲色」與「耳目之欲」是人天生而有之性，而此性在不受到任何化導約束之下，必然會形成「爭奪」、「殘賊」、「淫亂」的惡行。既然從「好利」、「疾惡」、「好聲色」到「爭奪」、「殘賊」、「淫亂」的過程中沒有遭到異化，假如後者是「惡」，前者必然也是「惡」。反過來說，正因為人有「好利」、「疾惡」、「好聲色」之「惡」，所以必然會去行為「爭奪」、「殘賊」、「淫亂」這樣的惡行。而一個天生會為惡之人，就可以說人天生是惡的。但要確立「人生而是惡」這個命題，還須要進一步釐清以下兩個議題：

（一）禮法之下是性惡

　　部分學者認為，「好利」、「疾惡」、「好聲色」之「性」只是自然情欲與本能，無所謂善惡可言，那樣的「性」應該是中性的、是質樸的，不該將之定位為「惡」。[75]也就是說，人的情性欲望，是一種天生而有的生存本能與衝動，這樣的本能在自然界並不能稱之為「惡」，甚至說在這樣原初的自然環境中，本無所謂「善惡」的概念。就如同

75　唐端正即認為荀子所論之欲不是惡的，因此不能說是性惡論；李哲賢也認為這樣的自然情性只能說是中性的，而不能說是惡的；周熾成則是堅持荀子為性樸論者，其採取的進路同樣在於論述欲望情性非惡的觀點。參唐端正：《先秦諸子論叢（續編）》（臺北市：東大圖書公司，2009年），頁187；李哲賢：〈荀子之性惡說析論：從文本談起〉，頁147；周熾成：《荀韓人性論與社會歷史哲學》（廣州市：中山大學出版社，2009年），頁184-187、192-195。

禽獸有親代與子代交配者，但在此脈絡中並不會將之定義為「惡」，因為所謂的「惡」是在社會倫理規範中體現的，在禽獸世界裡並沒有一套道德價值規範，故亦無「善惡」可言。

學者之所以如此判定荀子的人性論是為性樸論者，多半是以〈禮論〉中「性者，本始材樸也」[76]一語作為根據。但是「本始材樸」真的可以解釋為性無善惡、性是中性的嗎？必須注意與此句對比的是「偽者，文理隆盛也」。[77]既然「偽」在《荀子》中是「善」的關鍵，也就是所謂的「性惡善偽」，那麼似乎「偽」與「性」就有某種意義上的正反關係。而「善偽」的關鍵又在於「文理隆盛」，也就是荀子極為強調的禮文儀節，那麼未經禮儀教化的質樸之性──本始材樸，似乎就不能說是無善無惡、不能說是沒有價值意義的。

正如楊國榮所言：「野與文相對，意指不文明、粗野」[78]，如此而論，則「本始材樸」正與「人之性惡」相契，並無矛盾。[79]況且不應該以「本始材樸」否定「人之性惡」的論述，而應該將《荀子》視為一系統去理解。不能先入為主地選擇了認為「性樸」是對的，便企圖排除「性惡」的真實性；而應該是試著去疏通二者，而不是因為自認為兩邊的論述是衝突的，便稱其中一方為偽作。[80]

76　〔清〕王先謙撰，沈嘯寰、王星賢點校：《荀子集解》，頁366。

77　〔清〕王先謙撰，沈嘯寰、王星賢點校：《荀子集解》，頁366。

78　楊國榮：《倫理與存在──道德哲學研究》（北京市：北京大學出版社，2011年），頁245。

79　關於「本始材樸」非「性中性說」、「性無善惡說」的論述參曾暐傑：《打破性善的誘惑──重探荀子性惡論的意義與價值》，頁80-82。

80　雖然周熾成認為〈性惡〉是為偽作，而林桂榛表示〈性惡〉應是〈性不善〉的訛誤，但在沒有明確而有力的證據之前，還是應該將〈性惡〉視為《荀子》的一篇，不該貿然否定或改異。參周熾成：《荀韓人性論與社會歷史哲學》，頁29-34；林桂榛：〈荀子性樸的理論結構及思想價值〉，《邯鄲學院學報》第22卷第4期（2012年12月），頁33。

　　且「性無善惡」這樣的思維問題在於：相信凡存在的必合理──在無意識中預設了人不可能天生就以「惡」的狀態存在，認為人既然天生有這樣的情欲，那就是人既有的本能，不應該將之定位為「惡」的。如果以此來進行人性論的探討，則不可能有一種人性論可以稱之為「性惡論」。因為這樣的觀點已經把不符合社會道德禮義的部分排除在「性」的價值為何的討論之外，而將之定位為自然就是如此，而推論出性無善惡的說法。[81]

　　但關鍵在於每個存有（being）都是生活在社會的道德價值之中，不可能離開道德價值的判準來談論人性，否則人性論又有何可論？性無善惡論認為道德範疇不適用於人性論的探討[82]，也就將人抽離了社會來討論人原初的價值，在儒家以道德實踐為核心的論述中，這樣的思維是不能成立的。正如庫利（Charles Horton Cooley, 1864-1929）所說：「個人是與人類整體不可分割的，是其中的活生生的一分子」、「一個離棄社會的人若不能保持對社會的想像中的把握，他就只能像一頭聰明的野獸那樣生活。」[83]人類不可能活在道德真空之中，因此必須以道德禮義為標準來探討人性。

---

81 傅佩榮以「人之所以為人」作為「性」的定義來重新定義荀子的性，也會形成類似的弔詭。因為以此定義來談人性論，就沒有任何人性論不是性善系統了，也就會形成蕭振聲所謂「真而多餘」之論。同樣的，性樸論與性中性論透過放棄對人性做出道德價值判斷，而將之定位為自然狀態的實然，如此無論怎麼談，人性中也就不可能有負面的價值。這就如同曾暐傑所謂當代學者對於荀子人性論的詮釋，或許都在無意中落入「性善的誘惑」──潛意識裡不願面對人性惡這樣的事實。參蕭振聲：〈論人性向善論──一個分析哲學的觀點〉，頁120；曾暐傑：《打破性善的誘惑──重探荀子性惡論的意義與價值》，頁21-25。

82 參莊錦章：〈荀子與四種人性論觀點〉，《國立政治大學哲學學報》第11期（2003年12月），頁187。

83 〔美〕查爾斯・霍頓・庫利（Charles H. Cooley）著，包凡一等譯：《人類本性與社會秩序》（臺北市：桂冠圖書公司，1992年），頁25、34-35。

　　庫利的說法提到了一個關鍵──「像野獸那樣生活」。如果回歸人類將自身定義為「人」之前，「人類」就只是自然的存在，人類也只是一種「動物」，與蟲魚鳥獸並無區別。就作為「動物」的我們而論，可以說「好利」、「疾惡」、「好聲色」與「耳目之欲」無關善惡、可以說這只是生存的本能，就像貓狗一般，我們不會用「道德」去評判「牠們」是善或惡；因為在「動物」的體系中，沒有所謂的「道德」。

　　是以在動物的脈絡中，的確可以說「性」是「無善無惡」的；而在人作為「智人」（Homo sapiens）此一生物學層次來說「無善無惡」，或許也無不可。但既然社會群體中的存有自我定義為有別於其他動物的「人」（human being），那麼就不能不從「人」的社會性脈絡來評價其「性」。正如荀子所說：

> 水火有氣而無生，草木有生而無知，禽獸有知而無義，人有氣、有生、有知，亦且有義，故最為天下貴也。力不若牛，走不若馬，而牛馬為用，何也？曰：人能群，彼不能群也。人何以能群？曰：分。分何以能行？曰：義。（〈王制〉）[84]

人有意識地去區別自己與禽獸的層次差異，而「人」與「動物」的分別在於能不能以「義」去建構一個有秩序的社會。只要能夠透過社會性的協調與分配，那麼「人」便能夠作為世界上最有價值的生物。[85]

---

84 〔清〕王先謙撰，沈嘯寰、王星賢點校：《荀子集解》，頁164。

85 《荀子》中「人有氣、有生、有知，亦且有義」這段話，也常被用以說明人天生內在有「善」，亦即價值根源，藉此證明荀子並非「性惡論」者。但荀子這裡只是說明了人之所以比禽獸更高層次，在於人能夠透過「義」來達到群與分，進而形成社會合作與秩序，文明也藉此開展。然而此處所言應是條件論述而非必然結果，不能忽略了荀子在此段文字之後接著說：「人生不能無群，群而無分則爭，爭則亂，亂則離，離則弱，弱則不能勝物。」（〈王制〉）也就是說，人一旦失去了社會組織，

也就是說，既然進入到「作為『最為天下貴』的人」之脈絡中，那麼就必須以社會價值與道德體系來檢視與定義「人」原初的「性」；而不能仍停留在「作為禽獸的人」之層次來說「性無善惡」。

是以，逕將荀子的人性論等同於告子的人性觀可能是有問題的。[86]僅可以說荀子與告子對於「性」的定義是一致的──都闡發了「生之謂性」（〈告子上〉）[87]的固有意義；但兩人對於此「生之謂性」之「性」的評價卻是不同的。告子認為：「性猶湍水也，決諸東方則東流，決諸西方則西流。人性之無分於善不善也，猶水之無分於東西也。」（〈告子上〉）[88]此即是說人之性本來就沒有所謂的善與不善，原

那麼就會因為爭、亂、離、弱而非「最為天下貴者」。是以可以說人能勝過禽獸不是必然，一旦放棄了「勝物」的關鍵──義，那麼就會退到禽獸的層次，甚至連禽獸還不如。這點可從荀子所說：「人無禮義，不知禮義。人無禮義則亂，不知禮義則悖」（〈性惡〉）得到印證。由此可以了解到荀子並非將「義」視為人天生而有的內在價值，且人沒有「禮義」則必然會落入爭亂的狀況；這正符合〈禮論〉中所說：「人生而有欲，欲而不得，則不能無求。求而無度量分界，則不能不爭；爭則亂，亂則窮。先王惡其亂也，故制禮義以分之。」可以見得，人原初的本性欲望，必然會造成人的爭亂，那麼也就未能成為荀子所謂能「勝物」而「最為天下貴」的「人類」。由此，必須了解到，人類的「氣─生─知─義」不是一天然結構，而是一等待實踐的架構。此正如何艾克（Eric Hutton）所指出，「有義」之「有」不是「本有」，亦非強調其根源義；而是「擁有」、「具有」，是假設性的說法，因此「義」對荀子而言是待填充的能力。參李哲賢：〈論荀子思想之矛盾〉，《興大中文學報》第22期（2007年12月），頁161-167；曾暐傑：《打破性善的誘惑──重探荀子性惡論的意義與價值》，頁103-107；Eric Hutton, "Does Xunzi Have a Consistent Theory of Human Nature?" in Kline III, T. C. and Philip J. Ivanhoe eds., *Virtue, Nature, and Moral Agency in the Xunzi*. Indianapolis/Cambridge: Hackett, 2000, p. 222.

86 如劉雲超將荀子的「性」以「生之謂性」疏解，並由此將其定義為在道德體系建構前，皆是「無善無惡」，或者「性樸論」的說法；甚至認為「禮」也無善惡可言，這或許即是脫離了儒家體系的脈絡去解讀荀子。參劉雲超：〈性本材樸禮無善惡──荀子人性論新解〉，收入涂可國、劉廷善主編：《荀子思想研究》（濟南市：齊魯書社，2015年），頁151-167。

87 〔漢〕趙岐注、〔宋〕孫奭疏：《孟子注疏》，頁193。

88 〔漢〕趙岐注、〔宋〕孫奭疏：《孟子注疏》，頁192。

初如同一張白紙，導其善則善、引其惡則惡。這樣的思維顯然是在沒有價值體系的禽獸層次論「性」。

　　但荀子身為儒家，尤其重視社會中「禮義」的教化與規範，自然不可能同意從禽獸層次來評議「性」為何？他必然是要站在社會價值的立場去思考：今天將未經教化的「自然人」置於禮法之中，其順著「本性」所流露出的欲望與行為應該被如何評價，這才是其身為儒家的思考進路──亦即用「禮義」為標準，去檢視會造成「爭奪」、「殘賊」、「淫亂」後果的「好利」、「疾惡」、「好聲色」之「性」，並藉此將「性」定義為「惡」。[89]

　　由此可以了解到，荀子所評議的人性善惡，正是建立在社會價值規範系統之上的，正如其言：「所謂善者，正理平治也；所謂惡者，偏險悖亂也。是善惡之分也已。」（〈性惡〉）[90]「善」與「惡」的標準是社會脈絡意義的，也就是著重社會倫理、強調在個體與個體互動中的規範理則。

　　荀子就曾說：「夫禽獸有父子而無父子之親，有牝牡而無男女之別。」（〈非相〉）[91]所謂的「父子」、「牝牡」只是生物性意義上親代與

---

89 就好比臺灣早期日本人或漢人，認為原住民是「野蠻」的，而將之稱為「番」，這即是站在漢人禮教社會規範的角度去看待原住民的行為；但是原住民的行為在其自身的社會脈絡中卻是沒有任何地不文明或不道德──包括獵人頭等傳統。也就是說，有學者會認為，一切的「善」與「惡」都是後天人為的定義，那麼人原初的行為與本性，自然沒有所謂的「善」或「惡」，因為那是後天賦予的價值與標準。但是對荀子而言，必然是以社會規範與禮教作為標準去評價「人性」，而不會脫離社會價值的脈絡，如同告子一般回到沒有道德體系之前的系統去評議「人性」。這也才符合荀子「化性而起偽，偽起而生禮義」（〈性惡〉），將「性」與「偽」對立，成為「惡」與「善」對比的系統脈絡。《荀子》引文見〔清〕王先謙撰，沈嘯寰、王星賢點校：《荀子集解》，頁438。

90 〔清〕王先謙撰，沈嘯寰、王星賢點校：《荀子集解》，頁439。

91 〔清〕王先謙撰，沈嘯寰、王星賢點校：《荀子集解》，頁79。

子代的關係、生理上的性別差異，其中並無道德意義；但是「父子之親」、「男女之別」卻是人類社會倫理的一環。荀子如此強調「父子之親，夫婦之別」（〈天論〉）[92]，正因為這是人有而禽獸所無的關鍵所在。

禽獸沒有這套禮義規範，所以牠們可以親代交配，而無所謂善惡；但是人處在社會倫理中，自然有一套社會禮法規範——以此為標準，生物性意義的「親代交配」在人類社群中就稱之為「亂倫」。所以從道德禮義的價值作為標準而論，「好利」、「疾惡」、「好聲色」就是一種「惡」，而不能說是「無善無惡」的。因此，同樣的「性」在「禽獸」可以稱為「無善無惡」，在「人」就必須稱之為「惡」才適當。

那麼認為人性是無善惡可言的學者（B1-3），其立論在荀子的「性惡」脈絡中便不能成立——在荀子談論人性善惡同時，即預設了這樣的討論必須在以社會禮法的道德體系之中；然而「性朴」與「性無善惡」的說法已經落入「道德真空」的原始狀態，並不符合荀子論述的脈絡。荀子已經明確定義該「好利」、「疾惡」與「好聲色」之「性」屬於「惡」的範疇，但「性朴論」或「性無善惡」的說法改易了這樣的設定，說「好利」、「疾惡」與「好聲色」之「性」只是動物生存的本能，無關乎人為設定的價值善惡——這無疑是脫離了荀子脈絡而論，而進入了告子的思維系統之中了。

（二）惡的傾向即本惡

另外必須釐清的是，假使人性本身是「無善無惡」的，是所謂「性朴」，那麼人性應該如同一張白紙，沒有任何的預設；以朱筆畫之則赤，以墨筆塗之則黑。但顯然荀子所謂的「性」，是一種欲望、

---

92 〔清〕王先謙撰，沈嘯寰、王星賢點校：《荀子集解》，頁316。

衝動，正如其言：「目好色，耳好聲，口好味，心好利，骨體膚理好愉佚。」（〈性惡〉）[93]那是會驅使人朝著某一方向發展的，如果「性」是中性的、質樸的，那麼人又哪來的衝動欲望呢？如果「性」是中性的、質樸的，那麼它就應該沒有定向，朝善或朝惡發展的動能應該是一致的，也就是告子所謂「性可以為善，可以為不善。」（〈告子上〉）[94]

　　但荀子所謂的「性」顯然並非沒有定向，向善與朝惡發展的難易程度是不一樣的。荀子說：「今將以禮義積偽為人之性邪？然則有曷貴堯、禹，曷貴君子矣哉？……所賤於桀、跖、小人者，從其性，順其情，安恣睢，以出乎貪利爭奪。」（〈性惡〉）[95]顯然荀子認為：為惡容易為善難。作惡，只要「順」著天生的情性自然而然就會如此行為；為善，則要下工夫去修養情性、化性起偽才能達至。否則人人天生都有去行禮義的衝動與欲望，那麼堯禹那些聖人又有何值得尊敬的？這就如同孔憲鐸等人所指出的：

> 俗語說「學壞容易，學好難」。為什麼這樣說呢？因為所謂的「壞」就是依照人的動物性辦事，人有天生的動物性，只管按照人性任意地做就行了，用不著學。[96]

荀子的人性論，大抵也就是從「學壞容易，學好難」的思維出發，他就曾說：「今人無師法則偏險而不正，無禮義則悖亂而不治。」（〈性惡〉）[97]因此，甚至可以說，人在沒有外在禮義師法的狀態下，幾乎沒

93　〔清〕王先謙撰，沈嘯寰、王星賢點校：《荀子集解》，頁438。
94　〔漢〕趙岐注，〔宋〕孫奭疏：《孟子注疏》，頁195。
95　〔清〕王先謙撰，沈嘯寰、王星賢點校：《荀子集解》，頁441-442。
96　孔憲鐸、王登峰：《基因與人性》（北京市：北京大學出版社，2009年），頁60。
97　〔清〕王先謙撰，沈嘯寰、王星賢點校：《荀子集解》，頁435。

有為善的可能，而一定會為惡。那麼，天生自然會傾向朝著「惡」發展的人性，可以稱之為「性朴論」，說性無善惡嗎？一個天生就會為惡的存有，難道不能說此存有之「性」是「惡」的嗎？

關鍵在於不能忽視「傾向」（disposition）的重要性，因為「傾向」可以說即定義了人事物的特性，說明了該人事物是如何的。好比說陶瓷受到撞擊有易碎的「傾向」，那麼可以透過這個傾向來定義陶瓷具有（have）「易碎性」，也就是說陶瓷是（is）「易碎的」。據此，既然人有天生朝著「惡」發展的「傾向」，就同時也可以定義為人本來就是「惡」的。

當然在荀子的脈絡中，性有可化而成善的可能，但這必須透過外在的禮義化導才有可能，因為人天生沒有成善的「傾向」。此正如荀子所謂「枸木必將待檃栝、烝、矯然後直」、「人之性惡，必將待師法然後正，得禮義然後治。」（〈性惡〉）[98] 況且性能不能夠成善，並不影響人本來是惡的此一事實，就如同彎曲的木頭可以使之直一樣。更進一步而言，正是因為木頭是彎的、人是惡的，才有「變化」的必要；假使人天生有善的傾向，又何必化性？這也就是荀子所說：「檃栝之生，為枸木也；繩墨之起，謂不直也；立君上，明禮義，為性惡也。」（〈性惡〉）[99] 如此更證明了荀子所言「性惡」即人本是「惡」。

是以即便承認「B1」系統學者的推論，認定荀子所論之「性」亦有天生固有的內價值根源（僅是假定），也不能說人性是「潛在性善的」或是「性無善惡」的；關鍵在於人在沒有禮義約束化導前，會有自然而然朝向「惡」發展的「傾向」——即便人生而有「善」亦有「惡」，但人會自然而然地朝著「惡」的那端發展，那麼此「性」也應該被稱作是「惡」的。評定善惡的關鍵，正在於「傾向」；會順著

---

98 〔清〕王先謙撰，沈嘯寰、王星賢點校：《荀子集解》，頁435。

99 〔清〕王先謙撰，沈嘯寰、王星賢點校：《荀子集解》，頁441。

「惡」發展的「性」就稱之為「性惡」——無論其原初是否有「善」的根源。職是之故，從「性」的發展傾向而論，「B1-1」與「B1-3」的推論，其實最終都必然歸於「B1-2」的進路——「人性」有自然朝著「惡」發展的傾向。

由是可以了解到，從「生之謂性」的定義而論，荀子的「性惡論」可理解為「人生而有（have）惡」，但這似乎並不能馬上推論出「人生而是（is）惡」，因為人天生「有」惡，並不能表示他天生就「是」個惡人。因為假使人生而亦有（have）善，就不能否認「人生而是（is）善」的可能。但荀子明確說過，「性不知禮義」，亦不斷論證禮義外在於人而非根植於人性。

至於學者不斷以心知作為荀子性中有善的根據，亦不能成立，因為心不但不具有驅動人的動力，與「性」之定義不符，即便將其納入「性」中，也不能作為內在價值的依據，畢竟那只是個中性客觀的認知能力，無關價值。由此可以確認，荀子所謂的「人」，天生便沒有「善」。

更進一步來說，天生沒有「善」而只有「惡」的人能不能定義為「人天生就是惡」，還要再考察「性」發展的傾向。根據荀子所謂「無禮義，則悖亂而不治」，可以了解到，人在沒有外在禮義師法的情況下，會自然朝著「惡」的方向發展，也就是說人在沒有禮義化導之前，定會順其性情而妄為，也就是為惡。那麼可以說，荀子所謂人生而有（have）惡，而且自然會朝向惡的傾向發展，讓人自然而然地為惡。因此，對於一個天生會為惡之人，可以說人天生就是（is）「惡」。

由此而論，荀子所謂的「性惡」可以理解為「本惡」，也就是人本來就是「惡」的。如此結論，也與荀子的修養論及政治論相契合——正因為人天生是「惡」的，所以須要禮義化性起偽使人為善，

否則人將會朝著「惡」的方向行為。正因為人天生是「惡」的，所以須要聖王制禮法來教化約束人民；假使人天生不是「惡」的，又何須聖王教化？這也就是荀子所言：「今誠以人之性固正理平治邪，則有惡用聖王，惡用禮義矣哉？」(〈性惡〉)[100]可以說，假使荀了所論之「人」天生不是「惡」的，則其理論系統將無所適從而有所扞格；因此，荀子之人性論應為「性惡論」——即「人生而是（is）惡」。

第二節　何以性惡？荀子性惡論的建構背景與思維

　　戰國時期禮崩樂壞，宗法制度破壞殆盡；也正因為封建制度的瓦解，使得井田制度連帶失去的效力，逐漸形成私有田制；隨之而來的便是私有財產權（Property Rights）的確立。[101]在財產權的確立與民生凋敝、經濟蕭條的現實下[102]，人們只能透過爭奪來取得生存的權利；是以百姓互相詐偽爭奪而國家相互攻伐兼併。這正是荀子所處的時代背景與其所面臨的困境，是以其政治理論就是從如何解決社會與國家間的動盪為目標。

　　正是荀子必須要面對這樣嚴苛的環境與時代背景，是以他在觀察現實情境中發現，個體間欲望的衝突與爭奪正是社會與國家混亂的來源；然而孟子「性善說」卻忽視此一存有（being）是「惡」的事實——用當代話語而言就是忽視人原初作為充滿欲望的「經濟人」此一事實，而將「性」另起新義，混亂了名實。是以荀子的「性惡論」即是針對孟子而發，進而透過社會現實與情境的推衍，來反駁「性善論」的正當性，並由此開展其「性惡」學說。

---

100 〔清〕王先謙撰，沈嘯寰、王星賢點校：《荀子集解》，頁439。
101 參高安邦：《政治經濟學》（臺北市：五南圖書出版公司，2002年），頁31。
102 參馬國瑤：《荀子政治理論與實踐》（臺北市：文史哲出版社，1996年），頁4-5。

一　回應作為他者的孟子：荀子性惡論的建置基礎

　　荀子之所以特別凸出「性惡」，關鍵正在於孟子大談「性善」，且為一批不知孔門真義的儒者所信仰，故荀子必須正本清源，將此一名實不符的人性理論導正，建構一個真正符合現實「存有」（being）的系統，也就是回歸「性」的固有定義，並指出作為「性惡」的「存有」的真相及其必要性。是以可說，荀子的確如郭沫若所言，是與孟子針鋒相對的[103]——但這並非為了標新立異，而是荀子企圖回歸孔學之必要與根基，極力將孟子的「道德形上學」導回「倫理經濟學」的努力。

　　在〈性惡〉中明確針對孟子問難，或以「問者曰」針對「性惡」提出詰問者至少四例，並由此貫穿全文。此即可看出荀子針對思孟學派及其追隨者——亦即是「道德形上學」脈絡中的「性善論」者，做出批判與回應，藉此來證成其「性惡論」的合理性與必要性。[104]這就可以明確看出「性惡」論述中「作為他者的孟子」之重要——「性惡

103　參郭沫若：《十批判書》（北京市：人民出版社，2012年），頁172。

104　有學者指〈性惡〉是為後人或是荀子後學「偽作」，非荀子本人的思想。但一方面根據張西堂的考證，〈性惡〉一篇大抵無偽作的問題；另一方面在無明確文獻或出土證據得以說明〈性惡〉是為偽作之前，似乎不能任意將《荀子》的篇章排除，以符合當下所期待的荀子。況且古代無今日著作權之概念，如賴欣陽所說，很多作品的流傳與抄錄並沒有指出明確的來源，也未必能夠確定是一時一地一人所做；尤其是先秦文章，距今久遠，往往必須視為一種集體創作的型態。這也就是章學誠所謂「古人之言，所以為公也，未嘗矜於文辭而私據為己有也。」（〈言公上〉）是以，像荀子這樣的先秦思想家，通常很難以明確的編年考察其生平，只能夠說在流傳的文本中，以「荀子」這個人為核心，去探究「荀學」的體系與脈絡。亦即，「性惡論」無論如何都應該視為「荀學」系統對於「孟學」系統的反動，不能逕自將其排除在外。參見張西堂：《荀子真偽考》，頁39-42；周熾成：《荀韓：人性論與社會歷史哲學》，頁29-33；林桂榛：〈荀子性朴的理論結構及思想價值〉，32-36；〔清〕章學誠：《文史通義》（杭州市：浙江古籍出版社，2005年），頁200；賴欣陽：《「作者」觀念之探索與建構——以《文心雕龍》為中心的研究》（臺北市：臺灣學生書局，2007年），頁119。

論」的提出是為了導正孟學人性論而發,並非一自發性的創見;這也就是本書所強調:沒有「性善論」就沒有「性惡論」,甚至可以說沒有孟子的學說,就沒有荀子的理論。

故荀子在〈性惡〉篇首段先扼要闡明「人之性惡,其善者偽也」[105],並於次章明述「人之性惡,必將待師法然後正,得禮義然後治」[106]的禮治論與修養論的方針後,即針對孟子「性善論」進行問難,透過否定「性善」來證成「性惡」。〈性惡〉篇基本上即是一場荀子針對「作為他者的孟子」進行的論辯。透過「孟學」的立場來質疑自己的「性惡」論,再去破解這樣的質疑;一正一反輾轉辯駁,不斷地在自我批判中進行再批判,由此來證成「性善」無法否認「性惡」的正當性與合理性。

(一)能學是善?性善則何以須學!

首先,荀子即從「性」的定義反駁孟子:

> (M1)孟子曰:「人之學者,其性善。」
> (X1)曰:是不然。是不及知人之性,而不察乎人之性、偽之分者也。凡性者,天之就也,不可學,不可事;禮義者,聖人之所生也,人之所學而能,所事而成者也。不可學、不可事而在人者謂之性,可學而能、可事而成之在人者謂之偽。是性、偽之分也。今人之性,目可以見,耳可以聽。夫可以見之明不離目,可以聽之聰不離耳,目明而耳聰,不可學明矣。（〈性惡〉）[107]

---

105 〔清〕王先謙撰,沈嘯寰、王星賢點校:《荀子集解》,頁434。
106 〔清〕王先謙撰,沈嘯寰、王星賢點校:《荀子集解》,頁435。
107 〔清〕王先謙撰,沈嘯寰、王星賢點校:《荀子集解》,頁434-436。

荀子此處引述孟子性善論的觀點：天性的善能夠透過為學來成就。雖然今本孟子中並無「人之學者，其性善」一句，但此說大抵即是今本《孟子‧告子上》中所謂之意涵：[108]

（M1-1）仁，人心也；義，人路也。舍其路而弗由，放其心而不知求，哀哉！人有雞犬放，則知求之；有放心，而不知求。學問之道無他，求其放心而已矣。[109]

荀子認為，「性」就是本來如此，如果還要像孟子所說，要透過「為學」讓仁義發展，才不至於走上歧路、也才不會為惡，那根本不能叫作「性善」。就像眼睛的「性」是生來就可以「看」、耳朵的「性」是生來就可以「聽」，能看能聽這類不用透過「學」來開展的能力與本能，才可以稱之為「性」。如果「仁義」是須要透過後天的「學」來成就，那麼就不能說「仁義」是人本性的一部分。荀子藉此批評孟子誤把透過學習與傳承的文化性──仁義禮智，當作本來俱足的天性，

---

108 李滌生針對荀子此段引文指出：「其說見孟子告子篇。」大抵即是指「求放心」一章。誠如李滌生所說，荀子所引孟子之語，皆不見於今本孟子，大抵是「約其義而言之」，這點是不錯的。先秦時期書籍流傳之不易，版本在傳鈔上也可能有所異同；原句不見於今本《孟子》，不代表即為偽作。況且在先秦的文章著作中的引述，或根據口頭流傳、或根據傳鈔而來，大抵不可能一字不漏地照引；這與今日大量印刷流傳的文獻時代是不一樣的，不能以今度古，以此來否定〈性惡〉的意義。因此如徐復觀透過質疑荀子根本未曾見過《孟子》書，藉此否認荀子對孟子的指謫，這是不必要的。應該從其內容與意義來對照，重新讓《孟子》與《荀子》對話，就可以發現，兩者確有對應關係，荀子的確是將孟子作為他者而發，並非無的放矢。參李滌生：《荀子集釋》（臺北市：臺灣學生書局，1979年），頁541、543；徐復觀：《中國人性論史：先秦篇》，頁237-238。

109 〔漢〕趙岐注，〔宋〕孫奭疏：《孟子注疏》，頁202。

並將之視為「良知」。[110]荀子的意思是：如果人本來就是「善」的，
又何以須要「學」才能使之「善」呢？如果真的本性就是「善」的，
又怎麼會放失，還須要透過修養為學找尋「善」呢？

（二）失喪其性？性善則何以能失！

荀子在提出：如果人性本來就是「善」的，為何須要透過學來成
就「善」呢？由此來質問孟子後，他當然也知道，就「性善論」者而
言，一定會針對他的質疑而反駁，是以他接著引述孟子的話來反駁自
己的論述——人本來就是善的，但之所以須要透過學習去求「善」，
那是因為人們都喪失了他們本然之善性了。荀子即站在孟學的立場，
以孟學思維回答了自己的攻詰，接著又再進一步否定孟學思維的回答
進行再反詰：

> （M2）孟子曰：「今人之性善，將皆失喪其性故也。」
> （X2）曰：若是，則過矣。今人之性，生而離其朴，離其
> 資，必失而喪之。用此觀之，然則人之性惡明矣。所謂性善
> 者，不離其朴而美之，不離其資而利之也。使夫資朴之於美，
> 心意之於善，若夫可以見之明不離目，可以聽之聰不離耳，故
> 曰目明而耳聰也。（〈性惡〉）[111]

也就是說，以孟子的角度而言，人之所以還須要透過「學」來成就
「善」，須要透過「為學」去「求放心」——放失的仁義禮智，並不
是因為人性本來不是「善」的，而是因為後天環境使「人性」之

---

110 參孔憲鐸、王登峰：《基因與人性》，頁51-52；曾暐傑：《打破性善的誘惑——重探
荀子性惡論的意義與價值》，頁95-102。

111 〔清〕王先謙撰，沈嘯寰、王星賢點校：《荀子集解》，頁436。

「善」被遮蔽、迷失了。這大抵即是今本《孟子・告子上》兩段話的總括：

> （M2-1）富歲，子弟多賴；凶歲，子弟多暴，非天之降才爾殊也，其所以陷溺其心者然也。[112]

> （M2-2）人性之善也，猶水之就下也。人無有不善，水無有不下。今夫水，搏而躍之，可使過顙；激而行之，可使在山。是豈水之性哉？其勢則然也。人之可使為不善，其性亦猶是也。[113]

意思即為那些在現實中作惡的人，不是因為他們的「性」和別人不一樣，他們的「性」也是「善」的；只是因為環境的安逸或凶險，使他們耽溺在欲望之中，而讓自己的本心放失了，失去了仁義禮智的道德感。這就好像水的特性是向下流，但透過外力還是能夠讓水往高處走。[114]

　　而荀子認為孟子這樣的說法不正確，關鍵在於現實中的「存有」在未經教化前皆是充滿欲望的「經濟人」，在沒有禮法教化與規範的

---

112 此章與「今人之性善，將皆失喪其性故也」之對應關係參李滌生：《荀子集釋》，頁542-543；原文見〔漢〕趙岐注，〔宋〕孫奭疏：《孟子注疏》，頁196。

113 〔漢〕趙岐注，〔宋〕孫奭疏：《孟子注疏》，頁192。

114 其實孟子「人性之善也，猶水之就下」、「激而行之，可使在山」的類比是不恰當的。水向下流是其特質，是自然而然地；用外力讓水往高處跑，這是人為的，是要逆著自然動力而為，所費氣力甚大。現實上的人性，為「惡」容易為「善」難，孟子用「水之就下」譬「善」、以「搏而躍之」喻「惡」，就會變成為「善」容易為「惡」難這樣名實不符的論述。孟子此處的譬喻，其實反倒是為荀子「性惡善偽」的理論做了註腳。關於這點本書將進一步分析與討論，此處僅先點明〈性惡〉中孟荀跨越時空的虛擬論辯與辯證結構。

情境下，必然不會自主地為善；如果依照孟子的觀點，那麼可以說每個「存有」都必然會喪失其本來的「善性」，那麼這樣的「存有」還能夠稱其「性」是「善」的嗎？就好比眼睛的本質是能夠看、耳朵的本質是能夠聽；假使今天普遍存有（being）的眼睛一出生就是瞎的、耳朵一出世就是聾的，那麼還能夠說「看」與「聽」是「眼」與「耳」的本質嗎？是以要證成孟子的「性善」，存有就必須自然而然地能夠為「善」，且須具有普遍性——就如同「眼」「耳」一般很自然地能「看」能「聽」，那麼才能夠說「善」是存有之「性」，也才稱得上「性善」。

（三）善的根源？禮義皆在事中顯！

接著，荀子又再以孟學的立場對自己的論述提出問難。亦即假使不同意「善」是本來就根植於人性之中的，現實中的「惡」不是因為「善性」受到欲望與環境的蒙蔽而放失，那麼現實中的「善」又從何而來？此即荀子於〈性惡〉中的第三層辯證：

> （M3）問者曰：「人之性惡，則禮義惡生？」
> （X3）應之曰：凡禮義者，是生於聖人之偽，非故生於人之性也。故陶人埏埴而為器，然則器生於陶人之偽，非故生於人之性也。故工人斲木而成器，然則器生於工人之偽，非故生於人之性也。聖人積思慮，習偽故，以生禮義而起法度，然則禮義法度者，是生於聖人之偽，非故生於人之性也。（〈性惡〉）[115]

---

115 〔清〕王先謙撰，沈嘯寰、王星賢點校：《荀子集解》，頁437。

此段論辯未直接指明「孟子曰」，但同樣是以孟學的立場提問：如果人性是「惡」的，那麼現實中的禮義道德是哪裡來的？[116]這是個非常形上學的提法，亦即認為，現實中的一切觀念事物，必定有個完美「理型」（idea）作為價值根源，否則這個世界就不合理。也就是說，理型論（theory of ideas）者認為，現實中有「A'」，必定有其根源「A」才合理[117]；這也是宋明儒者與港臺新儒家之所以批評荀子「本原不足」、「大本已失」的思維模式。

雖然在《孟子》中，沒有直接討論到現實中的「善」與「禮義」從何而來的問題，但基本上仍導源於〈告子上〉與〈盡心上〉的兩段文字：

> （M3-1）乃若其情，則可以為善矣，乃所謂善也。若夫為不善，非才之罪也。惻隱之心，人皆有之；羞惡之心，人皆有之；恭敬之心，人皆有之；是非之心，人皆有之。惻隱之心，仁也；羞惡之心，義也；恭敬之心，禮也；是非之心，智也。仁義禮智，非由外鑠我也，我固有之也，弗思耳矣。[118]

---

116 從荀子在〈性惡〉中的兩種提問脈絡：（1）明引「孟子曰」，與（2）僅以「問者曰」來呈現的差異性，或許更能呈現〈性惡〉文本的真實性與可靠性。亦即荀子明言「孟子曰」的論述，在今本《孟子》多可見得極為相同或類似相對應的文字段落；而荀子中以「問者曰」呈現者，在今本《孟子》中則未有直接對應的文字段落，但卻可以從《孟子》思維系統中開展出來的深層理路與延伸思考──或許是思孟學派群體接著孟子之後的深化與開顯，也許是荀子試著從孟子角度的思辨。總之，部分荀子的論述未能直接見於今本《孟子》的狀況，這不僅不能用以質疑荀子根本未見過《孟子》書，或是由此質問〈性惡〉的正當性；反倒正是這樣的脈絡與呈現，更加深了〈性惡〉的可信度。

117 關於「理型論」請參〔美〕撒穆爾・伊諾克・斯通夫（Samuel E. Stumpf）、詹姆斯・菲澤（James Fieser）著，丁三東等譯：《西方哲學史（第七版）》（北京市：中華書局，2005年），頁76-81。

118 〔漢〕趙岐注，〔宋〕孫奭疏：《孟子注疏》，頁195。

（M3-2）盡其心者，知其性也。知其性，則知天矣。存其心，養其性，所以事天也。殀壽不貳，修身以俟之，所以立命也。[119]

孟子在這裡基本上將仁義禮智之善訴諸人的心性，也就是不必向外求的內在根源，並由「仁義禮智，非由外鑠我也，我固有之也」來確立「性善」。於此，便建構了禮義道德的內在根源；並透過「盡心知性－知天事天」的系統，再將「存有」（being）的道德根源上溯至「道德天」，也就推源出一終極的「理型」。可以說在《孟子》中「根源意識」沒有那麼被強調，他只是發揮他的「道德形上學」思維，企圖創造一激勵人為善的道德理據；而此一思維在後代「孟學」脈絡中被不斷放大，至宋明以降更成為儒學的核心問題。

但是荀子並不同意孟學透過設定「善的根源」來論述「善」的可能性，並以「善」來定義「存有」。他認為「禮義」（荀子甚至不用「仁義」這樣偏於內在情感的表述方式）就是聖人透過「積思慮，習偽故」——是在現實中整合傳統與習俗，視群體中互動與秩序的須要而建構出的一套道德規範，那就是「禮」、就是「善」。「所謂善者，正理平治也」（〈性惡〉）[120]，「善」就是現實中的秩序與和諧狀態下的「存有」與「存有」間的關係，這是一種「理在事中」[121]的思維，是從現實中建構出形下道德的進路，而不是從形上價值根源推衍出現實道德的思維。因此，荀子對於孟學認為定要有「A」才有「A′」——存有的「性」中一定要有「善」的根源，也才有為善的可能之思路，覺得不以為然而進行反駁。

---

119 〔漢〕趙岐注，〔宋〕孫奭疏：《孟子注疏》，頁228。

120 〔清〕王先謙撰，沈嘯寰、王星賢點校：《荀子集解》，頁439。

121 如以宇宙論的角度而論，「理在事中顯」的哲學表述就是「理在氣中」；是相對於孟學的「理在氣上」或「理在氣先」的說法。參劉又銘：《理在氣中：羅欽順、王廷相、顧炎武、戴震氣本論研究》（臺北市：五南圖書出版公司，2000年），頁10。

（四）人之性善？性善則何須聖王！

最後，荀子回歸孟子「性善論」的基本主張，可以說是從意識形態方面做最後的批駁。亦即無論孟學「性善論」在前面三道命題，於邏輯與哲理上如何被攻訐，「孟學」論者在「道德形上學」的圖式（schema）中，在情感上並不會屈服；是以荀子便從現實情境與歷史經驗來擊破「性善」的想像：

> （M4）孟子曰：「人之性善。」
> （X4）曰：是不然。凡古今天下之所謂善者，正理平治也；所謂惡者，偏險悖亂也。是善惡之分也已。今誠以人之性固正理平治邪？則有惡用聖王，惡用禮義矣哉！雖有聖王禮義，將曷加於正理平治也哉！今不然，人之性惡。故古者聖人以人之性惡，以為偏險而不正，悖亂而不治，故為之立君上之埶以臨之，明禮義以化之，起法正以治之，重刑罰以禁之，使天下皆出於治，合於善也。（〈性惡〉）[122]

孟子所謂「性善」，基本上是貫穿其思想的核心概念，如對照今本《孟子》，即是〈滕文公上〉所記載的：

> （M4-1）滕文公為世子，將之楚，過宋而見孟子。孟子道性善，言必稱堯舜。世子自楚反，復見孟子。孟子曰：「世子疑吾言乎？夫道一而已矣。成覸謂齊景公曰：『彼丈夫也，我丈夫也，吾何畏彼哉？』顏淵曰：『舜何人也？予何人也？有為者亦若是。』公明儀曰：『文王我師也，周公豈欺我哉？』今

122　〔清〕王先謙撰，沈嘯寰、王星賢點校：《荀子集解》，頁439-440。

滕，絕長補短，將五十里也，猶可以為善國。《書》曰：『若藥
不瞑眩，厥疾不瘳。』」[123]

「性善」作為孟子的核心理念，是以他自信地說：「世子疑吾言乎？
夫道一而已矣。」告訴人們「性善」就是唯一的「正道」，是不容質
疑的。又從此章所強調「有為者亦若是」，可以了解到，「性善」其實
是在亂世中的一種理想、一種激勵、一個希望；但正如前文所提及
的，這是「應然」而非「實然」。作為激勵人肯認自己的價值，進而
能夠自覺追隨聖人的善念與善行，這是有意義的；但是如果將此「心
法」擴大為對存有、對世界的解釋並作為一切的價值根源，那便會造
成名實的混淆與自我認同的錯亂。

　　是以荀子從「實然」層次打破了這樣的想像，他指出如果人性是
善的，那麼還有必要聖王制定禮法來教化、化導與規範這個社會嗎？
想想現實中的人，在沒有君王權威與刑罰規約的世界裡，會如何作奸
犯科，世界的秩序會如何崩毀？這也就是為什麼從古到今都須要聖
王、須要禮法、須要法規去約束黎民百姓的關鍵。如果人都是性善
的，還有這個須要嗎？荀子由此指出，這是個不爭的事實，是以「性
善」必不能成立，更不可能在現實中實踐。

二　戰爭狀態之中的欲望：荀子性惡論的現實意義

　　由「作為他者的孟子」視角，可以了解到荀子「性惡」之所以必
要，正在於「性善」在現實中的不可驗證與施行，也就是使後天「禮
教」施展不開。是以可以看到，荀子對於社會秩序的保證——

---

123 〔漢〕趙岐注，〔宋〕孫奭疏：《孟子注疏》，頁88。

「禮」——的起源正在於：「人生而有欲，欲而不得，則不能無求；求而無度量分界，則不能不爭；爭則亂，亂則窮。先王惡其亂也，故制禮義以分之。」（〈禮論〉）[124] 此即是由「性惡」為基礎，凸顯「禮」之重要性的進路。也就是說，荀子觀察到了社會上的紊亂與窮困，於是他去思考到底是為什麼造成這樣的情境？便得出了社會秩序的混亂與人民生活窮困的關鍵正在於人與人之間的互相爭奪。而人為什麼會相互爭奪呢？就在於生而有的欲望——人的基本生存之需求與衝動無法得到滿足，是以必須透過爭奪才能夠滿足基本的生存需求。

也就是說，在人的基本欲望沒有得到滿足時[125]，人與人之間必然是處於霍布斯（Thomas Hobbes, 1588-1679）所謂的「戰爭狀態」[126]，一定要使人的欲望滿足了才能避免社會的混亂與紛爭，這也正是荀子所說，「禮者，養也」——「養人之欲，給人之求」（〈禮論〉）[127]。是以可以了解到，荀子的政治論始點是建立在「經濟人」（Economic Man）[128] 的人性基礎之上的，是一種以「養欲」為手段的政治體系。

---

124 〔清〕王先謙撰，沈嘯寰、王星賢點校：《荀子集解》，頁346。

125 如同馬斯洛（Abraham H. Maslow, 1908-1970）的「動機階層論」（need-hierarchy theory）所指出，人類的需求有各種不同的層次，較低層次的需求滿足後才會關注較高的需求層次。也就是說，吃飽睡足此類基本需求如果沒有得到滿足，人不會進一步追求歸屬與被愛、自尊及自我實現等高層次的需求。荀子的整個思想體系其實就建基在這樣的思維之上，是以他的人性論、禮論與政治論首要皆在於尋求作為生物性個體的需求與欲望的滿足。參 Abraham H. Maslow, *Motivation and Personality*. New York: Harper, 1954, p. 411; Abraham H. Maslow, *The farther reaches of human nature*. New York: Viking Press, 1972, p. 423.

126 〔英〕霍布斯（Thomas Hobbes）著，黎思復、黎廷弼譯：《利維坦》，頁94。

127 〔清〕王先謙撰，沈嘯寰、王星賢點校：《荀子集解》，頁346。

128 「經濟人」是相對於「道德人」的概念，意指以理性、利己（self-interest）為導向的人性特質，最早為亞當·斯密（Adam Smith, 1723-1790）所提出。參王小錫：《經濟倫理學——經濟與道德關係之哲學分析》（北京市：人民出版社，2015年），頁69-71。

對荀子而言，孟子的「道德人」（Moral Man）──「人之有四體，猶其有四端也」（〈公孫丑上〉）[129]──的人性建構是脫離現實而沒有道理的，這也是為何荀子會批評孟子「無辨合符驗」（〈性惡〉）[130]的原因。因為孟子其實也同樣看到了「經濟人」的基本需求的優先性──「仰不足以事父母，俯不足以畜妻子，樂歲終身苦，凶年不免於死亡。此惟救死而恐不贍，奚暇治禮義哉？」（〈梁惠王上〉）[131]──唯有滿足了人的基本欲望與需求，才有推行禮義的可能。

但儘管孟子了解到「無恆產者，因無恆心」（〈梁惠王上〉）[132]的「經濟人」面向，也告誡君王應該以「制民之產」（〈梁惠王上〉）[133]為首要任務，但是他卻依舊把政治理論建構在「道德人」的基礎之上。就荀子而言，社會之所以混亂在於人的基本需求沒有得到滿足，人性的欲望是秩序闕如的根本原因；要建立社會秩序就必須滿足人的欲望，而荀子的方法就是透過「禮義」適當分配資源、滿足人性需求與欲望，使人不爭，不爭則不亂，亦即「禮義」本身即是政治的本體與秩序的保證。

然而孟子認為，社會秩序的混亂在於「無恆心」造成的「放辟、邪侈，無不為己。」（〈梁惠王上〉）[134]也就是孟子不認為「為己」的自利之心是人的本性，不將其作為人性的始點，而認為那是「良能」、「良知」（〈盡心上〉）[135]的放失，才使得社會秩序的崩解。也就是他認為秩序是本來具存的、常態的，失序是人為瓦解的、變態的，

129　〔漢〕趙岐注，〔宋〕孫奭疏：《孟子注疏》，頁66。
130　〔清〕王先謙撰，沈嘯寰、王星賢點校：《荀子集解》，頁441。
131　〔漢〕趙岐注，〔宋〕孫奭疏：《孟子注疏》，頁24。
132　〔漢〕趙岐注，〔宋〕孫奭疏：《孟子注疏》，頁23。
133　〔漢〕趙岐注，〔宋〕孫奭疏：《孟子注疏》，頁24。
134　〔漢〕趙岐注，〔宋〕孫奭疏：《孟子注疏》，頁23。
135　〔漢〕趙岐注，〔宋〕孫奭疏：《孟子注疏》，頁232。

只要有「四端之心」的顯發，即可恢復秩序。孟子說：「王欲行之，則盍反其本矣。」（〈梁惠王上〉）[136]此處所謂的「本」，顯然就是孟學所說的禮義之根、心性天的根源[137]，而非人的基本需求。

　　由此可知，儘管孟子看到了現實中人性的爭奪與欲望，但他不承認這些是人本有的，而是因為心的放失才造成的，此即其言：「口之於味也，目之於色也，耳之於聲也，鼻之於臭也，四肢之於安佚也，性也，有命焉，君子不謂性也。」（〈盡心下〉）[138]也就是說孟子不把人的基本需求與欲望當作「性」，而是因為放失了「本心」、「本性」才造成五官與身體的欲求。

　　而荀子理論的建構，即在於透過否定孟子設定的人性內在價值，去彰顯存有作為「經濟人」的特質，並由此發展出治亂思維與政治論述。是以可以說，荀子的人性論、政治論、禮義論是一個連續性的「性惡系統」、「經濟人系統」，「性惡」在荀子思想的脈絡中絕不僅僅是「人性論述」。

三　回歸秩序或建構秩序？荀子性惡論的理論背景

　　相對荀子而言，孟子在根本上所建構的存有圖像就是「道德人系統」而非「經濟人系統」——儘管他觀察到了「經濟人」的欲望與衝動，但他並不像荀子將此特性作為人的「第一序」——作為人的本質——而是視為「第二序」的——因放失其心所造成的。正因為這樣的思路，使其在追求秩序中，所採取的策略是：「先立乎其大者，則

136　〔漢〕趙岐注，〔宋〕孫奭疏：《孟子注疏》，頁24。

137　參蔡仁厚：《孔孟荀哲學》，頁364；王邦雄：《中國哲學論集》（臺北市：臺灣學生書局，2004年），頁114。

138　〔漢〕趙岐注，〔宋〕孫奭疏：《孟子注疏》，頁253。

其小者不能奪也。」(〈告子上〉)[139]孟子不像荀子透過解決「經濟人」的需求與欲望來建立社會秩序;而是從「道德人」的視角去要求人顯發道德意識進而使其需求與欲望不至於氾濫。

由此來看,就可以了解到,荀子與孟子的差異不僅僅在於對「性」字定義的改異而無根本上的差別[140],而是在根本上屬於不同的典範(paradigm)與理論系統──荀子是以「經濟人」為理論建構的核心,孟子是以「道德人」為學說創立的關鍵。這之間有著根本體系上的差異──人原初的狀態與傾向為何?

在荀子的「經濟人」體系中,人原初就是「生而有好利」、「生而有疾惡」、「生而有耳目之欲」(〈性惡〉)[141],道德闕如之「生物體」。[142]而孟子的「道德人」體系裡,人原初就有道德意識,亦即其所言:「人之有四體,猶其有四端也」,是個具有內在根源的「道德主體」。這是兩個悖反的體系──「性惡」與「性善」,以當代話語而論,就是「經濟人」與「道德人」的不同理論層次;前者是從經濟政治來建構、後者則是道德體系的樹立,不能將其劃歸為一纛,認為孟荀只是就同一個普遍人性的不同面向之觀察與強調。[143]

因此,孟荀的差異中,各自擁有一套完整的思維體系,絕不能將其混淆,拉到同一個平面。荀子的秩序是須要「建構」的──因為「經濟人」的本性在資源有限的現實世界中,必然造成混亂的「戰爭狀態」,是以「無序」的社會是其世界觀的第一序。而孟子的秩序是要「重建」的──因為「道德人」的本質有著內在道德,只要能夠自

---

139 〔漢〕趙岐注,〔宋〕孫奭疏:《孟子注疏》,頁204。
140 參路德斌:《荀子與儒家哲學》,頁111。
141 〔清〕王先謙撰,沈嘯寰、王星賢點校:《荀子集解》,頁434。
142 〈性惡〉中即言:「性不知禮義」,可以見得荀子所謂的「經濟人」原初並無道德意識。見〔清〕王先謙撰,沈嘯寰、王星賢點校:《荀子集解》,頁439。
143 參唐端正:《先秦諸子論叢(續編)》,頁209。

覺，則必然能夠為善；而當前秩序的混亂是本心的錯落，「無序」的
社會是其世界觀的第二序。

　　這樣的思維與其宇宙觀有著密切的關聯——荀子在戰國末年已然
放棄恢復封建與宗法制度，而企圖在混亂中建立新的秩序[144]，是以其
沒有「秩序回歸」的思維，沒有對於先王烏托邦的追尋想望，沒有在
現實上建構一個「想像的秩序世界」。而孟子則處於戰國中期，一心
想望恢復禮樂與宗法，也就是在其思路裡，西周封建是一個過去的美
好典範，現在的混亂必須透過回歸傳統封建，才能得到解決。這就是
荀孟二人政治策略上的不同進路，連帶影響其人性論建構的需求。

　　此外，荀孟的「天論」思想，也與其人性論的傾向有著高度關聯
性。荀子認為「天行有常，不為堯存，不為桀亡」（〈天論〉）[145]，是
無道德意識的「自然天」，沒有一個先驗縱貫於天人之間的形上根
源，而將秩序寄託於「禮」。而「禮」是透過「積思慮，習偽故」
（〈性惡〉）[146]而來，亦即人在現實傳統與生活中逐漸建構出來的規範
與意識；如此「明於天人之分」（〈天論〉）[147]的形下思維，自然無所
謂回歸本來的天道秩序的可能，也就影響了其性惡——以「經濟人」
為核心的人性論建構。

　　至於孟子強調「盡其心者，知其性也。知其性，則知天矣。」
（〈盡心上〉）[148]是即透過人心的自覺，感知「性」的道德價值，進而
上溯到天道價值的立體縱貫之「天人合一」概念。既然在孟子的理論
中有一先驗的「天道」，則必然會將現實中的混亂看作暫時的失序，
而欲回歸天道秩序。如此，孟子的人性不得不是善的、世界本然不能

---

144 參蕭公權：《中國政治思想史》（臺北市：聯經出版事業公司，1982年），頁243。
145 〔清〕王先謙撰，沈嘯寰、王星賢點校：《荀子集解》，頁306-307。
146 〔清〕王先謙撰，沈嘯寰、王星賢點校：《荀子集解》，頁437。
147 〔清〕王先謙撰，沈嘯寰、王星賢點校：《荀子集解》，頁308。
148 〔漢〕趙岐注，〔宋〕孫奭疏：《孟子注疏》，頁228。

不是有序的，否則其終極價值的源頭──「天道」便失去了絕對地位，整套理論將崩解。是以，可以了解到，無論孟荀，其人性論皆與社會秩序的追求密不可分；進而與其世界觀及宇宙觀息息相關，連成一片。

第三節　如何性惡？荀學性惡作為社會建構的表述

至此，可以說荀子與孟子皆看到了存有的生存需求與欲望，但是荀子的實在性格[149]，使其針對現實將此一情況當作必須解決與對治的情境，深刻指出了「經濟人」的傾向與衝動，並將之視為必須被滿足與化導的「性」；而孟子的理想性格，使他不願意相信人的欲望與衝動就是人的本質──亦即不是「性」──而另立一道德內在根源作為人之所以為人的價值，並期望人們能夠透過人心的自覺──亦即「大體」，去克服其欲望──亦即「小體」（〈告子上〉）[150]，使人達到純善的境界。也就是說，在追求「秩序」的理論核心中，荀子採取了與孟子截然不同的進路。

一　從「道德主體」到「生物個體」：荀子在欲望中開展的人性觀

荀子與孟子的人性論差異，不在於對於「性」字的用法與定義之不同[151]，關鍵在於其人性論是建基在社會理論之中，是其理論體系的

---

149 即徐復觀所謂的「經驗性格」，參氏著：《中國人性論史：先秦篇》，頁224。

150 〔漢〕趙岐注，〔宋〕孫奭疏：《孟子注疏》，頁204。

151 路德斌即認為，孟子與荀子的人性論之爭，其實是「名實」上的不同，並對此有詳細的論說。參路德斌：〈一言之誤讀與荀學千年之命運──論宋儒對荀子「性

根基與起始點[152]，而非單純的「人」論之建構。亦即荀子的人性論並非形上學系統的表述，與孟子追尋人的內在本質不同；而是透過「人」的群體性來建構人性的真相。這點可以從孟子性善論做一重新梳理，由此對比荀子性惡論的意義與源流。

（一）直把內聖當外王：孟子「道德主體」的挺立及其性善論的意義

對於孟子而言，道德即是政治，政治即是道德，其政治理論是在工夫論中體現──「以不忍人之心，行不忍人之政，治天下可運之掌

惡」說的誤讀與誤解〉，收入涂可國、劉廷善主編：《荀子思想研究》（濟南市：齊魯書社，2015年），頁109-112。

152 龍宇純認為，荀子性惡論並非其理論的起點，禮義的建構才是核心，這樣的說法是必須修正的。王先謙曾說：「荀子論學論治，皆以禮為宗。」亦即荀子理論的核心是「禮」，但不能逕將此解讀為「禮」是理論的起點──「核心」與「始點」是具有不同意義與地位的。「始點」是理論架構的基礎與根基，就好比貧瘠的土壤；「核心」是理論架構最重要的價值與脈絡，就好比滋養豐盛的肥料。荀學體系正是建基於「性惡」的「經濟人」上，沒有「性惡」的「經濟人」，就沒有強調「禮」的必要；沒有百草不生的惡土，也就沒有滋養豐潤肥料的必要。這正如荀子所說，假使人是「性善」的，則「惡用聖王，惡用禮義哉？」（〈性惡〉）沒有「性惡」的「經濟人」，「禮」就沒有作用的對象；沒有貧瘠的惡土作為對象，肥料再滋養也無從豐潤任何土地。此即荀子所所謂：「無性則偽之無所加，無偽則性不能自美。」（〈禮論〉）是以，「禮」非但不是荀子理論的「始點」，反而是其理論的「終點」──正其所謂「學至乎禮而止矣。」（〈勸學〉）在荀子的脈絡中，「禮」對於「人」而言是大寶，故將「禮」視為核心來關注這是沒有問題的；但是「禮」所施行的對象終究是「性惡之人」，沒了「性惡之人」，「禮」再隆盛也是枉然。是以不能以荀子「性惡論」非其理論核心就存而不論，甚至說「性惡」不是荀子思想中的重點，因而只著重在禮義論的開展以凸顯其價值，刻意迴避「性惡論」的說法。亦即儘管性惡論並非荀子理論的起始點，但不能因此否認在其理論體系中的必要性與關鍵意義。參龍宇純：《荀子論集》（臺北市：臺灣學生書局，1987年），頁71；〔清〕王先謙撰，沈嘯寰、王星賢點校：《荀子集解·序》，頁422；曾暐傑：《打破性善的誘惑──重探荀子性惡論的意義與價值》，頁32。

上」(〈公孫丑上〉)[153]，人性中的善端——以惻隱之心為核心的顯發，即是政治秩序的保證；而要讓這樣的「良知」、「良能」顯發，唯有（也只要）「求其放心」(〈告子上〉)[154]這樣的內向修為與自覺能夠達至。這即是說孟子的在「內聖」中「外王」，而不強調實際的政治理論與方針，性善就是秩序追求的保證與始點；這是一種沒有政治的政治學、沒有外王的外王，或者如東方朔所說，是一種「政治上的空想主義」。[155]

也就是說，孟子對於國家秩序的追求出自於對道德主體（moral subjective）自覺的期待，只要每一個道德主體都能求其放心，則人人可以為善，自然能夠形成有序的社會。亦即孟子言：「君子之德，風也；小人之德，草也，草上之風必偃」(〈滕文公上〉)[156]，他所期待的是透過以萌發的「道德主體」感化未萌發的「道德主體」，重點在於「以德養德」，而非實際的政治制度與作為。

這或許可以說是一種形上的「道德共振」想像——在沒有實際接觸與具體的制度作為下，透過「至大至剛」而「塞于天地之間」的「浩然之氣」[157]，將「義」與「道」經由共感來影響那些尚未萌發的「道德主體」，使其擴充自身的四端，進而能夠「事父母」、「保四海」。[158]這是欲以先驗的（想像的）「道德主體」解決現實中「經濟群

---

153 〔漢〕趙岐注，〔宋〕孫奭疏：《孟子注疏》，頁65。

154 〔漢〕趙岐注，〔宋〕孫奭疏：《孟子注疏》，頁202。

155 參東方朔：《差等秩序與公道世界：荀子思想研究》（上海市：上海人民出版社，2016年），頁191。

156 〔漢〕趙岐注，〔宋〕孫奭疏：《孟子注疏》，頁89。

157 參〔漢〕趙岐注，〔宋〕孫奭疏：《孟子注疏·公孫丑上》，頁54。

158 這樣的思維大抵是相信以氣的共感可以傳遞意念與造成行為的影響，人可以透過行動與意念去影響其他個體甚至群體，即便彼此在不同的地域，沒有實際接觸的情況下也能夠達成。這也就是「薛爾得雷克假說」（Rupert Sheldrake）的概念——具體磁場能夠產生具體共鳴，這樣的現象又可稱為「百匹猿猴現象」。參〔日〕船井幸雄著，李玲瑜譯：《第一百隻猴子：美夢成真的思考革命》（臺北市：洪建全基金會，1997年），頁19-22。

體」的需求與欲望。

　　也就是說，孟子是以作為「道德主體」的「個人」來講「性善」，這樣的人性論是在個體中自足的；只要每個個體都能透過「求其放心」來開顯「不學而能」、「不慮而知」的「良能」與「良知」，自然能親親而仁、敬長而義，社會自然有禮有序，天下自然平治，這即是為何透過「擴而充之」內在道德價值──「四端」就能夠達到「保四海」的效果。是以可以說，孟子的人性論與政治論是一體之兩面，是「道德形上學」開展的兩個面向。

（二）在外王中開內聖：荀子「生物個體」的建立及其性惡論的意義

　　對荀子來說，人性論是建基在對於「禮義」的追求，這點從其對「禮」的起源之探求即可了解其思考的核心與關鍵；且其認為：「所謂善者，正理平治也；所謂惡者，偏險悖亂也」（〈性惡〉）[159]，亦即其所謂的「善」與「惡」並非形上本體的善惡，而是就政治道德的層面──現實的治亂與對於秩序的追求──來言「善惡」。由此而論，荀子的「性惡論」對於其政治理論而言，就有著重要的地位與角色。[160]

　　因此，不能否認「性惡」作為荀子思想體系中的合理性，而將其人性論視為性樸論或者說性無善惡。如周熾成認為荀子的「性」作為

---

159 〔清〕王先謙撰，沈嘯寰、王星賢點校：《荀子集解》，頁439。

160 本書所謂的「形而上」是指純粹就道德體系而言，對於內在根源與價值的探問；而「形而下」則是指就現實層面來論述，而不追問人性的內在價值根源。亦即「形而下」的思維著重身體的論述與開展，「形而上」則強調道德主體的開顯與超越。當然，不能否認荀子具有在「形而下」之中向上躍升為「形而上」的企圖，但不能忽略其理論是以「形而下」的身體作為始點。關於「形上」與「形下」請參劉成紀：《形而下的不朽──漢代身體美學考論》（北京市：人民出版社，2007年），頁5-9、134-138。

一種自然事實,無所謂善或惡的價值意義;一切的善惡皆由環境的不同而決定,是以可以知道荀子的人性論應是性朴論。[161]李哲賢亦則指出,荀子的人性論是就自然情欲與本能而言,本身無所謂的善惡。[162]

但是無論是「性朴」或「性無善惡」的說法,都是就作為「道德人」的「道德主體」而言──對哲學上的「主體」來說,情性欲望本身不是「惡」,那無關乎價值,而僅僅是「自然」的本能與傾向。但這是順著孟子所謂「性也,有命焉,君子不謂性」的思維,將人置於真空的形上道德體系中,僅就道德主體的純粹性來論「性」,而根本不將情感欲望作為「性」來討論。

這不僅陷入了孟學性善的誘惑體系之中[163],更是將荀子的人性論以形上的「道德主體」來思考──認為「人性論」在哲學討論中必然是形而上的。[164]但是從荀子對於善惡之分的表述──「正理平治」與「偏險悖亂」,可以見得其人性論顯然不是在形上層次開展,而是在對於秩序追求的前提下,作為其政治理論基礎的一環。

也就是說,荀子的人性不是就形而上的「道德主體」而論,而是從生物性的「個體」(individual)[165]──有個別形體的生物──來討論人性。所謂生物性的「個體」即是從人作為「動物」的視野來定義

---

161 參周熾成:〈荀子乃性朴論者,非性惡論者〉,收入康香閣、梁濤主編:《荀子思想研究》(北京市:人民出版社,2014年),頁44-46。

162 參李哲賢:《荀子之名學析論》,頁28-29。

163 參曾暐傑:《打破性善的誘惑──重探荀子性惡論的意義與價值》,頁18-29。

164 王楷即認為儘管荀子的人性論有現實意義,但仍應該解決內在根源與本性的「根本」問題,這也是當前人性論研究進路的主流──為道德行為找內在根源。王楷對於荀子人性的分析細膩而有深度,這樣的思考也極具哲學價值;然而本書採取不同的策略,嘗試跳脫形上學的體系,企圖開展荀子思想的另一面向。參王楷:《天然與修為──荀子道德哲學的精神》,頁52。

165 參〔美〕威爾森(Edward O. Wilson)著,薛絢譯:《社會生物學──新綜合理論》第一冊(臺北市:左岸文化事業公司,2012年),頁38。

與建構「人」的理論，如同荀子所說，所謂的「人性」是「人之所生而有也，是無待而然者」——亦即「飢而欲食，寒而欲煖，勞而欲息」這樣的生理需求與情感。而這樣的需求與衝動是與動物一樣而無所分別的，對荀子來說，「性」並非「人之所以為人者」的關鍵——這些欲望與衝動像狌狌這樣「二足而無毛」的動物也同樣有之，是不能以此來作為人禽之辨的。[166]

而這樣的生物性「個體」是建立在群體合作的基礎之上，也就是荀子所謂的「人能群，彼不能群」（〈王制〉）[167]，那是一個由「個體」組成的「社會性群體」之概念。正如楊艾璐所說，時代的矛盾使得荀子對於「人」的觀察與研究不是一個單純的自由「個體」（或者應該說具有道德意志的哲學性「主體」），而是在禮樂文明的規約下的自然屬性的人。[168]也就是說，其人性論觀察是基於社會秩序的須要與觀察所建構出「在群體中呈現的個體性」——對荀子來說，強調道德主體意識的自覺與挺立是徒勞無功的——至少在理解人性的始點與政治理論建構中是如此。[169]

那麼，由此可以了解到，從群體中的個體「性」來說，所謂「生而有好利」、「生而有疾惡」、「生而有耳目之欲，有好聲色」的傾向與衝動，就必須以社會性的「禮義」為判準，將之定義為「惡」，而不

---

166 參〔清〕王先謙撰，沈嘯寰、王星賢點校：《荀子集解》，頁78-79。

167 參〔清〕王先謙撰，沈嘯寰、王星賢點校：《荀子集解》，頁164。

168 參楊艾璐：《解蔽與重構：多維視野下的荀子思想研究》（北京市：中國社會科學出版社，2015年），頁22。

169 荀子即言孟子的「性善論」強調以「求放心」的道德自覺為理論的核心，在現實秩序的開展與政治理論的建構上是「無辨合符驗，坐而言之，起而不可設，張而不可施行」（〈性惡〉）的無效論證。但是的確不能否認荀子具有企盼透過「化性起偽」（〈性惡〉）達到「積善而全盡」（〈儒效〉）的自覺境界——亦即「至人也，何彊，何忍，何危？」（〈解蔽〉）的終極工夫狀態。見〔清〕王先謙撰，沈嘯寰、王星賢點校：《荀子集解》，頁441、442、144、403。

能是「朴」或「無善無惡」。因為從作為道德主體的個人來說，情性欲望可能不具有負面意義，那只是作為須要被「大體」統御的「小體」——「先立乎其大者，則其小者不能奪」（〈告子上〉）[170]就道德主體而言，四端才是人之所以為人的本質。在「道德形上學」的體系中，以個人——道德主體——為修養核心，那麼欲望與需求都是作為「主體」自身的問題；既然道德主體具有「良能」與「良知」去潛抑疏導欲望衝動，那麼就無礙於人之「性善」的本體，自然無所謂的「惡」。

亦即「道德人」預設將「道德主體」置於真空的純粹道德世界——「從其大體為大人，從其小體為小人」（〈告子上〉）[171]——縱欲或是克己都是「道德主體」一己之修養境界，無關乎他者。是以可以看到，孟子對於修身與欲望的關係有這樣的表述：「養心莫善於寡欲。其為人也寡欲，雖有不存焉者，寡矣；其為人也多欲，雖有存焉者，寡矣。」（〈盡心下〉）[172]「寡欲」與「多欲」，盡其在我，誠然「一心之存」與「一心之失」的分別已矣。

二　從「個人主體」到「社會群體」：荀子在群體中建立的性惡論

但是在「個人」而言不是「惡」的特質，在群體當中未必就不具有負面性意義。荀子所謂：「人生而有欲，欲而不得，則不能無求。求而無度量分界，則不能不爭；爭則亂，亂則窮」（〈禮論〉）[173]——

---

170 〔漢〕趙岐注，〔宋〕孫奭疏：《孟子注疏》，頁204。

171 〔漢〕趙岐注，〔宋〕孫奭疏：《孟子注疏》，頁204。

172 〔漢〕趙岐注，〔宋〕孫奭疏：《孟子注疏》，頁261。

173 〔清〕王先謙撰，沈嘯寰、王星賢點校：《荀子集解》，頁346。

正可以看出在群體中個人欲望的負面性——因為人是生存在資源有限的世界中，因為資源有限，任何「個體」的欲望都可能是「惡」的——在資源固定不變的狀況下，他者多取用一分資源，我就少獲得一分資源，反之亦然。[174]

也就是說，在社會全體當中，未經約束與化導的欲望都是「惡」的，因為那會導致「惡」的現實——偏險悖亂之結果。雖然如李哲賢等學者認為荀子所謂的「性」本身不是「惡」的，順性而為所導致的結果才是「惡」，因此得出「性」無善無惡的結論。[175]李哲賢所據以論述的文本是〈性惡〉中所說的：

> 今人之性，生而有好利焉，順是，故爭奪生而辭讓亡焉；生而有疾惡焉，順是，故殘賊生而忠信亡焉；生而有耳目之欲，有好聲色焉，順是，故淫亂生而禮義文理亡焉。[176]

然而，正是荀子的這段論述，更可以看出荀子所論是「在群體中顯現的個體之『性』」，而非形而上的「道德主體」之「性」；如此也就凸顯出「性惡論」之必要。亦即此「性惡」的論述正是透過「經濟學」中資源有限、欲望無窮的概念下所建構，是就個體與個體間的關係來言其「惡」。也就是荀子是從個體間互動所應有的「倫理」（ethic）去檢視與定義「經濟人」原初之性所造成的行為與結果，並由此言其「惡」。

---

174 參高希均、林祖嘉：《經濟學的世界：上篇——經濟觀念與現實問題》（臺北市：遠見天下文化出版公司，1997年），頁9；溫明忠：《經濟學原理》（新北市：前程文化事業公司，2013年），頁3
175 參李哲賢：〈荀子之性惡說析論：從文本談起〉，頁148。
176 〔清〕王先謙撰，沈嘯寰、王星賢點校：《荀子集解》，頁434。

　　但如果跳脫荀子的脈絡，而陷入孟子「道德形上學」的體系去解讀，從哲學性的單一「主體」角度而論，那麼自然會覺得「生而有好利焉」、「生而有疾惡焉」、「生而有耳目之欲」不能稱之為「惡」——因為那只是本能，「道德主體」未必會順著這樣的「性」去發展。這就已經先預設了「人」是作為「道德人」的存有，可能會有所節制，是以不必然會形成「惡」的結果。但這是無視「人」作為「經濟人」的事實、忽略了「群體」情境的必然性——「經濟人」在現實中不可能僅是個單獨「道德主體」，而總是在「群體」中的「經濟個體」。

　　試想在沒有禮義約束與化導的「自然狀態」——或是霍布斯（Thomas Hobbes, 1588-1679）所謂的「戰爭狀態」[177]下——「群體」中的「經濟個體」之自然「人性」又怎麼能不「順是」呢？假使在沒有禮法規範的社會下，犯罪與侵犯他者都不會受到非難與責罰，也就是犯罪的機會成本（opportunity cost）[178]是零，又有哪個理性（rational）與自利（self-interest）導向的「經濟人」能不「順是」而縱欲，追求利益的極大化呢？[179]那麼當每個經濟個體都追求利益極大化的狀況下，就會爭奪、就會殘賊、就會淫亂，如此也就形成所謂的「惡」的結果——偏險悖亂。

　　是以定義荀子人性論為何，必須從社會群體的整體論而言，而不能從純粹的「道德主體」來說——「禮」作為整合與適當分配有限資源的方針、作為正理平治的最高準則，那麼人性的善惡就必須從荀子的禮論——也就是其政治論來看，否則荀子的人性論即與政治論斷為

177　〔英〕霍布斯（Thomas Hobbes）著，黎思復、黎廷弼譯：《利維坦》，頁94。

178　參溫明忠：《經濟學原理》，頁5。

179　參高希均、林祖嘉：《經濟學的世界：上篇——經濟觀念與現實問題》，頁45；高希均、林祖嘉：《經濟學的世界：中篇——個體經濟理論導引》（臺北市：天下文化出版公司，1997年），頁75。

兩蠹。這正是荀子所說：「先王惡其亂也，故制禮義以分之，以養人之欲，給人之求，使欲必不窮乎物，物必不屈於欲」（〈禮論〉）[180]的意義所在——「欲必不窮乎物，物必不屈於欲」則不爭、不爭則不亂、不亂則不窮，不窮則使人民百姓安居樂業、安分守己，自然達到正禮平治——也就是所謂的「善」。而原初導向爭、亂、窮與「正理平治」結果相對立的人性欲望與傾向，又怎麼能夠說不是「惡」呢？

　　也就是說，荀子的「性惡」是以社會群體的概念而言，是就「禮義」而論，「人」假使不能依循這本於天地、本於先祖、本於君師的道德秩序與規範，就是所謂的「惡」。[181]這也就是荀子所說：

> 凡用血氣、志意、知慮，由禮則治通，不由禮則勃亂提僈；食飲、衣服、居處、動靜，由禮則和節，不由禮則觸陷生疾；容貌、態度、進退、趨行，由禮則雅，不由禮則夷固僻違，庸眾而野。故人無禮則不生，事無禮則不成，國家無禮則不寧。（〈脩身〉）[182]

可以見得，「禮」對於荀子來說，是國家安定與社會秩序的最高根據，也是其最終目標；而正理平治的追求立足於透過「禮」對人性血氣欲望的調節與平衡，使人足於欲而不流於縱欲，是通過滿足生存需求而建立起來的政治理論。

　　就社會群體而言，每一個生物性「個體」的放縱，對於社會秩序來說都是個傷害，因為在資源固定不變的情況下，「個體」與「個

---

180 〔清〕王先謙撰，沈嘯寰、王星賢點校：《荀子集解》，頁346。

181 〈禮論〉有言：「禮有三本：天地者，生之本也；先祖者，類之本也；君師者，治之本也。無天地惡生？無先祖惡出？無君師惡治？三者偏亡焉，無安人。」見〔清〕王先謙撰，沈嘯寰、王星賢點校：《荀子集解》，頁349。

182 〔清〕王先謙撰，沈嘯寰、王星賢點校：《荀子集解》，頁22-23。

體」之間會處於零和（zero-sum）狀態──此多則彼少、此得則彼失、此利則彼害。是以個體的欲望在荀子的政治理論中就不得不將之視為「惡」，否則「禮義」作為秩序保證的必要性與合理性就撐托不住。或許可以說，在荀子的脈絡中，「惡」便是「關係的解體」──個體的欲望及衝動對作為社群共同規範與價值之「禮」的破壞。[183]這是站在社會群體與秩序的角度必須確立的人性特質，亦即可以說：個體之「性」，即是群體之「惡」。

第四節　實踐性惡：荀學性惡論作為政治實踐的必要

正因為荀子的理論具有強烈的社會性，或者可以說他的秩序至上的思維是靠著以禮義為核心的政治論來支撐的，是以特別重視「人」在社會中的角色與地位。那麼在群體中凸顯的個體之「性」──需求、欲望與衝動，就被視為破壞社會穩定與平衡之「惡」，唯有確立了人性「惡」的原初始點，荀子的整套禮法架構才有意義，否則其政治理論就無法建構，也無法在現實中得到實際的效果。

---

183 斯賓諾莎（Baruch de Spinoza, 1632-1677）指出，善惡是個體片面性的感受和區分，並非理性的判斷；人會在感性中追尋自我判定之「善」者，而躲避其所謂「惡」者。然而存有具有理解與追求更高層次之「善」的可能──也就是荀子所言之「禮」。荀子即期望以群體之「善」轉化及整合個體之「善」，以消解二者對於「善惡」之判定所形成的矛盾及衝突。參Baruch Spinoza, *Ethics. in Spinoza: Complete Works*. translated by Samuel Shirley. Indianapolis & Cambridge: Hackett Publishing Company, 2002, p.331, 373.

一　性惡的現實：從「虛無」轉向「實在」的政治觀察

何以人性惡對於荀子的政治理論如此重要？關鍵就在於現實理論的建構之必要與合理性。亦即荀子的人性論是作為現實政治理論的基礎與根基，有著強烈的現實性；他認為孟子道德的預設與想像太過空泛與無所根據，是以對之提出批判性的轉化。

（一）從四端的空中樓閣內脫出：孟子道德主體的批判

孟子強調以四端擴充來達至良知自覺，進而使道德主體能夠控制情感欲望，達到「不動心」（〈公孫丑上〉）[184]的境界，則社會自然穩定、而天下自然太平。也就是說孟子強調內在的「仁義禮智」——「惻隱之心」、「羞惡之心」、「辭讓之心」、「是非之心」，這固有的內在「道德感」（moral sense）就足以「事父母」、「保四海」。

但是荀子從社會群體的視野來看，孟子所謂的「道德主體」之「道德感」——仁義禮智四端太過虛無、太過形上了；是以他批判孟子是：「案往舊造說，謂之五行，甚僻違而無類，幽隱而無說，閉約而無解。」（〈非十二子〉）[185]亦即孟子建構了一組想像的內在根源[186]；對於荀子這樣的經驗論者，那樣的形而上根源無法解釋現實社會的混亂，在政治理論上也不可靠。

因為在現實上，人往往有衝撞體制的衝動與欲望，也就是如同河合隼雄（かわいはやお, 1928-2007）所說，儘管知道破壞秩序對自己沒有好處，甚至會對自己造成傷害，但是人們就是會去破壞、去衝

184　〔漢〕趙岐注，〔宋〕孫奭疏：《孟子注疏》，頁54。

185　〔清〕王先謙撰，沈嘯寰、王星賢點校：《荀子集解》，頁94。

186　根據考證，所謂的「五行」一般指「仁義禮智信」或「仁義禮智聖」，亦即形上的內在道德根源。參陳麗桂：〈先秦儒學的聖、智之德——從孔子到子思學派〉，《漢學研究》第30卷第1期（2012年3月），頁11。

撞;在這「惡的誘惑」中,不得不讓人承認人心確實有著「惡」的傾向與衝動[187],這也是《荀子》中所透露的「人情甚不美」(〈性惡〉)[188]的思維與觀察。

站在生命科學家道金斯(Richard Dawkins)的角度來看,基督宗教的「上帝假說」創造了一個全知全能的上帝——祂決定了一切的生命與規範——這樣的思維無疑是一種幻象。[189]那麼同樣的,孟學「道德形上學」的「四端假說」,對荀子這樣的實在性格來說,肯定也是一種幻象。就經驗論者而言,孟子強調擴充四端之心,則無所不通達的思維,是一種形上的,太形上的神秘思維。

如同孟子所說的:「盡其心者,知其性也。知其性,則知天矣」(〈盡心上〉)[190],這其中蘊含了宗教心理學的元素——「相信→行為」[191]——相信某種絕對根源存在的力量,則自然能夠達成某種作為;亦即相信心中有善的根源——四端,則必然能夠為善,並貫通天地間一切事理。對於經驗主義的荀子而言,形而上的「四端」太過幽隱而無法證明——儘管在「道德形上學」的系統中,「四端」有如通天的聖殿;然而在「倫理經濟學」的系統中,「四端」的假設就如同空中樓閣——在社會群體的人性中是難以成立與想像的。

(二)在欲望的社會情境中開展:荀子生物個體的建構

對荀子來說,性善說是「無辨合符驗,坐而言之,起而不可設,

---

187 〔日〕河合隼雄著,林暉鈞譯:《孩子與惡》(臺北市:心靈工坊文化事業公司,2016年),頁58。

188 〔清〕王先謙撰,沈嘯寰、王星賢點校:《荀子集解》,頁444。

189 參Richard Dawkins, *The God Delusion.* Boston: Houghton Mifflin, 2006, p. 31.

190 〔漢〕趙岐注,〔宋〕孫奭疏:《孟子注疏》,頁228。

191 參〔美〕強納森·海德特(Jonathan Haidt)著,姚怡平譯:《好人總是自以為是:政治與宗教如何將我們四分五裂》(臺北市:網路與書出版,2015年),頁372。

張而不可施行」（〈性惡〉）[192]的理論，其關鍵正在於亂世之中的現實情境──禮崩樂壞、諸侯兼併、民人相爭──充滿了「經濟人」彼此間「不擇手段的自利」（self-interest-seeking-with-guile）[193]這種人性的「自利」傾向，尤其在資源有限的現實社會群體中更是明顯，這也就是荀子所說：「人之生固小人，又以遇亂世，得亂俗，是以小重小也，以亂得亂也。」（〈榮辱〉）[194]人的需求與衝動在現實社會中對於資源的爭奪與欲望，自然會造成混亂的結果。

　　也就是說，荀學與孟學那種將「慎獨」思想拉高到第一序的本體思想不同。如劉蕺山（1578-1645）就認為，「中和」為天下之大本，而「約其旨不過曰慎獨，獨之外別無本體，慎獨之外別無工夫。」（〈中庸首章大義〉）[195]亦即善惡對孟學來說是就個人本體工夫的修養而論，是道德主體的一己之事；可以無關乎他者、無關乎群體。因為所謂的「善」是透過內在根源──四端所顯發，具有本體論的意義。

　　然而荀子所謂的「善」是「正理平治」，是就現實情境中而論。亦即他的人性論也必須由這個現實標準來作為判準與衡量，是以他特別重視「群」的概念，其統治之道亦由群作為概念的核心，是其言：「君者何也？曰：能群也。能群也者何也？曰：善生養人者也。」（〈君道〉）[196]可以見得其政治理論以人的需求為核心去思考，而需求則必須從群體的概念來說。

　　是以荀子所觀察到的人性──「從人之性，順人之情，必出於爭

192　〔清〕王先謙撰，沈嘯寰、王星賢點校：《荀子集解》，頁441。

193　參Oliver E. Williamson, "The Economics of Governance: Framework and Implications," *Journal of Institutional and The Theoretical Economics*, 140:1(March, 1984):198.

194　〔清〕王先謙撰，沈嘯寰、王星賢點校：《荀子集解》，頁64。

195　〔清〕劉宗周撰，吳光主編：《劉蕺山全集》第二冊（杭州市：浙江古籍出版社，2007年），頁300。

196　〔清〕王先謙撰，沈嘯寰、王星賢點校：《荀子集解》，頁237。

奪,合於犯分亂理而歸於暴」(〈性惡〉)[197]、「人生而有欲,欲而不得,則不能無求。求而無度量分界,則不能不爭;爭則亂,亂則窮」(〈禮論〉)——完全是在社會群體中做表述——從群體中的「爭奪」所導致的「偏險悖亂」之結果作界定。這就如同楊艾璐所說,荀子強調的人性是就社會建構而言的自然產物[198];假使不是在「群」的意義上來講,根本不會有「無度量分界」的問題、也不會有「爭」的情形發生——這都是在資源有限的社會中才有意義的表述。畢竟在資源無限的世界或是純粹道德的真空世界裡,不存在這樣的問題——無所爭而不必爭。[199]

那麼由此可以了解到,荀子的人性論是必須建構在群體性之上,因為他所觀察的「人」是生物性的個體;而從生物學概念的意義上,很難透過單一生物體來推斷整個群體的活動與行為,而必然要在群體的互動中而論[200],是以荀子說「人之生,不能無群,群而無分則爭」(〈富國〉)。[201]也就是說,在群體中的每個生物體都有著可檢證的典型行為模式,在生物學上稱之為「習性譜」(ethogram)[202];對荀子來說,其「人性」的論述就是作為生物性個體的「習性譜」——有著「欲—不得—爭—亂—窮」的可預測行為模式。

---

197 〔清〕王先謙撰,沈嘯寰、王星賢點校:《荀子集解》,頁434-435。

198 參楊艾璐:《解蔽與重構:多維視野下的荀子思想研究》,頁27。

199 亦即「爭奪」是建立在「需求」無限、「資源」有限的現實關係之上,進而從道德價值為判準(就荀子而言是「禮」),才會得出「人之性惡」的結論。在形而上學的道德體系中,無所謂在爭奪中言惡之脈絡,因為在真空世界裡不會有「需求」與「資源」的假設。參單驥:《天堂裡沒有經濟學》(臺北市:遠見天下文化出版公司,2014年),頁9-11。

200 〔美〕威爾森(Edward O. Wilson)著,薛絢譯:《社會生物學——新綜合理論》第一冊,頁35。

201 〔清〕王先謙撰,沈嘯寰、王星賢點校:《荀子集解》,頁179。

202 〔清〕威爾森(Edward O. Wilson)著,薛絢譯:《社會生物學——新綜合理論》第四冊(臺北市:左岸文化事業公司,2012年),頁206。

是以，在「性惡的習性譜」中，人與人之間因著「欲惡同，物不能澹則必爭」（〈王制〉）[203]的模式發展──人們基本需求所造成的喜惡大致上是一致的，也都有著同樣的傾向：「薄願厚，惡願美，狹願廣，貧願富，賤願貴」（〈性惡〉）[204]──一旦沒有分配的標準，就必然會產生爭奪與混亂；荀子的政治與管理思想[205]，正是建基在此一有「辨合符驗」的現實之上。

二　性惡的經濟：從「逆性」轉為「順性」的政治方針

那麼，在這樣的「性惡」的習性下，荀子要如何從「偏險悖亂」中開展「正理平治」的可能呢？既然荀子看到「欲─不得─爭─亂─窮」的人性行為模式，那麼他就勢必要思考何以不窮、不亂、不爭──也就是「偏險悖亂」的結果，於是他採取了從根源處對治人性，以達到「正理平治」的目標。亦即其所言：

> 先王惡其亂也，故制禮義以分之，以養人之欲，給人之求，使欲必不窮乎物，物必不屈於欲，兩者相持而長，是禮之所起也。（〈禮論〉）[206]

這就是荀子以「禮」去組織人力、分配資源，使人欲望得到滿足，那麼就在根本上解決了「亂」的始點──「人生而有欲」。或許可以說，荀子的政治理論方針與理論的建構，正是建立在需求與資源的問題之上──也就是人的經濟層面。

203　〔清〕王先謙撰，沈嘯寰、王星賢點校：《荀子集解》，頁152。
204　〔清〕王先謙撰，沈嘯寰、王星賢點校：《荀子集解》，頁439。
205　參姜英來：《荀子的管理思想》（瀋陽市：東北大學出版社，2015年），頁45。
206　〔清〕王先謙撰，沈嘯寰、王星賢點校：《荀子集解》，頁346。

（一）順性養欲，回歸現實：荀子以生存需求為核心的治亂原則

從這裡可以了解到，荀子對於「人生而有欲」這件事，並不採取否認或壓抑的態度，而是選擇滿足人的基本欲望，如此則轉化了人性原初「欲－不得－爭－亂－窮」的行為模式，透過「禮」將之扭轉為「欲－得－不爭－不亂－不窮」，達到了「正理平治」的效果──亦即開展了人群中的「善性」。

由此可以發現，荀子採取的是一種「順性」的模式──既然人生而有欲，在欲望得不到滿足的時候就會造成社會的混亂，那麼就從根本上去滿足人的欲望，如此則不會形成「惡」的結果。也就是說，他沒有從根本上消解人的欲望──「無欲－無所得－無所爭－無亂－無窮」──這大抵是佛家的進路；他亦沒有採取克制掌控人的欲望──「先立乎其大者，則其小者不能奪也」（〈告子上〉）[207]──「抑欲－不必得－不爭－不亂－不窮」──這大抵是孟學的思維。

在此姑且不論佛家的進路，先聚焦於早期儒學內部的兩種思維來討論：可以看到荀子與孟子的理論是分別從源頭企圖解決社會秩序混亂的問題，看似二人能夠以不同的方法，得出一致的結果；但這絕不能單純以「殊途同歸」[208]來說明二者學說的關係。因為二人的學說有著根本上的差異──關鍵在於二者對於人性的定義以及對於欲望的態度。

荀子企圖滿足人的欲望，這基本上是從經濟學的角度開展政治理論，亦即「政治經濟學」的進路。其人性論中的存有（being）是充滿欲望與自利的「經濟人」，是現實世界的表述，在現實社會中是可以

---

207 〔漢〕趙岐注，〔宋〕孫奭疏：《孟子注疏》，頁204。

208 參曾春海主編：《中國哲學概論》（臺北市：五南圖書出版公司，2005年），頁191。

檢證的，是有「辨合符驗」的。但是孟子則是從道德學的角度開展修養工夫，是一種以道德體系建構政治論的「政治道德學」，根本上還是道德工夫而沒有實際的政治論述。孟子的人性表述，預設了具有內在四端的「道德人」，並且強調只要「求放心」便能妥適安置欲望。

　　牟宗三認為：「凡言性有兩路，一順氣而言，一逆氣而言」[209]，這當然不錯，荀子屬於牟宗三所說的前者，是將人的自然欲望視為「性」；孟子則屬於後者，是以與欲望相悖反的內在道德根源為「性」。但是如果進一步梳理會發現，在孟荀原始的文本中，二人並無「順氣」與「逆氣」之別，反而都呈顯出「順性」的治亂理路。

　　荀子與孟子的治亂論或工夫論本應該是逆反的，但卻同樣可以詮解為「順性」之說，會出現這樣的弔詭，關鍵就在於孟子私自改易（或者說超越性創新）了「性」的內涵——

> 口之於味也，目之於色也，耳之於聲也，鼻之於臭也，四肢之於安佚也，性也，有命焉，君子不謂性也。仁之於父子也，義之於君臣也，禮之於賓主也，智之於賢者也，聖人之於天道也，命也，有性焉，君子不謂命也。（〈盡心下〉）[210]

由此可以知道，孟子儘管知道「性」作為耳目口鼻欲望的表述是約定俗成的用法，但他欲開創一套新的道德體系，自命為「君子」將原本的「性」改易為「命」、「命」改易為「性」，亦即將「性」的內涵抽換為「仁義禮智聖」。[211]路德斌認為，孟子與荀子的人性論事實上是

209　牟宗三：《才性與玄理》（臺北市：臺灣學生書局，1993年），頁1。

210　〔漢〕趙岐注，〔宋〕孫奭疏：《孟子注疏》，頁253。

211　參路德斌：〈荀、孟人性論之爭非「人之善惡」之爭——一個基於名實之辨而進行的考察和詮釋〉，「心性論與早期中國儒家哲學」高端論壇會議論文集（濟南市：山東大學儒學高等研究院，2016年10月22-23日），頁99-101。

名實之爭[212]，這有其道理；但必須進一步思考的是，這樣的抽換會造成什麼問題？

因為孟子這樣的名實改易，便使「自然人／經濟人」必然固有的欲望變為非必然的；使「自然人／經濟人」在生命境遇中偶然而得有的「仁義禮智」變為「必然」。這就如本書曾提及的，孟子將「自然人」視為「道德人」的設定，是與現實存有名實不符、顛倒事實的論述；將使作為「經濟人」的存有自我認同產生混淆與錯亂，影響不可謂不大。

（二）兩種順性，一個真相：荀子對孟子逆性政治論的名實之辨

是以，名實不符不僅僅是用語上的差異，會造成整個理論系統的錯置與誤解——亦即形成理論與現實脫鉤與悖反的狀態。也就是說，「順」與「逆」之間表述的關鍵性差異應該在於：「順性」容易「逆性」難。就荀子的人性論而言，其「性」為「好利」、「疾惡」、「耳目之欲」與「好聲色」，只要順著這樣的「性」而為，則會形成所謂的「惡」——「爭奪生而辭讓亡」、「殘賊生而忠信亡」、「淫亂生而禮義文理亡」。這是在存有不經教化與約束下，自然而然地放縱慾望所必然產生的結果；以此言「順」，符合現實存有的特質，無有扞格。

也就是說，「自然人」順性而為是一種本能，是受到生而有的欲望——亦即「性」所驅動，不須要任何外在動力去驅策之，此之謂「順性」。亦即「順性」應該是自然而然的，不須要用太大的工夫與意志就能夠達成的。是以荀子將自然需求與欲望作為「不可學、不可

---

212 參路德斌：〈一言之誤讀與荀子千年之命運——論宋儒對荀子「性惡」說的誤讀與誤解〉，頁109-112。

事而在人者」（〈性惡〉）[213]的「性」，是「持之有故，言之成理」（〈非十二子〉）[214]，因為欲望與衝動在沒有禮法約束下，人自然會有「順是」而為的傾向。

　　然而孟子強調對固有的道德價值──「四端」──「擴而充之」，就能夠克制欲望；而孟子將「四端」稱之為「性」，意味著人只要「順著」固有的道德意識去開展，自然而然能夠使人不欲、不爭、不亂。也就是說，作為內在道德價值的「性善之性」，對於人而言有優先性與超越性，那是作為「小體」的「耳目之官」所不能比擬的──亦即孟子所謂「先立乎其大者，則其小者不能奪也。」（〈告子上〉）[215]

　　但是孟子這裡的「順性」發展擴充內在道德根源，能稱之為「順」嗎？所謂的「順」應該像孟子所說「猶水之就下」（〈告子上〉）[216]──如同水與萬物無法抗拒地心引力般向下奔流與墜落，這才可以說「順」。但是事實上人未能如孟子所說「順性（道德之性）」而為，而是像荀子所觀察到的：順著「好利之性」、順著「疾惡之性」、順著「耳目之欲」朝向爭奪、殘賊與淫亂的方向發展。

　　也就是說，對「自然人」而言，自覺與為善是須要強大的意志與工夫修養才能達到的境界，必須完全管控身體的欲望才可能達至；以「順水而下」的必然性喻之並不恰當，對原初的「自然人」而論，這樣的自覺工夫絕非輕而易舉之「順性」，而是如「逆流而上」般艱難的「逆性」工夫。由此來看，能夠如「水之就下」自然而然不須外在動力去驅動的才可稱之為「性」，那麼從現實的觀察而論，孟子所謂

213　〔清〕王先謙撰，沈嘯寰、王星賢點校：《荀子集解》，頁436。

214　〔清〕王先謙撰，沈嘯寰、王星賢點校：《荀子集解》，頁91。

215　〔漢〕趙岐注，〔宋〕孫奭疏：《孟子注疏》，頁204。

216　〔漢〕趙岐注，〔宋〕孫奭疏：《孟子注疏》，頁192。

「四端」顯然不可謂之「性」，荀子所指出的「欲望」才是。

所以說，孟荀對於人性的描述與定義，絕不僅僅是用字上的不同，而是對於「事實」理解的正確與否的問題。荀子所言「順性」——自然欲望與需求之性，是對於現實的描述；然而孟子所說「順性」——作為道德價值內在根源之性（essence）[217]則是對於人性的想像。建立在此無辨合符驗「想像」之上的人性論，便僅僅只是一種挺立道德主體為善自信心的興奮劑，卻與事實上的人性與社會悖反。

當然，或許學界傾向於如此區分荀孟人性論的差異：荀子所說的是「實然」（is），而孟子所說的是「應然」（ought to be），是在不同層次上做出分判。[218]然而，荀子與孟子的學說建構，卻不僅是「實然」與「應然」的區分。事實上，荀子是在「實然」中講「應然」，而孟子卻是將「應然」當作「實然」。對前者而言，「禮」所建構的是「應然」，也就是價值規範與道德體系，是建基於人性需求與欲望之上的；這正是前文所說，荀子的「禮」是從人性論上建構起來的。又如荀子所言：「禮有三本：天地者，生之本也；先祖者，類之本也；君師者，治之本也。」（〈禮論〉）[219]更可以了解到，荀子的應然價值之根本——「禮」，正是從「實然」的現實自然、歷史與文化中開展出來的；這顯然與休姆（David Hume, 1711-1776）對於「應然是否能夠從實然開出？」（Can an ought be derived from an is？）採取否定的態度是不一樣的[220]——荀子不是在形式邏輯上作論證，而是真真切切地從現實去建構他的理論，這也是為何荀子要特別強調理論的「辨合符驗」了。

---

217 參勞思光：《新編中國哲學史（一）》，頁158-159。

218 如王軍即採取這樣的論述策略，參氏著：《荀子思想研究：禮樂重構的視角》，頁101。

219 〔清〕王先謙撰，沈嘯寰、王星賢點校：《荀子集解》，頁349。

220 David Hume, *A Treatise of Human Nature*. London: John Noon, 1739, p. 335.

（三）順水行舟，逆流而上：荀子在實然中開應然的順性
政治學

　　相對來說，「實然」是否能夠開出「應然」這個問題也是值得再進一步思考與探問的，但重點是：孟子的理論甚至不是從「實然」開出「應然」，而是在根本上將「應然」當作「實然」，如此便會使得理論上之「名」與世界真實的存有（being）與狀態（situation）之「實」斷裂開來，也就是荀子所說的「無辨合符驗」。就如同孟子所言「順道德之性」的「求放心」與「擴充」的工夫，可以說是一種理想的工夫進路，但是卻建立在不具現實意義的人性論上。

　　孟子在捍衛性善論時，就曾說過：「人無有不善，水無有不下」（〈告子上〉）[221]，顯然將性善當作人的本質，但現實上的人性卻是如荀子所說的「生而有好利」、「生而有疾惡」、「生而有耳目之欲，有好聲色。」（〈性惡〉）[222]當然，孟學論者會認為這是外在環境影響所致，亦即孟子所說：「今夫水，搏而躍之，可使過顙；激而行之，可使在山。是豈水之性哉？其勢則然也。人之可使為不善，其性亦猶是也。」（〈告子上〉）[223]所謂的「好利」、「疾惡」、「耳目之欲」的放縱都是外在環境使然。

　　但關鍵在於，於自然的狀態下，「爭奪」、「殘賊」、「淫亂」是常態，抑或「從其大體」、「求其放心」是常態？也就是說，「水之就下」是常態，「搏而躍之」是非常態；現在孟子將人之性善比擬為「水之就下」的常態，將「使為不善」比喻為「激而行之」的非常態，就會出現理論上的困境。

　　此處必須再次強調的關鍵即是：順之容易逆之難──這才符合世

221　〔漢〕趙岐注，〔宋〕孫奭疏：《孟子注疏》，頁192。
222　〔清〕王先謙撰，沈嘯寰、王星賢點校：《荀子集解》，頁434。
223　〔漢〕趙岐注，〔宋〕孫奭疏：《孟子注疏》，頁192。

界的規律。也就是說,所謂的「順性」應該是輕而易舉的自然發展,而「逆性」則是須要有強烈意志去逆反原初之性的行動。以孟子的想像而言,人本來是善的,不善是後天之情勢使然;如果照著這樣的思維去梳理,會得出這樣的潛在思維:「善」是人生而為人的「常態」,保持這樣的「善性」是輕而易舉的,因為這是「順性」而為,就如同順水推舟;而「惡」則是人生命中的「非常態」,要造成這樣的「惡行」是不容易的,因為這是「逆性」而為,就如同逆水行舟。

這樣的潛思維就形成了一種錯亂與弔詭,因為現實上人為善是須要強烈的道德意志,才能夠壓抑需求欲望,但是為惡卻相當容易,稍一放鬆則欲望需求一瀉千里,收拾不住。如此「學好終年不足,學壞一天有餘」的事實是老嫗皆知的,因為「壞」就是在社會禮教的規範下,依照人的動物性辦事,這只要照著人性任意地做就好了,一點都不費勁使力。[224]但顯然孟子為了挺立人之所以為人的價值與建立人性的尊嚴,過度扭轉了「性」的定義,進而將人性的「常」與「非常」倒置。

這也是為何荀子會批評孟子「今人之性善,將皆失喪其性故也」(〈性惡〉)[225]——把「惡」作為後天情境所致的說法。正如荀子所說:「今人之性,生而離其朴,離其資,必失而喪之。用此觀之,然則人之性惡明矣。」(〈性惡〉)[226]人性的現實就是天生沒有善性,就算照著孟子所說,人性的善是先有後無,是後天放失其心才造成的;但現實中人一出生就必然順著「飢而欲飽,寒而欲煖,勞而欲休」的自然情性而發展,在行為中無禮義文理之意識,如此看來人一出生「善」就放失了,如果人真的是「性善」的,又怎麼會如此容易放失

224 參孔憲鐸、王登峰:《基因與人性》(北京市:北京大學出版社,2009年),頁60。
225 〔清〕王先謙撰,沈嘯寰、王星賢點校:《荀子集解》,頁436。
226 〔清〕王先謙撰,沈嘯寰、王星賢點校:《荀子集解》,頁436。

呢？荀子此處即點出了孟子改易「性」之內涵，硬是把「逆性」轉為「順性」的盲點。

三　性惡的政治：從「惡性」開展「禮義」的政治理論

　　由此可知，為何荀子必要強調「性惡」，正因為「性善」的說法會造成理論與現實的人性名實不符，進而使得工夫論與政治論難以開展。是以荀子批評孟子的性善說是「坐而言之，起而不可設，張而不可施行」的錯誤想像；他認為，假使把這套名實不符的性善論運用在現實政治層面，強調道德的自覺，會造成「去聖王，息禮義」（〈性惡〉）[227]的結果。一旦順著這樣的思維，進而「去君上之埶，無禮義之化，去法正之治，無刑罰之禁」，則必然會造成「倚而觀天下民人之相與」（〈性惡〉）[228]之「惡」——人與人之間相互爭奪、無所節制——亦即「偏險悖亂」的後果。

（一）以禮養性：於禮法中呈現的性惡論與政治原則

　　那麼，對於充滿自利與欲望的「性惡之性」，要如何使之為善呢？荀子的策略是「立君上，明禮義」（〈性惡〉）[229]，亦即透過君王的權威去施行禮義教化。但所謂的禮義教化並非絕對強制的權威——亦即不是透過外在強制力量去限制人的欲望與衝動[230]；相反地，荀子

227　〔清〕王先謙撰，沈嘯寰、王星賢點校：《荀子集解》，頁441。

228　〔清〕王先謙撰，沈嘯寰、王星賢點校：《荀子集解》，頁440。

229　〔清〕王先謙撰，沈嘯寰、王星賢點校：《荀子集解》，頁441。

230　正如王中江所說，荀子雖然大量言「禮法」，但是這不是法家那種具有懲戒意味的「法」，而是指法則、法度與標準的意義。透過這樣的規範與法則，能夠養人情性，建立社會秩序。參王中江：《儒家的精神之道和社會角色》（北京市：中華書局，2015年），頁94。

的禮恰恰是在「養」人之性，也就是順著欲望需求之性而開展。正所謂「禮者，養也」（〈禮論〉）[231]——養口、養鼻、養目、養耳、養體，也就是滿足人基本的情性欲望。

荀子認為，政治的實踐正是要從「養」人之欲開始，也就是滿足人的基本需求，是以其言：「王者之法：等賦、政事、財萬物，所以養萬民也」（〈王制〉）[232]，正是在需求與經濟的基礎上所建構的政治理論。而一個稱職的君王最重要的就是統合協調每一個生物性個體在群體當中的角色，滿足每一個生物性個體的欲望與需求，亦即所謂的「能群」——而「能群」的實質內涵與關鍵正在於「善生養人者也，善班治人者也，善顯設人者也，善藩飾人者也。」（〈禮論〉）[233]是以可以了解到，荀子的政治理論是建基在生物性個體的需求與欲望之上，以透過「順性」從根本上解決社會秩序的問題。

（二）以群統人：從社會脈絡建構的人性與政治理論

但是正如荀子所意識到，人原初的欲望與衝動在資源有限的環境下，就會形成爭亂，如果只是「養人之欲」，恐怕還不足以在根本上解決爭亂的問題。因為那僅能使人的情性欲望得到適當的滿足，並不能建立長久穩定的社會秩序。是以荀子認為，「既得其養」之後更要「好其別」——亦即使「貴賤有等，長幼有差，貧富輕重皆有稱。」（〈禮論〉）[234]也就是要建立一套穩固的社會階層與體制，使人能夠各得其所、各安其分。

所謂的「別」即是荀子所說「分」，而「分」正是人能夠「群」

---

231 〔清〕王先謙撰，沈嘯寰、王星賢點校：《荀子集解》，頁346。
232 〔清〕王先謙撰，沈嘯寰、王星賢點校：《荀子集解》，頁160。
233 〔清〕王先謙撰，沈嘯寰、王星賢點校：《荀子集解》，頁237。
234 〔清〕王先謙撰，沈嘯寰、王星賢點校：《荀子集解》，頁347。

的關鍵。對荀子而言,「群」為何如此重要?因為正如荀子所說:「人
能群,彼不能群也」(〈王制〉)[235],「群」恰恰是人禽之辨的關鍵。既
然作為人禽之辨的樞紐,所謂的「群」顯然不僅僅是說人是群居動
物,這個「群」並非現代意義「群聚」(group)的概念,而是有著更
高層次的政治論意涵。一般生物所組成的「群」只能夠說是「群集」
(aggregation)──聚集在同一個地方的複數個體,但彼此之間沒有
組織性,也沒有合作行為。而荀子作為人禽之辨的「群」,大抵是今
日所謂「社會性」(social)的概念──具有合作機制的組織行為。[236]

　　荀子的意思是,一旦人不能「群」──開展社會性的面向,做出
定名分位、分工合作的組織性群體,那麼就會順著欲望本能而行動,
造成混亂,此亦即荀子所言「群而無分則爭,爭則亂,亂則窮」(〈富
國〉)[237]的意義。也就是說,人一旦失去了社會性建構,那麼就淪為
與一般動物一樣:只有本能欲望、相互爭奪的野性衝動,在那樣的混
亂狀態,就與禽獸毫無分別了。而此一狀態就必然造成「偏險悖
亂」──「惡」的結果,這也是為何荀子會堅持必須從群體中的生物
性個體來定義人性了──一旦脫離了這個脈絡,所謂的「人性」不過
是一個「想像的聖殿」──崇高但是虛幻,脫離了社會脈絡中的現實
情境。一旦人隱蔽了「社會性」的特質,那麼必然會造成「惡」的結
果;這正是荀子所說:「離居不相待則窮,群居而無分則爭。窮者患

235　〔清〕王先謙撰,沈嘯寰、王星賢點校:《荀子集解》,頁164。

236　雖然某些生物群體間也有著分工與合作的行為,但那樣的行為僅是生物群體為滿
　　足需求與衝動的反射,而不具有高層次社會性意義的政治哲學內涵。某些當代生
　　物學家為了討論上的需要與方便,也將動物的合作與組織行為稱為「社會性」,但
　　基本上還是將之與人類的「社會性」概念區分──前者是在廣義下言之,而後者則
　　是在狹義上專指人類社群的政治性概念。參〔美〕威爾森(Edward O. Wilson)
　　著,薛絢譯:《社會生物學──新綜合理論》第一冊,頁36-38。

237　〔清〕王先謙撰,沈嘯寰、王星賢點校:《荀子集解》,頁179。

也，爭者禍也。」（〈富國〉）[238]是以，要避免如此之「惡」，在政治上的作為莫過於「明分使群」（〈富國〉）[239]。

（三）以惡化惡：在好利惡害的人性中開展政治道德

那麼「群」與「分」這樣政治策略何以能夠實行呢？也就是在自利與充滿欲求的原始人性中，何以人們能夠接受以「群分」為內涵的「禮法」——帶有節制個體追求無窮欲望的規範性與限制性之約束？——儘管這樣的禮法是以養人之欲為始點，但畢竟需求與欲望追求從原來的「無限」（原始狀態下未經禮義整合的群體）轉為「有限」（社會性脈絡下經過禮儀整合的群體）——何以人們願意接受這樣的規範？

其實，荀子的政治理論還是採取了「順性」的策略——符合荀子強調「速」的修養與治亂進路與其有效性的追求。因為孟子採取了「逆性」（即便在孟子的理論系統中那稱為「順性」）的進路——以追求四端的自覺來克制欲望的流洩，顯然沒有顯著的效果，達到正理平治的結果；也就是「逆性」策略的無效性，流於「幽隱而無說」，促使荀子轉向「順性」進路的開展。

也就是說，人都有「好利惡害」的傾向，這是「人之所生而有也，是無待而然者」（〈榮辱〉）[240]，這是一種本能與生物性意識，生物性的個體自然而然地就會發揮這種本能，如同順水行舟，毫無窒礙。而所謂「好利惡害」無非就是滿足生物性個體「飢而欲食，寒而欲煖，勞而欲息」（〈榮辱〉）[241]的需求與欲望；儘管這樣的「性」在禮

---

238 〔清〕王先謙撰，沈嘯寰、王星賢點校：《荀子集解》，頁176。
239 〔清〕王先謙撰，沈嘯寰、王星賢點校：《荀子集解》，頁176。
240 〔清〕王先謙撰，沈嘯寰、王星賢點校：《荀子集解》，頁63。
241 〔清〕王先謙撰，沈嘯寰、王星賢點校：《荀子集解》，頁63。

教脈絡下稱之為「惡」，會導致「爭奪生而辭讓亡」、「殘賊生而忠信亡」、「淫亂生而禮義文理亡」的結果；但正是這樣的本能與需求，卻也讓人形成這樣的傾向：「人之所惡何也？曰：汙漫、爭奪、貪利是也。人之所好者何也？曰：禮義、辭讓、忠信是也。」(〈彊國〉)[242]

荀子這裡的論述看似有些弔詭——為何一方面說「性惡之人」的本能欲望會導致「爭奪生而辭讓亡」、「殘賊生而忠信亡」、「淫亂生而禮義文理亡」；另一方面又說「性惡之人」喜歡「禮義、辭讓、忠信」、厭惡「汙漫、爭奪、貪利」，這之間豈不矛盾？其實不然，人們之所以會有產生爭奪、殘賊與淫亂的行為，正是因為基本的需求與欲望得不到滿足，所以才必須如此為之；生物性個體的爭奪、殘賊與淫亂的作為，正是為了取得更多的資源與繁衍後代的機會，以取得生存的優勢。[243]

亦即在原始狀態下，爭奪、殘賊與淫亂的行為，對「我」而言，是取得生存優勢的方法；在這個情況下「我」當然不會去行禮義、主辭讓、講忠信，那會使得作為生物性個體的「我」得不到欲望的滿足與基本生存的需求。但是反過來說，「他者」的「汙漫、爭奪、貪利」對「我」生存的條件來說是一種傷害，「我」自然厭惡；「他者」如能踐行「禮義、辭讓、忠信」，對「我」獲取更多資源就是一種利多，「我」當然感到愉悅。

但是在社會群體中，「他者」必然不可能同意自我踐行「禮義、辭讓、忠信」，卻放任「我」行「汙漫、爭奪、貪利」之事，這會是一個不穩定的社會結構；一旦社會處於不穩定關係中，便不會有個體

242　〔清〕王先謙撰，沈嘯寰、王星賢點校：《荀子集解》，頁298。

243　對生物個體而言，只要是可以幫助基因在後代占取較高比例的生存優勢，就會成為物種本身的特色與生存策略。參〔美〕威爾森（Edward O. Wilson）著，薛絢譯：《社會生物學——新綜合理論》第一冊，頁28。

願意行「禮義、辭讓、忠信」，而皆是「汙漫、爭奪、貪利」，進而造成每個個體都處於需求得不滿足的連鎖反應中。假使群體中的成員皆達成「禮義、辭讓、忠信」的德行共識，將形塑一個穩定的社會關係結構，也就能夠使群體中的每個個體皆滿足生存之需求。正是在這個意義上，可以說人之所好：禮義、辭讓、忠信；人之所惡：汙漫、爭奪、貪利。

亦即此處必須從群體的觀點來看，「禮義、辭讓、忠信」——亦即「禮」的實質內涵——足以使人得到欲望與需求的滿足，也就可以使人不爭、不亂、不窮；亦即「禮」可以養人之情、足人之欲，就本能衝動而言，又豈會有人不喜歡呢？而「汙漫、爭奪、貪利」代表著生物性個體間存在著爭奪與衝突，是以人與人之間的生存充滿了緊張、我與他者可能都得不到基本的需求與滿足，人們自然會產生厭惡。是以，「禮」的道德性正是藉由人的自利導向與欲望衝動而得以開展，這也是「禮」本於天的意義——是從人的內在需求而抽繹出來，而非徒為外在權威與規範。[244]

是以，「禮」對於生物性個體而言，足以滿足其基本需求及欲望，使「欲必不窮乎物，物必不屈於欲」，生存的需求得到了保證，那麼生物性個體沒有理由不在「禮」中去實踐「群」與「分」。或許在「禮」的實踐中，不再有「零和情境」，強者不再能夠占有所有資源，必須從無限的欲望轉化為有限的欲望；但這避免了人處在霍布斯所說的「戰爭狀態」下的緊繃與對立——況且，沒有絕對的強者，也

---

244 王軍認為荀子只強調外在禮法的強制性與制度化，對於人性只有壓抑，使其理論流於庸俗的功利主義，並扼殺了孔孟性靈之教，是為荀子人性論的缺陷。這樣的說法是忽略了荀子「禮」的來源與內在根據（僅是「根據」，而非道德形上學所謂的「根源」），是對荀子思想的誤解。當然，不可否認荀子的思想較具有現實性與實用性，但那正是荀子有意識地走出孟子形上學系統，以務實的態度建構儒學的有效性。參王軍：《荀子思想研究：禮樂重構的視角》，頁113-114。

沒有任何一個個體能夠取得永久的優勢。

正如荀子所謂「人莫貴乎生，莫樂乎安」（〈彊國〉）[245]，人最基本且最重要的目標即是活著，也就是人人都有生存的動力與本能，是以「貴生」；那麼在能夠滿足生存欲望為前提下，穩固、安定的生活是最讓人感到愉悅的──沒有人會處於戰爭狀態下而怡然自得，是以「樂安」。而「所以養生安樂者莫大乎禮義」（〈彊國〉）[246]，「禮義」正是結束人與人之間「戰爭狀態」的最高原則，透過「制禮義以分之」的過程，開展「集體穩定性」（collectively stable）[247]。

在以「禮法」──也就是「義」──確立「集體穩定性」後，便能夠順理成章達到「以分則和，和則一，一則多力，多力則彊，彊則勝物」（〈王制〉）[248]的效果。這是透過整合生物性個體的欲望，並適當安置每個個體在群體中的角色與地位[249]，在妥協與合作中去開展「限制協定」（limitation-agreements）[250]──透過彼此的信任與約定，適當安置自身的欲望與安排資源分配的合理性，避免「欲而不得」的情況發生。

由此可以了解到，荀子透過人生存的本能與欲望中對於生存與安定的期待，「順性」而帶出「禮」的概念來進行「群分」的政治策略與手段，進而讓人自然而然能夠接受「禮義」的安排，使人都能夠滿

245 〔清〕王先謙撰，沈嘯寰、王星賢點校：《荀子集解》，頁299。
246 〔清〕王先謙撰，沈嘯寰、王星賢點校：《荀子集解》，頁299。
247 亦即透過禮義的建構，使社會遵循一個共同法則，這個法則是人們所共同遵守，無法為其他策略與行為所打破。參〔美〕羅伯特・艾瑟羅德（Robert Axelrod）著，胡瑋珊譯：《合作的競化》（臺北市：大塊文化出版公司，2010年），頁86。
248 〔清〕王先謙撰，沈嘯寰、王星賢點校：《荀子集解》，頁164。
249 「分」的目的即是在聖王的安排與分配下，確立身分、等級與層次，對於財富與資源進行調配，進而使人在規範條件下，滿足個人的需求與欲望。參姜英來：《荀子的管理思想》，頁48-49。
250 參〔美〕威爾森（Edward O. Wilson）著，薛絢譯：《社會生物學──新綜合理論》第一冊，頁248。

足基本的需求與欲望，進而能使社會由「偏險悖亂」之「惡」轉向「正理平治」之「善」。本來為「惡」的人性，卻成了化解「惡」的現實之關鍵，使人從爭奪與詐偽中出走，走向「以相群居，以相持養，以相藩飾，以相安固」（〈榮辱〉）[251]的和諧社會。這是一種「以『惡』化惡」的「順性」策略，而與孟子「以善抑惡」的「逆性」進路不同。

四　性惡的聖人：從「欲望」驅動「道德」的政治秩序

承上而論，所謂的「以惡化惡」即是說：在禮義教化的視角下，那些人生而有的「好利」、「疾惡」、「耳目之欲」之「惡性」，反而是能夠使人「為善」而避免發展出「惡」的結果──「爭奪生而辭讓亡」、「殘賊生而忠信亡」、「淫亂生而禮義文理亡」。換句話說，人之「性」是會自然而然地朝向「惡」發展的本能、欲望與衝動；但也正是這樣的欲望得以開展禮義與秩序。這乍看之下或許弔詭，但這正是荀子「倫理經濟學」中的智慧與真義；唯有釐清此要緊處，才能探得其思維理路與核心。

（一）當欲望成為道德：在「短期欲望」與「長期欲望」 辯證下的禮義

何以說「欲望」是「禮義」與道德體系建構的動力？這點可從荀子所謂：

> 人之所惡何也？曰：汙漫、爭奪、貪利是也。人之所好者何

---

251 〔清〕王先謙撰，沈嘯寰、王星賢點校：《荀子集解》，頁65。

也？曰：禮義、辭讓、忠信是也。（〈彊國〉）[252]

此處荀子認為，「汙漫、爭奪、貪利」是人所厭惡的，而「禮義、辭讓、忠信」是為人所喜好的；這樣的論述看似與其「性論」相矛盾——因為人的「好利」、「疾惡」、「耳目之欲」之「惡性」會自然而然地形成「爭奪生而辭讓亡」、「殘賊生而忠信亡」、「淫亂生而禮義文理亡」的結果才是。

通常「順性」對人來說會有愉悅感，也就是欲望的滿足是讓人感到快樂與喜悅的[253]；那麼順著「好利」、「疾惡」、「耳目之欲」欲望而來的快感，人們照理說會厭惡「禮義、辭讓、忠信」這樣的道德體系，因為這與人的欲望本性悖反——當欲望被壓抑時會造成人的不悅與厭惡感。

其實〈性惡〉與〈彊國〉這兩段文字看似矛盾，但事實上這正顯現出「經濟人」以欲望為主體的思維模式所形成的必然情境，不能由此單舉〈彊國〉的論述來證明荀子的人性是潛在善的、是天生喜好禮義與道德價值的[254]；而弱化或忽視〈性惡〉的論述。

要了解這兩段論述之間的關係，必須明白，「欲望」可以分為「短期欲望」與「長期欲望」——前者注重的是當下的立即滿足，即是〈性惡〉中順從「好利」、「疾惡」、「耳目之欲」之「性」而為惡之屬；後者強調的是延遲享樂（delayed gratification），追求長效性與持續性的滿足，即是〈彊國〉中人厭惡「汙漫、爭奪、貪利」、喜好

---

252 〔清〕王先謙撰，沈嘯寰、王星賢點校：《荀子集解》，頁298。

253 當人的欲望得到滿足時，腦部會因為產出多巴胺（dopamine）而產生愉悅的感受。參〔英〕克林格爾巴赫（Morten L. Kringelbach）著，謝伯讓譯：〈快樂中樞〉，《科學人月刊》第129期（2012年11月），頁50-55。

254 劉又銘：〈從「蘊謂」論荀子哲學潛在的性善觀〉，《「孔學與二十一世紀」國際學術研討會論文集》（臺北市：政治大學文學院，2001年），頁61。

「禮義、辭讓、忠信」的情況。

而「短期欲望」與「長期欲望」相對而言是對立與衝突的，前者強調「需求當下的需求」，那麼滿足了當下的「短期欲望」，就犧牲了未來的「長期欲望」；後者則著重「需求未來的需求」，假使要滿足未來的「長期欲望」，就必須一定程度犧牲「短期欲望」。[255]由此二種欲望的互補性與衝突性，即可以了解到〈性惡〉與〈彊國〉兩段人性的論述為何會看起來如此矛盾與衝突——其實那正是「短期欲望」與「長期欲望」兩個層次的表述。

此一「短期欲望」與「長期欲望」的表述方式或許不存在《荀子》的論述之中，但這樣的經濟觀念與思維卻是真切實在地存在於荀子思想的體系內涵。正如其言：

> 人之情，食欲有芻豢，衣欲有文繡，行欲有輿馬，又欲夫餘財蓄積之富也，然而窮年累世不知不足，是人之情也。今人之生也，方知畜雞狗豬彘，又蓄牛羊，然而食不敢有酒肉；餘刀布，有囷窌，然而衣不敢有絲帛；約者有筐篋之藏，然而行不敢有輿馬。是何也？非不欲也，幾不長慮顧後而恐無以繼之故也。於是又節用御欲，收斂蓄藏以繼之也，是於己長慮顧後，幾不甚善矣哉！（〈榮辱〉）[256]

---

255 從當代科學的研究成果來看，人類的確有著「需求當下」與「需求未來」兩種策略與能力，正如德國神經科學家尤阿西姆‧鮑爾（Joachim Bauer）所說：「人類這個物種不僅有能力『思索』未來，同時也『須要』未來；如果這樣的需求得不到滋養，反而遭到輕視或破壞，便會造成心理和生物的活性衰退甚或癱瘓。」參〔德〕尤阿希姆‧鮑爾著，王榮輝譯：《棉花糖的誘惑：從腦神經科學看自制力》（臺北市：商周出版公司，2016年），頁117。

256 〔清〕王先謙撰，沈嘯寰、王星賢點校：《荀子集解》，頁67-68。

就「人之情」而論，人天生有想要吃食大魚大肉、穿著華麗的衣服、擁有車馬代步的欲望，更希望有取之不盡、用之不竭的錢財，而且這樣的欲望是永遠不會滿足的；此即是針對人「欲望」——也即是「人性」最寫實與深刻的描繪。但是卻有人即便養了眾多家禽牲畜，也不敢餐餐大啖雞豬牛羊；即便有多餘的錢財，也不敢毫無節制地穿著絲綢布帛製成的華麗衣裳；即便家中積蓄有餘、收藏甚豐，也不敢出門便貪圖安逸地乘車騎馬。荀子指出，這不是人沒有這樣的欲望與衝動，而是在經過深思熟慮，考量長遠之計，深怕將來的資源無以為繼，使自身無法生存下去，是以便省吃儉用、節制自身的欲望，來累積自身的財富與資源。

是以荀子所謂「非不欲也，幾不長慮顧後，而恐無以繼之故也」即是說明了人為了滿足「長期欲望」而選擇「御欲」——節制當下「短期欲望」的衝動，此處無疑是「延遲享樂」概念的表述。是以荀子所說人喜好「禮義、辭讓、忠信」，並非人天生就喜歡規範與約束，而是「禮義」這樣的道德體系能夠幫助人們滿足「長期欲望」，而願意受到「禮義」的規範與化導，去犧牲與節制自己的當下欲望與衝動，以成就穩定而持續的「長期欲望」。

這正如荀子所述，「禮」的起源正在於：

> 人生而有欲，欲而不得，則不能無求，求而無度量分界，則不能不爭；爭則亂，亂則窮。先王惡其亂也，故制禮義以分之，以養人之欲，給人之求，使欲必不窮乎物，物必不屈於欲。兩者相持而長，是禮之所起也。（〈禮論〉）[257]

257　〔清〕王先謙撰，沈嘯寰、王星賢點校：《荀子集解》，頁346。

也就是說，如果沒有聖王制定「禮義」，那麼人們必然會順著「好利」、「疾惡」、「耳目之欲」之「性」而形成荀子所說「爭奪生而辭讓亡」、「殘賊生而忠信亡」、「淫亂生而禮義文理亡」的結果。而當個體之間為了欲望而爭奪，則會形成「欲—爭—亂—窮」的連環效應，那麼本來是為了滿足個體欲望的「爭」，反而使資源窮盡，無法滿足基本生存的欲望。

（二）當塗之人成為聖人：在「及時行樂」與「延遲享樂」思辨中的聖王

是以聖王就是能夠體會到這個內在矛盾連環效應的人，他們了解到，當人人都順著欲望去追求「短期欲望」的滿足，因而彼此爭奪，或許能夠獲得一時的愉悅；但這犧牲的卻是人得以穩定而長遠的生存條件，也就是犧牲了「長期欲望」得以滿足的可能。這即是聖王之所以為聖王之關鍵，此正在於荀子所指出：

> 先王之道，仁義之統，《詩》、《書》、《禮》、《樂》之分乎。彼固為天下之大慮也，將為天下生民之屬長慮顧後而保萬世也。（〈榮辱〉）[258]

聖王之所以要強調「禮樂」，正在於其能「分」，「分」則能「群」而能戰勝資源與物種的有限性，進而開展人類的文明。[259]由此可以了解到，從「道德形上學」思維來探問——在普遍意義下的「性惡」現實

---

258 〔清〕王先謙撰，沈嘯寰、王星賢點校：《荀子集解》，頁68。

259 〈王制〉中有言：「人生不能無群，群而無分則爭，爭則亂，亂則離，離則弱，弱則不能勝物。」見〔清〕王先謙撰，沈嘯寰、王星賢點校：《荀子集解》，頁164-165。

中，「聖王」亦是生而有「好利」、「疾惡」、「耳目之欲」的「性惡」之人；且在聖王創制「禮法」用以化性之前，「第一個聖王」何以能夠自我節制欲望？[260]其「善」由何而來？——這樣的問題在「倫理經濟學」的脈絡中是不成立也沒有意義的。

正如荀子所說，「聖人者，人之所積而致矣。」（〈性惡〉）[261]聖人原初也是充滿欲望與衝動的「經濟人」，但是這類「經濟人」之所以能夠被稱為「聖人」、成為領導人民與國家的領導者，正在於他們能夠「積思慮，習偽故，以生禮義而起法度」（〈性惡〉）[262]——亦即他們在固有的傳統與文化的情境當中，去觀察與思索，為何人的欲望本能驅使人去追求滿足，卻反而帶來不滿足？於是他們了解到：在群體中資源是有限的，個體欲望卻是無窮的，唯有建立一套個體與個體之間能夠交會與和諧的「倫理」關係，才能夠達到「養人之欲，給人之求」的效果；也就是必須適當地犧牲當下的「短期欲望」來成就「長期欲望」。[263]

---

260 就「性惡」之人為善的動機——亦即聖人自我化性再創制禮義而化人，這在荀子的脈絡中如何可能，的確不斷受到質疑；周群振便以「聖人之生發禮義之動機，則尚有因客觀情勢所激發的另一面」來解釋。但他仍然對於荀子這樣的論述的合理性感到疑慮，故提出關於荀子聖人生禮義的問題「是否能在理論上達至圓通無礙的境地，我們可以暫時不去管他，至少在荀子心目中，卻是依著一個堅定而明晰的概念進行的。」這也就顯透出周群振也認為荀子的論述不合理，也僅是荀子自己在自我體系中一廂情願地想像；這或許可以說即是在「道德形上學」的脈絡中思考荀子思想會出現的困境。參見周群振：《荀子思想研究》（臺北市：文津出版社，1987年），頁65-66。

261 〔清〕王先謙撰，沈嘯寰、王星賢點校：《荀子集解》，頁443。

262 〔清〕王先謙撰，沈嘯寰、王星賢點校：《荀子集解》，頁437。

263 這樣地犧牲「短期欲望」對於人來說並不與人欲望的本能與衝動背反，因為那是追求長期穩定欲望的途徑與企圖。正如鮑爾所說：「長期看來，運作良好的自我節制，根本完全不會和基礎系統所支持的欲望或需求相互扞格。」見〔德〕尤阿希姆‧鮑爾（Joachim Bauer）著，王榮輝譯：《棉花糖的誘惑：從腦神經科學看自制力》，頁59。

　　但「聖人」也是由「經濟人」累積與轉化而來；亦即沒有天生的「聖人」——「聖人」原初也只是僅有欲望與生存本能的「經濟人」。是以其創制「禮義」的動力不在於天生具有道德意識要制定一套規範去約束與節制自我與個體的欲望；與此恰恰相反，其欲望與生存本能正是其創制「禮義」以約制欲望的動力——更確切地說，「聖王」了解到唯有創制「禮義」規範群體間當下的「短期欲望」，才有可能真正滿足人的「長期欲望」。

　　也就是說，「聖王」制定「禮義」的動機不是孟學式思維——以「寡欲」為道德體系的關鍵，亦即孟子所說：「養心莫善於寡欲。其為人也寡欲，雖有不存焉者，寡矣。」（〈盡心下〉）[264]荀學脈絡下的「禮義」是為了「使欲必不窮乎物，物必不屈於欲」的養欲、足欲思維——這是順著「經濟人」之「性」，即其追求欲望的本能而來，「欲望」本身就是「禮義」的動機，故不須有內在價值根源才能夠開展「善」的可能。

　　所以荀子說「聖人縱其欲，兼其情，而制焉者理矣。」（〈解蔽〉）[265]「聖人」也是充滿欲望與情感的「經濟人」，只是此一「經濟人」是能夠領悟出現實情境中資源無限、欲望無窮的現實，是以願意「延遲享樂」而特別成功的「經濟人」。對「經濟人」而言，所謂的「成功」就是能夠最有效地適應環境並達到欲望滿足的效果；是以「聖人」是在「從欲盡情」中呈現生命價值的人，而非在「寡欲」中修養之人。「聖人」不是刻苦而修養自我的苦行僧，亦非如思孟學派所說

264　〔漢〕趙岐注，〔宋〕孫奭疏：《孟子注疏》，頁261。

265　「縱欲」根據王先謙改為「從欲」。但王將其解釋為「聖人無縱欲之事。從其欲，由言從心所欲」則太道德了。「從欲」即是能夠順從自己的欲望卻又不流於放蕩，亦即自然而然又恰到好處地成就自己的欲望；將此說成「從心所欲」有落入「道德形上學」脈絡的危險。參見〔清〕王先謙撰，沈嘯寰、王星賢點校：《荀子集解》，頁404；〔戰國〕荀況著、王天海校釋：《荀子校釋》，頁866。

的「聖人不愛己」(〈正名〉)[266]；相反地,「聖人」正是能知道「愛己」而後「愛人」的高階「經濟人」——並藉此轉化為「道德人」。

這正如波沙達(Joachim de Posada)所說,一般人「往往為了追求即刻的滿足,而忽略了什麼才是對我們最有利的選擇。」[267]亦即順性而為,追求當下的「短期欲望」,而不明白持續而穩定的「長期欲望」才是對於人來說最好的結果。「聖王」即是洞悉什麼樣的策略與行為是能夠帶來群體中每個個體「長期欲望」的智慧——亦即強調「禮義」的重要性,是以能夠「情安禮,知若師」(〈脩身〉)[268],讓自己的欲望與衝動安置在「禮義」之中,願意透過「延遲享樂」來達至長期的欲望需求與滿足。

是以,「聖人」與「塗之人」的差異即在於能不能明白與洞悉「延遲享樂」的意義,以及「禮」所帶給人「長期欲望」的效果。當然荀子也不奢望人人都能有這樣的智慧去了解,約束當下的「欲望」其實是滿足「欲望」最好的途徑。是以他認為,人只要先隨著聖王與師教的原則與教導跟著做就可以了；隨著時間的累積,這些不知「禮」何以為「禮」的「經濟人」,便會逐漸體會到「禮義」對「短期欲望」的制約並非是束縛與苦難,而是幫助「經濟人」取得「長期欲望」的穩定而持續的需求。是以荀子說:「行之,曰士也；敦慕焉,君子也；知之,聖人也。」(〈儒效〉)[269]

一般的「經濟人」只要跟著體知與洞察「延遲享樂」之智慧的「聖人」行為就可以了,因為這才是最迅速讓人進入「禮義」脈絡的做法；期待每個充滿欲望的「經濟人」都透過自覺與摸索去參透「延

266　〔清〕王先謙撰,沈嘯寰、王星賢點校:《荀子集解》,頁420。

267　〔美〕喬辛‧迪‧波沙達(Joachim de Posada)、鮑伯‧安德曼(Bob Andelman)著,曾志傑譯:《盯住最大的棉花糖》(臺北市:方智出版社,2014年),頁17-18。

268　〔清〕王先謙撰,沈嘯寰、王星賢點校:《荀子集解》,頁33。

269　〔清〕王先謙撰,沈嘯寰、王星賢點校:《荀子集解》,頁125。

遲享樂」的意義與效果，那對於亂世而言是緩不濟急的。是以荀子
說：「學之經莫速乎好其人，隆禮次之。」（〈勸學〉）[270] 以學習菁
英──也就是已經覺察「延遲享樂」重要性的「聖王」為途徑，取代
孟學追求每個「主體」自覺的修養進路。[271]

　　然而，荀子並不否認「塗之人」也可以成為「聖人」，亦即任何
「經濟人」只要能夠理解並願意透過「禮」實踐「延遲享樂」的意
義，那麼皆可以為「聖人」──畢竟「聖人」也是由「經濟人」積學
而來。這之間的關鍵只在於為與不為，此即荀子所言：

　　　　凡禹之所以為禹者，以其為仁義法正也。然則仁義法正有可知
　　　　可能之理，然而塗之人也，皆有可以知仁義法正之質，皆有可
　　　　以能仁義法正之具，然則其可以為禹明矣。……今使塗之人者
　　　　以其可以知之質，可以能之具，本夫仁義之可知之理，可能之
　　　　具，然則其可以為禹明矣。今使塗之人伏術為學，專心一志，
　　　　思索孰察，加日縣久，積善而不息，則通於神明，參於天地

270　〔清〕王先謙撰，沈嘯寰、王星賢點校：《荀子集解》，頁14。

271　根據美國心理學家沃爾特‧米歇爾（Walter Mischel）的「延遲享樂實驗」（Delay
　　　of Gratification Task）或稱「棉花糖實驗」（Marshmallow Task）的結果，能夠為了
　　　多得到一顆棉花糖，願意等待20分鐘而忍住欲望馬上吃下眼前棉花糖的孩子，他
　　　們的適應力與表現大多比那些無法等待而馬上吃下眼前棉花糖的孩子來得優秀，
　　　他們成年後通常能夠成為社會的中堅與精英。荀子的「聖王」即可說是此類特別
　　　凸出的菁英，在其菁英主義下，他期待用菁英的經驗與領導，快速幫助每個個體
　　　去實踐「延遲享樂」，以迅速建立社會秩序。關於「延遲享樂實驗」請參〔美〕沃
　　　爾特‧米歇爾（Walter Mischel）著，陳重亨譯：《忍耐力：其實你比自己想的更有
　　　耐力！棉花糖實驗之父寫給每個人的意志增強計畫》（臺北市：時報文化出版企業
　　　公司，2015年），頁26-27；〔德〕尤阿希姆‧鮑爾（Joachim Bauer）著，王榮輝
　　　譯：《棉花糖的誘惑：從腦神經科學看自制力》，頁65；〔美〕喬辛‧迪‧波沙達
　　　（Joachim de Posada）、鮑伯‧安德曼（Bob Andelman）著，曾志傑譯：《盯住最大
　　　的棉花糖》，頁13-18。

矣。(〈性惡〉)[272]

　　也就是說，「聖王」能夠參透「延遲享樂」的法則，追求「長期欲望」的智慧，其關鍵在於其可以透過「知」與「學習」的能力來理解與思慮——此即荀子所謂「凡以知，人之性也；可以知，物之理也。」(〈解蔽〉)[273]人都有認知與學習的能力，這是人生而有的本能；且這樣的能力不僅僅「聖人」有之，「塗之人」亦有之。那麼，理解與實踐「延遲享樂」的能力，是人皆有之的；此正如神經科學家鮑爾所說：「人類天生就具有習得自制的能力，前額葉皮質裡的神經網絡是自制力的神經生物基礎。」[274]由是可知，理解與實踐「禮義」是人生而有的本能。

　　但如果由此天生具有習得自制的能力來言「性善」，並將荀子所謂「可以知仁義法正之質」、「可以能仁義法正之具」視為等同於孟子所言之「良知」、「良能」，則是誤解「可以知」、「可以能」的意義[275]；那其實是一種中性特質的「學習能力」，並非說「仁義法正之質」與「仁義法正之具」天生固有於人性之中的。正如荀子所強調，「聖人之所以同於眾，其不異於眾者，性也；所以異而過眾者，偽也」(〈性惡〉)[276]；「聖人」能知行禮義，實踐「延遲享樂」的關鍵在於其能夠在現實中看見與理解對於「短期欲望」的自制的效果。這即是透過後天的「偽」——用「禮義」踐行「延遲享樂」原則，由此克制與制約自身的「短期欲望」——也就是避免「順性」而為。

272　〔清〕王先謙撰，沈嘯寰、王星賢點校：《荀子集解》，頁443。

273　〔清〕王先謙撰，沈嘯寰、王星賢點校：《荀子集解》，頁406。

274　〔德〕尤阿希姆‧鮑爾（Joachim Bauer）著，王榮輝譯：《棉花糖的誘惑：從腦神經科學看自制力》，頁57。

275　勞思光：《新編中國哲學史（一）》，頁321。

276　〔清〕王先謙撰，沈嘯寰、王星賢點校：《荀子集解》，頁438。

　　也就是說，「聖人」與「塗之人」一樣，原初都是充滿欲望的「經濟人」，其一樣具有順著「好利」、「疾惡」、「耳目之欲」之「性」而為的衝動；只是他能夠運用「知」與「學」的能力，權衡現實狀況的情境，參透「延遲享樂」的真義，並以「禮」踐之。「塗之人」同樣有著此一「知」與「學」的能力，只是其人參不透或不願做罷了。這正如鮑爾在神經科學研究中所證明：「自我節制的能力和進一步自我控制的能力，並非與生俱來。基因只是賦予人類習得這些能力的可能性。」[277]

（三）當孟子成為他者：在「乃若其情」與「才性知能」思路中的差異

　　如果從「道德形上學」的角度來思考，或許會追問：究竟為什麼是此等「經濟人」能成為「聖人」、「聖王」，而彼等「經濟人」僅為「塗之人」；或者更進一步明確地說：為何「作為聖王的經濟人」能夠參透並實踐「延遲享樂」原則，「作為塗之人的經濟人」則否？其實依照荀子的理論，能不能參透與實踐，關鍵不在於「性」的不同，而必須說是才能與智慧上的差異──有人能悟有人不能。或許荀子並不否認「聖人」與「塗之人」之間的才智有所差異，是以在「偽」的實踐上會有難易與差距；故其相當菁英主義式地將秩序訴諸「聖王」，讓才智低下無法參透「延遲享樂」效果的人跟著才智卓越的「聖王」行之即可。

　　當然，荀子的思維裡雖然不否認人皆可以為善的可能，但其無意識中，可能帶有一種才智不平等的理路。這與孟子所說：「乃若其情，則可以為善矣，乃所謂善也。若夫為不善，非才之罪也」（〈告子

277　〔德〕尤阿希姆・鮑爾（Joachim Bauer）著，王榮輝譯：《棉花糖的誘惑：從腦神經科學看自制力》，頁59。

上〉）[278]──將「善」與「不善」訴諸完全平等的人性，而不從才智而論是不同的理路。荀子與此恰恰相反，善與不善可能更多地必須由才智而論，而非「性」本身；這樣的思維可能更凸出了人的差異性，也更進一步凸顯了精英主義的進路──這或許讓人感到殘酷與不安，但這不也是現實中不得不承認的真實嗎？

　　就「道德形上學」而論，或許不夠完滿，未能挺立每個主體的平等性與價值；但從「倫理經濟學」來說，這無疑是更坦然面對個體的差異性，而不鄉愿地說只要挺立道德，每個主體都是一樣的。但無論在孟子或荀子，其實都沒有點明這個根本性的問題，即是何以聖人能覺知、實踐禮義？他們同樣強調關鍵僅在於為與不為而已，同樣不否認人人都可以成聖的價值。但是荀子特別從「知」、「偽」與「學習」的能力來談認知「善」、實踐「善」的可能，相對於孟子堅持從「性」中固有的道德感來談「善」的可能──假使非要追問為什麼就是這些人成聖而非那些人，荀子的論述無疑更凸出了「個體」的差異性，也更坦然面對了「人」的不完全平等，──至少在「蘊謂」的層次可以指出這樣的深層意識。

　　是以，「性惡的聖人」由何而生制禮義，在荀子的「倫理經濟學」系統中根本不是個問題──不必訴諸孟子「道德形上學」的根源性探問。「禮義」是「經濟人」受到欲望本能的驅動，在現實的爭亂中理解到，唯有在群體間制定一套禮法制度，節制人的「短期欲望」來成全穩定而持續的「長期欲望」，人的需求與欲望才能得到真正的滿足。也就是自制力及禮法產生的動機與動力就從「經濟人」──亦即荀子所言「性惡」之人的欲望衝動而來。可以說「性惡」造就了「禮義」，這是在現實情境中自然發展的結果，而非因為人天生有道

---

[278] 〔漢〕趙岐注，〔宋〕孫奭疏：《孟子注疏》，頁195。

德價值根源，去擴充與發揮後才有現實中的禮法──這樣的思維太形上、太孟學了，是以荀子必要針對此要緊處破解與發揮。

小結

至此，可以了解到，荀子的性惡論有其合理性與必要性，在其政治理論的建構上，有著不可或缺的重要性；一旦失去了「性惡」的事實，那麼整套治亂理論便支離破碎，不成體系。一旦沒有了「性惡」的事實──自利導向與對於需求欲望的追求，人就沒有了接受「禮義」的動力，而荀子企圖從孟子「逆性」之失靈中開出的「順性」理路也就無從開展。或許可以說，正是因為人的「惡性」──就禮法教化而言──才得以使人脫離社會上實際的「惡行」；也正是因為有性惡之人，才使得家國社會有正理平治的契機──那是現實中的人「不可不承受之惡」。

應該了解到，荀子的理論系統是與孟子建立在不同的典範之上的。正如船井幸雄（ふないゆきお，1933-2014）所說：「悲觀論是發自於情感，而樂觀論則是起源於意志。」[279] 荀子的理論正是建立在悲觀的人性──性惡論之上，這完全是從情感欲望的層面來觀察現實中的人；進而發現孟子所說的「性善」、尋求人性的自覺與「求放心」的修養進路，根本無法解決當下禮崩樂壞、社會混亂的問題，因而產生了張灝所說的「幽暗意識」[280]。

而孟子的理論則是建立在樂觀的人性──性善論之中，亦即挺立主體道德意志，深信人之所以為人的高貴價值與一點靈明，賦予人莊

---

279 〔日〕船井幸雄著，李玲瑜譯：《第一百隻猴子：美夢成真的思考革命》，頁104。

280 見〔美〕張灝：《幽暗意識與民主傳統》（臺北市：聯經出版事業公司，2000年），頁4。

嚴、崇高與高度自信的生命圖像[281]；在這樣的情況下，便相信人能夠透過自覺達到為善的可能，也就將社會的秩序寄託在「求放心」這樣的道德修養之上，而不重視外在政治體系的開展，可以說這是一種「光明意識」──挺立道德本體的絕對意志。

值得注意的是，荀子悲觀的人性卻開展了樂觀的未來，正因為正視黑暗、了解黑暗，更能夠走出黑暗、看見光明；而孟子的樂觀人性論，在現實上卻是令人悲觀的──大部分的人都無法自覺行善，到了荀子的時代，那套「何必曰利」（〈梁惠王上〉）[282]的理論系統也窒礙難行。關鍵或許就在於孟子太過樂觀，擅自改易了「性」的內涵，使其人性論與現實的人性名實不符，在立論基礎上就根本背反了真實的人性，致使其理論在現實的政治環境中無法實行。

郭沫若曾說，荀子處處與孟子針鋒相對，是急於想成一家之言，每每標新立異。[283]不能否認，荀子的理論的確是建基在批判與反對孟子的理論之上，但那是因為荀子認為孟子理論的失靈以及與事實不相符應，亟欲建構社會秩序而不得不進行理論的轉向與開展。

但孰是孰非對於當代儒學的開展並不是關鍵；重點是應該還給荀子性惡論一個真實面貌，那確確實實是現實人性的表述，是政治系統的始點、是政治理論建構所必需，有其合理性與必要性。不能僅僅一句「性惡」，便言「不須理會」，忽略了整個荀學體系的意義與價值──那不公允也不正確，更非當代儒學研究應該承繼的偏見。

---

281 參劉又銘：〈當代新荀學的基本理念〉，收入龐樸主編：《儒林》（濟南市：山東大學出版社，2008年），頁11。

282 〔漢〕趙岐注，〔宋〕孫奭疏：《孟子注疏》，頁9。

283 參郭沫若：《十批判書》，頁172。

第四章

政治的經濟學

──「經濟人」的政治論述與荀學治亂的途徑

引言──從人性需求談起的政治學

　　荀子之所以必要把孟子作為他者進行批判，重點即在於孟子將人設定為天生具有內在價值的「道德人」，如此便失去了孔學與儒門所強調的以「禮」為本、以「學」為重的體系；將使人依恃自身固有的四端一味向內求，而忽略了社會道德體系的建構是建立在群體的互動與歷史進程之中，必須向外追索才能得「道」──正如孔子所言「不知禮，無以立也」（〈堯曰〉）[1]，人必須要透過學習與融入禮義規範，才得以在社會立足與行事。

　　荀子的意思是，如果像孟子所說，人天生有「四端之心」根植於人，那麼人便有了自信，能夠在自我主體內修養，順著孟子所謂：「心之官則思，思則得之，不思則不得也。此天之所與我者，先立乎其大者，則其小者不能奪也。」（〈告子上〉）[2]忽略外「學」於「禮」的工夫，而陷入了「思而不學」（〈為政〉）[3]的困境當中。[4]這也就忽視

1　〔魏〕何晏注，〔宋〕邢昺疏：《論語注疏》（臺北市：藝文印書館阮元校勘十三經注疏本，2013年），頁180。
2　〔漢〕趙岐注，〔宋〕孫奭疏：《孟子注疏》（臺北市：藝文印書館阮元校勘十三經注疏本，2013年），頁204。
3　〔魏〕何晏注，〔宋〕邢昺疏：《論語注疏》，頁18。
4　正如蔡錦昌所說：「孟子的『性』論重點則是『在天性之內就有辦法』」，是以必然是向內求的思維與工夫。見蔡錦昌：《拿捏分寸的思考：荀子與古代思想新論》（臺北市：唐山出版社，1996年），頁136。

了孔子從其經驗歸結出的工夫理路:「吾嘗終日不食,終夜不寢,以思,無益,不如學也。」(〈衛靈公〉)[5]這也是荀子自覺承繼孔子之「正道」,有感而發之體會——「吾嘗終日而思矣,不如須臾之所學也。」(〈勸學〉)[6]

思而不學的問題在於,會使人陷入養其四端之心的困境當中。因為就孟子而言,其思維即是「養其小者為小人,養其大者為大人。」(〈告子上〉)[7]也就是順從自己的「四端之心」,那麼就可以讓「善性」源源不絕地流露出來。孟子認為人可以靠著自身的覺知成為「大人」,但對於從現實而論人性的荀子而言,「四端之心」只是個虛空的假設;如果現實意義上的「生物人」是沒有「四端之心」的,那麼思孟鼓動人去相信自己,那將會使人越養越墮落而使社會秩序崩解。

正因為荀子從現實上觀察,了解到「去君上之埶,無禮義之化,去法正之治,無刑罰之禁,倚而觀天下民人之相與也。」(〈性惡〉)[8]由此得出「人之生固小人」(〈榮辱〉)[9]的現實——人天生只是沒有仁義禮智四端的生物性意義的人,是以孟子的「道德人」假設是不成立的。

那麼,為什麼荀子如此批判思、孟,非要將孟子作為他者進行批判、轉化與回歸,正在於孟子的理論會讓固「無禮義,不知禮義」(〈性惡〉)[10]的「人」誤以為自己有「四端之心」,而順從己「心」,以為可藉此萌發為孟子所說的「大人」。雖然荀子並不否認「心」有

---

5 〔魏〕何晏注,〔宋〕邢昺疏:《論語注疏》,頁140。

6 〔清〕王先謙撰,沈嘯寰、王星賢點校:《荀子集解》(北京市:中華書局,2010年),頁4。

7 〔漢〕趙岐注,〔宋〕孫奭疏:《孟子注疏》,頁203。

8 〔清〕王先謙撰,沈嘯寰、王星賢點校:《荀子集解》,頁440。

9 〔清〕王先謙撰,沈嘯寰、王星賢點校:《荀子集解》,頁64。

10 〔清〕王先謙撰,沈嘯寰、王星賢點校:《荀子集解》,頁439。

道德判斷能力以及控制感官欲望的主導地位，正如其在〈解蔽〉中所說：「心者，形之君也，而神明之主也，出令而無所受令。自禁也，自使也，自奪也，自取也，自行也，自止也。」[11]相對於「耳目鼻口形能各有接而不相能也，夫是之謂天官」的耳目口鼻之感官；「心居中虛以治五官，夫是之謂天君」（〈天論〉）[12]之「心」，的確有其優越性與特殊性。

　　這樣的論述的確與孟子的「道德心」有其相似性，但這必須是在透過「虛壹而靜」的修養工夫，透過感官接收外在訊息──包括禮義規範，進而整合後的結果。[13]然而，現實中的人在未經道德教化前，其心僅為「欲望心」，是感官欲望的一環，此正如荀子不只一次提到關於「心」作為「天官」的面向，他說：

若夫目好色，耳好聽，口好味，心好利，骨體膚理好愉佚，是皆生於人之情性者也，感而自然，不待事而後生之者也。（〈性惡〉）[14]

形體好佚而安重閒靜莫愉焉，心好利而穀祿莫厚焉。（〈王霸〉）[15]

那麼，此「欲望心」是具有好逸惡勞、貪求利益的特質，這樣的「心」是不具有道德內涵的，是以荀子才會說「性無禮義」（〈性

11　〔清〕王先謙撰，沈嘯寰、王星賢點校：《荀子集解》，頁397-398。
12　〔清〕王先謙撰，沈嘯寰、王星賢點校：《荀子集解》，頁309。
13　參曾暐傑：〈「虛壹而靜」只是認知工夫？──由「虛壹而靜」論荀子作為「天君」之「心」的修養進路〉，《當代儒學研究》第16期（2014年6月），頁183-204。
14　〔清〕王先謙撰，沈嘯寰、王星賢點校：《荀子集解》，頁437-438。
15　〔清〕王先謙撰，沈嘯寰、王星賢點校：《荀子集解》，頁217。

惡〉）[16]，否定了孟子的「道德心」——亦即固有仁、義、禮、智之道德意識。

那麼，由此可以設想：假使有著「欲望心」的存有（being）順著孟子的「養心」工夫，相信自己天生有著「道德心」，因此相信自己所謂的「大體」；但是在還未有禮義內化的「心」，其實也是「不知禮義」的「小體」。那麼所謂的「養心」對「經濟人」而言，其實就是「養欲」——讓好利的「欲望心」與好聲色的「欲望形軀」連成一氣，越養越沉淪、愈養愈墮落，也就形成荀子所推論的情境：「從人之性，順人之情，必出於爭奪，合於犯分亂理而歸於暴。」（〈性惡〉）[17]

這也是為何荀子必然要將孟子視為他者進行批判與轉化，正在於其「性善論」架空了「禮」的重要性，忽略了「必將有師法之化，禮義之道，然後出於辭讓，合於文理，而歸於治」（〈性惡〉）[18]的事實；無視「無禮何以正身？」（〈脩身〉）[19]的現實。不僅如此，還會讓沒有判別能力的賤儒，自以為在修身、踐儒門正道，事實上卻是在養欲、行邪說姦言；此欺愚之罪更甚於儒門之外的他者，不僅只是「蔽於一曲」，而是根本上的錯誤——儒門之外的他者僅是修養工夫進路上選擇的不同，以及選擇關注世界的層次不一。

但思孟學派是在根本上，對於「存有」（being）的建構，完全想像出一套不符合現實的理論系統。[20]這也是為何荀子必然要強調「性

---

16 〔清〕王先謙撰，沈嘯寰、王星賢點校：《荀子集解》，頁439。

17 〔清〕王先謙撰，沈嘯寰、王星賢點校：《荀子集解》，頁434-435。

18 〔清〕王先謙撰，沈嘯寰、王星賢點校：《荀子集解》，頁435。

19 〔清〕王先謙撰，沈嘯寰、王星賢點校：《荀子集解》，頁33。

20 正如路德斌所指出，孟子擅自改易了當時約定俗成「性」的定義，這對於強調名實問題的荀子，這是非常嚴重的問題。因為孟子對於「性」的用法，建構了「不存在的性善存有」，這在根本上忽視了現實「存有」的真實樣態；使其所描述的「道德

惡」，與孟子的「性善」針鋒相對，將孟子作為首要的他者進行批判、轉化與回歸。而「性惡論」之所以必須被重視，即在此是荀子將孟子視為他者進行批判、轉化與回歸的始點，也是荀子超越性回歸孔學，建構「倫理經濟學」的必要進路。

職是之故，荀子政治理論的建構，也必須由最基礎的「人」來考察，即對於自然人不同的設定與預設，就會得出不一樣的政治論述；同樣的，什麼樣的君王才能夠達到治亂的效果，也與孟荀因著「性善」與「性惡」開展出來的「求放心」與「勸為學」的修養進路之不同，而對君王有著不一樣的期待與要求。

本章即由經濟作為基礎與始點，論述荀子「倫理經濟學」中的政治開展──「政治經濟學」。所謂的「政治經濟學」（Political economy），即如李嘉圖所說：其「首要問題就是如何決定一些法則以管理國民所得的分配。」[21]亦即這是一個從社會群體中去解決個體間的衝突，企圖透過資源的分配以滿足人的欲望與解決人的生存需求為始點的體系。此一思考的起點即是〈禮論〉開篇所言：

人」與現實世界中「經濟人」名實不符，這會造成「存有」對自我認識的錯亂，而做出錯誤的選擇與不當的修養進路。當然，不是不能談作為「道德人」的理想，但那必須就「應然」（ought）而論，不能遽將「應然」當作「實然」（is）。荀子並非不談「道德人」，但他把「道德人」作為「應然」，並將此「應然」建立在「經濟人」的「實然」之上。孟子的「性善論」對荀子而言，就好比一個沒有解剖經驗的人，告訴別人他覺得心臟在腦部、肺臟在腳部，描述了一個與真實的身體不同的系統，那是個「想像的身體」，而不是「真實身體」。一旦這樣的言論被人採信了，那麼一切的醫療程序將會依照這個「想像的身體」而進行，那為「想像的身體」所制定的醫療程序是救命良方，但對於「真實的身體」卻是致命的途徑。這也就是為何荀子如此在意孟子在儒門之內大談「性善論」的關鍵。參路德斌：《荀子與儒家哲學》（濟南市：齊魯書社，2010年），頁126。

21 參David Ricardo, *On the Principles of Political Economy and Taxation.* Cambridge: Cambridge University Press,1917, p. 5.

> 禮起於何也？曰：人生而有欲，欲而不得，則不能無求；求而
> 無度量分界，則不能不爭；爭則亂，亂則窮。先王惡其亂也，
> 故制禮義以分之，以養人之欲，給人之求，使欲必不窮乎物，
> 物必不屈於欲。[22]

也就是說，荀子從現實社會中，透過對「經濟人」的互動與衝突之觀察，以作為統治者政治理論的方針。亦即透過現實考察可以發現，社會秩序所以混亂，出自於人民間的互相爭鬥；而人之所以會相互爭奪，出自於對於欲望的追求。然而欲望的追求並非造成爭亂的關鍵，關鍵在於資源稀少而有限的情境中，每個個體無限的欲望得不到滿足，便須要透過爭鬥來取得資源──因為共有的社會資源對每個個體來說是個零和賽局（zero-sum game），此一個體多取得一分資源，彼一個體就少一分資源，反之亦然。

　　是以可以了解到，對荀子而言，「政治」所強調的即是如何達到治亂的效果與正理平治的結果；而要達到此一政治效果，關鍵即在於「經濟」──如何透過合理的資源分配，使每個個體的欲望與需求得到滿足。是以可以說，荀子的政治理論是一「政治經濟學」──建基於「經濟人」與經濟行為的治國方針。是以可以說，荀子的政治論是從資源分配與滿足需求談起，〈天論〉中的一段話頗能作為其「政治經濟學」的綱領：[23]

> 天職既立，天功既成，形具而神生，好惡、喜怒、哀樂臧焉，
> 夫是之謂天情。耳目鼻口形能，各有接而不相能也，夫是之謂

---

22 〔清〕王先謙撰，沈嘯寰、王星賢點校：《荀子集解》，頁346。

23 將〈天論〉此段文字作為荀子「政治經濟學」之綱領，茲受到臺大中文系伍振勳教授的建議與啟發，特此感謝與說明。

天官。心居中虛以治五官，夫是之謂天君。財非其類，以養其
類，夫是之謂天養。順其類者謂之福，逆其類者謂之禍，夫是
之謂天政。[24]

所謂的「天情」與「天官」，正是「經濟人」普遍而共有的感官欲望，
這裡的「天」正顯示出自然如此、天生而有的意涵；此正如伍振勳所
說，〈天論〉的文字透露出「人有相同的知覺和情感。」[25]如此也就可
以了解到，荀子政治學上所治的對象是就「經濟人」的情性欲望之普
遍性而論，而與孟子將能治與所治皆視為「道德人」的系統不同。

　　而「天養」則指出，透過自然的資源：包括各種人類以外的生物
與能源，去滿足「經濟人」的需求與欲望。而統治者如果能夠掌握此
其所治之人民作為「經濟人」的需求，並以適當的方式與資源去生養
之，使每個個體都能需求其需求、欲望其欲望，那麼就能夠達到正理
平治的效果，此即荀子所謂的「天政」——一個協調人的自然情性欲
望為基礎所建構起的政治體系。

　　而統治者要能夠施行「天政」，關鍵即在於透過能夠「知道」的
「天君」之心去理解與疏通「天情」、「天官」與「天養」；此一能知與
思考的可能，也正是人「和其他物類的知覺和情感在能力程度上是有
別的」[26]關鍵。正如伍振勳所說，荀子〈天論〉的重點在於「知天」，
也就是知道如何透過「天政」去疏通「天情」與「天官」，進而實行
「天養」——那正是荀子思想中「天生人成」的核心思維。[27]亦即

24　〔清〕王先謙撰，沈嘯寰、王星賢點校：《荀子集解》，頁309-310。

25　伍振勳：〈荀子「天論」的旨趣：「知天」論述的主題〉，《臺大中文學報》第46期
　　（2014年9月），頁8。

26　伍振勳：〈荀子「天論」的旨趣：「知天」論述的主題〉，頁8。

27　參伍振勳：〈荀子「天論」的旨趣：「知天」論述的主題〉，頁67-80。

「知天」不是科學地去獲取天地自然萬物所以然的知識，而是知「經濟人」自然而然的本能與情性、知「經濟人」如何在天地之間以「非其類」養其身，使天地萬物需求人之需求、欲望人之欲望，達到天地人和諧的境界。是以伍振勳認為，「知天」是最高的政治智慧[28]──而這樣的政治智慧，將之體系化的表達，即是本書所謂「政治經濟學」的內涵與意義。

最後必須再次強調的是，本書所謂荀子的「政治經濟學」亦非當代數據化、效率極大化的古典經濟學派下的分支；而是傾向於「激進政治經濟學」（Radical political economy）──將價值引入政治經濟學的討論當中，不只關注分配的效率，更關切社會正義（social justice）；更企圖整合政治、社會、歷史、文學、文化人類學與哲學等多元脈絡，以開展「政治經濟學」人文價值。[29]

這樣的思路在經濟學科顯得「激進」──因為數理化的經濟學是不談道德與價值問題的；但是這樣的進路在荀子、在儒家、在人文領域，卻是理所當然。可以說荀子的「政治經濟學」所體現的就是當代「激進政治經濟學」的一脈，當代政治經濟學學者在無意識中走向了荀子與儒家的「政治經濟學」脈絡。

第一節　在封建之後：荀子政治理論的背景

對於荀子政治理論的建構，首先可以從一個關鍵點來探尋──即孟荀對於「人」的觀察與定義上的不同。而此一明顯而關鍵的差異來自於其不同的時代背景與體悟，進而影響了二者的政治理論之開展。而荀子的「倫理經濟學」之開展的重點可以從兩個方面來把握：其

---

28 伍振勳：〈荀子「天論」的旨趣：「知天」論述的主題〉，頁30。
29 參高安邦：《政治經濟學》（臺北市：五南圖書出版公司，2002年），頁1-12。

一，是「群體倫理」的而非「主體道德」的──其所開展的政治秩
序，強調的是個體與個體之間所組成的群體脈絡，無論是社會或國家
層次，皆在群體中論述其意義與價值；與孟學強調從作為道德主體修
養的道德層次為始點不同。其二，是「經濟學」進路而非「形上學」
進路的──是即其理論的出發點是從人性需求與資源分配的基礎來論
述個體間正義的可能性，並由此來建構政治秩序；此不同於孟學強調
透過主體的形上道德價值的發顯與外推，企圖透過形上價值貫通人倫
與政治。是以，要了解「倫理經濟學」的政治層次，必須由經濟制度
與社會型態著手。

一　開展新秩序的企求：以私田制度下經濟人為基礎的荀子政治論

　　荀子身處戰國時代末年，相對於孟子所處的戰國初年，社會更加
動盪而不安，禮崩樂壞已到了不可挽救的地步，各國之間兼併攻伐，
毫無秩序可言。[30]在這樣的情況下，一方面由於冶鐵工業與農業技術
的提升[31]；另一方面人口卻也隨之增加，造成人口壓力的提升。[32]在
兵荒馬亂之下，便造成了資源稀少性的問題更加迫切[33]，加強了人與

---

30 參蕭公權：《中國政治思想史》（臺北市：聯經出版事業公司，1982年），頁243。

31 參張純、王曉波：《韓非思想的歷史研究》（臺北市：聯經出版事業公司，1983年），頁2-9。

32 據人口經濟學家馬爾薩斯（Thomas R. Malthus, 1766-1834）的研究，人口的成長會以等比級數（geometric progression）成長，而資源僅會以等差級數（arithmetic progression）增長，是以資源成長的速率永遠低於人口成長，造成世界資源處於不足的狀態。參Thomas Malthus, *An Essay on the Principle of Population.* New York: Oxford University Press, 1933, p. 6.

33 此時的農業生產與生存資源因處於高度戰爭狀態，因而趨向嚴重不足的情況，與孔子時代所謂「不患寡而患不均」（《季氏》）的社會經濟之情境已不可同日而語，這

人之間、國與國之間對於生存資源的搶奪與征伐的競爭意識。

　　另一方面在封建制度的崩壞下，中國的經濟制度有了重大的改變──從周代封建制度下的「普天之下，莫非王土」[34]的井田制度[35]，轉變為「除井田，民得賣買」[36]的私有田制。也就是說中國的私有財產權（Property Rights）在此萌發，個人得以透過土地等私有財，主張該客體資產的擁有權及禁止他人進用的權利（right）──由此獲得該資產所產生的一切「效益流」（benefit stream）與「收入流」（income stream）。[37]

　　在此資源稀少性的狀態與私有財產制形成的加乘效應，使得個人主體（subject）之間有了爭奪生存資源的企圖心與意志。是以荀子在此情境中，其所觀察到人性是：

> 今人之性，生而有好利焉，順是，故爭奪生而辭讓亡焉；生而有疾惡焉，順是，故殘賊生而忠信亡焉；生而有耳目之欲，有好聲色焉，順是，故淫亂生而禮義文理亡焉。然則從人之性，

也是荀子在儒學內部被迫理論轉向的關鍵因素之一。相關引文見〔魏〕何晏注，〔宋〕邢昺疏：《論語注疏》（臺北市：藝文印書館阮元校勘十三經注疏本，2013年），頁146。

34 〔晉〕杜預注，〔唐〕孔穎達疏：《春秋左傳注疏》（臺北市：藝文印書館阮元校勘十三經注疏本，2013年），頁759。

35 亦即孟子所稱許：「方里而井，井九百畝，其中為公田。八家皆私百畝，同養公田」（〈滕文公上〉）的封建建置。此處亦讓人了解到，處於戰國中期的孟子仍舊未放棄恢復封建的思維，企圖恢復西周舊秩序；這與荀子順應封建消亡的趨勢，企圖建立新秩序的學說進路是不同的。見〔漢〕趙岐注，〔宋〕孫奭疏：《孟子注疏》（臺北市：藝文印書館阮元校勘十三經注疏本，2013年），頁92；參蕭公權：《中國政治思想史》，頁243。

36 語出〔漢〕班固撰，〔唐〕顏師古注：《新校漢書集注・食貨志上》第2冊（臺北市：世界書局，1972年），頁1137。

37 參高安邦：《政治經濟學》，頁31。

順人之情，必出於爭奪，合於犯分亂理而歸於暴。(〈性惡〉)[38]

由此可知，荀子所定義的「人」，是從「需求」(requirement) 的角度來開展，也就是凸顯出以理性 (rational) 與自利 (self-interested) 為導向的「經濟人」(economic man)。[39]是以荀子點出人天生就有「好利」、「疾惡」與「聲色」的本能與衝動；而在資源有限的狀況下，人必然會順著自然的情欲導向「爭奪」、「犯分亂理」而「歸於暴」的結果。

二　回歸舊封建的想望：以宗法制度下道德人為需求的孟子政治論

荀子這樣的思維顯然是與孟子的人性論建構站在不同的基礎之上的。孟子身處戰國中期，仍然心繫封建禮教，企圖回歸固有的封建規制。而封建系統建立在「尊尊而親親」(〈地理志下〉)[40]的親族血緣概念之上，是以必須要特別強調「仁義禮智」的內在道德元素，才能支撐起宗族社會間的和諧與穩定。正因為宗法制度依靠著以血親為核心向外開展出去的親密關係來維繫，所以透過尊尊親親這樣的道德式權威，使社會上每個人都能安處於分位[41]；透過立嫡立長與階層制度

38　〔清〕王先謙撰，沈嘯寰、王星賢點校：《荀子集解》，頁434-435。

39　參溫明忠：《經濟學原理》(臺北市：前程文化事業公司，2013年)，頁10；高希均、林祖嘉：《經濟學的世界：中篇──個體經濟理論導引》(臺北市：天下文化出版公司，1997年)，頁5；熊秉元：《正義的成本：當法律遇上經濟學》(北京市：東方出版社，2014年)，頁63。

40　〔漢〕班固撰，〔唐〕顏師古注：《新校漢書集注》第2冊，頁1662。

41　依據黃光國所劃分，人與人之間基本上可以區分為三層關係：情感性關係、混合性關係與工具性關係。而不同層次的關係會以不同的法則來維繫，亦即需求法則、人

（Hierarchical System）的確立，使人無可爭；無可爭也就無所爭，自然形成較為安定的社會關係。[42]

但是當這一套封建制度與宗法系統隨著時間將血緣逐漸稀釋，使階層越趨龐雜，以血緣情感為基礎的向心力消逝；在宗法制度下以同心圓向外安置的的「超穩定結構」[43]，便產生了宗族的離心力──血緣淡薄後立長立嫡與尊尊親親的禮教規範就沒有其情感上的約束力，統治制度也就逐漸衰落，從尊親變為尊賢[44]──正因為這樣穩定的宗法結構在先天上有其「脆性」，一旦經濟結構、政治結構與意識形態三者任何一端偏離，便會瓦解而失控。[45]

是以，嚮往回歸封建宗法制度的孟子，就必須要替這套封建制度尋找一個理論基礎──形上的道德根源。是其言：「人之有是四端也，猶其有四體也。」人人皆有天生的仁義禮智四端──亦即「惻隱之心」、「羞惡之心」、「辭讓之心」與「是非之心」（〈公孫丑上〉）[46]這樣的論述從現實層面來看，即是要告訴人們：每個人天生都「應該」

情法則與公平法則。封建時期所形成的穩定結構基本上須依附於血緣，也就是靠著需求法則與人情法則的綜合所建構出的社會制度。一旦血緣在傳遞中逐漸被稀釋，失去了親密關係，沒有需求法則與人情法則作基礎，而只剩下公平法則，那麼穩定的結構就會瓦解，產生爭亂。也就是說，封建時代能夠不爭，那是親屬間的認同感與包容性所構成；這種親密情感消逝了，也就沒有不爭的動機與理由。關於三層關係請參黃光國：《儒家思想與東亞現代化》（臺北市：巨流圖書公司，1988年），頁174-175。

42 參楊向奎：《宗周社會與禮樂文明》（北京市：人民出版社，2002年），頁158。

43 所謂中國封建制度的「超穩定結構」是金觀濤所提出，他指出封建社會在穩定時期，自然有其穩固作用，但也易於瓦解；不過在中國歷史上，每一次的瓦解似乎都能夠靠著社會震盪再回到封建制度的穩定性之中。參金觀濤、劉青峰：《興盛與危機：論中國社會超穩定結構》（香港：香港中文大學出版社，1992年），頁196-197。

44 參楊向奎：《宗周社會與禮樂文明》，頁158。

45 參金觀濤、劉青峰：《興盛與危機：論中國社會超穩定結構》，頁49。

46 〔漢〕趙岐注，〔宋〕孫奭疏：《孟子注疏》，頁66。

有著同理心，不會為了自己的生存利益而傷害或搶奪他者；每個人天生都「應該」有著辭讓的心，不要為了繼承的資格與名利所迷惑而去爭奪；也因此人人心中都應該有一把是非對錯的尺，也就是所謂的「良知」與「良能」（〈盡心上〉）[47]。

「良知」與「良能」的論述，在以血緣濃度為基礎的宗法封建制度底下，是較容易闡發與實踐的；因為在西周初期，人與人之間都有或多或少的親屬關係，那是一種自然生物性的凝聚力——當存有面對的他者不是陌生的他者，而是血親或姻親的他者，通常不須要外在動力去驅策，便能夠去愛他者，因為那是長幼之親、手足之情的自然萌發。

但西周中期以後，當血緣稀釋到存有面對的他者都如同陌生的他者時，這樣的自覺愛人情感就不容易推展與實踐了。孟子為了彌補這個血緣稀釋下造成的封建體制缺口，便特別凸出四端的自覺，期望存有皆能帶著仁義禮智之心去面對他者，目的便是回歸封建秩序；然而，在無有血緣基礎的社會群體中，血親濃度無法回復西周初年的狀態，宗法制度自然也無法重建，這樣的理論在實踐上便顯得窒礙難行。

三　轉向新政治的需求：以道德系譜消解神聖性的荀子政治新趨向

如果從「道德系譜學」（Genealogy of Morals）[48]的理路來看，這樣將「仁義禮智」提高到先驗的道德進路，通常在於統治階級權力的

47　〔漢〕趙岐注，〔宋〕孫奭疏：《孟子注疏》，頁232。
48　「道德系譜學」為德國哲學家尼采所提出，是探討道德的起源之學問。參〔德〕尼采（Friedrich Nietzsche）著，趙千帆譯：《論道德的系譜：一本論戰著作》（新北市：大家出版社，2017年），頁61-69。

瓦解時所提出來，在這個時候會特別凸出自我主義與利他主義的二分，並將這種利他主義視為一種美德——更尖銳地說，是「無所報復的無力，被謊稱為『好意』」、是「膽怯的卑微，被謊稱為『謙恭』」，讓無所爭的軟弱者被賦予容忍——「辭讓之心」的美德之尊稱。[49]

亦即在孟子的思維裡，封建制度所帶來的美好與安定，應該要建立在尊尊親親這樣的仁義禮智的道德規範之上；然而現實上就是如荀子觀察到的——人普遍顯露出「理性」的人性：「饑而欲飽，寒而欲暖，勞而欲休」（〈性惡〉）[50]，而非道德的行為。是以他必須透過鼓勵人們不爭、鼓勵人們辭讓、鼓勵人們包容而服從，並且告訴人們，這是天生就有的德性，就像人天生就有四肢一樣；而現實中之所以禮崩樂壞、宗法制度瓦解，都是因為四端之心放失了，是人們「有放心，而不知求」（〈告子上〉）[51]才造成這樣的結果。

故以孟學的觀點來說：「今人之性善，將皆失喪其性故也。」（〈性惡〉）[52]亦即人人都喪失了本來的惻隱、羞惡、辭讓與是非的本心本性。但孟子這樣的進路其實是將封建制度下所建立的禮法制度——社會性範疇的仁義禮智混淆為固有的本性，進而創造了一種先驗的人性論。[53]從道德系譜學而論，即是在於統治者的沒落時，將這些有利於統治者的行為——「無能」、「懦弱」與「屈從」——神聖化而賦予「仁慈」、「謙遜」與「辭讓」的形上道德價值。[54]

---

49 參〔德〕尼采（Friedrich Nietzsche）著，趙千帆譯：《論道德的系譜：一本論戰著作》，頁91。

50 〔清〕王先謙撰，沈嘯寰、王星賢點校：《荀子集解》，頁 436。

51 〔漢〕趙岐注，〔宋〕孫奭疏：《孟子注疏》，頁202。

52 〔清〕王先謙撰，沈嘯寰、王星賢點校：《荀子集解》，頁436。

53 參王鈞林：《中國儒學史》第一卷（廣州市：廣州教育出版社，1997年），頁208。

54 當然，這裡並不是說孟子的道德形上學是出於機心的算計，或是替貴族君王建立一套宰制人民的學說。此處只是就道德發生學的角度去思考，在什麼樣的情況下會形成孟學這樣的哲學體系。然而，孟子所建構的學說動機，的確是出於純粹道德的，

是以，荀子從現實情況上反駁孟子「失喪其性」的論點，他說：
「今人之性，生而離其樸，離其資，必失而喪之。用此觀之，然則人
之性惡明矣。」（〈性惡〉）[55]亦即，如果四端真的是人的本性，又怎麼
會在一出生的時候就喪失了呢？這麼容易失去的，根本不能稱之為
「性」，「饑而欲飽，寒而欲暖，勞而欲休」這樣生存的本能才可以稱
做「性」。

因為「人性」必須作為對存有而言有最強烈驅動力才能稱之，而
存有的欲望與需求顯然對於人而言有著第一序的影響力，是絕對壓制
所謂的仁義禮智之道德情感的。試想存有即便在有血親的關係中，猶
有奪嫡弒親、手足相殘之情境——這是存有生存需求的本能，一旦當
不弒親相殘便威脅到自我生存的保證與需求的滿足時，這樣的暴戾之
性便會萌生；雖然血親的凝聚力也是生物性的本能，但當兩者相衝突
時，顯然血親凝聚力便成為性中第二序，為生存需求之本能所霸凌，
由此可知作為第一序的生存需求才是定義「人性」的關鍵。那麼，如
果在血親關係中猶無法實踐四端，又怎麼能夠期待在西周中期以降，
面對全然陌生的他者時，透過性善之說、四端之心去建置政治道德學
而達到治亂的目的呢？

只是他誤將後天社會化與教化後內化的道德感當作先天的良知；只是在建構道德
體系時，那是一種無意識（unconscious）的自我認同與思辨。然而，這樣的思想系
統如果追溯根源並推演到極端，的確可以徹底為統治者所利用。如孟子提倡悖反人
性的「舍生而取義」（〈告子上〉），就極利於封建宗法制度對統治者的效忠。關於這
個孟學的潛在內涵或許可以透過蔣介石（1887-1975）及其政權與陽明學的關係來
思考。見〔漢〕趙岐注，〔宋〕孫奭疏：《孟子注疏》，頁201；參〔德〕尼采
（Friedrich Nietzsche）著，趙千帆譯：《論道德的系譜：一本論戰著作》，頁61-64、
91。

55 〔清〕王先謙撰，沈嘯寰、王星賢點校：《荀子集解》，頁436。

第二節　在孟子之後：荀子政治理論的轉向

　　假使從孟子性善論的重德哲學而論——也就是形上學的進路，荀子強調聖王與禮法的學說，相較之下的確容易如勞思光（1927-2012）將其斥為「權威主義」。[56]又如徐復觀（1904-1982）與唐君毅（1909-1978），皆特別批評荀子由性惡論推導出重禮義與師法的論述，與孟子心性哲學相比之下，缺少了超越性意義的心性系統，是以荀學偏離了儒家正統的思維。[57]而牟宗三（1909-1995）以其「道德的形上學」（Moral Metaphysics）[58]系統檢視荀子，是以認為荀子的學說特順孔子的外王系統，是以「本原不足」，缺少道德內在根源，「不可不予以疏導而貫之于孔孟。」[59]

　　這樣的批判都是從孟學——「人之有四端也，猶其有四體也」（〈公孫丑上〉）與「盡其心者，知其性也。知其性，則知天矣」（〈盡心上〉）[60]——的形上學系統來檢視荀學。這樣的思維模式在於認為，人必然要有形上的道德根源，才能保證人有為善的可能，否則在「哲學」上是不能成立的。[61]

　　然而，這種形上學式的追求，並非「哲學」的唯一進路，更非唯一「真理」（TRUTH）。新實用主義（Neo-Pragmatism）哲學家羅蒂

56　參勞思光：《新編中國哲學史（一）》，頁316。

57　參徐復觀：《中國人性論史·先秦篇》（臺北市：臺灣商務印書館，2007年），頁238、247；唐君毅：《中國哲學原論·原道篇》（臺北市：臺灣學生書局，2004年），頁75、444。

58　參牟宗三：《中國哲學十九講：中國哲學之簡述及其所涵蘊之問題》（臺北市：臺灣學生書局，1983年），頁76-77。

59　參牟宗三：《名家與荀子》（臺北市：臺灣學生書局，2006年），頁203。

60　〔漢〕趙岐注，〔宋〕孫奭疏：《孟子注疏》，頁66、228。

61　參曾暐傑：《打破性善的誘惑——重探荀子性惡論的意義與價值》（新北市：花木蘭文化事業公司，2014年），頁25-28。

（Richard Rorty, 1931-2007）即認為，後哲學文化（Post-Philosophical Culture）要克服人們以為人生最重要的東西就是建立與那些非人類的東西——像是上帝、柏拉圖式的善、黑格爾的絕對精神或康德的道德律——的聯繫。[62]

是以在多元價值開展的當代儒學研究中，更不須要執著於儒家的「孔孟道統」[63]，也不該將孟學式的形上哲學視為絕對真理——那只是儒學的一種型態，並非理所當然——而應該要以建構儒學的「花園風景（landscape）」[64]的態度去面對荀子研究，跳出形上學的意識形態，重新建構與定義荀學的政治系統及類型。

一　反思：孟子「政治道德學」的問題與批判

在企圖跳出孟學式形上學的脈絡中，不妨先以荀學角度去反思孟學在政治思想上可能的開展，如此便能夠理解由孟到荀的政治轉向。當然這樣的批判是建立在企圖開展多元儒學價值下的批判性反思，而非根本上否定孟子政治哲學的價值。以下茲從荀學的角度進行反思與批判。

（一）失靈的四端：未回應時代趨勢的政治道德

首先可以思考為何荀子會發展出與孟學不同的「哲學」型態？亦即為什麼荀子要特別強調「禮法」對於家國秩序的重要性，而將禮法

---

62 參〔美〕羅蒂（Richard Rorty）著，黃勇編譯：《後哲學文化》（上海市：上海譯文出版社，2004年），序頁8。

63 所謂的「孔孟道統」至少在唐代以前是不存在或者說不流行的。這樣的提法是唐宋以降孟子地位提升後而逐漸被「顯題化」。

64 參王晴佳：〈後現代主義與經典詮釋〉，收入黃俊傑編：《中國經典詮釋傳統（一）：通論篇》（臺北市：臺灣大學出版中心，2006年），頁132-134。

抬高到至為關鍵的地位？——所謂「禮義者，治之始也」（〈王制〉）；
「法者，治之端也」（〈君道〉）；「人之命在天，國之命在禮。」（〈天
論〉），[65]也就是荀卿刻意將制度化的「禮」作為秩序的保證，而不求
諸內在的道德價值。

　　這顯然是與孟子強調以內在道德與修養達到平治天下的「風行草
偃」[66]思維不同。孟子認為「堯舜之道，不以仁政，不能平治天下」
（〈離婁上〉）[67]；然而，所謂的「仁政」如何而可能呢？根據孟子在
〈公孫丑上〉所言：「先王有不忍人之心，斯有不忍人之政矣。以不
忍人之心，行不忍人之政，治天下可運之掌上」（〈公孫丑上〉）[68]，可
以知道「仁政」根源於「不忍人之心」。而所謂的不忍人之心正是
「四端」中的「惻隱之心」——「仁之端也」（〈公孫丑上〉）[69]，這就
是把天下治亂的關鍵訴諸人的內在道德根源了。而此一道德根源透過
統治者內在的萌發進而影響萬民，點燃四端之火、輸送四端之泉。

　　但是在現實中可以發現，孟子大聲疾呼世人「求其放心」（〈告子
上〉）[70]的修養進路，把社會秩序寄託在內在道德根源的學說顯然沒有
達到預期的效果。回顧歷史的發展，從春秋到戰國時期，封建制度逐
漸崩解，無論是國家綱紀、王室尊嚴或是君臣名分皆已崩壞；連年的
征戰與攻伐，造成國力枯竭、經濟蕭條、社會紊亂而民不聊生。[71]孟
子正是處在這樣的情境中去思索平治天下的可能，進而開展其四端之
說與仁政理想。

65　〔清〕王先謙撰，沈嘯寰、王星賢點校：《荀子集解》，頁163、230、291。
66　《孟子‧滕文公上》有言：「君子之德，風也；小人之德，草也。草上之風必
　　偃。」見〔漢〕趙岐注，〔宋〕孫奭疏：《孟子注疏》，頁89。
67　〔漢〕趙岐注，〔宋〕孫奭疏：《孟子注疏》，頁123。
68　〔漢〕趙岐注，〔宋〕孫奭疏：《孟子注疏》，頁65。
69　〔漢〕趙岐注，〔宋〕孫奭疏：《孟子注疏》，頁66。
70　〔漢〕趙岐注，〔宋〕孫奭疏：《孟子注疏》，頁202。
71　參馬國瑤：《荀子政治理論與實踐》（臺北市：文史哲出版社，1996年），頁4-6。

顯然到了戰國末年的荀子那裡，社會的亂象不但沒有緩解，反而更加混亂；無論是封建、宗法、井田等維持政治與社會秩序的種種皆徹底崩壞。[72]對於這樣的情境，荀子當然不可能再墨守孟子「仁心仁政」的思想體系，而必須有所批判與開展。正如史華慈（Benjamin I. Schwartz, 1916-1999）所說，先秦時期的思想家，無論是孟子還是荀子，皆有「秩序至上」的觀念；追求社會秩序的恢復與穩定是其共同的目標，而這樣的目標到了戰國末年更是具有急迫性。[73]此一急迫性凸顯了兩個重點：其一，從春秋到戰國、從戰國初期到戰國末期，社會秩序愈趨混亂與崩解；其二，孟子的學說思想並沒有起到作用與效果。[74]

（二）論證的迴圈：王何必曰利思維的內在矛盾

對於孟子「求放心」的修養進路及「仁心仁政」道德秩序追求的無效性（failure）反思，或許可以從《孟子》中的一段話來思考：「無恆產而有恆心者，惟士為能。若民，則無恆產，因無恆心。苟無恆心，放辟，邪侈，無不為已。」（〈梁惠王上〉）[75]由此可以見得，孟子觀察到了人民對於生存的基本需求的匱乏，而在如此匱乏的情境下，一切的仁義道德的推動都是枉然。這也就是馬斯洛（Abraham Maslow, 1908-1970）的「需求層次（Hierarchy of Needs）理論」所指出的：

---

72 參馬國瑤：《荀子政治理論與實踐》，頁5。

73 〔美〕史華慈（Benjamin I. Schwartz）著，程鋼譯：《古代中國的思想世界》（南京市：江蘇人民出版社，2004年），頁426。

74 當然說孟子的學說對當時社會秩序沒有造成影響，這並非否定孟學的價值，而是說在現實上，那個時代的君王與百姓皆沒有接受孟子的學說，也未能真正實踐其「求放心」的修養進路。今日研究孟子思想不僅應該討論其思想本身的價值，更應該思考為什麼這樣的思想未能真正在那個時代達到預期的效果──正如荀子在當時的情境下去反思與批判孟子學說一樣。

75 〔漢〕趙岐注，〔宋〕孫奭疏：《孟子注疏》，頁23。

唯有在生理需求（physiological needs）滿足了，人類才會進一步追求更高層次的自我實現需求（self-actualization needs）。[76]

是以，孟子也了解到，在「仰不足以事父母，俯不足以畜妻子，樂歲終身苦，凶年不免於死亡」的現實情境中，「奚暇治禮義哉？」（〈梁惠王上〉）[77]而孟子認為解決的辦法就是要求「明君制民之產」，使百姓皆「仰足以事父母，俯足以畜妻子，樂歲終身飽，凶年免於死亡」（〈梁惠王上〉）[78]，那麼百姓就可以很自然地接受君王的禮義教化，天下自然也就能夠正理平治。

孟子的想法的確點出了問題的關鍵所在——人民不能夠遵守禮義，自發地求其放失之心而讓四端之心顯發，正是因為他們最基本的物質需求沒有得到滿足；是以，今天只要解決了人民生存的基本需求，那麼禮義教化必然能夠順利開展，達到天下太平而使王者王天下。但是孟子的問題在於：民不聊生的艱困環境是個事實，統治者也了解到，只要解決民生需求，那麼仁義道德的追求也不過是水到渠成——但是，要怎麼樣解決當下民生凋敝的困境，孟子是沒有告訴君王的。

也就是說，孟子所謂「老者衣帛食肉，黎民不饑不寒」（〈梁惠王上〉）[79]的理想，同時也是大部分帝王所認可的；當時各國連年互相攻伐兼併、兵革不斷，造成國力的衰竭、經濟的蕭條、民生的困苦[80]，這也是每個君王亟欲解決的問題與困境，是以「何以利吾國」（〈梁惠

---

76 參莊耀嘉：《馬斯洛：人本心理學之父》（新北市：桂冠圖書公司，2004年），頁59-65。

77 〔漢〕趙岐注，〔宋〕孫奭疏：《孟子注疏》，頁24。

78 〔漢〕趙岐注，〔宋〕孫奭疏：《孟子注疏》，頁24。

79 〔漢〕趙岐注，〔宋〕孫奭疏：《孟子注疏》，第24頁。

80 參張其昀：《戰國史・前篇》，收入氏著：《中華五千年史》第六冊（臺北市：中國文化學院出版部，1980年），頁4-6。

王上〉）[81]可說是每位王者最為關注的問題，梁惠王（西元前400-前319年）也才會在見到孟子時即問：「叟不遠千里而來，亦將有以利吾國乎？」這正是要尋求如何能達到「老者衣帛食肉，黎民不饑不寒」這樣的要求，進而使自己王霸天下。然而，孟子卻回答說：「王何必曰利？亦有仁義而已矣。」（〈梁惠王上〉）[82]

　　孟子的思想體系在這個方面似乎有種循環論證的思維──他說人們沒有恆心是因為沒有恆產，亦即人不能顯發四端之心、實踐禮義是因為基本需求沒有被滿足；但是當人們問他那麼人的基本需求──「利」如何達成時，他卻又說「苟為後義而先利，不奪不饜。未有仁而遺其親者也，未有義而後其君者也。」（〈梁惠王上〉）[83]也就是說只要具有仁義這樣的品格，那麼人的利益與基本需求自然會被滿足。

（三）政治的道德：形上學作為秩序保證的空疏

　　當然，以「道德形上學」的體系來說，以道德根源來尋求一切善的可能，這是有其哲理上的必然性與純粹性，就如牟宗三所說，孟子如此「垂教則必點醒仁義之心，道性善，以立人極矣」[84]，將人身而為人的價值發揮到了極致；這如同劉又銘所說，孟學描繪出了一幅莊嚴而崇高的基本生命圖像。[85]

　　亦即孟子從人的道德內在根源去探求為善的可能性與必然性，是以其學說所關注的不在於外在的經驗論述與可操作性的事理講述，他要回到大本所在去梳理善的必然，而不願從現實中枝微末節處展開。

81　〔漢〕趙岐注，〔宋〕孫奭疏：《孟子注疏》，頁9。

82　〔漢〕趙岐注，〔宋〕孫奭疏：《孟子注疏》，頁9。

83　〔漢〕趙岐注，〔宋〕孫奭疏：《孟子注疏》，頁9。

84　牟宗三：《名家與荀子》，頁208。

85　參劉又銘：〈當代新荀學的基本理念〉，收入龐樸主編：《儒林》第四輯（濟南市：山東大學出版社，2008年），頁11。

故其言：「人之有是四端也，猶其有四體也。有是四端而自謂不能者，自賊者也；謂其君不能者，賊其君者也。」（〈公孫丑上〉）[86]可以看到，四端作為君王的本體，那麼君王就必然應該行仁政；而在行仁政的君王之下，同樣以四端作為本體的百姓也自然會為善。也就是說四端就是秩序的保證。

是以這種完全訴諸道德自覺的理論，充分展現出人格的崇高價值，就如孟子所言：「凡有四端於我者，知皆擴而充之矣，若火之始然，泉之始達。苟能充之，足以保四海；苟不充之，不足以事父母」（〈公孫丑上〉）[87]；這是何等的自信與飽滿！但就如前文所提到的，這在現實上會出現循環論證：「仰不足以事父母」，則「奚暇治禮義哉？」表示不滿足人類基本需求，那麼道德仁義就無法順利開展；但這裡卻反過來說「苟不充之，不足以事父母」，是說如果道德仁義沒有開展，那麼就不可能滿足人類基本需求。

或許可以把孟子這樣在政治上的主張定義為「政治的形上學」[88]——以四端，亦即道德的形上根源為君王與政治本體的系統；這樣的系統是在追求家國秩序中尋求秩序保證的形上根源，而不關注現實可操作性的學說。這樣的政治理論即是基於牟宗三所說「道德的形上學」而來——在「應當」（ought）中尋求存有（being）的合理性，把政治秩序的保證，上貫於應然的道德根源，亦即孟子所說：「盡其心者，知其性也。知其性，則知天矣。」（〈盡心上〉）[89]然而以

---

86 〔漢〕趙岐注，〔宋〕孫奭疏：《孟子注疏》，頁66。

87 〔漢〕趙岐注，〔宋〕孫奭疏：《孟子注疏》，頁66。

88 所謂「政治的形上學」（political metaphysics）並非基於董仲舒那種以宇宙中心論建構的道德體系，那是類似於康德的「道德底形上學」（metaphysics of morals）；是基於道德而建構的形上學——「道德的形上學」（moral metaphysics）。參牟宗三：《名家與荀子》，頁72-77。

89 〔漢〕趙岐注，〔宋〕孫奭疏：《孟子注疏》，頁228。

荀學角度從現實檢視之，這樣的政治理論建構顯然沒有必然性且顯得空疏。

二　解蔽：荀子「政治經濟學」的回應與開展

　　透過荀子與孟子對於「人」的理解與定義，可以了解到他們分別從「經濟人」與「道德人」（moral man）[90]的角度來思考。前者透過現實「經濟人」的概念，企圖以「化性而起偽」（〈性惡〉）[91]的方式，在禮崩樂壞後達至王霸的理想；後者則透過理想中「道德人」的概念，企圖從「求放心」的道德自覺進路，在封建崩壞後能夠再回歸宗法制度的現實。雖然荀子與孟子同樣的理論都是從「秩序至上」的觀念上建構起來——企圖恢復社會秩序，建立穩定的而富足的生活型態[92]；但對於現實主義的荀子與理想主義的孟子而言，在政治學說上的開展卻有著截然不同的進路。

（一）政治經濟學的建構：從經濟人的欲望與需求開展的荀子政治論

　　荀子從「經濟人」的角度來理解現實中的樣態，是以其政治理論離不開社會，亦即是人與人之間的關係。正如荀子所言：「禮起於何也？曰：人生而有欲，欲而不得，則不能無求。求而無度量分界，則不能不爭；爭則亂，亂則窮。」（〈禮論〉）[93]這裡的關鍵除了荀子看到

90　參熊秉元：《正義的成本：當法律遇上經濟學》，頁63。

91　〔清〕王先謙撰，沈嘯寰、王星賢點校：《荀子集解》，頁438。

92　〔美〕史華慈（Benjamin I. Schwartz）著，程鋼譯：《古代中國的思想世界》，頁426。

93　〔清〕王先謙撰，沈嘯寰、王星賢點校：《荀子集解》，頁346。

人的「欲望」本能，亦即人的生存「需求」外，更重要的是他點出了
因欲望爭奪的關鍵——「人生而有欲」不會有問題，重點是「欲而不
得」的時候，人與人之間便會開始爭奪，一旦爭奪社會國家秩序就開
始瓦解，進而讓治道窮盡，也使家國百姓皆陷入貧困。

　　但是，人為什麼要爭呢？正因為資源上的稀少性與不足，所以才
須要互相征伐；否則假使資源是無限的，又何須爭奪呢？正如單驥所
說，資源配置的問題是建立在「資源有限」和「人欲無窮」的前提之
上的；在無有資源與需求問題的哲學理型（idea）世界中是沒有經濟
學問題的。[94]也就是說，現實上政治制度中要考慮的是如何用有限
（scarce）的資源去滿足無窮盡的欲望（desire）？[95]

　　也就是說荀子既然是以「經濟人」作為其社會構成的核心，那麼
其理論便是從「經濟分配」（economic resource）的角度切入。而「經
濟人」之所以成立，正是在於其處於一個資源有限的社會中；一旦脫
離「社會」的概念，「經濟人」就沒有意義——因為他將不須要為了
獲取任何資源做出選擇（choice）與取捨（trade-offs），因為在沒有競
爭他者的場域中，資源理論上是無限的，選擇與機會成本（opportunity
cost）的計算對其而言是無意義的——沒有交換價值就沒有價值。[96]

　　是以，荀子的政治理論可以說是一種「政治經濟學」——討論權
力關係對於資源的生產、分配和消費的學科。[97]也就是說，荀子的政

94　參單驥：《天堂裡沒有經濟學》（臺北市：遠見天下文化出版公司，2014年），頁10。

95　參高希均、林祖嘉：《經濟學的世界：上篇——經濟觀念與現實問題》（臺北市：天
　　下文化出版公司，1997年），頁9。

96　這裡所謂的價值是指物質上的使用價值，而非形而上意義的價值。參張一兵：〈符
　　號之謎：物質存在的化蝶幻象〉，收入〔法〕鮑德里亞著，夏瑩譯：《符號政治經濟
　　學批判》（南京市：南京大學出版社，2015年），頁29。

97　參〔加〕莫斯可著，胡春陽、黃紅宇、姚建華譯：《傳播政治經濟學》（上海市：上
　　海譯文出版社，2013年），頁3。

治學說可說是建基在社會與經濟基礎之上的；故而他對於「人」的論述與其說是哲學概念上的人性探討，不如說是對於社會性中的主體之探討——因為這個世界不可能僅有一個「經濟人」存在的時刻；「經濟人」必定是複數的，是在社會之中的——因此，荀子討論的人性正是透過「群」的概念而論。

正如周熾成所說，與英文中的「society」一詞最接近的即是荀子「群」的概念，是以嚴復（1854-1921）即將「社會學」譯為「群學」。[98]這正體現出荀子理論中作為複數的「人」——社會性的概念之合理性。是以「群」的概念在《荀子》中有著重要的關鍵：荀子認為人之所以異於禽獸，其差別即在於「群」，他說：

> 人何以能群？曰：分。分何以能行？曰：義。故義以分則和，和則一，一則多力，多力則彊，彊則勝物；故宮室可得而居也。（〈王制〉）[99]

這裡所謂的「群」是「人能」而「禽獸」不能的，顯然不僅是群聚、群居的意思，而有更深刻的意涵。[100]而從能群的根據——「分」與「義」來看，可以了解到所謂的「群」正是透過「禮義之統」（〈不苟〉）[101]來達到各得其所、各安其位，透過相互合作而達到荀子所謂的善——「正理平治」（〈性惡〉）[102]的可能——因為一旦能夠有「群」有「分」則能解決「求而無度量分界，則不能不爭；爭則亂，

98　參周熾成：《荀韓人性論與社會歷史哲學》（廣州市：中山大學出版社，2009年），頁37。

99　〔清〕王先謙撰，沈嘯寰、王星賢點校：《荀子集解》，頁164。

100　參韋政通：《荀子與古代哲學》（臺北市：臺灣商務印書館，1992年），頁38。

101　〔清〕王先謙撰，沈嘯寰、王星賢點校：《荀子集解》，頁49。

102　〔清〕王先謙撰，沈嘯寰、王星賢點校：《荀子集解》，頁439。

亂則窮」的困境。

也就是說,「群」在荀子的思想中,不僅僅是人性構成的概念,亦是政治理論的核心──(1)作為名詞的「群」,就是現實中「經濟人」的存有,荀子也就此來凸顯出「人」的欲望及需求。(2)作為動詞的「群」,就是以「禮義之統」來整合與分配「經濟人」之間的利益衝突與資源配置的問題,並確認社會中人與人的等級分位,使其不致相互爭奪;亦即「群」是其社會政治理論中重要的一環。[103]

是以可以說,「禮義之統」作為政治理論的最高準則,其操作的方法即是「分」,而其目的在於「群」,是以其言:「推禮義之統,分是非之分,總天下之要,治海內之眾,若使一人,故操彌約而事彌大。」(〈不苟〉)[104]如此可知,「群」作為正理平治的手段與目標,可以達到最大的政治效用與效率(efficiency)。[105]

(二)政治道德學的批判:從道德人的理想與自覺開展的孟子政治論

荀子這樣的政治進路,顯然與孟子從道德的形上學角度來開展的

---

103 關於「群」與「禮義」的關係及其在政治上的運用可參馬國瑤:《荀子政治理論與實踐》(臺北市:文史哲出版社,1996年),頁102。

104 〔清〕王先謙撰,沈嘯寰、王星賢點校:《荀子集解》,頁49。

105 所謂的「效用」在經濟學上是指衡量滿足程度的指標;在倫理學上則是指行為結果獲得的幸福(happiness)指數。而荀子在其政治理論上,考慮到群體欲望的滿足,即是在以道德禮義為前提下,追求「效用」的提升──但未必是如效益主義(Utilitarianism)般進入「效益原則」(principle of utility)的思考模式,或是落入法家利益導向的思維方式。另一方面,荀子亦講求治亂的效率,是以其論述中多言「速」,如「其化人也速」(〈樂論〉)。從效益與效率的觀點來看,荀子的理論可以視為「政治經濟學」,而與孟子從道德純粹性來建立的政治理論是不同典範的。參吳聰敏:《經濟學原理》(臺北市:吳聰敏出版,2014年),頁58-59;林火旺:《倫理學》(臺北市:五南圖書出版公司,2004年),頁92-93;馬國瑤:《荀子政治理論與實踐》,頁102。

政治論述是不同的。荀子從「人」的群體性來建構其政治論，而孟子則從作為道德主體（moral subject）的「道德人」來思考。這之中關鍵的差別在於荀子從「群」的角度來建構人性論與政治論，也就預設了「個體的有限性」——彼此須要透過群體的合作、相互依賴，以面對環境與自然的挑戰。[106]而孟子作為理想主義者，則是看見人的「道德主體的無限性」。

所謂的「無限性」即是道德主體與形上道德天的貫通，是即孟子所謂「盡其心者，知其性也。知其性，則知天矣」（〈盡心上〉）[107]的天人合一；將人為善的可能訴諸人內在的形上根源；而人的形上根源又可上溯於宇宙存有，故在形上學的思維中，這是人為善的保證。[108]而這樣的形上概念，將人訴諸精神性的道德主體，這樣的主體已經是超越「肉身的」；正如孟子所說，其得以「盡心知性以事天」的道德主體是「殀壽不貳」（〈盡心上〉）[109]的——這顯然是一種超越生死的絕對精神主體，因為唯有無形的能夠不朽，作為有形的肉身是不可能「殀壽不貳」的。

雖然從「道德形上學」的視角而言——荀子篤實的氣質傾向，使其關注於處理時代的問題並就現實的人性與群體作為其學說的根基與開展——是使孟子心性天的價值根源完全失落，讓為善沒有必然性，是儒學內部錯誤的客觀化轉向[110]；但對荀子來說，孟子的「道德形上學」系統反倒才是沒有為善必然性。

106　參路德斌：〈道德之層階與孟、荀努力之方向——論儒家倫理學的兩種形態及其意義〉，收入康香閣、梁濤主編：《荀子思想研究》（北京市：人民出版社，2014年），頁335。

107　〔漢〕趙岐注，〔宋〕孫奭疏：《孟子注疏》，頁228。

108　參王邦雄：《中國哲學論集》（臺北市：臺灣學生書局，2004年），頁34。

109　〔漢〕趙岐注，〔宋〕孫奭疏：《孟子注疏》，頁228。

110　參王邦雄：《中國哲學論集》，頁34。

　　因為當孟子把治亂的關鍵都寄託在道德主體的「求其放心」與自覺地擴充四端良知；那麼當四端的水源與火苗就是無法萌發，那些道德主體在現實上確實無法「知皆擴而充之」(〈公孫丑上〉)[111]的時候又能怎麼樣呢？似乎也只能放任其主體墮落，而無另一道道德的防線了[112]——孟子自己不也說了：「自暴者，不可與有言也，自棄者，不可與有為也。」(〈離婁上〉)[113]自我放棄擴充四端者，是無法期待的。

　　也就是說，孟子因為作為理想主義者，他將為善的根源皆訴諸形上的根源，是以希望從無限的道德主體之自覺來達到治亂的可能，是以其言：「人皆有不忍人之心。先王有不忍人之心，斯有不忍人之政矣。以不忍人之心，行不忍人之政，治天下可運之掌上。」(〈公孫丑上〉)[114]正如前文所說，如果道德主體的自覺是可遇而不可求的，那麼在「先王有不忍人之心」此一層次就失去了必然性，「不忍人之政」也自然是難以企求的；如此「治天下可運之掌上」的目的也就難以達成了。[115]

　　是以可以說孟子企圖從「內聖」——「先王有不忍人之心」進而推到「外王」——「有不忍人之政」的政治理路是行不通的。雖然就形上學的預設而論，「人皆有不忍人之心」這個前提就使其理論的合理性與有效性立於不敗之地——但也僅止於在形上學的理論內——一旦落入現實，那就完全失去了必然性。孟子這樣的政治論雖然宏大而充滿積極性意義，但正如李澤厚所說，一旦朝著孟子如此追求先驗的人性論與政治論，那麼儒家將走入神秘主義的宗教思維中去，而失去

---

111 〔漢〕趙岐注，〔宋〕孫奭疏：《孟子注疏》，頁66。

112 參曾暐傑：《打破性善的誘惑——重探荀子性惡論的意義與價值》，頁167。

113 〔漢〕趙岐注，〔宋〕孫奭疏：《孟子注疏》，頁132。

114 〔漢〕趙岐注，〔宋〕孫奭疏：《孟子注疏》，頁65。

115 參路德斌：〈道德之階層與孟、荀努力之方向——論儒家倫理學的兩種型態及其意義〉，頁339。

了現實上的實踐意義。[116]

　　這也是為什麼荀子會批評孟子的學說是：「案往舊造說，謂之五行，甚僻違而無類，幽隱而無說，閉約而無解。」（〈非十二子〉）[117]亦即孟子太過強調「仁義禮智信」作為道德形上根源的內在德目，使其走向神秘主義，是以在現實上得不到印證與施行的可能。[118]不能施行的原因在於，孟子從「道德人」來作為現實人性論與政治論的基礎，那與生活世界中「經濟人」的自利與追求欲望滿足的真實的「人」是相悖的——人不可能生存在真空的道德世界，一味要求捨棄功利——「何必曰利」（〈梁惠王上〉）[119]、脫去欲望——「先立乎其大者」（〈告子上〉）[120]，而不如荀子從人生存的基本需求來定義與開展，自然是不可能的。[121]是以，從「政治經濟學」的視角，荀子以「群」為主體的人性論與政治論，反倒批判性轉化了孟子的「政治道德學」思路上的弱點，彌補了孟學政治論的不足。[122]

116　參李澤厚：《中國古代思想史論》（北京市：生活・讀書・新知三聯書店，2008年），頁36-49。

117　〔清〕王先謙撰，沈嘯寰、王星賢點校：《荀子集解》，頁94。

118　參陳麗桂：〈先秦儒學的聖、智之德——從孔子到子思學派〉，《漢學研究》第30卷第1期（2012年3月），頁11。

119　〔漢〕趙岐注，〔宋〕孫奭疏：《孟子注疏》，頁9。

120　〔漢〕趙岐注，〔宋〕孫奭疏：《孟子注疏》，頁204。

121　參路德斌：〈道德之階層與孟、荀努力之方向——論儒家倫理學的兩種型態及其意義〉，頁339。

122　正如孫偉所說：「荀子對孟子在一些問題上的矯正不代表荀子本身已經偏離了儒家原有的路線，實際上，正是荀子的這種矯正使得早期儒家思想中的一些薄弱環節得到彌補，從而更好地繼承了儒家思想的精髓。」參孫偉：《重塑儒家之道——荀子思想再考察》（北京市：人民出版社，2010年），頁223。

第三節　在欲望之後：荀子政治理論的特色[123]

　　誠如前文所說，荀子從「經濟人」的欲望與需求為基礎，從社會性的「群」開展其人性論與政治論，是以可以說他的人性論與政治論是一體兩面，是即人性即政治的；而孟子則是從「道德人」的四端與自覺為基礎，從道德的主體開展其人性論，並企圖由道德主體的自覺意識萌發，進而順理成章開展其政治論——從內聖到外王的修養進路。

　　就孟子來說，其將國家的治亂繫於形上的道德根源，或許可以說他沒有建立真正的政治理論，而只能說其建立了一套道德理論，並將其那套「求其放心」與「盡其心者，知其性也。知其性，則知天矣」（〈盡心上〉）[124]的內在道德自覺的修身理路放置於政治脈絡之中；也就是說，孟子就理想性的人格來建構其人性論與政治論，而不是從現實的困境中去開展一套理路對治家國的亂象。這樣的進路即是所謂的

123　所謂的「欲望之後」是指荀子如何在以人的欲望為基礎，開展出一套「政治經濟」系統，亦即一個以欲望為本的理論，如何在政治與倫理體系中滿足「欲望」、安置「欲望」、倫理化「欲望」。這個「後」可以是線性上時間的「後」，亦可以是「後現代」（postmodern）的「後」——一種「從欲盡情」而又不為欲望所御的「超克」（overcome）——而非宗教性意義的「超越」（transcendence）。更不能理解為物理之後（metaphysica）的「後」，而言其具有「形上學」（metaphysics）意義；這樣的思維與解讀是形上學式的，太形上的，是與本書「倫理經濟學」相對的「道德形上學」的思維方式。此處所謂的「超克」謹用以表達一種對過去或固有體制或思想型態困結之超越（不具宗教意義的）與克服，與竹內好指出作為符碼之「近代的超克」並不相同。參〔日〕竹內好（Takeuchi Yoshimi）著，李冬木、趙京華、孫歌譯：《近代的超克》（北京市：生活・讀書・新知三聯書店，2005年），頁292-302；〔德〕馬丁・海德格爾（Martin Heidegger）著，熊偉、王慶節譯：《形而上學導論》（新北市：仰哲出版社，1993年），頁14-18；高宣揚：《後現代論》（臺北市：五南圖書出版公司，1999年），頁3-47。

124　〔漢〕趙岐注，〔宋〕孫奭疏：《孟子注疏》，頁228。

「政治道德學」[125]——在政治場域中展開的道德話語。

一　王何必曰利？從孟學轉向「政治經濟學」的嘗試與建構

　　荀子開展與孟學體系截然不同的「哲學」類型，基本上可歸因於兩個面向：（1）時代推移的必然：誠如前文所言，荀子所處的戰國末年，征戰兼併更加劇烈、社會秩序更加紊亂、禮樂崩壞更加徹底；是以在這空前的巨變中，如同孟子尋求封建禮教與恢復舊秩序的進路已不可行，只能任由封建消亡，建立新秩序。[126]（2）思想辯證的必然：在借鑒孟子學說在戰國時期的無效性，荀子自然有所反思與批判，試圖在儒學理路中開展出一條不同於孟學體系的學說類型。[127]

---

125 「政治道德學」是相對於「政治經濟學」而來，後者是指以社會、經濟為對象與方法所制定的控制與管理之策略，是特別注重經濟與民生脈絡的政治場域話語，本書即以此來定義與概括荀子的政治理論。這裡所謂的「經濟」是廣義的，而非亞當・斯密（Adam Smith, 1723-1790）資料化後的「經濟學」，而是回歸到「經濟學」的原初定義——關乎一切與人有關的生活、道德、倫理與政治的綜合之學，這樣的定義反而更接近中國古代「經世濟民」的「經濟」。而由「政治經濟學」的觀念轉化而來的「政治道德學」，即是以道德主體與道德理論為核心與方法，進而在政治場域中開展的話語模式——是以道德形上學為參照與開展的道德政治體系，也是本書用以概括孟學式的政治理論。參〔加〕莫斯可（Vincent Mosco）著，胡春陽、黃紅宇、姚建華譯：《傳播政治經濟學》，頁3；牟宗三：《中國哲學十九講：中國哲學之簡述及其所涵蘊之問題》，頁75-76；〔捷〕湯瑪斯・賽德拉切克（Tomas Sedlacek）著，劉道捷譯：《善惡經濟學》（新北市：大牌出版社，2013年），頁333-334。

126 根據蕭公權的分析，在東周社會崩壞的時代，思想家可以分為兩派：（1）挽救封建禮教、恢復舊秩序；（2）任由封建消亡、建立新秩序。參氏著：《中國政治思想史》，頁243。

127 荀子的學說就儒學內部而言，基本上可以說是針對孟子思想的批判與轉化而來，這點可從其在〈非十二子〉中對子思、孟軻的批評，以及〈性惡〉中與孟子針鋒相對的文本對話得知。雖然荀子在政治論上並未直接明顯地針對孟子，但其之所

是以荀學的政治論可說體現在時代背景的轉變與儒學思想類型的轉化之上，是針對孟子「政治形上學」的反思與批判而來。

（一）時代的回應：從「仁心仁政」到「富國利民」的政治理論轉向

根據前文的論述可以得知，孟子的政治論核心以「四端」作為君王的本體，來尋求秩序的保證，是以其理論具有道德的純粹性，故而在政治問題上強調「何必曰利？」就如同路德斌所說，這樣一種無涉功利的崇高道德情操，在社會生活中是不可或缺且值得讚揚的。但是路德斌同時也指出，這樣的道德層次不應該被無限上綱，因為在現實中其發揮作用的程度與範圍都是有限的。[128]

是以荀子對孟子政治論進行批判性的轉化，對於孟子將社會秩序完全訴諸道德形上根源，而未能正視現實利益的問題進行了梳理與論述。是以可以見得，《荀子》特別針對〈富國〉、〈彊國〉、〈君道〉、〈臣道〉、〈議兵〉與〈王霸〉的現實政治可操作的細節作梳理，具有相當的現實性意義，這與孟子從道德根源來建構政治論的進路是截然不同的。

尤其針對孟子不願談也不必談的「利」，荀子特別針對這個部分作現實意義上的建議與論述：「量地而立國，計利而畜民，度人力而授事，使民必勝事，事必出利，利足以生民，皆使衣食百用出入相揜，必時臧餘，謂之稱數。」（〈富國〉）[129]於此可以得見：荀子分別針對立國的原則、養民的方法、任官的方針、使民的守則作開釋，並

以提倡性惡論、批判性善論，關鍵因素即在於為了支撐其政治論中的禮法論述。

參龍宇純：《荀學論集》（臺北市：臺灣學生書局，1987年），頁71。

128 參路德斌：〈道德之階層與孟、荀努力之方向——論儒家倫理學的兩種型態及其意義〉，頁339。

129 〔清〕王先謙撰，沈嘯寰、王星賢點校：《荀子集解》，頁178。

強調這一切安排都以能夠產生利益為準則，而透過此一利益又可以達到生養人民、相輔相成的效果。這裡可以看到，孟子所提出卻未根本解決，甚至落入循環論證的詰問──「仰不足以事父母，俯不足以畜妻子」的無恆產之民，又「奚暇治禮義哉？」使其有恆心呢？在荀子這裡反而得到的解答。

除此之外，荀子還針對當時君王最關心的如何富強國家作出了具體的論述：「輕田野之賦，平關市之征，省商賈之數，罕興力役，無奪農時，如是，則國富矣。」(〈富國〉)[130]這也真正在現實上回答了「何以利吾國」的迫切問題。[131]

(二) 人性的觀察：從「道德主體」到「經濟個體」的政治主體重構

荀子以此言利民、言富國，體現出其對於時代需求的敏感度以及其注重現實的「經驗性格」[132]。這樣的理論建構或許也正和荀子善於觀察現實、解釋現實與解決現實的慧見有關──荀子從私有財產制度中看到人性好利與家國之利的面向。

周代封建制度建立以來，數百年間施行「普天之下，莫非王土」(《左傳・昭公七年》)[133]的井田制度──原則上士大夫與人民沒有土地真正的所有權，而必須依附在「同養公田」的制度下。直到商鞅(西元前390-前338年)「壞井田，開阡陌」，「改帝王之制，除井田，民得賣買」(《漢書・食貨志上》)[134]，私有財產制度才真正形成。[135]

130　〔清〕王先謙撰，沈嘯寰、王星賢點校：《荀子集解》，頁179。

131　參馬國瑤：《荀子政治理論與實踐》，頁5-6。

132　參徐復觀：《中國人性論史──先秦篇》，頁224。

133　〔晉〕杜預注，〔唐〕孔穎達疏：《春秋左傳注疏》，頁759。

134　〔漢〕班固撰，〔唐〕顏師古注：《新校漢書集注・食貨志上》第2冊，頁1137。

135　張純、王曉波：《韓非思想的歷史研究》，頁2-8。

相對於孟子對井田制度的推崇，亟欲恢復「百畝之田，匹夫耕之，八口之家足以無飢矣」（〈盡心上〉）[136]的醇美而無爭的生活，並批判「辟草萊、任土地」（〈離婁上〉）[137]破壞井田制度者應受到國家刑罰，荀子顯然在無可逆轉的時代力量中接受事實並嘗試開創事實。

在個人財產權（property rights）[138]逐漸穩固的現實下，荀子了解到「何必曰利」──這既不符合人性，也難以在長年征戰與經濟疲弊的艱困中，說服那些亟欲尋求生產力與人口提升、想望富強的君王。[139]。也因為如此，荀子與孟子理論見基於不同的典範之中──「經濟人」與「道德人」。

荀子從人原初的欲望為核心，強調的是透過政治整合，「以養人之欲，給人之求，使欲必不窮乎物，物必不屈於欲」（〈禮論〉）[140]，如何讓「經濟人」得到欲望的滿足是其重點；即便是對待君王，他強調的也是「從其欲，兼其情」（〈解蔽〉）[141]，是由「作為經濟人的君王」逐利的欲望去思考的。[142]且這是建立在「經濟人」個體與個體間

---

136 〔漢〕趙岐注，〔宋〕孫奭疏：《孟子注疏》，頁238。

137 〔漢〕趙岐注，〔宋〕孫奭疏：《孟子注疏》，頁134。

138 所謂的財產權是指法律上擁有和支配使用某一特定物品和資源的權利，其重點在於考慮到該客體物時，個人自身與他人的關係。也就是相對於財產擁有者，其他人不能夠支配與影響其使用權與決定權，該物品所產生的效益流（benefit stream）與收入流（income stream）可以由擁有者全權支配與獲得利益。一般來說土地應該視為財產的一種形式，而在井田制崩解，田地可以自由買賣後，私有財產權在中國才可算是真正地萌發。參高安邦：《政治經濟學》，頁31-32。

139 參張純、王曉波：《韓非思想的歷史研究》，頁6。

140 〔清〕王先謙撰，沈嘯寰、王星賢點校：《荀子集解》，頁346。

141 原為「縱其欲」根據王先謙改為「從其欲」。參見〔清〕王先謙撰，沈嘯寰、王星賢點校：《荀子集解》，頁404；〔戰國〕荀況著、王天海校釋：《荀子校釋》（上海市：上海古籍出版社，2005年），頁866。

142 「作為經濟人的聖王」如何滿足自身的欲望又符合現實倫理道德體系，成為人人景仰與追隨的聖王，關鍵即在於放棄「短期欲望」，追求「長期欲望」──透過

的群體性而論的，亦即解決「人生而有欲，欲而不得，則不能無求；求而無度量分界，則不能不爭；爭則亂，亂則窮」（〈禮論〉）[143]的窘境——這是在有明確財產權下「經濟人」面對資源有限下須要避免與整合的情況，也是荀子據以思考的情境脈絡。

　　也就是說，荀子處於資源極度稀少與彼此高度競爭的環境下，要人們主動去實踐無欲無求的道德本心而放棄對功利的追求，那顯然是不合常理的；因為正如前文所提及的，人必須先滿足基本的生理需求，才有可能有進一步的道德開展。因此，常態的「道德」應該是建構在如何調節人與人之間的利益關係而展開的。[144]是以可以看到，荀子所定義的「人」是「生而有好利焉，順是，故爭奪生而辭讓亡焉」，「從人之性，順人之情，必出於爭奪，合於犯分亂理而歸於暴。」（〈性惡〉）[145]這樣的論述亦即一般所言之「性惡」。

　　而孟子則將人原初的狀態即定義為「道德人」，這樣的「道德人」是被期待透過減少欲望、避免強調利益，來達至社會的和諧，此正是孟子所謂：「養心莫善於寡欲。其為人也寡欲，雖有不存焉者，寡矣；其為人也多欲，雖有存焉者，寡矣。」（〈盡心下〉）[146]是透過「道德人」自我節制與克制欲望，讓總體需求減少的進路；孟子認為，當一個欲望越少，越能夠安然生活。其對於社會秩序的建構，也由此而論：每個道德主體都「寡欲」，則無資源不足的問題；無所求自然無所爭，無所爭則無亂而不窮。

　　「禮」來實踐「延遲享樂」達到此一可能。關於這個部分請參本書第三章第四節第四部分。

143　〔清〕王先謙撰，沈嘯寰、王星賢點校：《荀子集解》，頁346。

144　參路德斌：〈道德之階層與孟、荀努力之方向——論儒家倫理學的兩種型態及其意義〉，頁 339。

145　〔清〕王先謙撰，沈嘯寰、王星賢點校：《荀子集解》，頁434-435。

146　〔漢〕趙岐注，〔宋〕孫奭疏：《孟子注疏》，頁261。

　　是以，孟子的策略就是將「自然人」視為「道德人」，即便他看見了「自然人」的欲望，但是他把欲望排除在「人」的需求之外——因為對「道德人」而言，仁義禮智之「大體」才是使其愉悅的要素，欲望是其「小體」，不是人應該關注的重點所在。是以其極力告勉世人，「欲望」不會讓人愉悅、也無法成就人格，孟子說：

> 天下之士悅之，人之所欲也，而不足以解憂；好色，人之所
> 欲，妻帝之二女，而不足以解憂；富，人之所欲，富有天下，
> 而不足以解憂；貴，人之所欲，貴為天子，而不足以解憂。人
> 悅之、好色、富貴，無足以解憂者，惟順於父母，可以解憂。
> （〈萬章上〉）[147]

這也就是透過使人「寡欲」的策略，企圖減少人的需求與對於欲望的追求，這也是孟子「何必曰利」的思維模式。但是，現實中自然人是作為「經濟人」而存在，充滿欲望的「經濟人」如何能夠自覺節制欲望呢？這也就是荀子必要將孟子作為他者進行批判與轉化的原因所在。

　　而孟子這樣的思維方式，除了與其「內傾型人格」（introversion）[148]有關，可能亦與孟子所處時代在現實上財產權並不明確，人與人之間的爭奪沒有立即的必要性，人與人在物品與資源間沒有絕對的零和賽局（zero-sum game）[149]的關係，因此他透過強調具有四端之心的「道

---

147 〔漢〕趙岐注，〔宋〕孫奭疏：《孟子注疏》，頁160。

148 參〔加〕達瑞爾・夏普（Daryl Sharp）著，易之新譯：《榮格人格類型》（臺北市：心靈工坊文化事業公司，2012年），頁89-117。

149 以井田制度來說，八口之家彼此之間的利益是合作的（cooperative）競局，彼此在資源上是可以共用，而不會有贏者全拿、輸者全無的絕對競爭關係。參高安邦：《政治經濟學》，頁55；〔美〕威廉・龐士東（William Poundstone）著，黃家興

德人」，企圖讓人能夠自覺為善而化解社會與國家間的利益衝突。孟子更以此「四端」作為「人之所以異於禽獸幾希」（〈離婁下〉）[150]之處，亦即人之所以為人的一點靈明，此即一般所稱之「性善」。

（三）分配的正義：從「何必曰利」到「養人之欲」的政治理念重建

是以，「性惡」與「性善」、「經濟人」與「道德人」的設定與建構，對於政治理論的建構將有關鍵的影響——因為「人」是政治理論所施行的對象與標的。也就是說，在現實環境下對於「存有」（being）的理解，將影響著思想家對於政治理論的建構與類型。如前文所言，孟子的時代及其「道德形上學」思維，使其將政治論很大程度地道德化，因而將四端視為君王的本體，並以此來建構秩序的保證；亦即其用以建構政治論的基礎在於「道德人」（moral man）——「有是四端也，猶其有四體也」（〈公孫丑上〉）[151]的性善之人。

而荀子則是生在人口快速成長，資源不足以供給所有人類基本需求的環境中[152]，加上私有財產制度的成形下，人與人之間形成「非合作的賽局」（non-cooperative game），造成資源在於彼此之間形成「零和」（zero-sum）關係，人們必須靠爭奪與競爭來達到生存的條件。這樣的情境也就是荀子描述的：「人生而有欲，欲而不得，則不能無

　譯：《囚犯的兩難：賽局理論與數學天才馮紐曼的故事》（臺北市：左岸文化事業公司，2012年），頁81-82。

150 〔漢〕趙岐注，〔宋〕孫奭疏：《孟子注疏》，頁145。

151 〔漢〕趙岐注，〔宋〕孫奭疏：《孟子注疏》，頁66。

152 根據人口經濟學家馬爾薩斯（Thomas R. Malthus, 1766-1834）所言，人口與資源會分別以等比級數（geometric progression）和等差級數（arithmetic progression）成長，形成資源成長永遠趕不上人口成長的情況，造成生存資源的常態性不足。參Thomas Malthus, *An Essay on the Principle of Population*, 1993, p. 6.

求;求而無度量分界,則不能不爭;爭則亂,亂則窮」(《禮論》)[153],完全顯現出經濟學(Economy)概念中的資源稀少性(scarcity)及選擇(choice)與競爭的必然性。[154]

荀子對於「性惡」之人的建構,如以當代經濟學的角度來看,其實就是「經濟人」(Economic Man)的概念──理性的(rational)、利己的(self-interest)、利益導向的(Interest-oriented)。[155]所謂的理性,即是經濟人會選擇最有效與最有利於自己的方法去滿足自己的生存條件與欲望[156],如在〈正論〉中荀子就批評宋子說「人之情,欲寡」[157]是不合理、不理性的,那就「是猶以人之情為欲富貴而不欲貨也,好美而惡西施」(〈正論〉)[158],不符合「經濟人」理性、利己與利益導向的傾向。

相對於孟子的「政治形上學」以「道德人」作為理論建構的基礎,荀子以「經濟人」作為基礎的政治理論,不妨將之稱為「政治經濟學」(Political Economy)──即由個人透過理性的個別選擇(individual choice)以及作為統治者之理性的集體性的選擇(collective choice),並透過兩者之間之互動的選擇(interactive choice)所建構的政治理論。[159]一言以蔽之即是:以理性的「經濟人」為目標,並以理性的態度去分配有限資源建構下的政治理論。

誠如李嘉圖(David Ricardo, 1772-1823)所指出,政治經濟學的

---

153 〔清〕王先謙撰,沈嘯寰、王星賢點校:《荀子集解》,頁346。

154 參高希均、林祖嘉:《經濟學的世界:上篇──經濟觀念與現實問題》,頁69。

155 「經濟人」的概念最早由亞當·斯密(Adam Smith, 1723-1790)提出,乃相對於其在《道德情操論》中所凸顯的「道德人」概念。參王小錫:《經濟倫理學:經濟與道德關係之哲學分析》,(北京市:人民出版社,2015年),頁69-71。

156 參高安邦:《政治經濟學》,頁41。

157 〔清〕王先謙撰,沈嘯寰、王星賢點校:《荀子集解》,頁344。

158 〔清〕王先謙撰,沈嘯寰、王星賢點校:《荀子集解》,頁344-345。

159 參高安邦:《政治經濟學》,頁15。

核心問題就是如何決定一個方針以分配人民的資源。[160]此亦即荀子所言：「先王惡其亂也，故制禮義以分之，以養人之欲，給人之求，使欲必不窮乎物，物必不屈於欲，兩者相持而長，是禮之所起也」（〈禮論〉）[161]──統治者因為不願看到人民為了有限的資源相互爭奪，是以制定了一個方針──在荀子的政治理論是為「禮」，如此人的欲望──基本需求，就能夠分配到適當的資源而獲得滿足，進而達成社會的秩序與安定。

相對來說，如果統治者不能理解「經濟人」的基本需求與欲望，而制定了錯誤的政策與方針，那麼就會造成社會的混亂，此即荀子所謂：「先王以人之所不欲者賞而以人之所欲者罰邪？亂莫大焉。」（〈正論〉）[162]由此可以了解到，荀子的政治理論是建基在「人生而有欲」的前提之上──人有趨樂避苦、追求幸福的傾向，而一切的社會實踐都應該以此為依歸[163]，這就是荀子用以建構外王思想的「政治經濟學」──有別於孟子「政治形上學」的儒學政治理論。

二　何以利吾國？論荀學建構「政治經濟學」的內涵與特質

荀子在面對戰國晚期無可挽救的禮樂宗法，以及惡劣的戰爭環境與狀態下，所觀察到的人性與社會現象，皆是從現實上的「經濟人」來建構；亦即透過經濟方法與民生視野去置入於統治者的決策及人民

160　參David Ricardo, *On the Principles of Political Economy and Taxation.* Cambridge: Cambridge University Press, 1817, p.5.

161　〔清〕王先謙撰，沈嘯寰、王星賢點校：《荀子集解》，頁346。

162　〔清〕王先謙撰，沈嘯寰、王星賢點校：《荀子集解》，頁345。

163　參路德斌：〈道德之階層與孟、荀努力之方向──論儒家倫理學的兩種型態及其意義〉，頁335。

的集體性抉擇——以現代的理論而言即類似所謂的公共選擇理論
（Public Choice Theory）。[164]

（一）以群養群：在禮義根源中建構盡倫盡制的群分治國論

　　荀子以「經濟人」為基礎的政治理論，其首要的特點即是由群體
與國家的視野來開展，而不同於孟子由「個人」的道德主體核心來論
述其政治理論。誠如前文所言，「經濟人」必定要在「群」的概念中
才有意義，是以荀子的政治理論即關注在國家與社會中人與人的互動
與衝突。是以荀子對於君王的治國方法與內涵，特別強調「群」的重
要性而不是單純從君王的「德行」而論。

　　如〈王制〉中即言：「君者，善群也。群道當則萬物皆得其宜，六
畜皆得其長，群生皆得其命。」[165]可以見得，荀子以「善群」作為君
王的首要能力，足以想見「群」這個概念在其政治理論的核心地位——
「群」是百姓與萬物得以滿足需求與安生立命的重要關鍵。「群」之
所以如此緊要，即在於它是「禮」的實質功效與目的，而「禮」在荀
子理論中有其終極地位——是所謂「禮豈不至矣哉！立隆以為極，而
天下莫之能損益也……天下從之者治，不從者亂；從之者安，不從者
危。」（〈禮論〉）[166]這也無怪乎「群」會有如此根本的作用。

---

164 本書以「政治經濟學」指涉荀子的政治理論，在於強調其以「經濟人」為核心的
　　理論基礎，並由人在社會中的互動中去對治欲望與需求，且強調個別「經濟人」
　　所形成的社會性群體，針對集體性選擇作論述，而不僅僅是局限於個人道德主體
　　的面向。但稍不同於當代「政治經濟學」的部分在於本書特別注重於「經濟」在
　　學科還未分化前的綜合性概念，亦即可以「經世濟民」概括的原始經濟理論。關
　　於「公共選擇理論」請參蔣兆康：〈譯序〉，見〔美〕理查・波斯納（Richard A.
　　Posner）著，蔣兆康譯：《法律經濟學》（臺北市：五南圖書出版公司，2010年），
　　頁xv-xvi；高安邦：《政治經濟學》，頁64。
165 〔清〕王先謙撰，沈嘯寰、王星賢點校：《荀子集解》，頁165。
166 〔清〕王先謙撰，沈嘯寰、王星賢點校：《荀子集解》，頁355-356。

　　而由此亦可以看出，荀子不僅在哲學層次的論述上賦予「禮」的存有論（ontology）意涵：

> 凡禮，始乎梲，成乎文，終乎悅校。故至備，情文俱盡；其次，情文代勝；其下復情以歸大一也。

> 天地以合，日月以明，四時以序，星辰以行，江河以流，萬物以昌，好惡以節，喜怒以當，以為下則順，以為上則明，萬物變而不亂。（〈禮論〉）[167]

荀子更將「禮」在政治理論中的實踐以「群」來指涉；甚至可以說，此「存有論」的意義是立基於人行禮義後與自然和諧的結果——唯有施行「禮義」，才能夠達到「序四時，裁萬物，兼利天下」（〈王制〉）[168]的可能。這是荀子以理性型式的「天人合一」，是不帶有形上色彩的天人相契——透過人對於自然理則的把握，來達至天與人的和諧；這與孟學以形上道德根源貫通天人的「天人合一」是不同的進路。[169]

　　由此可以了解到，荀子的「天」與「禮」的存有論述，都是出於人的需求與生存去思考，是以「經濟」貫通天人的進路；亦即荀子所謂「天地生君子，君子理天地……無君子則天地不理。」（〈王制〉）[170]重點在於一「理」（bring order）[171]字——正所謂「大天而思之，孰

167　〔清〕王先謙撰，沈嘯寰、王星賢點校：《荀子集解》，頁355。

168　〔清〕王先謙撰，沈嘯寰、王星賢點校：《荀子集解》，頁164。

169　以劉又銘的語境而言，就是所謂的「合中有分」的天人關係；亦即荀子的「天人之分」中有著「天人之合」的層次。參劉又銘：〈合中有分——荀子、董仲舒天人關係新詮〉，《臺北大學中文學報》第2期（2007年3月），頁32-39。

170　〔清〕王先謙撰，沈嘯寰、王星賢點校：《荀子集解》，頁163。

與物畜而制之？從天而頌之，孰與制天命而用之？」（〈天論〉）[172]天人關係的建立，正在於從人性需求與經濟生產去貫通，而非道德精神的貫通；人只是在自然的運作中透過「禮」去效法與參與自然理則，如果妄想要與天地合而為一，那是一種不恰當的想望，此即為何荀子會說：「舍其所以參而願其所參，則惑矣。」（〈天論〉）[173]那正是對於作為他者的孟子之宗教式的「天人合一」思維——「盡其心者，知其性也。知其性，則知天矣。存其心，養其性，所以事天也」（〈盡心上〉）[174]——的批判與轉化。

而「禮」之所以如此重要，能夠與「天」——自然理則相聯繫，就在於其是政治秩序的核心；而「君子」如此被強調，也是要避免「禮義無統，上無君師，下無父子，夫是之謂至亂」（〈王制〉）[175]的情況發生。甚至可以說，「禮」的實踐是人之所以為人的關鍵，正如荀子所言：

> 人生不能無群，群而無分則爭，爭則亂，亂則離，離則弱，弱則不能勝物，故宮室不可得而居也，不可少頃舍禮義之謂也……能以使下謂之君。（〈王制〉）[176]

可以見得，「禮」是社會秩序的關鍵，一旦人類失去了「禮」的運作，就失去了「群」的可能——亦即社會性的整合能力，那麼將使個

---

171 Eric Hutton, *Xunzi: The Complete Text*. Princeton and Oxford: Princeton University Press, 2014, p. 75.

172 〔清〕王先謙撰，沈嘯寰、王星賢點校：《荀子集解》，頁317。

173 〔清〕王先謙撰，沈嘯寰、王星賢點校：《荀子集解》，頁308。

174 〔漢〕趙岐注，〔宋〕孫奭疏：《孟子注疏》，頁228。

175 〔清〕王先謙撰，沈嘯寰、王星賢點校：《荀子集解》，頁163。

176 〔清〕王先謙撰，沈嘯寰、王星賢點校：《荀子集解》，頁164-165。

體與個體之間出於相互爭奪的情況，使彼此處於混亂、離散與衰弱的情境；那麼，人也就與動物禽獸無所差別，也就失去了人「最為天下貴」的價值。而荀子所謂的「群」，其實也就是透過政治秩序的整合，以達到個體間的合作與和諧，進而形塑穩定而富足的社會關鍵。

是以荀子更進一步分析「群」的操作性法則，他說「能群」的關鍵在於：「善生養人者」、「善班治人者」、「善顯設人者」、「善藩飾人者」(〈君道〉)[177]。由此可知，荀子的政治論是切切實實建立在「養人之欲，給人之求」(〈禮論〉)[178]的「經濟人」需求層面，是完全針對其所觀察到的人性而發。此外，荀子更強調「群」還須要透過官職以分位、建立用人的標準等實際面向來開展，可謂將禮義在政治的面向、在君主的特質中開展到極致。[179]

由此可以了解到，荀子與孟子透過道德教化的政治理路是不同的，他更強調政治社會的實際事務與操作，真正將禮義擴充到政治、社會與國家之中。[180]也就是說，荀子的政治理論更接近於今日的社會科學的解釋，所建構的主要是人的「關係」，關注在資源有限性下人與人以及人與群體間的多重因果性（multiple causation）。[181]而不僅僅是如孟子的「政治道德學」著重從「個人」主體道德的修養來論述——「先王有不忍人之心，斯有不忍人之政矣」；而且在這裡還可以知道，荀子對於君王的要求不僅僅是「道德的」，更有著「能群」如此政治領域的才能。是以荀子強調的政治主體是所謂的「聖王」——「聖也者，盡倫者也；王也者，盡制者也；兩盡者，足以為

---

177 〔清〕王先謙撰，沈嘯寰、王星賢點校：《荀子集解》，頁237。

178 〔清〕王先謙撰，沈嘯寰、王星賢點校：《荀子集解》，頁346。

179 參韋政通：《荀子與古代哲學》，頁101-102。

180 參韋政通：《荀子與古代哲學》，頁10。

181 參高安邦：《政治經濟學》，頁162。

天下極矣」(〈解蔽〉)[182]——執其道德與才性兩端之全盡之人,而不僅僅是孟子所謂的「聖人」——「人倫之至也」(〈離婁上〉)[183]。孟子遽將「聖人」作為政治秩序的源頭,是無政治性與現實性意義的,此亦其「政治道德學」之特色與理路。

(二)以禮治國:在禮法制度中取代道德的規範之不確定性

順著荀子強調君王的關鍵能力「能群」的操作內涵——「善生養人」、「善班治人」、「善顯設人」、「善藩飾人」,可以更進一步探析,荀子的政治理論是強調「制度性」的開展,而與孟子「政治道德學」強調「道德性」的顯發不同。亦即孟子強調以「仁心」開展「仁政」,而這樣的道德思維不僅僅是從作為君王的「道德主體」過渡到「政治主體」,這樣的道德意志更會從「政治主體」感化作為人民的「道德主體」,此即孟子所強調:「君子之德,風也;小人之德,草也。草尚之風必偃。」(〈滕文公上〉)[184]政治是透過統治者的德性顯發進而感化黎民百姓的過程。

如果從《荀子》中同樣作為君民之間的隱喻(metaphor)來看,就可以看出孟子與荀子的政治思維與典範上的不同,荀子說:「君者,儀也;民者,景也,儀正而景正;君者,盤也,民者,水也,盤圓而水圓;君者,盂也,盂方而水方。」(〈君道〉)[185]由此可以發見,荀子用以喻「君」者,皆為測量的器物或容器;而用以喻「民」者皆為受測量器物或容器所呈現的景象或樣態。這樣的隱喻中隱含著荀子的政治學說是建基在具體的禮義規範之上,而不僅僅是依託於道

---

182 〔清〕王先謙撰,沈嘯寰、王星賢點校:《荀子集解》,頁407。

183 〔漢〕趙岐注,〔宋〕孫奭疏:《孟子注疏》,頁125。

184 〔漢〕趙岐注,〔宋〕孫奭疏:《孟子注疏》,頁89。

185 〔清〕王先謙撰,沈嘯寰、王星賢點校:《荀子集解》,頁 234。

德意志。此即荀子所說：「國無禮則不正。禮之所以正國也，譬之猶衡之於輕重也，猶繩墨之於曲直也，猶規矩之於方圓也。」（〈王霸〉）[186]這裡可以明顯看出，荀子同樣以測量與校準之工具來比喻「禮」，並明示沒有了「禮」的國家，就像沒有秤桿所估量出的重量、沒有尺牘所畫出的線條、沒有圓規所畫出的圓。[187]

　　是以可以了解到，荀子特別強調「禮」作為制度（institutions）的定型化（regular）行為的規範與價值[188]，而不願從具有模糊性與不確定性的道德意志去確立國家的秩序與安定。當然，這也不是說荀子就不在乎道德意識的塑造，只是他認為在社會上普遍存在著自利與理性的「經濟人」時，不能用道德意志來感化，那是不切實際的；正如荀子詰問孟子性善論及其「政治道德學」之不可行：「今當試去君上之埶，無禮義之化，去法正之治，無刑罰之禁，倚而觀天下民人之相與也。」（〈性惡〉）[189]亦即在沒有禮義教化與刑罰法正之下的「經濟人」，必然會「順性」而為，致使「爭奪生而辭讓亡」、「殘賊生而忠信亡」、「淫亂生而禮義文理亡」（〈性惡〉）[190]的後果。

　　是以，荀子也特別凸出君王的權威性，他認為君王是「法之原」（〈君道〉），且是「埶位至尊，無敵於天下」（〈正論〉）[191]者；亦即君

186　〔清〕王先謙撰，沈嘯寰、王星賢點校：《荀子集解》，頁209-210。
187　在文本與經典中的「隱喻」——尤其是慣於以美學規範呈現而不以嚴謹邏輯語言呈現的中國思想經典——不能僅僅將之視為文學性的修飾，而應該正視其深刻的內涵意義。因為每一個「隱喻」都具有「本體論」與「認識論」（Epistemology）的意義，也都在思想家所涉及的世界中呈現開放性的意義；因為這樣的「隱喻」與思想家的意念、意志與環境有著深刻的連結。參〔法〕呂格爾（Paul Ricoeur）著，林宏濤譯：《詮釋的衝突》（臺北市：桂冠圖書公司，1995年），頁44-61。
188　關於「制度」的意義請參高安邦：《政治經濟學》，頁227。
189　〔清〕王先謙撰，沈嘯寰、王星賢點校：《荀子集解》，頁440。
190　〔清〕王先謙撰，沈嘯寰、王星賢點校：《荀子集解》，頁434。
191　〔清〕王先謙撰，沈嘯寰、王星賢點校：《荀子集解》，頁230、331。

王具有國家賦予的法定權威,這樣的具體化權威具有一定的威嚇作用,藉以分配與權衡「經濟人」之間的互動與衝突。[192]這是「倫理經濟學」的重要概念:即原初充滿欲望的「經濟人」,通常不知道透過「延遲享樂」來需求未來的需求、欲望未來的欲望,而只會一味順性而為,追求滿足當下的欲望,卻反而使自身落入亂而窮,無法在生存需求上得到基本的滿足。這也就是為何荀子非要強調聖王的權威,幫助未覺之的「經濟人」克制「短期欲望」,並逐漸內化「延遲享樂」原則至其思維之中──因為現實中的「自然人」是「性惡」的「經濟人」,不是孟子預設的「道德人」,是不會發自內心自覺為善的。

荀子此一透過聖王權威由威嚇到教化的過程,即是法國社會學家杜爾克姆(Emile Durkheim)所說,「道德化」的過程有兩個階段:(1)透過社會權威制定具有強制力的規範;(2)培養普遍的道德意識。[193]身為儒家的荀子不是不知道具有培養道德意識達到自覺的可能,只是他認為在現實中尚未「化性起偽」的「經濟人」不可能以柔性的道德感化來使其為善,唯有經過禮法教化的過程,才能循序漸進達到自覺為善的境界。正如其言:「好法而行,士也;篤志而體,君子也;齊明而不竭,聖人也。」(〈修身〉)[194]道德意識的萌發是一個修養的階段,必須按部就班,不可能一蹴而幾。「道德人」是「應然」而不能當作「實然」;可以當作「理想」但不能當作「現實」,無怪乎荀子要批評孟子的理論是「無辨合符驗,坐而言之,起而不可設,張而不可施行」(〈性惡〉)[195]了。

---

192 參吳文璋:《追求民主科學的新儒家》(高雄:復文圖書出版社,2006年),頁3。

193 參宋林飛:《西方社會理論》(南京市:南京大學出版社,1997年),頁43。

194 〔清〕王先謙撰,沈嘯寰、王星賢點校:《荀子集解》,頁33。

195 〔清〕王先謙撰,沈嘯寰、王星賢點校:《荀子集解》,頁441。

（三）以利求義：在實用主義中開展反本質主義的時代需求

正因為孟子的政治理論有高度的理想性，是以十分強調道德的純粹性，但也因為純粹——太純粹的道德形上學理路，是以受到荀子以「無辨合符驗」來批判之。荀子由孟子「政治道德學」的轉向，正是基於對孟子政治理論在現實上的不可施行而作出了批判性的繼承。「政治經濟學」的特點正在於強調社會的實踐，反對如孟子從形上學的思路將理論與現實斷裂開來——即便對孟學而言沒有這樣的問題——而企圖透過政治、經濟與社會的跨領域整合，開展出具有高度現實性意義的理論。[196]

在此意義上，荀學具有反本質主義（anti-essentialism）的特質，亦即荀子的「政治經濟學」系統不願意如孟學一般去追求政治與形上道德的聯繫性，進而放棄區別道德政治的根源性與實用性的區分。這樣的進路正在於強調政治理論作為實踐意義的學說之實用性，因而反對單純的形上道德理論建構。[197]是以可以看到，荀子在其政治理論中特別針對「王霸」與「富國」等政治學上的實踐作深刻的梳理與分析。

1　王霸：仁心仁政的反動

就王霸而言，荀子告訴君王，「隆禮尊賢而王，重法愛民而霸」（〈天論〉）[198]，並以實際先王的例子來說明王霸的條件——「齊桓、晉文、楚莊、吳闔閭、越句踐，是皆僻陋之國也，威動天下，彊殆中

---

196 關於「政治經濟學」的實踐性與多元性請參〔加〕莫斯可（Vincent Mosco）著，胡春陽、黃紅宇、姚建華譯：《傳播政治經濟學》，頁5；Alan Stone and Edward J. Harpham eds., *The Political Economy of Public Policy*. Beverly Hill, CA: Sage, 1982, p. 12.

197 關於反本質主義請參〔美〕理查德・羅蒂（Richard Rorty）著，黃勇編譯：《後哲學文化》，頁135-136。

198 〔清〕王先謙撰，沈嘯寰、王星賢點校：《荀子集解》，頁317。

國，無它故焉，略信也。是所謂信立而霸也。」(〈王霸〉)[199]可以見得，荀子在王霸中言道德禮義，是將實踐與本質的界線拋棄的實用主義思維。荀子雖然也強調「王」剩餘「霸」，但他並不忌諱談霸天下的可能——唯有先使國家富強了，倫理實踐的理想才有可能；這與孟子堅持不言「霸」，必先立足於「道德」，而後國家自然能夠富強的思維進路是十分不同的。

然而，就現實而言，以「道德」而能富強而霸者，幾乎未可得聞之；畢竟國家的富強立足於權力、經濟與軍事的力量，只要國家安定了，人民自然才有可能行仁義道德。此正《管子》中所謂：「倉廩實則知禮節，衣食足則知榮辱。」(〈牧民〉)[200]國家未能富強使人民安居樂業，又何以能談道德？就荀子的觀點而論，現實中並不如孟子所說：

> 以仁義說秦楚之王，秦楚之王悅於仁義，以罷三軍之師，是三軍之士樂罷而悅於仁義也。為人臣者懷仁義以事其君，為人子者懷仁義以事其父，為人弟者懷仁義以事其兄，是君臣、父子、兄弟去利，懷仁義以相接也。然而不王者，未之有也。(〈告子下〉)[201]

這是「政治道德學」先求諸道德而自然能王的理論，但此論顛倒了馬斯洛的「需求層次」[202]，是先求諸金字塔頂端的「自我實現需求」企圖由此帶出金字塔底端的「生理需求」，這在現實中是窒礙難行的。

---

199 〔清〕王先謙撰，沈嘯寰、王星賢點校：《荀子集解》，頁205。
200 〔民國〕黎翔鳳撰，梁運華整理：《管子校注》(北京市：中華書局，2004年)，頁2。
201 〔漢〕趙岐注，〔宋〕孫奭疏：《孟子注疏》，頁212。
202 參莊耀嘉：《馬斯洛：人本心理學之父》，頁59-65。

然而，就孟子而言，即便在齊宣王問他關於「齊桓、晉文之事可得聞乎？」時，他也堅持「仲尼之徒無道桓、文之事者，是以後世無傳焉。」（〈梁惠王上〉）[203]但是在今本的《論語》中便至少兩度提到桓公王霸之事：「桓公九合諸侯，不以兵車」以及「管仲相桓公，霸諸侯，一匡天下」（〈憲問〉）。[204]無論孟子是否真的未聞此事，但其從道德仁政的思維貫穿一切情境與理論，並排斥霸天下者，是真切而沒有疑問的——是其言「以力假仁者霸，霸必有大國，以德行仁者王，王不待大。」（〈公孫丑上〉）[205]——亦即真正的王是不求霸於天下的。

2 富國：何必曰利的反轉

至於富國的問題，這應該是當時諸侯國相互兼併攻伐下不得不面對的現實問題，因為一旦國家不能富強起來，在零和賽局（zero-sum game）[206]的資源競爭中，便會使敵國強大、使本國衰弱；一旦如此便會陷入社會的動盪，甚至造成百姓生存資源的匱乏。是以荀子特別針對富國的方針作出導引，他說：

> 量地而立國，計利而畜民，度人力而授事，使民必勝事，事必出利，利足以生民，皆使衣食百用出入相揜，必時臧餘，謂之稱數。（〈富國〉）[207]

---

203 〔漢〕趙岐注，〔宋〕孫奭疏：《孟子注疏》，頁21。

204 〔魏〕何晏注，〔宋〕邢昺疏：《論語注疏》，頁126、127。

205 〔漢〕趙岐注，〔宋〕孫奭疏：《孟子注疏》，頁63。

206 指在有限的資源中，對方拿走多少資源，相對我就少了多少可以運用的資源。參〔美〕威廉・龐士東（William Poundstone）著，黃家興譯：《囚犯的兩難：賽局理論與數學天才馮紐曼的故事》，頁81。

207 〔清〕王先謙撰，沈嘯寰、王星賢點校：《荀子集解》，頁178-179。

可以見得荀子談富國最根本的動機與原因還是在「利足以生民」，使百姓基本的生活需求獲得滿足，而且還能夠有所餘裕作收藏，為未來而準備。而這一切治國的依歸，皆是從「經濟」——亦即人民的「需求」為始點；包括了擴充土地資源以作為國家的根基、考量國家的利益與資產以使人民都能得到足夠的資源與照顧、提供足夠的人力與工作機會以民人各得其所。所謂的以「利」為本，其實就是以經濟民生為基礎來談道德建置的可能，亦即是透過倫理來整合民生需求的進路；這是「政治經濟學」的政治方針，也是其必言「利」以為民的思維。

相對的，即便孟子也明白「七十者衣帛食肉，黎民不飢不寒，然而不王者，未之有也」（〈梁惠王上〉）[208]的道理，知道如前所述「需求層級」的原則；但是他在情感上仍緊抓著「仁心仁政」思想，要君王感受人民的感受、需求人民的需求，其心心念念皆是為了黎民百姓，這點孟子身為儒家秉持的人文關懷是值得肯定的。但是他忽略了一般君王也是「經濟人」的事實，一味從利民、利他的角度來談「何必曰利」，則未能使君王有持續的動力去為人民奮鬥。

此中的關鍵在於，孟子認為有「仁心」便會有「仁政」，但是現實中大部分的君王就是還未有「仁心」的「經濟人」，那麼其理論則永遠無法在政治現場中啟動——因為其預設的「有仁心」並未存在於君王的性中，那麼其理論層次將持續停留在君王主體的修養層次，而無法進到政治層面。

是以可以說，即便孟子是為了黎民百姓的生存需求而立說，但他在「政治道德學」的脈絡中，不願意擱置「仁心仁政」的思想而談富國與利益，而再三強調「王何必曰利？亦有仁義而已矣。」（〈梁惠王

---

208 〔漢〕趙岐注，〔宋〕孫奭疏：《孟子注疏》，頁12。

上〉）²⁰⁹由此強烈的「仁義中心論」，理出過於嚴苛的「義利對立」的思維──不僅比荀子嚴格，甚至比孔子以及同時代思想家對義利之辨的論述還要激進。²¹⁰

如晏嬰即言「義，利之本也」（《左傳・昭公十年》），「夫民生厚而用利，於是乎正德以幅之，使無黵嫚，謂之福利。利過則為敗。」（《左傳・襄公二十八年》）²¹¹是即如晏嬰也強調追求利益的正當性，只是將「義」作為「利」的前提；並未如孟子將「義」與「利」並舉與對立。脫離了「利」而談政治，這對於原初作為「經濟人」的君王，是沒有誘因與動力的。是以，對荀子而言，「政治道德學」是一種脫離現實的理想，是以必將孟子作為他者進行轉化，由是建構與回歸「政治經濟學」的進路。

當然，荀子的富國思想，除了是對於孟子「何必曰利」的反動外，亦是作為反對墨家「節用」進路的思考。也就是說，在面對孟子「政治道德學」的他者方面，荀子強調以「利」的重要性來回應之；至於如何求利、如何能夠富國，荀子則是將墨子作為他者進行批判與轉化。荀子說：

> 萬物得宜，事變得應，上得天時，下得地利，中得人和，則財貨渾渾如泉源，汸汸如河海，暴暴如丘山，不時焚燒，無所臧之，夫天下何患乎不足也？故儒術誠行，則天下大而富……故墨術誠行則天下尚儉而彌貧，非鬥而日爭，勞苦頓萃而愈無功，愀然憂戚非樂而日不和。（〈富國〉）²¹²

209 〔漢〕趙岐注，〔宋〕孫奭疏：《孟子注疏》，頁9。
210 參王小錫：《經濟倫理學──經濟與道德關係之哲學分析》，頁32-33。
211 〔晉〕杜預注，〔唐〕孔穎達疏：《春秋左傳注疏》，頁783、656。
212 〔清〕王先謙撰，沈嘯寰、王星賢點校：《荀子集解》，頁187-188。

由此可以了解到，荀子認為富國不能透過墨家的「尚儉」、「非鬥」來達至，那只會使家國百姓更加貧困，反而使人民為了滿足欲望與需求須要更積極地鬥爭與爭奪。這其實就呼應了本章引言中所說，荀子認為最高的政治境界是能夠實行「天政」——亦即能夠洞悉「經濟人」的「天官」與「天情」，透過「天養」去需求他們的需求、欲望他們的欲望，如此才能與天地人和諧；天地人和諧則「非其類」的自然物種與能源才能為人所用，滿足人的情性。在這樣的「天政」施行下，越是養人之「天情」，家國越富裕；因為那是順應天時地利，使人得以參於萬物的和諧境界。

也就是說，荀子的「政治經濟學」擅長於以「開源」的方式去面對資源的稀少性——透過增加資源的總量與強調分配的合宜來使每個個體得到生養；而墨家的「尚儉」思想則企圖透過「節流」的方式面對資源的稀少性——在總體資源不增加的情況下，要求每個個體減少需求與欲望，以降低所須要的資源總量。但對荀子而言，墨家的做法是不會善用自然資源而悖反人的自然情性，使現實中的人得不到基本的物質需求，反而越趨貧窮——因為儘管需求總量再少，資源總量沒有增加，仍然會越趨稀少；是以最後還是必須走上了最初「爭則亂、亂則窮」的窘境。

因此可以說，對於荀子而言，「富國」思想是在儒門內的他者——孟子，與儒門外的他者——墨子中的批判與轉向中建構出之「政治經濟學」的一環。正如前文所說，荀子是戰國時期集大成的思想家，自然會與各家思想體系進行交融與交鋒，並轉為自身的論述資源[213]；但其以身為儒家，終須使自己回到儒門體系內進行轉化與開展。亦即其看到墨家造成的窘境，對其進行批判，而這樣的「非墨」思維與荀子

---

213 參〔日〕佐藤將之：《荀子禮治思想的淵源與戰國諸子之研究》，頁20。

的「非孟」思想產生共振，使孟子成為其在儒學體系中主要批判的對象。因為就荀子而言，孟子的「何必曰利」和墨子的「尚儉」在政治學上同樣是透過「節流」的方式來降低需求的總量——只是前者從心理上節用，而後者從物質上節用，同樣與其「政治經濟學」的理念不同。

小結

在分析與梳理荀子與孟子的政治學說後，可以了解到，荀子在面對戰國末年禮崩樂壞的嚴苛環境下，要面對資源的稀少性問題，是以他看到了「經濟人」自利與理性的面向。為了在資源有限性的環境中滿足人的欲望與需求，於是荀子從「群」的角度來開展其政治理論。這樣的政治理論是建基在複數的「經濟人」之上，也就是以人與人之間的互動與衝突為核心的考慮。

一　從道德轉向經濟——回應時代才能開創未來

而荀子之所以會從儒家心性論系統轉向禮法建置，即其看見孟子的仁心仁政的思維在現實上窒礙難行，且沒有回應時代的艱困——這點從《荀子》書中多次針對孟子進行反駁與理論的開展就可以明白這樣的脈絡。是以荀子不願意如孟子一般，從理想中的「道德人」為人性論的核心，並以此來開展其「有不忍人之心，斯有不忍人之政」的「政治道德學」——以絕對的形上道德根源作為政治現實的話語。在孟子的政治理路中，有著強烈的理想性與道德感，然而就現實上來說，皆難以在現實上施行與應證，這也是為何荀子批判孟子的學說「無辨合符驗」，進而開展「倫理經濟學」的原因。

也就是說，孟子建立在具有四端之心的「道德人」之上的「政治道德學」企圖透過尋求內在道德根源來貫通天與人，以作為社會秩序的保證。然而此一「何必曰利」的政治理論在戰國時期的失效，進而使荀子對孟學「仁心仁政」的政治理論進行批判性轉化，進而開展建基在好利惡害的「經濟人」的「政治經濟學」。在「政治經濟學」中，荀子從人的基本需求與欲望，制定出以「禮」為核心的治亂方針，並針對富國、彊國、君道、王霸等尋求國家富強的方法作出具體的論述。

二　從經濟開展政治——跳脫形上才建構秩序

或許在孟學系統來看，荀子直接針對資源配置等原則作出的論述，並非「哲學」系統，而只是具體事理下的枝微末節，如牟宗三就這麼認為：荀子所謂的聖王其實僅是個政治家，都是外在的；唯有孔孟強調人義之心，回歸性善，才是人道之極。[214]以「道德形上學」而論，牟宗三所言似乎不差；但相對來說，從現實經驗層次而論，孟學所建立的道德國家之理想雖然美好，但卻是不切實際與無效的。[215]

不必惶恐荀子這樣的政治論述是否太過外在而不具有「哲學」意義，如以西方嚴格意義下的「哲學」，中國思想中是否有著純粹的「哲學」是值得商榷的。或許應該說當今學科的劃分，將「人」的概念與論述切割地支離破碎；太過強調學科間彼此的「異質性（heterogeneity）」反而使得各個領域間難以溝通。「倫理經濟學」正是企圖整合道德哲學、法律學、政治學、社會學與經濟學的多元領域，以此來建構

---

214 參牟宗三：《名家與荀子》，頁208。

215 參白彤東：〈韓非子與現代性——個綱要性的論述〉，《中國人民大學學報》2011年第5期（2011年5月），頁55。

跨學科的（interdisciplinary）整體性理論。[216]而荀子的學說毋寧說是整合戰國諸子並統合儒家內部思想集大成的龐大體系[217]，他既非哲學、亦非政治學、經濟學或社會學，而是一思想縝密的「人」學系統。假使不以孟學式的「道德形上學」檢視之，將能夠當代多元價值下——在孟學的仁政系統外，開展出一個不同於孟學的政治理論——「政治經濟學」。

三　從利己開出秩序——面對現實才能看見理想

最後，有一點值得思考的是：荀子放棄回歸封建與宗法制度的可能，企圖在新經濟制度與社會環境下開展新秩序，是以他看到了現實自利以自我為中心的「經濟人」並由此展開其政治理論；而孟子期望重建封建與宗法制度，渴望回到舊有井田制度與禮教社會的舊秩序中，是以他提點了具有尊尊親親族群意識，以道德主體為核心的「道德人」並藉此開展其政治論述。

但在梳理荀子與孟子的政治論後卻可以發現，於凸出自我中心與利己導向的「經濟人」系統中，荀子用以開展政治理論的進路卻是以「群」的角度來達到彼此間的和諧與共生之可能；然而在凸出宗法制度下尊尊親親的凝聚意識與追求利他德性的「道德人」系統中，孟子用以開展的卻是道德主體性的視角來達到社會秩序與善的可能——亦即所謂的道德主體性是可以在自我之中完滿自足的，其理論反而較少面對現實性的人與人之間的衝突。這裡的弔詭在於：看見利己傾向的荀學，開展了導向群體的論述；而看見利他德性的孟學，反而開展了導向主體自我修養的理論。

---

216 參高安邦：《政治經濟學》，頁2-4。
217 參〔日〕佐藤將之：《荀子禮治思想的淵源與戰國諸子之研究》，頁20。

　　是以，可以看到：利己的人性現實，在適當的政治理路開展下，卻是能夠導向群體性合作的結果；而利他的人性假設，在一定的政治理路展開下，卻可能成為活在道德真空之中道德主體，而與人失去了連結。究竟中國兩千年的專制是否都應該歸咎於荀子，孟學又是否真的較荀學具有民主因子，這是值得深刻反思的。[218]無論如何，這裡帶給人的啟發是：或許面對「現實」反而能夠走向「理想」；太過堅持「理想」可能反而永遠陷入「現實」的渾沌之中。

---

218 荀學如何在當代被重構，以及儒學重建的可能與進路，可參劉又銘：〈儒家哲學的重建──當代新荀學的進路〉，收入汪文聖主編：《漢語哲學新視域》（臺北市：臺灣學生書局，2011年），頁157-182。

第五章

音樂的經濟學

——「經濟人」的禮樂結構與荀學化性的工夫

引言——為何是音樂？

　　音樂是古代中國重要的文化與教育的元素，更是儒家學說不可或缺的一環，這點從《周官》與《儀禮》中對於設置專職的掌樂之官，並細述其責及功效即可探知一二。然而，儒家的音樂理論到了孔子才有提綱挈領的討論[1]，在孟子那裡甚至沒有論樂的文字；直至荀子才有對於音樂的專著——〈樂論〉，發展了一套有系統的音樂哲學。[2]

　　也就是說，音樂在荀子的思想中占有重要的地位，繼承並著重發揚了孔子的禮樂思想，企圖以禮樂修身、教化人群、治理邦國；這與

---

[1] 《論語》中記載：「子與人歌而善，必使反之，而後和之」（〈述而〉）；「子在齊聞韶，三月不知肉味。」（〈述而〉）由此可以見得，音樂對於孔子的生命體驗有其重要性。而「樂」作為周代封建禮樂文化的一環，孔子承繼對於周文化的熱情，是以其對於「樂」的重視是可以理解的。當然，對於孔子而言，「樂」不僅僅是一般的「下里巴人」（《新序‧雜事一》）的通俗音樂；而是具有教化與治理意義的「禮之樂」——這也是為何「子之武城，聞弦歌之聲。夫子莞爾而笑」（〈陽貨〉）的原因。然而，儘管孔子對於「禮之樂」有一定的情感與推崇，但在孔子那裡還未真正對「樂」何以能治能化作出哲學性的系統論述。參〔魏〕何晏注，〔宋〕邢昺疏：《論語注疏》（臺北市：藝文印書館阮元校勘十三經注疏本，2013年），頁61、65；〔漢〕劉向撰，石光瑛校釋、陳新整理：《新序校釋》（北京市：中華書局，2001年），頁129；〔日〕江文也著，楊儒賓譯：《孔子的樂論》（臺北市：喜瑪拉雅基金會，2003年），頁77-90。

[2] 參吳文璋：《荀子的音樂哲學》（臺北市：文津出版社，1994年），頁171。

孟子轉向內在道德價值的顯發，以道德理論統括儒學修養論的進路，單提內在四端根源的進路十分不同。那麼，音樂哲學應該是荀子思想的重要特色與內涵，歷來研究卻對此少有著墨，多著重於荀子「禮」論的探討；僅吳文璋著有《荀子的音樂哲學》一書，對荀子論樂的部分有較完整而系統的論述。

　　然而，荀子思想中「禮」論並不能無「樂」，〈樂論〉與〈禮論〉卓然並立於《荀子》書中，不能徒論「禮」而不知「樂」，否則即為荀子所謂「蔽於一曲，而闇於大理」（〈解蔽〉）。[3]正如荀子所言：「先王之道，禮樂正其盛者也」，「導之以禮樂而民和睦。」（〈樂論〉）[4]禮樂是一個系統，不能截然二分。正如吳文璋所論，荀子講「禮」時往往也包括「樂」在其中[5]；甚至在梳理〈禮論〉與〈樂論〉後，可以說荀子的禮樂是相互含攝，是所謂「禮中有樂，樂中有禮」，是「禮之樂」——道德之樂，而非今日所謂廣義的「音樂」；這也正如瑞典學者林西莉（Cecilia Lindqvist）所認識到，荀子所談論的音樂，有著深入人心、改變人性的力量。[6]

　　也就是說，音樂作為導引行為、化導人性的力量，可視為荀子「倫理經濟學」的一環——透過音樂的感化，即時消解與導正「經濟人」（economic man）出於生存本能的原初欲望所帶來的暴戾之氣與不合禮的行為。這樣的化性之功，是在學之外的一種方便法門，能夠使人的身體隨「禮之樂」而行為，符合荀子所關切工夫何以能「速」的脈絡。

3　〔清〕王先謙撰，沈嘯寰、王星賢點校：《荀子集解》（北京市：中華書局，2010年），頁386。

4　〔清〕王先謙撰，沈嘯寰、王星賢點校：《荀子集解》，頁380、381。

5　參吳文璋：《荀子的音樂哲學》，頁178-179。

6　參〔瑞典〕林西莉（Cecilia Lindqvist）著，許嵐、熊彪譯：《古琴的故事》（臺北市：貓頭鷹出版社，2009年），頁135。

　　而「禮之樂」之所以能夠具有如此強烈的力量，即在於它是道德價值體系的一環，是道德呈現的一個面向，而不僅僅是一種形式、一種聲音。正如荀子所說：「仁、義、禮、樂，其致一也」（〈大略〉）[7]，所謂的「樂」不僅僅是與「禮」互為表裡，更與仁義有著同構性。基本上如錢穆所言，荀子所言皆「《詩》《書》禮樂」而非「《詩》《書》《禮》《樂》」[8]；那麼了解具有根源性意義的「樂」與「禮」，都不是單指一本經書，而是一種價值體系，也才能理解，為何「音樂」——禮之樂在荀子思想體系中有如此大的力量與效用。因此，透過梳理荀子「樂論」及其性惡論、化性起偽與禮治思想之關聯，將是建構荀子理論不可或缺亦亟待補強的一條進路。

第一節　「性」、「偽」對應的性惡論架構：「樂」的雙重性意義開展

　　誠如前文所言，《荀子》的「樂論」與人性論、修養論及治亂論有著密切關係，也就是「樂論」是其思想體系中的一環，不可孤立而論。[9]假使能將彼此環環相扣，那麼就可以將《荀子》的思想體系脈絡梳理清晰，了解性惡即是性惡，不是弱性善、不是性樸也不是性無善惡，可以藉此相輔相成，相互印證[10]；並藉此挺立荀子「倫理經濟

7　〔清〕王先謙撰，沈嘯寰、王星賢點校：《荀子集解》，頁492。

8　參錢穆：《經學大要》（臺北市：素書樓基金會，2000年），頁19、22。

9　如何淑靜即認為荀子的〈勸學〉必須與其化性起偽的工夫論合而觀之，將其與〈禮論〉、〈性惡〉、〈解蔽〉諸篇整合，才能看出其意義，否則〈勸學〉在《荀子》全書將顯得孤立與怪異。〈樂論〉等其他篇章也是如此，都必須視為其理論系統的一環，不能主觀先認定何篇的重要性高於他篇，而有意忽略某些篇章。參何淑靜：《荀子再探》（臺北市：臺灣學生書局，2014年），頁29-60。

10　誠如前文所述，近年有劉又銘等人提倡荀子是為「弱性善論」、林桂榛與周熾成等人言「性朴論」，以及李哲賢說荀子是為「性無善惡」。但這些說法多先直接否定了

學」的架構及其必要性。

一 「人情必不免」：性惡論架構下的樂論

關於荀子的樂論，可以說是由「人性」的根源處進行梳理與探討，也就如吳文璋所說，他是從音樂「為何」產生處著手，進行哲學性的根源性考察，而非從歷史上的發展追求音樂的實際形成歷程。[11]因此，荀子對於音樂的定義是：「樂者，樂也，人情之所必不免也。」（〈樂論〉）[12]也就是說，音樂就是一種歡樂的氛圍與情緒，是人自然的情感中所不能避免與缺少的。[13]而這樣的情感正是人生而為人所共同擁有的傾向，是「天下之大齊」（〈樂論〉）[14]，可以說是人的最大公約數。

而《荀子》在〈性惡〉中言「從人之性，順人之情」[15]，將情性視為一體，在某個意義上是等同的；那麼，「人情」正是「人性」概念下的一環。而《荀子》對於「性」的定義是「不可學、不可事而在

「性惡」的字面意義是為「人性是惡的」，轉而從其他幽微之處來反駁荀子「性惡」不為「性惡」。但假使能夠將《荀子》全書視為一個理論系統，相互印證，將可以發現不須要先否定「性惡」，甚至不能否定「性惡」，因為「性惡」是與禮論、樂論、勸學與化性起偽等理論相輔相成、相互支撐的。參劉又銘：〈當代新荀學的基本理念〉，《儒林》第四輯（濟南市：山東大學出版社，2008年），頁4-13；林桂榛：〈荀子性朴的理論結構及其思想價值〉，《邯鄲學院學報》第22卷第4期（2012年12月），頁137-153；周熾成：《荀韓人性論與社會歷史哲學》（廣州市：中山大學出版社，2009年），頁29-34；李哲賢：〈荀子之性惡說析論：從文本談起〉，《哲學與文化》第40卷第5期（2013年5月），頁137-153；曾暐傑：〈存在與方法──荀子性惡論詮釋的新視野〉，《中國言語文化》（韓國）第3輯（2013年9月），頁282-311。

11 參吳文璋：《荀子的音樂哲學》，頁85-86。

12 〔清〕王先謙撰，沈嘯寰、王星賢點校：《荀子集解》，頁379。

13 參張覺撰：《荀子譯注》（上海市：上海古籍出版社，2012年），頁290。

14 〔清〕王先謙撰，沈嘯寰、王星賢點校：《荀子集解》，頁380。

15 〔清〕王先謙撰，沈嘯寰、王星賢點校：《荀子集解》，頁434-435。

人者」（〈性惡〉）[16]，那麼這也就印證了音樂作為「人情所不免者」，正是「性」——人生而有的一種傾向與衝動，是隨順「經濟人」／「自然人」（natural man）的誕生而有的。[17]

那麼，此一自然情性中所有之「樂」的特質為何？依照荀子性惡論所謂「人之性惡，其善者偽也」的說法，「從人之性，順人之情」必然會使人「出於爭奪，合於犯分亂理，而歸於暴」；而此「情性」的內涵即包括了「樂」的成分——「生而有耳目之欲，有好聲色焉，順是，故淫亂生而禮義文理亡焉。」（〈性惡〉）[18]也就是說，聽覺是作為人生而有的感官欲望之一，即荀子所謂「今人之性，目可以見，耳

---

16 〔清〕王先謙撰，沈嘯寰、王星賢點校：《荀子集解》，頁436。

17 荀子在講人性時，皆是就生物意義上的人而論，那是一種人出生時還未經教化的狀態。而一切在這個狀態下所擁有的傾向或衝動，都是性的一部分。就其好利惡害、因生存本能產生的欲望與衝動而言，可將其稱為「經濟人」；就其未經禮義教化的原始狀態的特質而言，可稱之為「自然人」——所謂的「自然」不是道家那種未經世俗汙染的純淨狀態，而是儒家脈絡下未經禮儀化導下的原始狀態——亦即所謂的「野」。荀子即言：「不敬文謂之野」（〈禮論〉），又說：「力功不力義，力知不力仁，野人也。」（〈大略〉）這與《禮記》中所載：「敬而不中禮，謂之野」（〈仲尼燕居〉）的思維是一致的，就如同楊國榮所言，在儒學的思維中，「野」與「文」是相對的。是以此處所謂的「自然」就是「經濟人」在未經禮義教化時所呈現的原初「野」的狀態——亦即粗野與不文明，這點在後文會再提及與說明。是以，此處所言之「樂」是針對「自然的身體」中不待後天學習、自然而然追求感官快樂的「樂」，與受禮樂教化後習得的「禮義之樂」不同。而本章在樂音的脈洛中特別強調「經濟人」的自然面向，是以多以「自然人」論之；然「經濟人」與「自然人」實是同一狀態的不同面向之表述。參曾暐傑：《打破性善的誘惑——重探荀子性惡論的意義與價值》（新北市：花木蘭文化事業公司，2014年），頁67-71；伍振勳：〈荀子的「身、禮一體」觀——從「自然的身體」到「禮義的身體」〉，《中國文哲研究集刊》第19期（2001年9月），頁317-344；楊國榮：《倫理與存在——道德哲學研究》，頁245；〔清〕王先謙撰，沈嘯寰、王星賢點校：《荀子集解》，頁359、500；〔漢〕鄭玄注，〔唐〕孔穎達疏：《禮記注疏》（臺北市：藝文印書館阮元校勘十三經注疏本，2013年），頁852。

18 〔清〕王先謙撰，沈嘯寰、王星賢點校：《荀子集解》，頁434。

可以聽」(〈性惡〉)[19]，是人所不能免除的自然情性。而假使放縱此一聽覺欲望，將會使人心思淫邪、作奸犯科，絲毫不在意社會的道德與規範；此一聽覺欲望及其所產生的「自然之樂音」就是「惡」的。[20]

二 「自然的樂音」：性惡之性的欲望展現

「自然的樂音」並非《莊子》所謂「天籟」、「地籟」(〈齊物論〉)[21]之屬，亦即它不是一個具有美善特質的正面元素，而是一種不具道德內涵、未經人為教化的「慾望之樂音」。因為在《荀子》的思想脈絡中，自然質樸與禮樂教化是相對的——「性者，本始材朴」；「偽者，文禮隆盛」。「自然的樂音」即是「本始才朴」之「性」的一環，那是相對於「文禮隆盛」的原始狀態、野蠻狀態；如果思考《荀子》為何一再強調禮義的重要性，就可以了解「本始材朴」的原始狀態對儒家而言絕非一種無善無惡的中性概念。[22]

正如《荀子》所說：「今人之性，固無禮義」(〈性惡〉)[23]，又言

---

19 〔清〕王先謙撰，沈嘯寰、王星賢點校：《荀子集解》，頁436。

20 有不少學者認為荀子所謂的「惡」是「順是」之後所產生的行為，「性」本身並不是「惡」的，但是如同霍布斯（Thomas Hobbes, 1588-1679）所言，在足以懾服個體行為的共同權力形成以前，人與人之間將處於恆常的戰爭狀態。也就是說，人性在未經後天化導時，必定會順著自己的欲望去行動，也就是說「順是」為必定會發生的傾向；而既然此一人性必定會傾向一個「惡」的結果，難道不能說這樣的「性」是具有「惡」的特質嗎？參李哲賢：〈荀子之性惡說析論：從文本談起〉，頁148；陳大齊：《荀子學說》（臺北市：華岡出版社，1989年），頁58；徐宗良：《道德問題的思與辨》（上海市：復旦大學出版社，2011年），頁59；曾暐傑：《打破性善的誘惑——重探荀子性惡論的意義與價值》，頁76-79。

21 〔清〕王先謙撰：《莊子集解》（臺南市：莊家出版社，1976年），頁6-7。

22 參曾暐傑：《打破性善的誘惑——重探荀子性惡論的意義與價值》，頁82-85。

23 〔清〕王先謙撰，沈嘯寰、王星賢點校：《荀子集解》，頁439。

「禽獸有知而無義」（〈王制〉）[24]，那麼有義無義正是人禽之辨的關鍵，人在未經教化的原始狀態是與禽獸一樣而沒有分別的。這也是《禮記》所言：「敬而不中禮，謂之野」（〈仲尼燕居〉）[25]的思維理路，說明了沒有禮儀文明的修持文飾，那就是一種野蠻的狀態；相對於禮義的脈絡而言就是「惡」的。[26]

也就是說，依照《荀子》的定義——「樂者，樂也」，此一「自然的樂音」是一種「自然人」追求快樂的自然傾向下之產物，是人內在情性的物質化、能量化的具體顯現。正如其言「樂則必發於聲音，形於動靜」（〈樂論〉）[27]，當人自然而然順著欲望的衝動去追求快樂，則會有樂音的產生，且會影響到身體動作與行為。那樣的聲音最初可能只是一種粗鄙的吼叫聲、可能只是一些淫聲浪語，總之是能夠讓人發洩情緒、滿足欲望的聲音；而在逐漸組織化後就形成了一種特定形式的樂音。

這種「自然的樂音」是聽覺欲望追求刺激的產物與對象，是《荀子》所言生而有的身體欲望——「目好色，耳好聲，口好味，心好利，骨體膚理好愉佚」（〈性惡〉）[28]——中的其中一種感官欲望的衝動與追求。假使沒有後天禮義的約束與化導，那麼人對於此種「自然的樂音」——姦聲淫樂的追求就會無止境地發展，自然也就會使人順性而為，而造成「淫亂生而禮義文理亡」（〈性惡〉）[29]的惡行；也就是吳文璋所梳理：荀子由此理解到，如果人順從對此一對樂音的追求，必然

---

24 〔清〕王先謙撰，沈嘯寰、王星賢點校：《荀子集解》，頁164。

25 〔漢〕鄭玄注，〔唐〕孔穎達疏：《禮記注疏》，頁852。

26 參楊國榮：《倫理與存在——道德哲學研究》（北京市：北京大學出版社，2011年），頁245。

27 〔清〕王先謙撰，沈嘯寰、王星賢點校：《荀子集解》，頁379。

28 〔清〕王先謙撰，沈嘯寰、王星賢點校：《荀子集解》，頁438。

29 〔清〕王先謙撰，沈嘯寰、王星賢點校：《荀子集解》，頁434。

會出亂子，所以必須由聖王制定禮樂來化導這樣的欲望與衝動[30]——「自然的樂音」即是「自然人」欲望與衝動的能量場之展現。

此「自然的樂音」某個意義上而言就是姦聲淫樂，它的起源是前文所述感官欲望的無度追求下所產生的聲音——可能包括粗野的狂暴怒吼、縱情縱慾的淫聲浪語，那是人內在欲望的具體化、能量化呈現，也就是荀子所說「人不能無樂，樂則不能無形」（〈樂論〉）[31]；而在未經禮義教化時所具體化的樂音，就是所謂的「姦聲」。「姦聲」相對來說是主體間自發情感的具象化聲音，沒有固定的形式，就是自然而然不節制的欲望展現。

而「姦聲」是「淫樂」的根源[32]，後者是前者的形式化。「姦聲」即《荀子》所謂「樂者，樂也」，自然欲望顯發為樂音的一種形式；就是所謂「發於聲音，形於動靜」，由主體情感透過音聲動作的外顯形式。而這樣的聲音因為對人的主體情感上會產生愉悅感，假使沒有克制就會如《荀子》所說，順此好聲色的耳目之欲，而造成淫邪暴亂的行為。[33]

正如《荀子》所言：「姦聲感人而逆氣應之」，因為此一自我或他者的「姦聲」足以使人產生快樂與愉悅感，是一種足以激發身體追求「縱情性，安恣睢」的放縱情感欲望的快感；那種放縱是不具禮義正道的倒行之氣，是未經化導的「自然人」對自我的放縱與對多巴胺（dopamine）的病態追求。[34]荀子即言：「君子樂得其道，小人樂得其

---

30 參吳文璋：《荀子的音樂哲學》，頁88。

31 〔清〕王先謙撰，沈嘯寰、王星賢點校：《荀子集解》，頁379。

32 參吳文璋：《荀子的音樂哲學》，頁87。

33 〈性惡〉：「生而有耳目之欲，有好聲色焉，順是，故淫亂生而禮義文理亡焉。」見〔清〕王先謙撰：《荀子集解》，頁434。

34 多巴胺是人類神經系統釋出的一種物質，鼓勵人追求感官欲望上的刺激，引起人類欲望，會帶給人高度愉悅感。但當此一物質太多與失衡時，就會造成上癮的情況。參Ferris Jabr, "Gambling on the Brain," *Scientific American*, 2013, Vol.309(5), p.28.

欲」（〈樂論〉）[35]，雖然樂音是人追求快樂的展現，但是「形而不為道，則不能無亂」，有德之人能夠節制欲望，在樂音與快樂的追求上保持正道；至於無德之人則濫情縱欲，沉浸在姦聲之中。

於是當「姦聲」可遇而不可求，無法時時滿足無德之人的欲望時，便將那類聲音形式化為一種固定的樂音，一種相對於聖王所作之〈王夏〉、〈騶虞〉、〈采蘋〉等「禮義的音樂」——「淫樂」。淫樂同樣為人所作，是對姦聲的模擬與創造，可以淫亂焦躁人的心志，即世俗所謂的靡靡之音；故《荀子》言：「姚冶之容，鄭、衛之音，使人之心淫。」（〈樂論〉）[36]

《荀子》此處所言的「鄭衛之音」，即是靡靡之音的代表。《白虎通義》記載：「鄭聲淫何？鄭國土地民人，山居谷浴，男女錯雜，為鄭聲以相誘悅懌，故邪僻，聲皆淫色之聲也。」（〈禮樂〉）[37]也就是說，因為鄭國地處谷地之中，男女混雜居住而沒有分別，皆直接以樂音表達彼此的愛慕之意。當然，所謂的淫色之聲未必是直指，但由於在男女分際較開放的環境，整體的歌聲內容或是語調都會比較偏向清柔軟語或繁雜瑣碎，容易使人心志陷溺而頹廢。[38]

《禮記》中也記載：「鄭音好濫淫志，宋音燕女溺志，衛音趨數煩志，齊音敖辟喬志」（〈樂記〉）[39]，足以見得淫樂往往具有地方特色，並非人生而有的普遍性特質；「禮義的樂音」大抵為聖人所整合製作，而此類淫樂通常為「集體無意識」（collective unconscious）[40]

35 〔清〕王先謙撰，沈嘯寰、王星賢點校：《荀子集解》，頁382。

36 〔清〕王先謙撰，沈嘯寰、王星賢點校：《荀子集解》，頁381。

37 〔清〕陳立撰：《白虎通疏證》（北京市：中華書局，2012年），頁116。

38 參吳文璋：《荀子的音樂哲學》，頁96-97。

39 〔漢〕鄭玄注，〔唐〕孔穎達疏，《禮記注疏》，頁692。

40 〔瑞士〕卡爾・古斯塔夫・榮格（Carl G. Jung）著，徐德林譯：《原型與集體無意識》（北京市：國際文化出版公司，2011年），頁5-59。

所構成。

三 「禮義的樂音」：化性起偽的能量建制

依據荀子所謂「人之性惡，其善者偽也」（〈性惡〉）[41]，人呈現出一種「性」與「偽」的對應性——「性」是「天之就也，不可學，不可事」而在於人的特質，是未經教化的「本始材朴」；「偽」是「所學而能，所事而成者」，在習得禮義後的一種「文理隆盛」的狀態。當然這二者不是對立截然二分的，正所謂「性偽合，然後成聖人之名」，二者是相輔相成、不可切割的。

但無庸置疑的是，從「性」到「偽」是一個修養工夫的歷程，是企圖將人從「自然的身體」轉化為「禮義的身體」之過程。[42]那麼「樂者，樂也，人情之所必不免也」，顯現出「音樂」出於人天生而有追求快樂的欲望與衝動，故在原初的狀態下屬於「性」的一部分——即「耳目之欲」、「好聲色」、「耳好聽」的一環。但即便如此，「音樂」對於荀子而言同「性」一樣是可以轉化的，是其言「樂則不能無形，形而不為道，則不能無亂」，樂音也有「道」與「不道」的分別。正因為如此，《荀子》在〈樂論〉中明確敘述了以「有道」之樂音矯正不道之樂音的可能性：

> 先王惡其亂也，故制〈雅〉〈頌〉之聲以道之，使其聲足以樂而不流，使其文足以辨而不諰，使其曲直、繁省、廉肉、節

---

41 〔清〕王先謙撰，沈嘯寰、王星賢點校：《荀子集解》，頁434。

42 參伍振勳：〈荀子的「身、禮一體」觀——從「自然的身體」到「禮義的身體」〉，頁317-344。

奏，足以感動人之善心，使夫邪污之氣無由得接焉。[43]

聖王為了避免人陷入欲望之中而起爭奪而造成社會的混亂，所以將「樂音」統合為典雅有節的「音樂」；此一經過調和的音樂能夠讓人不沉溺於欲望的愉悅中而流於放蕩，並讓音樂中的文辭親近易懂，不至於人因為不能領會音樂的要義而胡思亂想。而音樂的清濁曲直，都是為了要避免放蕩的樂音與人性中的惡的欲望感通而無限流動；期待由此來使人內化禮義規範，能夠掌控自我當下的欲望。

也就是說，「性惡」的「經濟人」是充滿足以成「惡」之欲望的，而淫靡的樂音會激發人情欲與惡性的流動；此正是荀子所謂：「人之生固小人，又以遇亂世，得亂俗，是以小重小也，以亂得亂也。」（〈王制〉）[44]淫邪之樂作為亂人心之俗，就會更加激盪人的「惡」性，而使禮與善的價值無法透過心知內化到人性之中。由此可以了解，「樂」之所以與「禮」併言，如此受到荀子的重視，正在於它是感化「性惡」的「經濟人」之一環——「禮」從有形的層面規制教化，「樂」則在無形的層次制約感化。

是以可以看到，荀子對於「樂」之所起的論述結構，與〈禮論〉中「禮」的起源如出一轍：

> 先王惡其亂也，故制禮義以分之，以養人之欲，給人之求，使欲必不窮乎物，物必不屈於欲。兩者相持而長，是禮之所起也。（〈禮論〉）[45]

---

43 〔清〕王先謙撰，沈嘯寰、王星賢點校：《荀子集解》，頁379。

44 〔清〕王先謙撰，沈嘯寰、王星賢點校：《荀子集解》，頁64。

45 〔清〕王先謙撰，沈嘯寰、王星賢點校：《荀子集解》，頁346。

顯示出「樂」與「禮」同樣是聖王為了避免人順情性發展「性惡」之「性」、耽溺於姦聲淫樂之中而造成社會的暴亂，因而制作了符合禮義之道的樂音來化導人性，轉化「經濟人」天生縱欲的傾向。

由此可以發現，荀子所謂的「樂」有兩個層次：其一是「人情所必不免」，是人自然情感欲望、追求愉悅的內在情性的具體化呈現的一種樂音──可能是呻吟、吼叫、唱和等等口語性的音聲，是自然而然不經教化之「自然的樂音」；其二是聖王為了轉化、導正人天生可能過度追求逸樂的衝動與不符禮義的樂音，繼而統合制作之「禮義的樂音」。

而在《荀子》所論以禮樂教化人性的過程中，自然人性中那種「自然的樂音」可以被轉化為「禮義的樂音」，「禮義的樂音」甚至能夠內化於人性之中，使人音聲口語與舉手投足都自然呈現「禮義的樂音」，而不再是野蠻沒有文理的「自然的樂音」，也不會再迷戀與追求姦聲淫樂。由此可以了解到，音樂正是荀子轉化性惡，及其化性起偽的修養論中重要的一環；同時也印證了荀子性惡論的合理性與正當性。

第二節　「化性起偽」的修養論進路：「樂」作為　　　　　修身的可能性

誠如前文所言，音樂對《荀子》而言是轉化「性惡」之「性」的重要關鍵之一，其地位並不亞於「禮」的功效。也就是說，《荀子》極為關注人的自然情性所具體化發展出來之「自然的樂音」，因為那是人生而為人的最大公約數，是具有普遍性的。但荀卿更強調「禮義的樂音」對於人的教育與化導，而其樂音之所以能夠對於人性進行轉化，是因為其氣化身體觀。此一氣化身體能夠感知外在道德禮樂，至

於為何要在「禮」之外凸顯「樂」的重要性，即在於「樂」的非強制性及其效率──作為「倫理經濟學」的思考脈絡下所必要。本節即針對「音樂」如何轉化人性及其必要性作論述。

一　「樂」何以修身？氣化身體觀的能量接收與轉化

《荀子‧王制》中說：「水火有氣而無生，草木有生而無知，禽獸有知而無義，人有氣、有生、有知，亦且有義，故最為天下貴也。」[46]顯示其認為人的組成是「氣─生─知─義」──以氣為基礎的身體觀。也就是說，《荀子》對於修養論與工夫論，必須建立在形軀的內化之上；而非直接透過形上的道德價值，企圖透過內在自覺來進行修養工夫。

《荀子》的身體觀是一強調神經細胞網絡（neural network）──道德（virtue）階層結構（hierarchically structured）的身體[47]，必須透過血氣形軀來修養身體，達到內化禮樂的效果。這不同於《孟子》所謂「求其放心」（〈告子上〉）[48]，直接反求具有形上意義的「心」之模式；而是將感覺器官（「耳目之官」）與精神器官（「心之官」）並列，視為人天生的稟賦。[49]也就是說，《荀子》的修養論是須要透過感官去

---

46 〔清〕王先謙撰，沈嘯寰、王星賢點校：《荀子集解》，頁164。

47 參Laurence J. Kirmayer, "Response: Reflections from Psychiatry on Emergent Mind and Empathy," in Sarah Coakley and Kay Kaufman Shelemay edt., *Pain and its transformations: the interface of biology and culture*. Cambridge, Mass.: Harvard University Press, 2007, p242.

48 〔漢〕趙岐注，〔宋〕孫奭疏：《孟子注疏》，頁202。

49 當然，「心」無論在儒家或《荀子》中，的確有著足以控制感覺器官的優位性；但是在「自然的身體」還未受到禮義的化導之前，「心」是沒有獨立性的。也就是當「心」處於原始「不知道」的狀態，就會「不可道，而可非道」，受制於感官欲望；只有在其能夠達到虛壹而靜的工夫時，才能真正形成所謂「出令而無所受令」

接收禮樂,達到轉化性惡之性的效果;也因為如此,透過耳朵接收樂音,進而達到修養身心就有其可能性。

那麼,《荀子》認為的以「氣」為組成基礎的「人」,就有透過氣感接收與回饋外在訊息的可能,是其言:「凡姦聲感人而逆氣應之,逆氣成象而亂生焉;正聲感人而順氣應之,順氣成象而治生焉。」(〈樂論〉)[50]如果使人有感於「自然的樂音」──姦聲淫樂之屬,那麼人身中那未經教化而放縱欲望的不正之氣就會有所感應;假使是使人有感於「禮義的樂音」──〈騶虞〉、〈采蘋〉之屬,人身中的正氣就會逐漸形成而有所感應。

也因為如此,《荀子》認為:「治氣養生之術」其中一個途徑就是「合之以禮樂,通之以思索」(〈修身〉)[51],亦即透過禮制樂音來協調人的血氣情志,使其能夠有思考衡量是非的能力。這樣的進路是透過「感覺─運動迴路」(sensory-motor circuit),將人體與外界連接起來;即透過感覺器官(如此處所言「耳之官」)傳入外界訊息,進而傳遞到腦的中樞(即荀子所謂的「心」)。而神經中樞接受訊息後能夠進行思考判斷,進而再從接收者轉為指令發送者。[52]這樣的心理生理

的「天君」。所以在《荀子》所謂性惡之性還未化導,逆轉身心關係時,「心」沒有優先性,甚至受制於感官的欲望。所以,在這個階段,感官是接受外在禮義道德的必要通道;不能略過此徑而逕指於「心」,那在《荀子》的身體觀中是不可能的。也就如梅洛・龐蒂(Maurice Merleau-Ponty, 1908-1961)所說:「我就是我的身體」,沒有身心二元之分,也沒有形上心宰制形軀的問題。參〔美〕孟旦(Donald J. Munro)著,丁棟、張興東譯:《早期中國「人」的觀念》(北京市:北京大學出版社,2009年),頁53、曾暐傑:《打破性善的誘惑──重探荀子性惡論的意義與價值》,頁182-191。

50 〔清〕王先謙撰,沈嘯寰、王星賢點校:《荀子集解》,頁381。

51 〔清〕王先謙撰,沈嘯寰、王星賢點校:《荀子集解》,頁26。

52 參〔日〕湯淺泰雄著,盧瑞容譯:〈「氣之身體觀」在東亞哲學與科學中的探討──及其與西洋的比較考察〉,收入楊儒賓主編:《中國古代思想中的氣論及身體觀》(臺北市:巨流圖書公司,2009年),頁77-80。

學觀點，與荀子〈解蔽〉諸篇中所述人內化禮義的過程進而使「心」成為「天君」的過程是極為相似的。

因此可以說，《荀子》的「心」即便有著關鍵的地位，但是並不能自體顯發道德的價值，而必須透過外在的訊息（亦即禮樂之屬）來化導它、修養它；使其從「不知道」的「天官之心」轉化為「自禁」、「自使」、「自奪」、「自取」、「自行」、「自止」的「天君之心」（〈解蔽〉）[53]。職是之故，「心」無法單獨存在而自養，必須透過感官來接受訊息、辨別是非，此即《荀子》所言：「何緣而以同異？曰：緣天官」——「形體、色、理以目異」、「聲以耳異」、「味以口異」、「臭以鼻異」（〈正名〉）[54]。如此便可知道，《荀子》為何可以透過樂音來轉化人性、修養情性；這對於其氣化身體觀有其合理性及必要性。

二　「樂」以何修身？樂音能量的道德性及其感染力

然而，此處可以進一步思考，為何《荀子》了解到人有眼而能透過看辨別形體顏色、有耳而能透過聽覺辨別清濁調竽、有口能透過味覺辨別酸甜苦辣鹹、有鼻能透過嗅覺辨別香臭腥臊，有身能透過感覺辨別熱癢輕重[55]，卻獨獨特別強調聽覺對於樂音的接收及其在修養論與治亂學說中的重要地位呢？[56]

---

53 〔清〕王先謙撰，沈嘯寰、王星賢點校：《荀子集解》，頁397-398。

54 〔清〕王先謙撰，沈嘯寰、王星賢點校：《荀子集解》，頁415-416。

55 參〈正名〉「何緣而以同異？」一段。見〔清〕王先謙撰，沈嘯寰、王星賢點校：《荀子集解》，頁415-416。

56 林世賢指出「耳修」在工夫論上具有「殊勝」地位，相較於眼、鼻、舌、身所行工夫具有更重要意義，且這樣的思維似乎在儒釋道中有著共通性。然而，就先秦儒家而言，僅有荀子對於「樂音」有著系統性論述，這可以說是荀子重禮思維下的一環；相對來說，孟子強調道德的自覺，對於「樂」的哲學性意義並沒有太多著墨。是以，「樂論」可以視為荀學理論的特色之一，且是就如何化性與治亂的面向來論

　　誠如前文所提到的,《荀子》指出音樂是人天生之欲望追求愉悅的一種具體顯發,也即「樂者,樂也」之意。那麼樂音就是人內在情感的顯發,亦即《荀子》所言「人情之所必不免」,是作為人的一種情性之普遍性;同時也是影響人內在情感的能量,亦即《荀子》所謂「姦聲感人而逆氣應之」、「正聲感人而順氣應之」,是能夠透過外在樂音的能量使身心有所感應。也就是說,樂音不僅是人自體發出情性能量的具象化,亦是他者透過人為整合能量影響身心的重要關鍵,那是一種雙向傳遞的能量交流。

　　相對於眼睛的視覺、鼻子的嗅覺與舌頭的味覺,耳朵的聽覺是與人的內在情性最直接的連結與感應。更進一步說,樂音與道德是有著最為密切的聯繫性,它具有顯現一個人的修養氣質,也對於人的行為談吐有著制約與影響的能力。是以荀子說:「樂者,所以道樂也。金石絲竹,所以道德也」,是「治人之盛者也」(〈樂論〉)[57]。這正如林西莉所體認到,音樂的關鍵在於道德的取向而不在曲調本身[58],它是情性最真實的呈現,也是可以直接利用感官感應而達到教化效果的能量。

　　也即是說,樂音是可以作為道德修養的具體能量,如古代射禮「士以〈采繁〉為節」,並由此「觀盛德」(〈射義〉)[59],即是說人的身體能夠透過感通音樂,達到調節情志、儀態與情緒的作用;此是價值規範無形中的傳遞與感化,形成一條無形的道德價值與人性之間的通道。由此顯示出:「音樂」是可以像「禮」一樣能夠操作,去規約與制約人的情感與行為;甚至是滲透與傳遞道德的訊息。如 Helen L.

述「樂」的重要性,亦即本書所謂「樂」的效能與效率。關於耳修在工夫論上的殊勝請參林世賢:〈聰聖、聞思與音樂──論耳修在工夫論上之殊勝〉,《漢學研究》第30卷第1期(2012年3月),頁61-66。

57　〔清〕王先謙撰,沈嘯寰、王星賢點校:《荀子集解》,頁382。

58　參〔瑞典〕林西莉(Cecilia Lindqvist)著,許嵐、熊彪譯:《古琴的故事》,頁135。

59　〔漢〕鄭玄注,〔唐〕孔穎達疏:《禮記注疏》,頁1014。

Bonny 所言，音樂是一個完型整體（gestalt），可以控制人的身體和腦，亦對於人的心理和生理產生影響。[60]相對而言，食物之於味覺、圖像之於視覺、香味之於嗅覺，就沒有這樣直接的可操作性與如此直接的影響力。

三　何以「樂」修身？樂音的氣感傳遞之效率與效果

接著必須釐清的是，為何《荀子》要在強調「禮」的理論系統中，特別再強調「樂」的重要性，將〈樂論〉獨立成篇作專章討論。雖然一般都認為，「樂」屬於「禮」之中的「儀」，因此，往往將「禮樂」合稱。[61]但是畢竟「樂」在《荀子》中有其重要性，有著「樂者、樂也，人情之所必不免也」這樣人性論的意涵，不可只視為具體道德儀節的一種形式；這是繼承傳統儒家對樂音的心性起源——即所謂「凡音之起，由人心生也。人心之動，物使之然也」（〈樂記〉）[62]的思維理路。

因此，還是必須從文本內來考察，「禮」與「樂」對於《荀子》而言有何不同，因而必須將兩者分而論之。他說：

> 樂也者，和之不可變者也；禮也者，理之不可易者也。樂合同，禮別異。禮樂之統，管乎人心矣。窮本極變，樂之情也；著誠去偽，禮之經也。墨子非之，幾遇刑也。……君子明樂，乃其德也。亂世惡善，不此聽也。於乎哀哉！（〈樂論〉）[63]

60　參Helen L. Bonny & Louis M. Savary, *Music and Your Mind: Listening with a New Consciousness.* New York: Station Hill Press, 1998. pp.35-37；莊婕筠：《音樂治療》（臺北市：心理出版社，2004年），頁47。

61　參楊向奎：《宗周社會與禮樂文明》（北京市：人民出版社，2002年），頁352。

62　〔漢〕鄭玄注，〔唐〕孔穎達疏：《禮記注疏》，頁662。

63　〔清〕王先謙撰，沈嘯寰、王星賢點校：《荀子集解》，頁382-383。

由此可以了解到,「禮」與「樂」的分別大抵在於前者強調其別、其異、其規訓教化;後者則強調其同、其和、其感於人心。畢竟「禮」的起源是「先王惡其亂也,故制禮義以分之,以養人之欲,給人之求」(〈禮論〉)[64]下的制度規章與思想;既然有對應的事件與現象,就必然有所窮盡。一旦不能達到「知通統類」(〈儒效〉)、「齊明而不竭」(〈修身〉)、「應變而不窮」(〈哀公〉)[65],就稱不上是聖人大儒,荀子知乎此,故特別提出樂音來對應。因為音樂如《荀子》所說:「其清明象天,其廣大象地,其俯仰周旋有似於四時」(〈樂論〉)[66],沒有特定對應的人事物,是宇宙間的一種能量形式;畢達哥拉斯(Pythagoras, 580-500BC)和蘇格拉底(Socrates, 469-399 BC)就都認為音樂是一種微宇宙,具有和諧的規律,並以此律來創造音樂。[67]是以禮有盡而樂無窮,禮義的律則須要樂來含括與包容。

且「禮」作為分別人事以使社會不爭而有序,達到「貴賤有等,長幼有差,貧富輕重皆有稱」(〈禮論〉)[68]的結果,有著較為嚴謹的約束性與規範性,甚至是將人與人之間劃出階級分位;一旦如此過於苛刻,一味依禮而行,只求其別、忽略其同,人與人之間的共性將會消失,甚至可能造成彼此的摩擦,反而不利於社會的和諧。是以吳文璋就指出,「樂」在階級縝密的傳統封建制度中扮演了重要的融合與潤滑的功能。[69]

最後必須強調的是,「禮」是一種透過外在道德禮儀規範去約束人正確行為的律則,須要透過某種程度的強制性去制約人的行為以及

---

64 〔清〕王先謙撰,沈嘯寰、王星賢點校:《荀子集解》,頁346。

65 〔清〕王先謙撰,沈嘯寰、王星賢點校:《荀子集解》,頁145、33、541。

66 〔清〕王先謙撰,沈嘯寰、王星賢點校:《荀子集解》,頁381-382。

67 參謝汝光編著:《東方音樂治療》(新北市:百善書房,2005年),頁140。

68 〔清〕王先謙撰,沈嘯寰、王星賢點校:《荀子集解》,頁347。

69 參吳文璋:《荀子的音樂哲學》,頁23。

內化於人性之中。在強制性中，「自然人」的身體被要求克制欲望衝動，那是必須勉而行之的修養工夫，並不是輕易就能讓剛接觸禮義的「自然人」喜歡禮義、追求禮義；必要到了修養層次略有所成的「士」才能達到「好法而行」（〈修身〉）[70]的地步，因為這之中必須有著一定的意志力與求道的決心。

　　且禮法必須透過「學」與強調「心知」的能力，才能將詩書禮樂等理則內化於人性之中，因為那是一種知識性道德，必須依靠時間的積累——相較於「求放心」的自覺進路有了明確的修養流程，「禮」的確能夠因著「暗示性強制力」在短期內將人導向正軌；但對於禮義的內化還是須要透過工夫修養的進程——君師的外在推力與個人的內在動力交互配合下才能夠使「自然人」轉為「道德人」。正如荀子所謂「積土成山，風雨興焉；積水成淵，蛟龍生焉；積善成德，而神明自得。」這是個戒慎恐懼的歷程，是以《荀子》強調為學是「鍥而舍之，朽木不折；鍥而不舍，金石可鏤」（〈勸學〉）[71]，足見為學所需之氣力。

　　相對於「禮」以緊繃的暗示形式制約與化性，「樂」則是以輕柔滲透的模式來制約人性與調整人心——「樂」雖然同樣具有道德性內涵，一樣能夠教化化導人性，但那是透過「人情之所必不免」的共同情性的感染力來達到效果，是利用氣應、氣感來內化禮義、轉化人性，因此可以說是一種「默會之知」（taciet knowledge）。[72]因為是透

70　〔清〕王先謙撰，沈嘯寰、王星賢點校：《荀子集解》，頁33。

71　〔清〕王先謙撰，沈嘯寰、王星賢點校：《荀子集解》，頁8。

72　博藍尼（Michael Polanyi, 1891-1976）說：「我們能知道的遠多於我們所能說的。（We can know more than we can tell.）」所謂的「默會之知」（tacit knowledge）——我們總是習焉而不察、日用而不知，卻總是視為理所當然，樂音的潛移默化就是這樣一種形式。參Michael Polanyi, *The Tacit Dimension*. New York: Anchor Books, 1967, p.4；Michael Ploanyi and Harry Prosch, *Meaning*. Chicago: University of Chicago Press, 1975, pp.30-34.

過直接的氣感，不須知識的背景，只要是人都會有共同的感動與回應，是以荀子說：「夫聲樂之入人也深，其化人也速，故先王謹為之文。」（〈樂論〉）[73]正是因為「默會之知」能夠透過制約直接影響人性與舉止，故其教化人民最為快速而有效率[74]；這也正是為何現代音樂治療被運用在諸多領域當中，這是因為其兼具經濟與效率，能夠達到事半功倍的效果。[75]

第三節　「禮樂」作為治亂的有效性：「樂」對身體家國的制約

　　透過前文梳理，可以了解到《荀子》以人的情性為根源，認為音樂是人天生追求愉悅的欲望與衝動，這是每個人都有的。而與其性惡論中的論述一致，人天生之「自然的樂音」是未經教化而容易流於放縱情性的欲望，對於自身與群體都可能造成傷害。因此以《荀子》氣化的身體觀為基礎，「樂」相較於「禮」有著更深更直接的感染力，能夠透過感官與氣感接收其中的道德訊息，進而達到轉化人性的效果。是以，「樂」對於治亂有著顯著的效果及效率，在荀子政治經濟學的脈絡中扮演了不可或缺的關鍵角色。[76]接下來，則可再進一步梳

---

73 〔清〕王先謙撰，沈嘯寰、王星賢點校：《荀子集解》，頁380。

74 這樣的效率或許可以說來自於林世賢所說「樂」的「無為」特質——不必透過感官的直接接觸就能接收樂音的能量與訊息，使其相較於其他感官有著更廣泛與圓通的影響力，不易受到障蔽與隔閡。參林世賢：〈聰聖、聞思與音樂——論耳修在工夫論上之殊勝〉，頁73-79。

75 參莊婕筠：《音樂治療》，頁95。

76 必須特別說明的是，此處凸出「樂」的重要性，是就「禮義的樂音」之能量場與感染力而言；然而誠如錢穆所言，「禮」與「樂」在古代本是不可分割的整體，「樂」即含涉於「禮」之中。也就是說，「樂」是「禮」得以施行的一種形式與內涵，兩者原不是二物；但其在禮論中有其顯著性與凸出性——較透過眼、鼻、口等感官接

理音樂如何轉化人性，在荀子治亂理論中又有何重要性。

一　個人道德的轉化：以「樂」治「樂」的化性歷程

　　樂音對於人的情緒與肢體有著強烈的感染力與制約的效果，當然這樣的感染力與制約效果未必是正面的，也有可能是負面的。如《荀子》言：「姦聲感人而逆氣應之，逆氣成象而亂生焉」，就可以明確了解到「淫之樂」與「禮之樂」同樣對人有著高度的影響力，是以荀子特別指出，樂音對於人「唱和有應，善惡相象，故君子慎其所去就也」（〈樂論〉）[77]，必須要注意樂音對人的影響之大，那不僅僅是一種無意義的「聲音」，更是具有道德價值與內涵（或正面或負面）、關乎善與惡的能量感應。

　　這是一個雙向的能量傳遞，個人的情緒會影響個體的音聲及演奏的樂音；同樣的，他者的音聲與樂音也會影響個體的情緒與身體。如同《荀子》所言：「君子以鐘鼓道志，以琴瑟樂心」（〈樂論〉）[78]，這即是林西莉說的：人的心靈充滿了聲音，以及充滿了音聲因而激發的情感[79]；音樂是個體情緒及德性的顯發，以及對於他者與環境的回應。

　　所以說，荀子把握住了樂音作為人的共同情性所顯發與接收的能量，深刻體認到樂音對於人情緒的感染與制約作用。如其所言：「齊衰之服，哭泣之聲，使人之心悲；帶甲嬰胄，歌於行伍，使人之心傷；姚冶之容，〈鄭〉、〈衛〉之音，使人之心淫；紳端章甫，無

受與反饋的「禮」更足以形成一體系，故荀子特別提出「樂論」，這是其在儒家系統中的躍進，也是「倫理經濟學」體系下追求有效性與效率性的必然進路。參錢穆：《經學大要》，頁19-22。

77 〔清〕王先謙撰，沈嘯寰、王星賢點校：《荀子集解》，頁381。
78 〔清〕王先謙撰，沈嘯寰、王星賢點校：《荀子集解》，頁381。
79 參〔瑞典〕林西莉（Cecilia Lindqvist）著，許嵐、熊彪譯：《古琴的故事》，頁135。

〈韶〉歌〈武〉,使人之心莊。」(〈樂論〉)[80]由此可知,喪葬儀式、軍旅作戰、男女之私、宗廟祭典都有著不同的樂音。喪葬之樂可以使人悲悽、峨峨軍樂可以使人振奮、淫亂之樂可以使人意淫、祭祀之樂可以使人莊重,這都是樂音能量與人心產生氣感的作用,進而影響人的情緒。[81]

所以說,透過樂音的感染力與人與音樂的共感性,將能夠利用音樂去校正與協助人在適當的場合有恰當的情緒,讓人的身心能夠藉此達到平衡[82],使人能夠「稱情而立文」(〈禮論〉)[83],不會在喪禮上因為氣氛不對哭不出來而失禮,也不會在軍隊中因意志低迷而害怕不敢衝鋒陷陣。又利用雅正之樂去導正人的淫欲姦聲,亦是運用樂音能量的感應來轉化人的情性,將人的專注力轉移到其他地方;也就是說,樂音的力量正在於可以利用最簡單原始的音聲能量,就能夠影響與改變人的情緒。[84]這也是《荀子》中以「樂」(「禮義的樂音」──聖王制作的雅樂之屬)治「樂」(「自然的樂音」──自然欲望發出的姦聲淫樂)的思維。

---

80 〔清〕王先謙撰,沈嘯寰、王星賢點校:《荀子集解》,頁381。

81 像是臺灣早期對流行歌曲的審查,歐陽菲菲〈熱情的沙漠〉就因為「啊!」的聲調被認為太過淫穢,容易產生性幻想為由遭禁,即是認為姦聲淫樂會激起人們的欲望情性。參王祖壽:《王祖壽‧歌不斷:華人流行樂壇30年最有力的一枝筆!直探未曾公開的星事,重溫熟悉的樂音》(臺北市:三采文化公司,2014年)

82 參莊婕筠:《音樂治療》,頁35。

83 〔清〕王先謙撰,沈嘯寰、王星賢點校:《荀子集解》,頁372。

84 參〔英〕Anthony Storr著,張嚶嚶譯:《音樂與心靈》(臺北市:知英文化事業公司,1999年);〔日〕渡邊茂夫著,鄭清清譯:《音樂讓你快活度日》(臺北市:生命潛能文化事業公司,1994年);莊婕筠:《音樂治療》,頁45。

二 群體倫常的建置：以「樂」的制約建構社會秩序

正因為音樂有著如此效率，所以在倫理制度以及社會的治亂上，荀子特別利用了樂音的此一特性，建構了其理論系統中以樂音引導人行禮義，並以此導正倫常關係，是其言：「樂者，治人之盛者也。」（〈樂論〉）[85]因為「樂」的形成與「禮」一樣，荀子認為皆是「先王惡其亂也」，因而形成的對制策略[86]──「制〈雅〉、〈頌〉之聲以道之，使其聲足以樂而不流，使其文足以辨而不諰，使其曲直、繁省、廉肉、節奏，足以感動人之善心，使夫邪污之氣無由得接焉。」（〈樂論〉）[87]荀子認為，雅頌的樂章，讓人可以恰當地表達愛慕之情而不會流於淫亂，使一切都能合於禮義道德，又可以達到感動人心的效果，也因為如此，才不會使姦聲淫樂與「自然人」天生的縱欲傾向相感應而造成社會的動亂。這即是以「禮義的樂音」對治「自然的樂音」的進路，是以禮義道德轉化野蠻樸質的性惡之性，使其欲望能夠有所轉化與適當的出口。此即 Farnsworth 博士所說，音樂能夠對個人的生理與心理產生刺激，使其情感與情緒產生波動，並做出適當的反應。[88]

那麼如此以「禮義的樂音」對治「自然的樂音」，不僅能夠用於對個體的化導，更能夠普遍施行於國家治亂的進路上，使群體透過「禮義的樂音」達到符合倫常，此即《荀子》言：「樂者，聖人之所樂也，而可以善民心，其感人深，其移風易俗，故先王導之以禮樂而

---

85 〔清〕王先謙撰，沈嘯寰、王星賢點校：《荀子集解》，頁382。

86 這裡的「樂」指的是聖王統合制作之「禮義的樂音」，而非「樂者，樂也，人情之所必不免也」──出於人天生自然情性欲望具體化之「自然的樂音」。

87 〔清〕王先謙撰，沈嘯寰、王星賢點校：《荀子集解》，頁379。

88 Paul R. Farnsworth, *The social psychology of music*. Iowa: Iowa State University Press, 1969；莊婕筠：《音樂治療》，頁47。

民和睦」(〈樂論〉)[89]之原因。更因為「樂」能夠深入感染人的情性，達到化性起偽、移風易俗的效果，是以聖王特別重視「樂」的教化，以完成治亂的目標。這也是為何荀子會說樂音「足以率一道，足以治萬變。是先王立樂之術也」(〈樂論〉)[90]，明確將「樂」視為治術的一環。

是以《荀子》說：「樂在宗廟之中，君臣上下同聽之，則莫不和敬；閨門之內，父子兄弟同聽之，則莫不和親；鄉里族長之中，長少同聽之，則莫不和順。」(〈樂論〉)[91]即是利用音樂的感染力及其對於人情性上的普遍性，以達到制約倫常合於禮教的理想狀態──使「自然人」原初因「好利而欲得」之性而「不讓父兄」的行為與衝動得到轉化，改變了「飢而欲飽，寒而欲煖，勞而欲休」(〈性惡〉)[92]的求生欲望與本能衝動；進而「讓乎父兄」，甚至是「讓乎國人」。[93]亦即，

89　〔清〕王先謙撰，沈嘯寰、王星賢點校：《荀子集解》，頁381。

90　〔清〕王先謙撰，沈嘯寰、王星賢點校：《荀子集解》，頁380。

91　〔清〕王先謙撰，沈嘯寰、王星賢點校：《荀子集解》，頁379。

92　〔清〕王先謙撰，沈嘯寰、王星賢點校：《荀子集解》，頁436。

93　荀子在〈性惡〉中說：「今人之性，飢而欲飽，寒而欲煖，勞而欲休，此人之情性也。今人見長而不敢先食者，將有所讓也；勞而不敢求息者，將有所代也。夫子之讓乎父，弟之讓乎兄，子之代乎父，弟之代乎兄，此二行者，皆反於性而悖於情也；然而孝子之道，禮義之文理也。故順情性則不辭讓矣，辭讓則悖於情性矣。」可以見得未經教化的「自然人」會自然而然順著情性，而讓生而有的「好利」、「疾惡」、「耳目之欲」與「好聲色」的欲望衝動流瀉，進而產生「爭奪生而辭讓亡」、「殘賊生而忠信亡」、「淫亂生而禮義文理亡」的結果。是以荀子認為必須依靠「禮義之道」的施行，「然後出於辭讓，合於文理，而歸於治」。可以見得，辭讓等道德行為是「自然人」透過禮義教化後的效果，亦即「禮義」有著制約與轉化「自然人」之「性」的效用。同樣地，荀子在論述「樂」時表示：「在宗廟之中，君臣上下同聽之，則莫不和敬；閨門之內，父子兄弟同聽之，則莫不和親；鄉里族長之中，長少同聽之，則莫不和順。」(〈樂論〉)可以見得「禮義之樂」有使人「和敬」、「和親」、「和順」的效用，這點是與「禮」的效用與目標一致的。由是可以了解到，「禮」與「樂」實是治亂的一體兩面，這也體現了錢穆所說「禮」與「樂」本非二者的意義。只是「樂」的化性與引導較注重身體與能量場的感應與共振，屬於「隱密性的

「禮義的樂音」能夠化解「自然人」之間的爭亂，繼而創造和諧的秩序——就如荀子所說「樂者……入所以揖讓。故樂者、天下之大齊也，中和之紀也。」（〈樂論〉）[94]

這樣的進路即是透過樂音的引導，使每個個體在團體中成為一個「動態身體」（moving body），透過彼此的觀照、隨著音樂與身體的律動，而使得群體（the collective）在不自覺中呈現一種穩定的共同秩序；而個體也會在這個過程中，內化其所經驗到的形象，並將他者的形象投射於自身之中。[95]亦即如荀子所說：「樂之入人也深，其化人也速」（〈樂論〉）[96]，「樂」不僅僅是單純地制約，更能夠達在潛移默化中達到化性的效果；除此之外，更符合「政治經濟學」中著重正義及治亂的效率及成本的思維。

這也是為何荀子要在「禮」之外強調「樂」的重要性，關鍵正在於「樂」可以透過「順其情性」的進路，使人在無形中吸納道德與價值——是即荀子所謂「樂者，樂也，人情之所必不免也。」（〈樂論〉）[97]「樂」有讓人感到愉悅與快樂的效果，且這是人情所必然的本能。故藉由人對音樂的喜好，便能夠在音樂中不自覺地吸納音樂中的道德訊息與能量，進而達到逆其情性的教化效果——不追求當立即性的欲望需求。

化導」；而「禮」則就實際的舉止行為來做規範與引導，屬於「顯著性的化導」，但二者實為同工。而這是荀子在「秩序至上」觀念下，於戰國末年迫切須要建構社會秩序的氛圍下，所體現與被凸出的一條進路——一條在孔子那裡並未多談、在孟子論述中闕如的一種治術。參〔清〕王先謙撰，沈嘯寰、王星賢點校：《荀子集解》，頁437；錢穆：《經學大要》，頁19-22；〔美〕史華慈（Benjamin I. Schwartz）著，程鋼譯：《古代中國的思想世界》（南京市：江蘇人民出版社，2004年），頁426。

94 〔清〕王先謙撰，沈嘯寰、王星賢點校：《荀子集解》，頁380。
95 參〔美〕珍娜・愛德樂（Janet Adler）著，李宗芹、林玉華、林奕秀譯：《真實動作：喚醒覺性身體》（臺北市：心靈工坊文化事業公司，2013年），頁126、147。
96 〔清〕王先謙撰，沈嘯寰、王星賢點校：《荀子集解》，頁381。
97 〔清〕王先謙撰，沈嘯寰、王星賢點校：《荀子集解》，頁380。

也就是說，「樂」能夠以順其情性的方式達到逆其情性的結果，是以在傳的道德訊息時，「樂」相較於「禮」的規約與教化，更顯得沒有阻力與隔閡——因為「順性」就如同水之就下，應該是毫不費力的。是以，「樂」能夠在不知不覺中讓人從「安知禮義？安知辭讓？安知廉恥隅積？」（〈榮辱〉）[98]的順情性而為轉化為「讓乎國人」之「反於性而悖於情」（〈性惡〉）[99]的行為。這也是為何荀子會說：「夫聲樂之入人也深，其化人也速，故先王謹為之文。」（〈樂論〉）[100]可以見得，在荀子的體系中，這是比所謂「學之經莫速乎好其人，隆禮次之」的進路更加深刻與效率的進路——因為「師」與「禮」畢竟還是要透過「學」來達至，而「樂」則是透過人的自然本能來達到類似的效果。但「樂」畢竟沒有「禮」一般的明確性，是以禮樂必合而言之、相互配合才能達到極致的效果。

三　家國政治的掌控：以「樂」作為統治權力的利器

正因為音樂對於個人與群體都有著如此強烈的感染力與影響力，是以對於《荀子》、對於傳統儒家而言，都是不可忽略的力量。因為樂音既然作為一種足以轉化性情、驅動群眾的能量，那麼其對於國家治亂就有著關鍵的因素，不能輕易任由其發展。故《荀子》言：「由士以上則必以禮樂節之，眾庶百姓則必以法數制之。」（〈富國〉）[101]是即樂音的掌控權是不能任由百姓庶人去發展。因為一方面古代平民教育並不普遍，下層百姓很難受到良好的教育，因此統治者多抱持著

98　〔清〕王先謙撰，沈嘯寰、王星賢點校：《荀子集解》，頁64。

99　〔清〕王先謙撰，沈嘯寰、王星賢點校：《荀子集解》，頁437。

100　〔清〕王先謙撰，沈嘯寰、王星賢點校：《荀子集解》，頁380。

101　〔清〕王先謙撰，沈嘯寰、王星賢點校：《荀子集解》，頁178。

「民智不足用」的思維[102]；甚至18世紀的思想家盧梭（J. J. Rousseau, 1912-1778）也秉持著這樣的思想：人民常常不知道自己什麼是對自己好的東西，因此群眾通常是盲目的，他們永遠不知道什麼才能讓自己幸福。[103]另一方面在古代社會為了家國的穩定發展，必須由上層社會掌握政治權力，避免爭端，以維持社會的穩定，亦即史華慈（Benjamin Schwartz, 1961-1999）所說當時普遍秉持的「秩序至上的觀念」。[104]

是以可以發現，在《荀子》思想中利用樂音，使臣民百姓達到合理的倫理行為以及符合統治者期待的舉止，即其言：「故樂者，出所以征誅也，入所以揖讓也。征誅揖讓，其義一也。出所以征誅，則莫不聽從；入所以揖讓，則莫不從服。」（〈樂論〉）[105]統治者可以利用樂音，讓臣民為國家作戰征伐；亦可以利用樂音，讓臣民遵守禮義法度，相互謙讓。[106]也就是說，無論是對外或對內，臣民沒有不聽從這所謂統治者制定之「禮義的樂音」。

這意味著，掌握了樂音，也就掌控了秩序，這正是荀子所說「樂也者，治人之盛者也」的意義。故《論語》中紀載：「子謂韶，『盡美矣，又盡善也。』謂武，『盡美矣，未盡善也』。」（〈八佾〉）[107]刑昺即疏曰：

> 武王用武除暴，為天下所樂，故謂其樂為武樂。為一代大事，

---

102 在先秦時代，「民」在某種意義上就等同於「愚昧無知」。參宋洪兵：《韓非子政治思想再研究》（北京市：中國人民大學出版社，2010年）頁145；張素貞：《韓非子的實用哲學》（臺北市：中央日報出版社，1991年），頁109。

103 〔法〕盧梭（Jean-Jacques Rousseau）著，何兆武譯：《社會契約論》（北京市：商務印書館，2009年），頁48。

104 〔美〕史華慈（Benjamin I. Schwartz）著，程鋼譯：《古代中國的思想世界》，頁426。

105 〔清〕王先謙撰，沈嘯寰、王星賢點校：《荀子集解》，頁380。

106 參張覺撰：《荀子譯注》，頁292。

107 〔魏〕何晏注，〔宋〕邢昺疏：《論語注疏》，頁32。

> 故歷代皆稱大也。云以征伐取天下，故未盡善者。以臣代君，
> 雖曰應天順人，不若揖讓而受，故未盡善也。[108]

也即是說，「武樂」之中含有征伐之氣、有以臣代君的潛在節奏，對於革命力量的形成有正面意義。當武王伐紂時，那是個正能量；但當周為天下時，革命的力量對統治階層來說就是一股反叛的力量。這也正是孔子所謂：「天下有道，則禮樂征伐自天子出；天下無道，則禮樂征伐自諸侯出。」（〈季氏〉）[109]「禮樂」正是正是權力的關鍵。

因此，這樣的樂音是不能掌控在人民手中的，這也是一直到近現代以來，為何政治革命大都伴隨著搖滾樂而來；正在於搖滾樂的強力節奏，將帶動身體尤其是臀部的震動，挑逗著年輕人的情欲來作為對傳統社會的反叛。那是一種革命的音樂，也是一種性解放的音樂。[110]

因而，儒家特別重視音樂的力量，荀子更是體認到了音樂轉化人心、驅動群眾的巨大能量。但他們是選擇站在統治者的角度、站在社會秩序穩定發展的角度，企圖掌控樂音的建置權，以使臣民能夠有著溫良恭儉讓之德。是以《荀子》認為：「樂中平則民和而不流，樂肅莊則民齊而不亂。民和齊則兵勁城固，敵國不敢嬰也。如是，則百姓莫不安其處，樂其鄉，以至足其上矣。」（〈樂論〉）[111]也就是說，中平之樂──大抵如孔子所說之韶樂，足以使人民溫和而不放肆；莊嚴的音樂可以使人民整齊劃一、無有混亂，以達治軍強國盛的效果。[112]

荀子的禮樂系統是繼承了孔子、發揚了儒家對於「樂」之感染力

---

108 〔魏〕何晏注，〔宋〕邢昺疏：《論語注疏》，頁32。
109 〔魏〕何晏注，〔宋〕邢昺疏：《論語注疏》，頁147。
110 參張鐵志：《聲音與憤怒──搖滾樂可能改變世界嗎？》（臺北市：印刻出版公司，2015年），頁27-54、78-79。
111 〔清〕王先謙撰，沈嘯寰、王星賢點校：《荀子集解》，頁380。
112 參吳文璋：《荀子音樂哲學》，頁174。

之體認，並強調「以樂治國」的思維體系。從《論語》中的記載：

> 子之武城，聞弦歌之聲。夫子莞爾而笑，曰：「割雞焉用牛刀？」子游對曰：「昔者偃也聞諸夫子曰：『君子學道則愛人，小人學道則易使也。』」子曰：「二三子！偃之言是也。前言戲之耳。」（〈陽貨〉）[113]

可以了解到，孔子的儒門之內，將「弦歌之聲」作為使人「學道」的途徑；孔子認為「樂」是治理國家必要的元素，由此才能達到教化的效果。由孔子自謂：「吾自衛反魯，然後樂正，雅頌各得其所。」（〈子罕〉）[114]就可以見得孔子對於「樂」的重視與慎重。故孔門所發揚的正是「禮樂」之道，是孔子所謂「禮云禮云，玉帛云乎哉？樂云樂云，鐘鼓云乎哉？」（〈陽貨〉）[115]「禮」與「樂」都有其道德性與政治性的深刻意義，不能單言「禮」而不言「樂」。而正是孟子「道德形上學」所缺乏的──尤其是「樂」的部分；是以荀子必須將孟子作為他者進行轉化與回歸。

小結

透過本章的梳理，可以了解到音樂在《荀子》思想系統中有其重要性意義，是繼承了孔子強調禮樂文明的傳統。這是與《孟子》獨發孔子中的仁義思想，而通篇不言「樂」、少言「禮」的進路不同。是以荀子批判孟子「僻違而無類，幽隱而無說，閉約而無解」（〈非十二

113　〔魏〕何晏注，〔宋〕邢昺疏：《論語注疏》，頁154。
114　〔魏〕何晏注，〔宋〕邢昺疏：《論語注疏》，頁79-80。
115　〔魏〕何晏注，〔宋〕邢昺疏：《論語注疏》，頁156。

子〉）[116]，太過強調人性內在自覺，企圖以純粹的道德意識與道德規範去使人為善，而失去了音樂「之入人也深，其化人也速」，「可以善民心，其感人深，其移風易俗」的效率與效果。

一　兩種良知，各自典範：荀學月性良知中樂的獨特性

　　荀孟之間的差異在於：《孟子》發展的是「日性良知」（solar conscience）──以絕對權威的道德去規約人性、期求自覺；《荀子》則開展「月性良知」（lunar conscience）──同時利用非權威的能量去轉化人性、內化道德。[117]所以可說，音樂理論正是《荀子》儒學修養系統中一個重要特色。也就是說，荀子在其性惡論注重自然情性的討論基礎下，點出了樂音是人生而有追求快樂的一種欲望；然而這樣「自然的樂音」是未經教化的情欲流動，必定會使人「順是」而為、縱情濫欲，也就會造成「惡」的行為。職是之故，《荀子》把握氣化身體觀的特色，利用肉體感官與心理主體的一體連結性，用樂音的能量使感官接收進而影響身體與心理，企圖在禮法之外，建立一氣感的感化修養途徑。因為以「禮義的樂音」去開展禮義的價值，是非知識性的「默會之知」，只要是人，都可以因著身而為人的共同情性去感應、去內化，相較於「日性道德」的強制性，「月性道德」將更有效率與效果，達至「何彊，何忍，何危？」（〈解蔽〉）[118]的自覺境界──也就是人從「自然的身體」轉向「禮樂的身體」，成就了「樂

116　〔清〕王先謙撰，沈嘯寰、王星賢點校：《荀子集解》，頁94。

117　關於「日性良知」與「月性良知」參〔美〕默坦·斯坦因（Murray Stein）著，喻陽譯：《日性良知與月性良知：論道德、合法性和正義感的心理基礎》（北京市：東方出版社，1998年），頁1-27。

118　〔清〕王先謙撰，沈嘯寰、王星賢點校：《荀子集解》，頁403。

感之身」。[119]

　　是以荀子利用樂音的結構性暗示，發展人在禮教社會下應該要有的心理與生理狀態[120]，進而將此一系統作為群體治亂的重要途徑之一，亦即掌握了哈迪（G. H. Hardy, 1877-1947）所說：「音樂能用來刺激群體的情緒」[121]的要旨。那麼，透過荀子的音樂理論可以了解到，《荀子》中的論述是一套價值系統，不能分而視之。尤其對於「自然的樂音」是起於人生而有的欲望情性，更加可以確認性惡論的意義與內涵；由「禮義的樂音」起源在於「聖人惡其亂」之後而制作，亦可以確認荀子正是要透過「禮」與「樂」的系統，化導人的性惡之性，因而強調「學」與「化性起偽」的重要性。

二　參個層次，壹個體系：法禮樂鼎足的荀學系統

　　但在此不能也不必過分放大「樂」對於修養與治亂的效果，而是

119　正如伍振勳所說，荀子暗示了「『身』與『禮』可能為一體的意義」，每個個體的身體都能夠透過修養從不知禮義之「自然的身體」轉化為「禮義的身體」。或許更明確地說，儒家的論述核心是「樂感文化」中開展的「情本體」，是期待人能夠回到感性存在而真實的存有；是以，除了伍振勳所說的「身」、「禮」一體的強調，更可以說，那樣的體更蘊含了「身」、「樂」一體的可能與必要性——正所謂「樂者，樂也，人情之所必不免也。」（〈樂論〉）人必須從「樂」去感受感性的身體，那樣的身體是可以透過「樂」與「身」的共振，而幫助人自然而然地行禮義。是以可以說，荀子對於個體修養的理想狀態，可以表述為「禮樂的身體」。參伍振勳：〈荀子的「身、禮一體」觀——從「自然的身體」到「禮義的身體」〉，頁317-318；李澤厚：《實用理性與樂感文化》（北京市：生活・讀書・新知三聯書店，2008年），頁65-71；〔清〕王先謙撰，沈嘯寰、王星賢點校：《荀子集解》，頁379。

120　參Bruce. M. Saperston, "Music-Based Individualized Relaxation Training (MBIRT): A Stress-Reduction Approach for the Behaviorally Disturbed Mentally Retarded," *Music Therapy Perspectives*, 6:1(1989.1), pp. 26-33；莊婕筠：《音樂治療》，頁47。

121　參莊婕筠：《音樂治療》，頁69。

必須釐清其在荀子思想體系中的特色與地位。亦即荀子的思想中,對於將人與世界「秩序化」有三項重要資源──「法」、「禮」與「樂」,三者分別有著不同程度的強制性與影響形式:

(1)「法」是利用人趨利避害的本能,透過規誡與懲罰式的權力威嚇,來使人因為恐懼受到傷害而遵守禮法,展現出「威嚇性強制力」──是具有超高張力與立即效果的「硬規則」,但無法從人性根本上化性,僅能達到孔子所說的「民免而無恥」(〈為政〉)[122]。

(2)「禮」則是透過人能群的社會性本能,使人在傳統與社會習俗當中去遵守、習慣並內化禮義道德──當人身處社會中會不自覺地透過模仿與同化,去遵守社會上的習慣與規則;儘管這樣的習慣並非法律,但當人們表現出與他者不一樣的行為模式時,會產生社會性壓力甚至歧視或責難,因而「禮」就以這樣的暗示性(suggestion)[123]進入「自然人」的身體當中,進而能夠依法而行,甚至自覺地實踐禮義,展現出「暗示性強制力」──是透過社會中的同儕壓力展現出張力來影響人心及行為的「軟規則」,在效果上也有相當的效率,但更期待能夠達到化性起偽之功,成就孔子所說「有恥且格」(〈為政〉)[124]的理想狀態與人格;效果屬於長效性的影響。

(3)「樂」則是「禮」的一環,但是不像「禮」一樣有較為明確的規範與規則,表達孰是孰非的顯著性;相對地,「樂」以能量的形式湧現,能夠幫助人的情緒與身體不自覺地跟隨著樂音而反射出特定情境須要的行為與情緒;這樣的感染力不具有強制力,但人的身體與情緒又很自然地會與相對的樂音產生共振與共感,在不自覺當中樂音

---

122 〔魏〕何晏注,〔宋〕邢昺疏:《論語注疏》,頁16。
123 參〔美〕查爾斯・霍頓・庫利(Charles Horton Cooley)著,包凡一、王湲譯:《人類本性與社會秩序》(臺北市:桂冠圖書公司,1992年),頁52-59。
124 〔魏〕何晏注,〔宋〕邢昺疏:《論語注疏》,頁16。

所要傳達的訊息就滲透到人的身體之中，是一種沒有強制力的強制力，屬於「滲透性強制力」──是以能量場的形式將樂音中的訊息透過共感與共振的方式傳遞到人的身心中之「沒有規則的規則」，有立即性的效果，但影響力來說屬於即時性而非長效性，僅限於樂音的當下產生效果。當然並不能否認人能夠透過樂音轉化人性達到永久性的改變；但因為其道德訊息較不明確且沒有絕對的強制力，是以在沒有人引導下較難產生根本性的化導。

　　本章特別彰顯「樂」沒有明確規範與實質強制力這點，來說明其在荀子思想中有其化性與治亂的效率性；但不能忽略「禮」與「法」也有同等的重要性。正因為「樂」有著非強制力的強制力，如果沒有「禮」明確規範性，無以讓「自然人」真正了解孰是孰非；是以這是「樂」的優勢，同時也是其弱點，「法」、「禮」、「樂」必鼎足於荀子學說當中才得以完備。

第六章

結　論

——在「經濟人」視域中重構儒學圖式

一　在「倫理經濟學」中重探儒學體系

在確立了荀子「倫理經濟學」的系統後，可以了解到，那是荀子對於孟子「道德形上學」的反動——在現實中看見「自然人」不如孟子所說的是為具有「四端之心」的「道德人」，反而是充滿欲望的「經濟人」——具有利己導向求生本能及衝動。是以，荀子從「無辨合符驗」的「性善論」為核心，對孟子進行批駁；將孟子性善論中的「道德主體」轉換為「經濟個體」——不具有內在道德價值的「自然人」狀態。

由此「性惡論」——作為「經濟人」的「自然人」基礎之確立，荀子便進一步思考，既然未經教化的「自然人」不如孟子所說的是為天生的「道德主體」，那麼孟學中「求放心」的自覺工夫也就無法施行，是一「起而不可設，張而不可施行」（〈性惡〉）的虛無理論。也就是說，期待「自然人」的自覺是一沒有效能與效率，甚至可以說是無效的修養論。

因此，荀子強調先滿足「自然人」的基本需求與欲望，再來尋求道德的內化與自覺的可能；這即含有孔子所謂「道之以政，齊之以刑，民免而無恥；道之以德，齊之以禮，有恥且格」（〈為政〉）——先以禮刑治亂，再以道德教化的理論程序。因為孟子的「道德形上學」企圖以不存在的「四端」去管束欲望的流瀉，在現實上窒礙難

行，無法在短時間內達成治亂的效果──亦即對於秩序的追求之終極目標。

是以，荀子以「倫理經濟學」為根基，在政治理論上開展了「政治經濟學」──強調禮義、制度、法刑等具體層面的建構，並透過君王的「剛性權威」與師教的「柔性權威」來幫助「自然人」滿足基本需求，並在君師的管束與化導下，遏止欲望的潰堤，甚至是逐漸內化禮義而成為具有內在價值的「道德人」。亦即荀子並沒有放棄其作為儒家的本色，他堅守著「道德」作為理論的核心，並追求「成聖」的可能。

相較於孟子從「道德形上學」的思維，堅持道德的純粹性與人性的絕對自覺──雖然顯透出人性的崇高價值，卻也失去了在亂世中有效使人為善與治亂的可能。或許可以說，孟子由性善論為根基開展的「政治道德學」，並非真正的政治學，而是沒有政治的政治學──將求放心的修養論置於政治脈絡中，即期待君王「有不忍人之心」，便能夠成就「不忍人之政」；想望君王有德行操守，便能如「草上之風，必偃」──感化人民為善。

正是這樣的崇高理想與道德的純粹性，犧牲了孟學體系治亂的有效性與效率性。是以荀子站在儒學傳承者的立場，將孟子作為儒學中的「他者」，將其「道德形上學」轉向「倫理經濟學」，使儒學從虛幻中開脫，轉向一新的里程。

至此，確立了由孟到荀──「道德形上學」到「倫理經濟學」的轉向，荀子思想的內涵與意義由此得到了不同於以往孟學本位與形上學脈絡中的理解與建構。但最後仍必須就儒家道統上做探問：究竟孔子的學說較接近於孟子的「道德形上學」，或是類似於荀子的「倫理經濟學」呢？唯有在本書的最後解決了這個問題，才能在孟荀之轉向中，進一步上溯儒學的源頭，重新建構儒學的體系──因為荀子的儒

學轉向，正是為了回契孔學的回歸性轉向。以下即以前文的論述為基礎，重探孔荀的關係與傳承，以明晰孔孟荀的思想脈絡。

二　藉「倫理經濟學」再定位儒學系譜

　　誠如本書所指出，荀子對諸多當代學者而言，是儒學傳統的歧出與錯落[1]，是孔孟正宗儒學之外的另一章，而須要以孔孟之道疏導貫通之始有其意義與價值。[2]如此視「孔孟」為一體，大抵「照著」宋明理學一系的道統說而來[3]，有著強烈的正統意識與排他思維。也正因為如此，當代思想詮釋多半以孟學為典範，處於「以孟解荀」的誤區中而不自知。[4]

　　然而「孔孟」一體的定位並非理所當然，如此圖式（schema）是唐宋以後才建立起來；在此之前多是以「周孔」或「孔顏」稱之。[5]也就是說，「孔孟」一體是韓愈所謂「孔子傳之孟軻。軻之死，不得

1　參王邦雄：《中國哲學論集》（臺北市：臺灣學生書局，2004年），頁34；勞思光：《新編中國哲學史（一）》（臺北市：三民書局，2005年），頁316。

2　參牟宗三：《名家與荀子》（臺北市：臺灣學生書局，2006年），頁203-204、215；蔡仁厚：《孔孟荀哲學》（臺北市：臺灣學生書局，1988年），頁364。

3　依馮友蘭而言，「照著講」是承繼一個思維系統，其核心思想沒有太大的改變與創發；是相對於具有開創性的「接著講」而論。參馮友蘭：《三松堂全集》（第四卷）（鄭州市：河南人民出版社，2001年），頁4。

4　參劉又銘：〈合中有分——荀子、董仲舒天人關係論新詮〉，《臺北大學中文學報》第2期（2007年3月），頁49；路德斌：《荀子與儒家哲學》（濟南市：齊魯書社，2010年），自序頁1。

5　參楊海文：〈《孟子》傳記博士的文化闡釋〉，《孔孟月刊》第35卷第7期（1997年3月），頁14-15；景海峰：〈儒家詮釋學的三個時代〉，收入李明輝編：《儒家經典詮釋方法》（臺北市：臺灣大學出版中心，2008年），頁132；趙慶偉〈孟學的演進及其時代特色〉，《中南民族大學學報》第26卷第5期（2006年9月），頁143；黃進興：《優入聖域：權力、信仰與正當性（修訂版）》（北京市：中華書局，2010年），頁371。

其傳焉。荀與揚也，擇焉而不精，語焉而不詳」[6]的道統意識，是唐宋以來的意識型態所建構，可以說是一種「以孟解孔」的思維。如蔡仁厚說「依正宗儒家，唯有仁義之心方是性，方是天；這一層義理是由孟子提醒，而荀子不知。」[7]但所謂的「正宗儒家」是不是必然要由宋明儒學的典範定義之，是須要釐清與超越的。

近年來不少學者都意識到這個問題，因此積極彰揚荀子在儒家的地位及其思想的正當性。如唐端正、梁濤、王楷等學者都提出了孟荀分別發展了孔學的「仁」與「智」的層面，兩者相對於儒學，如同鳥之羽翼、車之兩輪，相輔相成、缺一不可，也就是採取了倪德衛（David S. Nivison, 1923- ）所說的「互補主義的策略」。[8]王斐弘甚且以《儒宗正源》一書，重構儒家的道統為——孔、曾、思、孟、荀，強調荀子禮、智思維在儒門的重要性。[9]

但值得思考的是，是否能夠將孟荀分別化約為「仁學」與「禮學」的發揚？如荀子所言「凡人之患，蔽於一曲，而闇於大理……天下無二道，聖人無兩心。」（〈解蔽〉）[10]孫卿如此重視思想的整全性，他會單提禮學而蔽之一隅嗎？又荀子大肆批判子思、孟子，甚且可將之歸於賤儒之疇[11]，今日將其與孟子並列，且納入孔曾思孟的道統，

6　〔唐〕韓愈：〈原道〉，收錄於〔唐〕韓愈著，閻琦校注：《韓昌黎文集注釋》（西安市：三秦出版社，2004年），頁22。

7　蔡仁厚：《孔孟荀哲學》，頁364。

8　參唐端正：《先秦諸子論叢（續編）》（臺北市：東大圖書公司，2009年），頁161、209；梁濤：《儒家道統說新探》（上海市：華東師範大學出版社，2013年），頁75-76；王楷：《天然與修為——荀子道德哲學的精神》（北京市：北京大學出版社，2011年），頁91。

9　參王斐弘：《儒宗正源》（廈門市：廈門大學出版社，2011年），自序頁1-3。

10　〔清〕王先謙撰，沈嘯寰、王星賢點校：《荀子集解》（北京市：中華書局，2010年），頁386。

11　〈非十二子〉有言：「世俗之溝猶瞀儒，嚾嚾然不知其所非也，遂受而傳之，以為仲尼、子游為茲厚於後世：是則子思、孟軻之罪。」又說：「偷儒憚事，無廉恥而

或許頗有扞格，讓人感到不安。

　　因此，實有必要重新去檢視孔子思想的可能內涵。因為儒家正宗的意義應該以是否「宗師孔子」為依歸[12]；但今日所認知的孔子形象，僅是自唐宋以來「以孟解孔」的一個面向。如果能暫且跳脫這個框架，放下孟學的意識型態，那麼將會發現孔子思想並非必然是以仁學為核心，亦非必然是孟子盡心知性以知天的理路；荀子所闡揚的性惡、禮學、勸學與天人之分的思維，與孔子亦有其相侔的可能性與合理性。職是之故，儒家的道統或許可以翻轉、重構並開展多元道統的可能性。

（一）從「性近習遠」到「人之性惡」——孔荀性惡意識之脈絡

　　首先可以從人性的概念著手，進行儒學道統的重新檢視。因為荀子之所以被排除在儒家道統，被打得千年不得翻身，正在於一句「人之性惡，其善者偽也。」（〈性惡〉）亦即宋明儒者在主觀情感上一見到「性惡善偽」這樣主張便覺厭惡，更遑論深入了解荀子思想。如熊鈇就說：「以性為惡，以禮為偽，大本已失，更學何事？」[13]程頤亦言「荀子極偏駁，只一句性惡，大本已失。」[14]也就落得朱熹一句「不須理會荀卿」[15]的評價。那麼可以說一切問題都是從「性惡」而起，

　　者飲食，必曰君子固不用力：是子游氏之賤儒也。」見〔清〕王先謙撰，沈嘯寰、王星賢點校：《荀子集解》，頁94-95、105。

12　參梁家榮：《仁禮之辨——孔子之道的再釋與評估》（北京市：北京大學出版社，2010年），頁26。

13　〔宋〕熊鈇：《勿軒集》卷二，《景印文淵閣四庫全書》第1188冊（臺北市：臺灣商務印書館，1986年），頁783。

14　〔宋〕程顥、程頤撰：《二程集》（臺北市：漢京文化事業公司，1983年），頁262。

15　〔宋〕黎靖德編，王星賢點校：《朱子語類》第八冊（北京市：中華書局，2007年），頁3254。

也就必須由此解開道統的糾結。

1 為何而作？〈性惡〉本為駁斥孟軻

《荀子·性惡》是歷來最受到關注與具爭議的文本之一，唐端正認為孫卿不當把此一議題拉升到檯面上來與孟子的性善論對立[16]；而周熾成則認為〈性惡〉在《荀子》中如同一座突兀的孤島，當是偽作晚出，林桂榛也認為該篇應有訛誤。[17]然而根據張西堂的考證，〈性惡〉一篇大抵是沒有偽作的問題[18]，也不該徑以孟學的角度批判其言過甚，而應思考荀子為何而作〈性惡〉一篇。

通觀〈性惡〉，顯然多是針對孟子而發，對「性善」進行批評與辯駁，這也是本書所強調，荀學之所以形成是建立在感謝作為他者的孟學體系之上；沒有孟子的立論，就沒有荀子立說的可能與必要。那麼可以說這是荀子捍衛儒家正統的必要之作，正與〈非十二子〉中闢邪說奸言、列舉思孟罪狀的態度一致。

如果回到《論語》的脈絡，如子貢所言，「夫子之言性與天道，不可得而聞也。」(〈公冶長〉)[19]可以發現孔子幾乎不談「性」的問題，《論語》中除此段外也的確只有一次提到「性」。那麼兩相對照，或許可以說，荀子正是為了回應孟子大談「性善」，而不得不專著一章來辯解「性」的問題，而其立說的態度也與孔子有其一致性，是罕言「性」與「天道」；故而才會形成「性惡」幾不見其他篇章的情形。

---

16 參唐端正：《先秦諸子論叢（續編）》，頁165。

17 參周熾成：〈荀子乃性朴論者，非性惡論者〉，《邯鄲學院學報》第22卷第4期（2012年12月），頁24；林桂榛：〈荀子性樸論的理論結構及思想價值〉，《邯鄲學院學報》第22卷第4期（2012年12月），頁32-36。

18 參張西堂：《荀子真偽考》（臺北市：明文書局，1994年），頁39-42。

19 〔魏〕何晏注，〔宋〕邢昺疏：《論語注疏》（臺北市：藝文書館阮元校勘十三經注疏本，2013年），頁77。

2 捍衛正統：「性惡」方為儒學正宗

　　所以說荀子的態度與孔子一致，認為「性惡」的部分不必多談，故僅在〈性惡〉一文中進行論辯，而不見於其他篇目。正如王慶光與唐端正所提出，荀子學說的重點在於化導人性向善，在於「善偽」的修養，而不在「性惡」[20]，故此本是當時眾所皆知的事實；如何使人為善、達到正理平治才是儒者的重點所在。實在是因為孟子提出有別於傳統的性善論，荀子才不得不特別彰明「性惡」，與孟子針鋒相對。而王慶光與唐端正主張把「性惡說」改為「善偽說」甚至是〈善偽篇〉，或許會有將《荀子》文本去脈絡化的危險；因為那將失去了荀子捍衛儒學正統思想，以及其與孟子相抗衡的歷史脈絡。

　　其實就先秦儒學傳統而論，孟子的性善論可能反倒是個歧出與變異。[21]據傅斯年的考證，「生之謂性」是先秦時期的普遍定義[22]，《孟子》中的孟告之辯，正顯現出孟子對於傳統「性」之定義的挑戰。孟子將生而本有、人禽所共、以食色為內涵的「性」抽換為以仁義禮智為內容，作為人禽之辨的「人性」。這樣的進路是與孔子、荀子以及當時普遍對人性的認知不同的。[23]

　　也就是說，荀子對孟子作出「案往舊造說，謂之五行，甚僻違而無類，幽隱而無說，閉約而無解」（〈非十二子〉）[24]的批判，正是因為孟子按照過往「生之謂性」的定義，雖保留了「性」是「人生而有」

---

20 參唐端正：《先秦諸子論叢》（臺北市：東大圖書公司，1981年），頁171-172；王慶光：〈論晚周「因性法治」說的興起及荀子「化性為善」說的回應〉，《興大中文學報》第13期（2000年12月），頁106。

21 參路德斌：《荀子與儒家哲學》，頁104。

22 參傅斯年：《性命古訓辨證》（上海市：上海古籍出版社，2012年），頁84、187。

23 參曾暐傑：《打破性善的誘惑──重探荀子性惡論的意義與價值》（新北市：花木蘭文化事業公司，2014年），頁49-66。

24 〔清〕王先謙撰，沈嘯寰、王星賢點校：《荀子集解》，頁94。

的部分，卻逕自將食色、欲望的內涵抽換，此即所謂不理會固有的概念而自造新說。如此一來「性」就從人禽所共的普遍性意義，轉變為人禽之辨具有特殊性意義，內含「仁義禮智信」──謂之「五行」的道德價值。

而此處「僻違無類」、「幽隱無說」、「閉約無解」的評價正與〈性惡〉中對於孟子性善論的批駁：「無辨合符驗，坐而言之，起而不可設，張而不可施行」（〈性惡〉）[25]相符應。即是因為孟子言性善，但在現實中，禮崩樂壞，為惡者不勝枚舉；如果人人皆得以自覺為善，那麼家國又為何會落到如此地步？荀子認為：如果真如孟子所言，那麼又「惡用聖王，惡用禮義矣哉！」（〈性惡〉）[26]因此，對荀子而言，性善的說法都是一種自我的想像，在現實社會中沒有實踐的可能；只是一味竄入「形上學的幻想」。[27]

那麼，由此可以了解到，荀子的「性惡」有其針對性，是特別對孟子性善論而發，是一種針鋒相對的論述，是一種以自難自答為手段[28]，以樹立自己的主張──是荀子有意識地批駁孟子不為儒學正途之論述。

3 正本清源：孔子的「性惡無意識」

在了解荀子性惡論書寫是針對孟子性善論而發，而欲回到孔子少言「性與天道」的「正途」後，接著可以進一步釐清孔子的對「性」

---

25 〔清〕王先謙撰，沈嘯寰、王星賢點校：《荀子集解》，頁441。

26 〔清〕王先謙撰，沈嘯寰、王星賢點校：《荀子集解》，頁439。

27 參〔美〕戴安娜・蜜雪兒菲爾德（Diane Michelfelder）：〈哲學詮釋學與激進詮釋學：謙卑的教訓〉，收入〔美〕羅伊・馬丁內茲（Roy P. Martinez）編，汪海譯：《激進詮釋學精要》（北京市：中國人民大學出版社，2011年），頁49。

28 所謂自難自答即〈性惡〉中以「孟子曰：『人之性善』」為段落起首，並接以「曰：『是不然』……」的論述手法。參本書第三章第一節。

的理解近於荀子而遠於孟；誠如前文所言，孟子的「性善」是對先秦傳統「性」論的歧出與變異。

　　《論語》中孔子唯一提及「性」字的即是「性相近，習相遠」（〈陽貨〉）[29]一句。過往一般都會順理成章地受到《三字經》的影響，在此句之前接上「人之初，性本善」，但這並非理所當然；由此正可看出宋明儒者對於孔子與孟子思想的嫁接與拼湊。在邏輯上，「性相近，習相遠」之前無論是接上「人之初，性本善」或是「人之初，性本惡」都是正當的。[30]關鍵在於人最初的狀態為何？或許可以如李澤厚所說，孔子在這原始的語句中沒有所謂的善惡，沒有如孟荀明確點出性善與性惡[31]；但如果從「蘊謂」層次而論[32]，還是可以詮解出孔子的「人性觀點」——儘管他還未或者說不必發展出一套「人性論」。也就是說，孔子的思維中可能含有「性惡」這樣的無意識（unconscious）。

　　先從字面上來理解，如果說到孟子甚至荀子之時，「生之謂性」的定義都還普遍為人所接受，孟子還須極力扭轉「性」的內涵[33]，那麼想必孔子的時代所謂的「性」也當是「生之所以然」之義。那麼這裡的「性」就與告子的「食色」（〈告子上〉）[34]、與荀子所謂「生而有

29　〔魏〕何晏注，〔宋〕邢昺疏：《論語注疏》，頁154。

30　相關論證請參曾暐傑：〈對當代／新儒學的批判性反思與傳統儒學的重建——以《三字經》為線索〉，《2013儒風社區‧人文城市暨古典與現代學術研討會：論文集》（高雄市：高雄市夢想城市發展協會，2013年），頁165-180。

31　參李澤厚：《論語今讀》（北京市：生活‧讀書‧新知三聯書店，2004年），頁470。

32　「蘊謂」是傅偉勳「創造的詮釋學」中的第三個層次，指思想家原來可能要說什麼或其可能蘊涵什麼？參傅偉勳：《從創造的詮釋學到大乘佛學》（臺北市：東大圖書公司，1999年），頁10。

33　參傅斯年：《性命古訓辨證》，頁178-202。

34　〔漢〕趙岐注，〔宋〕孫奭疏：《孟子注疏》（臺北市：藝文印書館阮元校勘十三經注疏本，2013年），頁193。

好利」、「生而有疾惡」、「生而有耳目之欲，有好聲色」（〈性惡〉）[35]之「性」是一致的。正如孔子所說：「吾未見好德如好色者也。」（〈子罕〉）這與荀子說人之情「口好味」、「耳好聲」、「目好色」、「形體好佚」、「心好利」（〈王霸〉）[36]以情與欲望為「性」的思路是一致的。而荀子說「人情之所同欲也」（〈王霸〉）[37]，或許可以說是承繼孔子「性相近」的思維進路而來。

（二）從「學而」到「勸學」——孔荀重「學」理路的一致性

在了解孔子所言之「性」應屬於「生之所以然者」的自然人性後，可知孔子之人性觀點未必是繫屬於孟子的「性善論」，而有與荀子「性惡」相疇的可能。這是從時代與外部的推索，另外更可以從孔孟荀三人思想的內在理路來得到印證。亦即透過「學」與「思」系統的開展與比較，將可以了解到，荀子如何在超越性回歸孔學中開展「學」之系統；而將孟子作為他者，把孟學中「先思後學」的體系轉化為「先學後思」的典範。

1 重學的理路：同為「自然人性論」下的重「學」系統

因為自然人性論視情感與欲望為「性」，所以其修養的歷程就必須透過由外而內的學習與化導；相對於孟子的「性善論」將人性視為人的「本質」（essence）——仁義禮智的道德價值天生具足於「性」中，故其修養工夫便強調自我的內在省思與求索。也就是如蔡錦昌所說，孟子在天性內就有辦法使仁義彰顯，荀子則須在天性之外想辦

---

35 〔清〕王先謙撰，沈嘯寰、王星賢點校：《荀子集解》，頁434。
36 〔清〕王先謙撰，沈嘯寰、王星賢點校：《荀子集解》，頁217。
37 〔清〕王先謙撰，沈嘯寰、王星賢點校：《荀子集解》，頁216。

法。[38]而綜觀《論語》中的脈絡，可以發現孔子對於「學」的重視；而荀子之重「學」思想或當即是承繼此理路而來。

　　《論語》首章首句即是「學而時習之，不亦說乎」（〈學而〉）[39]，正與《荀子》首篇〈勸學〉遙相呼應[40]，正顯出兩者學術綱領的一致性。孔子就曾說過：「吾嘗終日不食，終夜不寢，以思，無益，不如學也。」（〈衛靈公〉）[41]可見其「學」比「思」有更關鍵的意義。而荀子更是承繼提升「學」的重要性，他說：

> 學惡乎始？惡乎終？曰：其數則始乎誦經，終乎讀禮；其義則始乎為士，終乎為聖人。真積力久則入。學至乎沒而後止也。故學數有終，若其義則不可須臾舍也。為之，人也，舍之，禽獸也。（〈勸學〉）[42]

顯然荀子不僅明確將「學」作為其系統的必要途徑與核心，更將「學」作為人禽之辨的關鍵所在──「為之，人也；舍之，禽獸也」。這與孟子將內在固有的「四端」作為人禽之辨的關鍵所在，是以強調自省、內思的理路顯然是不一樣的。由此可以了解由孔子到荀子，是「重學」系統的一貫傳承與發展，未必是「孔孟道統」中所強調的「重思」理路。故荀子必將孟子作為他者進行轉化與回歸。

---

38 蔡錦昌：《拿捏分寸的思考：荀子與古代思想新論》（臺北市：唐山出版社，1996年），頁136。

39 〔魏〕何晏注，〔宋〕邢昺疏：《論語注疏》，頁5。

40 參王斐弘：《儒宗正源》，頁235。

41 〔魏〕何晏注，〔宋〕邢昺疏：《論語注疏》，頁140。

42 〔清〕王先謙撰，沈嘯寰、王星賢點校：《荀子集解》，頁11。

2 重學的進程：從「生命六歷程」發展「成聖三階段」

又為何孔子如此重「學」？此即是由其生命歷程的體悟而來。孔子自己「非生而知之者」，而是「敏以求之者」(〈述而〉)[43]；更否認子貢所說「天縱之將聖」的說法，而將一切歸諸「吾少也賤，故多能鄙事」(〈子罕〉)[44]，這即說明了孔子認為聖人不是一種天賦，而是靠學習而成的。[45]

這與荀子所謂「始乎為士，終乎為聖人」，將「學」的意義歸諸成聖的過程可謂如出一轍。而荀卿謂學的方法與進程是「始乎誦經，終乎讀禮」(〈勸學〉)，與孔子叮囑伯魚先學《詩》、後學禮[46]，也就是先誦讀經典再學習禮義的思維進路是相同的。[47]

而對於學習的生命歷程與成聖的階段，荀子劃分為三個層次：士、君子、聖人。荀子在論述中也不斷以此三個階段來定義修養的程度與階段：

> 好法而行，士也；篤志而體，君子也；齊明而不竭，聖人也。
> (〈脩身〉)[48]

---

43 〔魏〕何晏注，〔宋〕邢昺疏：《論語注疏》，頁63。

44 〔魏〕何晏注，〔宋〕邢昺疏：《論語注疏》，頁78。

45 參李澤厚：《論語今讀》，頁250。

46 見〈季氏〉：「(孔子)嘗獨立，鯉趨而過庭。曰：『學詩乎？』對曰：『未也。』『不學詩，無以言。』鯉退而學詩。他日又獨立，鯉趨而過庭。曰：『學禮乎？』對曰：『未也。』『不學禮，無以立。』鯉退而學禮。」見〔魏〕何晏注，〔宋〕邢昺疏：《論語注疏》，頁150。

47 參曾暐傑：〈論荀子「為學」的「終始」問題〉，《鵝湖月刊》第470期(2014年8月)，頁13-22。

48 〔清〕王先謙撰，沈嘯寰、王星賢點校：《荀子集解》，頁33。

> 彼學者，行之，曰士也；敦慕焉，君子也；知之，聖人也。
> （〈儒效〉）[49]

> 嚮是而務，士也；類是而幾，君子也；知之，聖人也。（〈解
> 蔽〉）[50]

在第一個層次為士，可以達到「好法而行」、「嚮是而務」、「行之」；
第二個層次為君子，可以「篤志而體」、「敦慕焉」、「類是而幾」；第
三個則是成聖的境界：「齊明不竭」、「知之」。而孔子自謂十五「志於
學」、「三十而立」，強調「學」的行動力；「四十不惑」、「五十知天
命」、「六十耳順」則對於禮義有了一定的了解與依存，也有了主動為
善的動力；至於「從心所欲不踰矩」（〈為政〉）[51]，正是對於一切道德
根源的禮法有所絕對的領悟，能夠隨順應對一切事理而無所勉強與差
誤。這樣的成聖與學習歷程，孔荀之間顯然大致是相應而相承的。

3　重學的工夫：由「性近習遠」開展「化性起偽」

由此而論，假使如孟子將「性」視為仁義禮智之道德價值，那麼
就如其所言，「人之有四端，猶其有四體」（〈公孫丑上〉）[52]，人人
「性同」，並非僅是氣質情性上的「相近」，便形成一種形上學式與泛
道德的詮釋──這與孔子「性相近，習相遠」的思維是有所差異的。
相對來說，荀子則「較好地」[53]繼承了此一系統，並且將孔學系統化

49　〔清〕王先謙撰，沈嘯寰、王星賢點校：《荀子集解》，頁125。
50　〔清〕王先謙撰，沈嘯寰、王星賢點校：《荀子集解》，頁407。
51　〔魏〕何晏注，〔宋〕邢昺疏：《論語注疏》，頁16。
52　〔漢〕趙岐注，〔宋〕孫奭疏：《孟子注疏》，頁66。
53　詮釋通常要追求的是「照著原樣理解」，但隨著詮釋學（hermeneutics）的發展，學
　　者逐漸認識到，所謂「詮釋」不可能不帶著蘊含詮釋者背景與知識的「先見」

與理論化為「化性起偽」的修養論。[54]

孔子所言之「習」，應相對於名詞的「性」解作習俗[55]，也就是文化。[56]孔子的「性」與「習」相對於荀子的「性」與「偽」，正好是兩組相對的概念：「自然的」與「人文化成的」。也就是「自然的人」須要透過外在禮義的教化，而轉化為「禮義的人」。荀子所謂：「性者，本始材樸也；偽者，文理隆盛也。」（〈禮論〉）[57]此「性」即孔子所言「性相近」之「性」，是未經禮義薰陶的；一旦順性而行，就會「爭奪生而辭讓亡」、「殘賊生而忠信亡」、「淫亂生而禮義文理亡」（〈性惡〉）[58]。而透過禮義的化導以及學習，就能夠形成有文化的人文個體，即荀子所說的「偽」，亦是孔子強調的「習」──文化的薰陶。

那麼正如荀子所說，天生的「性」，必須「有師法之化，禮義之道」，然後能夠顯透出合於禮義的善，也才符合其對於善惡的定義：「所謂善者，正理平治也；所謂惡者，偏險悖亂也。」（〈性惡〉）[59]而孔子也說「不以禮節之，亦不可行也。」（〈學而〉）[60]顯然在這個意義

（Vorurteil），是以便有著一股追求「較好地」詮釋的思維。是以作為後來的詮釋者，很難確知作者的「本義」為何？但這卻永遠是一個在追求「較好地」詮釋的過程──無論是站在荀子當初詮釋孔學的立場，或是當下詮釋孔孟荀關係的立場。當然，本書的詮釋也得以開放讀者再詮釋，詮釋出「較好地」，甚至是「不同的」意義。關於詮釋的可能與發展，請參張鼎國著，汪文聖、洪世謙編：《詮釋與實踐》（臺北市：政大出版社，2011年），頁113-136。

54 參王慶光：《荀子與齊道家的對比》（臺北市：大安出版社，2014年），頁384。

55 參李澤厚：《論語今讀》，頁471。

56 此處如程朱將「性」解為氣質之性，又言習善則善、習惡則惡，不僅可能割裂了「性」的整體性，更為了強調孟子之性善，而使此句解釋不甚通曉暢達，這是宋明儒「以孟解孔」所遺留的痕跡。

57 〔清〕王先謙撰，沈嘯寰、王星賢點校：《荀子集解》，頁366。

58 〔清〕王先謙撰，沈嘯寰、王星賢點校：《荀子集解》，頁434。

59 〔清〕王先謙撰，沈嘯寰、王星賢點校：《荀子集解》，頁439。

60 〔魏〕何晏注，〔宋〕邢昺疏：《論語注疏》，頁8。

上而言，孔子的人性觀點是與荀子性惡論的定義相符的。只是此「生
之謂性」之義在孔子的時代本是眾所皆知之事，不須多言；如何去面
對這樣的人性以及使人為善達到正理平治才是重點所在。而荀子之時
面對孟子之「僻違幽隱」之說才不得不彰顯其義；然其重點還是在
「化性起偽」之工夫論中思考如何能夠達到正理平治之禮義架構。

（三）從「知天命」到「天人之分」——孔荀天人關係的繼承與發展

在論述了「性」在孔子學說中的地位與意義，以及了解荀子的
「化性起偽」是對孔子「性相近，習相遠」理路的開展，而性惡論的
提出更是為了導正孟子性善論「幽隱僻違」之言後，接著，還須要再
釐清所謂孔子對於「天」的理解及其與荀子「天人之分」的關係。

1 傳統的反思：對於「踐仁知天」的質疑

誠如前文所引子貢之言，「性」與「天道」是兩個鮮少聽聞孔子
言說的議題，關於「性」的部分前文已有所處理，進一步還須要以
「天道」論述為判準，釐清儒學道統的內涵與意義。依照以往大多數
學者對於孔子的認識，孔子與孟子的「天道」觀都是「踐仁以知天」
的「天人合一」之樣態；但這可能是宋明以降的儒者「以孟解孔」思
維下給人的刻板印象。牟宗三就認為，孔子並非哲學家，對於形上
學、宇宙論並無興趣，但卻又話鋒一轉，認為必須由宋明儒之說解，
才能探得儒學真義[61]；這或許如錢穆所說，是學者每好以《孟子》解
《論語》之習慣。[62]

---

61 參牟宗三：《中國哲學十九講》（臺北市：臺灣學生書局，1983年），頁75。
62 參錢穆：《論語新解》（臺北市：東大圖書公司，2004年），頁129。

那麼「踐仁知天」的說法，大抵是宋明儒以來，將孔子思想置於《孟子》所謂「盡其心者，知其性也。知其性，則知天矣」（〈盡心上〉）[63]的脈絡之中。由孟子所謂「四端之心」與性善之「性」而發，並與《論語》中的「仁」相結合，便成了孔孟一如的「盡性知天」之說法。但正如梁家榮所言，《論語》中或許沒有如斯「盡心知性以知天」的說法與脈絡；而「仁」對於孔子而言亦非道德價值的終極價值，「禮」才是孔子的核心思想[64]——與荀子思想是一致的。因此，只要跳脫宋明儒以來的框架，重新檢視，就可以發現，在天人關係的論述上，孔孟之間並非理所當然地具有一致性。

2 意義的釐清：「合中有分」的天人關係

一談到荀子的「天人之分」，在過去學界的論述中，大都會直覺地認為這又是一歧出於孔孟的說法，但其實不然。回到《荀子》的脈絡中，可以發現，所謂「天人之分」並不是完全斷裂人與天的關係，而是特別強調人的主體性與獨立性，並從巫術傳統中跳脫出來，看見「天」作為自然運行的理則；此即荀子所謂：

> 列星隨旋，日月遞炤，四時代御，陰陽大化，風雨博施，萬物各得其和以生，各得其養以成，不見其事而見其功，夫是之謂神。皆知其所以成，莫知其無形，夫是之謂天功。唯聖人為不求知天。（〈天論〉）[65]

這樣的「天」即是述說萬物自然生發運作之理則，那是一種無形無言

---

63 〔漢〕趙岐注，〔宋〕孫奭疏：《孟子注疏》，頁228。

64 相關論述與論證請參梁家榮：《仁禮之辨——孔子之道的再釋與重估》，頁28-46。

65 〔清〕王先謙撰，沈嘯寰、王星賢點校：《荀子集解》，頁308-309。

的潛在規則，荀子將之稱為「神」——這不是具有神秘主義的思維，而用以表達「不見其事，而見其功」的自然力量；從其效果而論，就稱為「天功」，也就是今日所說天地萬物中自然的規律。這樣的認知其實正與孔子所說「四時行焉，百物生焉，天何言哉？」（〈陽貨〉）[66] 的思維是相近的。也就是說，孔子作為軸心時代的宗師，正是在於其人文理性的萌發，脫去了遠古時代的巫術傳統，挺立了人文精神，將天的人格色彩以及人依附於天的思維都揚棄與轉化了。

　　所以，所謂的「天人之分」並非荀子所獨發，而是立基於孔子人文精神思想上所開展的論述。這樣的「天人之分」亦非中國思想史上的異端與孤島，因為所謂「天人之分」並非「天人相分」，只是就人格的獨立性與認清自然律則上作了強調，強調「天」與「人」差異的那一面，並沒有斷裂人與天、自然萬物氣性連結、共構共感的結構；如荀子說：

> 天職既立，天功既成，形具而神生，好惡、喜怒、哀樂臧焉，夫是之謂天情。耳目鼻口形能，各有接而不相能也，夫是之謂天官。（〈天論〉）[67]

尤其此處將人的喜怒哀樂視為「天情」、以人的耳目口鼻作為「天官」，便可以了解到仁與天的聯繫性。又荀子所謂：「水火有氣而無生，草木有生而無知，禽獸有知而無義，人有氣、有生、有知，亦且有義。」（〈王制〉）[68]以「氣」為基礎所組成的世界，貫穿自然萬物與存有，使天人之間具有共構性與連續性，便可以知道天人關係在荀子

66　〔魏〕何晏注，〔宋〕邢昺疏：《論語注疏》，頁157。
67　〔清〕王先謙撰，沈嘯寰、王星賢點校：《荀子集解》，頁309。
68　〔清〕王先謙撰，沈嘯寰、王星賢點校：《荀子集解》，頁164。

那裡並未斷裂。這樣的思維劉又銘稱為「合中有分」的天人關係——天與人之間彼此有所差異，卻又彼此相銜接貫通的整體。[69]在這個意義上，孔子的天人觀可能也屬於「天人之分」（「合中有分」）的脈絡，與荀子一致。

那麼荀子為何要特別強調「天人之分」，而孔子卻幾乎不言「天道」呢？這如同「性」的議題一樣，很可能也是為了回應與反駁孟子。〈非十二子〉中所謂「僻違無類」、「幽隱無說」、「閉約無解」的批判，即是對於以形上學言「性」與「天道」、對於孟子學說中將人過度依附於天的論點提出異議。正因為思孟學派於斯大聲疾呼「此真先君子之言」（〈非十二子〉）[70]，將「天人合一」的「道德神祕主義」[71]託付於孔子之口，因此荀子不得不特別強調「天人之分」的學說，以導正儒家學說。

孔子之所以不言，正是因為認為天人關係不必多談，只要注重人的學習與禮義的闡揚即可；而荀子之時，「天人合一」的論述被過度發展，故特別強調「天人之分」。這並不是荀子否認天與人的連續性，而是那種以氣為萬物本源的天人合一論述是一種常識與毋庸置疑的論述，他自然不必在此琢磨；只須特別針對人們蔽於「天人合一」

---

69 參劉又銘：〈合中有分——荀子、董仲舒天人關係論新詮〉，頁32-38。

70 〔清〕王先謙撰，沈嘯寰、王星賢點校：《荀子集解》，頁94。

71 對荀子而言，孟子「盡心知性以知天」的「天人合一」思維，便是「幽隱無說」的神祕主義（Mysticism）——過度強調內向心理的狀態與道德天的整合，而忽略感官欲望與外界的連結。當然，「神祕主義」在倫理學與宗教學的系統中是有高度價值與正面意義的修養工夫與宇宙觀，如在孟學的脈絡中，應使用「冥契主義」此一具有正面意義的譯名，以見得其工夫論的意義所在。但就荀子對孟學天人關係的批判脈絡而言，以「神祕主義」此一帶有諷諭意味的名稱言之，毋寧是較為準確的表述方式。參〔英〕史泰司（Walter T. Stace）著，楊儒賓譯：《冥契主義與哲學》（臺北市：正中書局，1998年），頁1-159。

的部分做出批駁。[72]

3　道統的傳承：孔荀皆重「人道」輕「天道」

　　因此，就「合中有分」的天人關係而論，孔子的系統就有可能是由荀子所繼承。如前文所說，孔子否認其聖與多能是因「天縱之將聖」（〈子罕〉）[73]，而是歸之於「學」。而孟子對於一個聖賢的形成，有著「天將降大任」（〈告子下〉）[74]的說法；雖然看似同樣是注重在困頓中成聖，但《孟子》此處之天已有些許的人格意識與天道所歸之義，非純粹取決於個人之力，因而朝著天人合一緊密發展的理路中開展，此細微之處不可不察。

　　而孔子此罕言「天道」的傳統，亦為荀子所繼承。荀子言：「道者，非天之道，非地之道，人之所以道也」（〈儒效〉）[75]又言「禮者，人道之極也。」（〈禮論〉）[76]如此強調「人道」而與「天道」、「地道」區別，正是「合中有分」天人關係的體現，也是孔子罕言天道，人文精神與主體意識的延續與開展；即是孔子「吾道一以貫之」（〈里仁〉）[77]之「道」。

　　而孔子所言「五十而知天命」也正是體認到某些自然律則並非人可以改變，故只要關注在自身能夠掌握的人事之上即可。王船山對於孔子之「天命」觀的理解即是：人的貴賤、生死、國之存亡，「當人致力之地，而不可以歸之於天」[78]；此如李澤厚所說，的確是近於荀

72　參劉又銘：〈合中有分──荀子、董仲舒天人關係論新詮〉，頁34。

73　〔魏〕何晏注，〔宋〕邢昺疏：《論語注疏》，頁78。

74　〔漢〕趙岐注，〔宋〕孫奭疏：《孟子注疏》，頁223。

75　〔清〕王先謙撰，沈嘯寰、王星賢點校：《荀子集解》，頁122。

76　〔清〕王先謙撰，沈嘯寰、王星賢點校：《荀子集解》，頁356。

77　〔魏〕何晏注，〔宋〕邢昺疏：《論語注疏》，頁37。

78　〔明〕王夫之撰，船山全書編輯委員會編：《船山全書》第六冊（長沙市：嶽麓書社，2011年），頁1116。

子「天人之分」的思維。[79]可以說，荀子「天人之分」思想中所謂
「聖人為不求知天」（〈天論〉）[80]，正是孔子天道觀點的發揮；是孔子
在知天人各有其職，人只能盡其事後，「畏天命」（〈季氏〉）[81]而盡
「人道」的高度人文精神。

（四）從「孔孟一如」到「孔荀一系」：道統的重構與軌進

由此可以了解到，荀子之言「性惡」與「天人之分」，並非標新
立異，也非異端；反而是以強烈的自我身分認同與儒家意識，批判孟
子是為悖離孔子學說與儒家正統之賤儒，不得不特別張揚不可得聞於
夫子的「性」與「天道」的議題，以反駁思孟一系的「性善論」與
「盡性知天」的學說，聲聲詰問你們可以稱之為儒者嗎？

如果跳脫宋明儒學所賦予孔孟一如的框架──理所當然將孔子一
併納入「道德形上學」系統之中的思路，即可以發現，孟子繼承孔子
道統的圖式，或許並不非理所當然；在荀學的體系中而論，以往被視
為歧出的荀子之「倫理經濟學」進路，亦有其承繼孔門思想的可能性
與正當性。傅斯年曾說孟子的學說與邏輯，實非孔子之正傳，且多有
與《論語》相悖者；尤其在人性觀點上並無性善的含意，而與荀子之
勸學思想相侔。[82]當然在今日多元文化的脈絡中，不必藉由「孔荀道
統」來排擠「孔孟道統」的正當性；而是必須「承認」[83]彼此存有的
合理性與有效性──每個道統都有其時代的意義與價值，也都有其存

---

79 參李澤厚：《論語今讀》，頁52。

80 〔清〕王先謙撰，沈嘯寰、王星賢點校：《荀子集解》，頁309。

81 〔魏〕何晏注，〔宋〕邢昺疏：《論語注疏》，頁149。

82 見傅斯年：《性命古訓辨證》，頁180-181。

83 「承認」即是：雖不必然認同他者的理念，但絕對尊重他者存在的正當性與合理
性。參〔德〕阿克塞爾・霍耐特（Axel Honneth）著，胡繼華譯：《為承認而鬥爭》
（上海市：上海人民出版社，2005年），頁38-68。

在的必要。

人性論與天人關係的論述，二者必然是一脈相承而相輔相成，雖然孔子未明言人性論，但由其天人關係的表述上來看，其人性論的觀點或許無法直接開展為性善論。因為假使在孔子那裡無有孟學典範中天人合一的脈絡，其人性論就不可能是性善系統，而必須是「天人之分—性惡」系統——當然在《論語》的脈絡中這個論述並未被顯題化；但誠如前文所展現的文本脈絡之對比，的確可以看出這個內在理路與端倪。

是以如果能夠跳脫唐宋以降的孟學意識型態，不理所當然地以「孔孟一如」的思維去理解孔子、詮釋《論語》，從經典脈絡去對比，就會發現儒學史上還有「孔荀一系」的脈絡與可能。荀子的「天人之分」不僅不是儒學的歧途，還是有意識地在批判孟學「天人合一」的脈絡中回到孔門正宗的立場與系統，是自許導正思孟學派進而承繼孔子的思想脈絡而發展出的「天人之分—性惡」系統。

而「天人之分」亦非在絕對意義上斷裂天人之間的聯繫，而是強調人之自主性與獨立性的一種「合中有分」的天人關係論述，那麼就能夠理解：何以可以說孔子與荀子的思想是一脈相承而無所扞格、更無歧出。據此，儒家的道統即可以在宋明以降孔曾思孟的脈絡中，形成另一個「孔荀」的儒學範式——一個與「孔孟」並立的典範。

三　以「倫理經濟學」展望儒學源流與發展：從孔子到董仲舒

就儒學傳承的縱軸來看，即是孔子的學說本是具有強烈現實性的脈絡，在那裡可能也沒有太過強烈的形上學思維；或許可以說孔子思想具有「倫理經濟學」的潛質與脈絡，但他並沒有真正建構一套縝密

的體系與系統。到了孟子特別凸出人性的價值,用形上學思維將孔子所說:透過後天修養而得到的仁義禮智之心視為天生而有的,並極力放大此一脈絡,建構出一套純粹而神聖的「道德形上學」體系。

而在「孟子之後」[84],荀子在現實中看到了孟子將儒學轉到「道德形上學」的困境與缺失,是以再度轉向,將孔子思想中的「性惡意識」、「禮法」思想、「天人相分」的脈絡顯題化,真正建構一套完整的「倫理經濟學」體系。[85]而「倫理經濟學」的確是荀子將孔子思想極度顯題化的結果,是在回歸性轉向中的超越性回歸,已經到了儒家體系的臨界點——再一個轉身,便是法家。

同樣地,這是「荀子之後」,韓非承繼了荀子「倫理經濟學」的經濟層面——追求透過君王來治亂的絕對效能與效率;但當追求秩序的決心壓倒了道德意識,就會將效能與效率極大化——此一極大化的結果便是衝破了儒家的邊界,轉向法家系統的開展。亦即韓非為了在「經濟學」的層次中發揮治亂的最大效果,是以拋棄了「道德」層次,改以君主的絕對「權威」取代——便形成了一套沒有道德意識的「權力經濟學」。

---

84 這裡的「後」(post-)不僅是時間軸線的指涉,還有著學術的抵抗與排斥、或是學理上的繼承與超越,大抵類似於後現代(postmodern)對於現代性的批判與超越之意味。參曾暐傑:《打破性善的誘惑——重探荀子性惡論的意義與價值》,頁30-31。

85 當然孔子的思想屬於儒學萌發的階段,闡述思想的方式多為隨機提點,其思想亦由學生記載的語錄體所傳承,或許沒有縝密的體系建構;但可以透過對於《論語》文本脈絡中去抽繹出核心思想。到了荀子,其學說以結構較為完整的議論文形式呈現,必然有著較完整的體系建構與開展;是以可以說,「倫理經濟學」是荀子超越性回歸孔子的一種體系與方式。在孔子自身或許尚沒有意識到這樣的思維,或是尚未真正建構出此一系統性的理論。但是透過本章以「倫理經濟學」為中介,去思考與對比孔子與荀子的思想概念,透過孔荀概念與概念之間的連結,可以說孔子的思想是有作為「倫理經濟學」的思想脈絡與根據,足以將之視為「倫理經濟學」的源頭而無疑。本章所據以對比的觀念——性惡、勸學與天人之分,是為支撐「倫理經濟學」的三大元素;因此可以就此意義上來說孔荀思想上的繼承與回歸之可能性與正當性。

　　如此由荀到韓的轉變——從「倫理經濟學」轉向「權力經濟學」的理路，便可以理解，為何到了漢代會有「陽儒陰法」的學術定位？其實，漢代獨尊儒術後所呈現的正是漢儒從荀子那裡修正後的「倫理經濟學」。因為秦朝實行了「權力經濟學」，雖然成功富強、一統天下，卻也如曇花一現，國祚不滿二十年即覆亡。是以，漢儒理解到，「權力經濟學」可以得天下而無以治天下；沒有「道德」價值的理論儘管再有效率與效能，都無法成為治國的常態。

　　因此，在「韓非之後」，法家的「權力經濟學」再度被轉向為「神權經濟學」——只是漢儒如董仲舒適度吸納了「權力經濟學」的脈絡，加強了君權與法刑的成分；並將「道德」層次以「神權」包裹，成為更容易為君王與黎民百姓接納的治亂系統。那麼便可以了解到，荀學並非消失於儒學的脈絡中，而是以不同的形式呈現於漢代，這是值得開展與重新詮釋與建構的進路。

　　本書的詮釋與重構，將是重建儒學體系與傳統的始點與根基——學術的發展是動態的，唯有暫且放下道統的帷幕，回到學術史的視野去思考，才能真正釐清「孟子之後」為何會有荀學性惡系統的誕生。性惡系統不是一個中國思想史長流中的孤島，而是一種學術發展的必然內在理路、是荀子企圖撥亂在儒學內部撥亂反正的超越性回歸、是作為「經濟人」的存有對作為「道德人」的存有之逆襲。但荀子的性惡系統也必非不可批判，是以同樣可以從「荀子之後」的韓非視野去批判與超越——就如同荀子批判孟學那般。

　　所有的「真理」（truth），都將成為他者：孟學如是，荀學如是，本書亦如是。我們始終必須在感謝他者中遞進——或是繼承、或是轉向、或是批判、或是超越，但我們終究不能沒有他者。性善之後，本書企圖解開性惡的枷鎖；性惡之後，儒學研究的歷程也將在他者的視域中持續遞衍。

參考文獻

一 古籍原典

〔戰國〕荀況著　王天海校釋　《荀子校釋》　上海市　上海古籍出版社　2005年

〔漢〕班固撰　〔唐〕顏師古注　《新校漢書集注》第2冊　臺北市　世界書局　1972年

〔漢〕劉向撰　石光瑛校釋　陳新整理　《新序校釋》　北京市　中華書局　2001年

〔漢〕趙岐注　〔宋〕孫奭疏　《孟子注疏》　臺北市　藝文印書館阮元校勘十三經注疏本　2013年

〔漢〕揚雄撰　〔晉〕李軌注　《揚子法言》　臺北市　世界書局　1955年

〔漢〕鄭玄注　〔唐〕孔穎達疏　《禮記注疏》　臺北市　藝文印書館阮元校勘十三經注疏本　2013年

〔魏〕何晏注　〔宋〕邢昺疏　《論語注疏》　臺北市　藝文印書館阮元校勘十三經注疏本　2013年

〔晉〕杜預注　〔唐〕孔穎達疏　《左傳注疏》　臺北市　藝文印書館阮元校勘十三經注疏本　2013年

〔唐〕韓愈撰　閻琦校注　《韓昌黎文集注釋》　西安市　三秦出版社　2004年

〔宋〕朱熹撰　《四書章句集注》　北京市　中華書局　1983年

〔宋〕程顥、程頤撰　《二程集》　臺北市　漢京文化事業有限公司　1983年

〔宋〕普濟撰　蘇淵雷點校　《五燈會元》　北京市　中華書局　1984年

〔宋〕黎靖德編　王星賢點校　《朱子語類》　北京市　中華書局　2007年

〔宋〕熊鉌撰　《勿軒集》　臺北市　臺灣商務印書館　1986年

〔明〕許仲琳撰　《封神演義》　臺北市　桂冠圖書公司　1990年

〔明〕王夫之撰　船山全書編輯委員會編　《船山全書》第六冊　長沙市　嶽麓書社　2011年

〔明〕劉宗周撰　吳光主編　《劉宗周全集》第二冊　杭州市　浙江古籍出版社　2007年

〔清〕王先謙撰　沈嘯寰、王星賢點校　《荀子集解》　北京市　中華書局　2010年

〔清〕王先謙撰　《莊子集解》　臺南市　莊家出版社　1976年

〔清〕王先慎撰　鍾哲點校　《韓非子集解》　北京市　中華書局　2011年

〔清〕陳立撰　《白虎通疏證》　北京市　中華書局　2012年

〔清〕章學誠撰　《文史通義》　杭州市　浙江古籍出版社　2005年

〔清〕梁啟超撰　《飲冰室合集》第二冊　北京市　中華書局　1989年

〔清〕嚴可均輯　《全上古三代秦漢三國六朝文》　北京市　中華書局　1999年

〔民國〕黎翔鳳撰　梁運華整理　《管子校注》　北京市　中華書局　2004年

〔日〕瀧川龜太郎撰　《史記會注考證》　臺北市　唐山出版社　2007年

二　近人專著

(一) 中文資料 (含翻譯論著)

王　軍　《荀子思想研究：禮樂重構的視角》　北京市　中國社會科學出版社　2010年

王　楷　《天然與修為──荀子道德哲學的精神》　北京市　北京大學出版社　2011年

王小錫　《經濟倫理學──經濟與道德關係之哲學分析》　北京市　人民出版社　2015年

王中江　《儒家的精神之道和社會角色》　北京市　中華書局　2015年

王邦雄　《中國哲學論集》　臺北市　臺灣學生書局　2004年

王祖壽　《王祖壽‧歌不斷：華人流行樂壇30年最有力的一枝筆！直探未曾公開的星事，重溫熟悉的樂音》　臺北市　三采文化公司　2014年

王鈞林　《中國儒學史》第一卷　廣州市　廣東教育出版社　1997年

王斐弘　《儒宗正源》　廈門市　廈門大學出版社　2011年

王曉波　《儒法思想論集》　臺北市　時報文化出版企業公司　1986年

王慶光　《荀子與齊道家的對比》　臺北市　大安出版社　2014年

王靈康　《荀子哲學的反思：以人觀為核心的探討》　臺北市　政治大學哲學系博士論文　2008年

中共中央馬克思恩格斯列寧史達林著作編譯局編譯　《馬克思恩格斯選集》上冊　北京市　北京人民出版社　2012年

孔憲鐸、王登峰 《基因與人性》 北京市 北京大學出版社 2009年

牟宗三 《心體與性體》 臺北市 正中書局 1973年

牟宗三 《中國哲學十九講：中國哲學之簡述及其所涵蘊之問題》 臺北市 臺灣學生書局 1983年

牟宗三 《才性與玄理》 臺北市 臺灣學生書局 1993年

牟宗三 《名家與荀子》 臺北市 臺灣學生書局 2006年

汪文聖主編 《漢語哲學新視域》 臺北市 臺灣學生書局 2011年

宋林飛 《西方社會理論》 南京市 南京大學出版社 1997年

宋洪兵 《韓非子政治思想再研究》 北京市 中國人民大學出版社 2010年

李明輝編 《儒家經典詮釋方法》 臺北市 臺灣大學出版中心 2008年

李哲賢 《荀子之核心思想——「禮義之統」及其現代意義》 臺北市 文津出版社 1994年

李哲賢 《荀子之名學析論》 臺北市 文津出版社 2005年

李國旺 《國學與新經濟學：《大學》啟示錄》 太原市 山西人民出版社 2011年

李滌生 《荀子集釋》 臺北市 臺灣學生書局 1979年

李澤厚 《論語今讀》 北京市 生活‧讀書‧新知三聯書店 2004年

李澤厚 《實用理性與樂感文化》 北京市 生活‧讀書‧新知三聯書店 2008年

李澤厚 《中國古代思想史論》 北京市 生活‧讀書‧新知三聯書店 2008年

李澤厚 《歷史本體論‧己卯五說（增訂版）》 北京市 生活‧讀書‧新知三聯書店 2008年

吳定 《公共政策》 新北市 國立空中大學 2003年

吳乃恭　《儒家思想研究》　長春市　東北師範大學出版社　1988年

吳文璋　《荀子的音樂哲學》　臺北市　文津出版社　1994年

吳文璋　《追求民主科學的新儒家》　高雄市　復文圖書出版社　2006年

吳文璋　《新四書》　臺南市　智仁勇出版社　2011年

吳聰敏　《經濟學原理》　臺北市　吳聰敏出版　2014年

何光滬、許志偉編　《對話：儒釋道與基督教》　北京市　社會科學文獻出版社　1998年

何信全　《儒學與現代民主——當代新儒家政治哲學研究》　臺北市　中研院文哲所籌備處　1996年

何淑靜　《荀子再探》　臺北市　臺灣學生書局　2014年

何淑靜　《孟荀道德實踐理論之研究》　臺北市　文津出版社　1988年

沈清松　《跨文化哲學與宗教》　臺北市　五南圖書出版公司　2012年

呂思勉　《先秦學術概論》　北京市　中國大百科全書出版社　1985年

林火旺　《基本倫理學》　臺北市　三民書局　2009年

林火旺　《倫理學》　臺北市　五南圖書出版公司　2004年

林素英　《《禮記》之先秦儒家思想——〈經解〉連續八篇結合相關傳世與出土文獻之研究》　臺北市　臺灣師範大學出版中心　2017年

林啟屏　《從古典到正典——中國古代儒學意識之形成》　臺北市　臺灣大學出版中心　2007年

林鴻信　《基督宗教與東亞儒學的對話：以信仰與道德的分際為中心》　臺北市　臺灣大學出版中心　2009年

金春峰　《漢代思想史（增補第三版）》　北京市　中國社會科學出版社　2006年

金觀濤、劉青峰　《興盛與危機：論中國社會超穩定結構》　香港　香港中文大學出版社　1992年

金觀濤、劉青峰　《觀念史研究：中國現代重要政治術語的形成》　香港　香港中文大學出版社　2008年

周榮華　《道德經濟學引論》　南京市　江蘇人民出版社　2011年

周群振　《荀子思想研究》　臺北市　文津出版社　1987年

周陽山主編　《文化傳統的重建——中國文化的危機與展望》　臺北市　時報文化出版企業公司　1988年

周熾成　《荀韓人性論與社會歷史哲學》　廣州市　中山大學出版社　2009年

東方朔　《合理性之尋求：荀子思想研究論集》　臺北市　臺灣大學出版中心　2011年

東方朔　《差等秩序與公道世界：荀子思想研究》　上海市　上海人民出版社　2016年

姜英來　《荀子的管理思想》　瀋陽市　東北大學出版社　2015年

侯外廬　《中國古代思想學說史》　長沙市　嶽麓書社　2009年

韋　森　《經濟學與倫理學：市場經濟的倫理維度與道德基礎》　北京市　商務印書館　2015年

韋政通　《中國思想史》　臺北市　水牛出版社　2001年

韋政通　《儒家與現代中國》　臺北市　東大圖書公司　1991年

韋政通　《荀子與古代哲學》　臺北市　臺灣商務印書館　1992年

孫　偉　《重塑儒家之道——荀子思想再考察》　北京市　人民出版社　2010年

康香閣、梁濤主編　《荀子思想研究》　北京市　人民出版社　2014年

唐君毅　《說中華民族之花果飄零》　臺北市　三民書局　2011年

涂可國、劉廷善主編　《荀子思想研究》　濟南市　齊魯書社　2015年

高安邦　《政治經濟學》　臺北市　五南圖書出版公司　2002年

高宣揚　《後現代論》　臺北市　五南圖書出版公司　1999年

高希均、林祖嘉　《經濟學的世界：上篇──經濟觀念與現實問題》
　　　臺北市　天下文化出版公司　1997年

高希均、林祖嘉　《經濟學的世界：中篇──個體經濟理論導引》
　　　臺北市　天下文化出版公司　1997年

徐宗良　《道德問題的思與辨》　上海市　復旦大學出版社　2011年

徐復觀　《中國人性論史：先秦篇》　臺北市　臺灣商務印書館
　　　2007年

唐君毅　《中國哲學原論‧原性篇》　臺北市　臺灣學生書局　2006年

唐君毅　《中國哲學原論‧原道篇》　臺北市　臺灣學生書局　2004年

唐端正　《先秦諸子論叢》　臺北市　東大圖書公司　1981年

唐端正　《先秦諸子論叢（續編）》　臺北市　東大圖書公司　2009年

馬國瑤　《荀子政治理論與實踐》　臺北市　文史哲出版社　1996年

陳大齊　《荀子學說》　臺北市　華岡出版社　1989年

郭沫若　《十批判書》　北京市　人民出版社　2012年

莊婕筠　《音樂治療》　臺北市　心理出版社　2004年

莊耀嘉　《馬斯洛：人本心理學之父》　臺北市　桂冠圖書公司　2004
　　　年

梁　濤　《儒家道統說新探》　上海市　華東師範大學出版社　2013
　　　年

梁家榮　《仁禮之辨──孔子之道的再釋與評估》　北京市　北京大
　　　學出版社　2010年

梁漱溟　《中國民族自救運動之最後覺悟》　臺北市　學術出版社
　　　1971年

梁漱溟　《東西文化及其哲學》　北京市　商務印書館　2010年

盛　洪　《儒學的經濟學解釋》　北京市　中國經濟出版社　2016年

許建良　《先秦法家的道德世界》　北京市　人民出版社　2012年

黃光國　《儒家思想與東亞現代化》　臺北市　巨流圖書公司　1988年

黃沛榮注譯　《新譯三字經》　臺北市　三民書局　2006年

黃俊傑編　《中國經典詮釋傳統（一）：通論篇》　臺北市　臺灣大
　　　　學出版中心　2006年

黃俊傑　《東亞文化交流中的儒家經典與理念：互動、轉化與融合》
　　　　臺北市　臺灣大學出版中心　2011年

黃俊傑　《儒家思想與中國歷史思維》　臺北市　臺灣大學出版中心
　　　　2014年

黃進興　《優入聖域：權力、信仰與正當性》　北京市　中華書局
　　　　2010年

勞思光　《新編中國哲學史（一）》　臺北市　三民書局　2005年

傅佩榮　《人性向善——傅佩榮談孟子》　臺北市　遠見天下出版公
　　　　司　2007年

傅偉勳　《從創造的詮釋學到大乘佛學——「哲學與宗教」四集》
　　　　臺北市　東大圖書公司　1999年

傅斯年　《性命古訓辨證》　上海市　上海古籍出版社　2012年

張純、王曉波　《韓非思想的歷史研究》　臺北市　聯經出版事業公
　　　　司　1983年

張　覺　《荀子譯注》　上海市　上海古籍出版社　2012年

張西堂　《荀子真偽考》　臺北市　明文書局　1994年

張其昀　《中華五千年史》第六冊　臺北市　中國文化學院出版部
　　　　1980年

張素貞　《韓非子的實用哲學》　臺北市　中央日報出版社　1991年

張鼎國著　汪文聖、洪世謙編　《詮釋與實踐》　臺北市　政大出版
　　　　社　2011年

張鐵志　《聲音與憤怒——搖滾樂可能改變世界嗎？》　臺北市　印
　　　　刻出版公司　2015年

單 驥 《天堂裡沒有經濟學》 臺北市 遠見天下文化 2014年

馮友蘭 《三松堂全集》第四卷 鄭州市 河南人民出版社 2001年

馮友蘭 《新原道》 臺北市 臺灣商務印書館 1995年

曾春海主編 《中國哲學概論》 臺北市 五南圖書出版公司 2005年

曾暐傑 《打破性善的誘惑──重探荀子性惡論的意義與價值》 新
北市 花木蘭文化事業公司 2014年

葛兆光 《中國思想史》(第一卷) 上海市 復旦大學出版社 2007
年

萬俊人 《道德之維──現代經濟倫理導論》 廣州市 廣州人民出
版社 2000年

楊艾璐 《解蔽與重構：多維視野下的荀子思想研究》 北京市 中
國社會科學出版社 2015年

楊向奎 《宗周社會與禮樂文明》 北京市 人民出版社 2002年

楊國榮 《倫理與存在──道德哲學研究》 北京市 北京大學出版
社 2011年

楊儒賓主編 《中國古代思想中的氣論及身體觀》 臺北市 巨流圖
書公司 2009年

路德斌 《荀子與儒家哲學》 濟南市 齊魯書社 2010年

溫明忠 《經濟學原理》 新北市 前程文化事業公司 2013年

熊秉元 《正義的成本：當法律遇上經濟學》 北京市 東方出版社
2014年

熊秉元 《正義的效益：一場法學與經濟學的思辨之旅》 臺北市
商周出版公司 2015年

廖名春 《荀子新探》 臺北市 文津出版社 1994年

黎 鳴 《問人性：東西文化500年的比較》 上海市 上海三聯書
店 2011年

蔡仁厚　《孔孟荀哲學》　臺北市　臺灣學生書局　1984年

蔡錦昌　《拿捏分寸的思考：荀子與古代思想新論》　臺北市　唐山
　　　　出版社　1996年

劉又銘　《理在氣中：羅欽順、王廷相、顧炎武‧戴震氣本論研究》
　　　　臺北市　五南圖書出版公司　2000年

劉又銘　《一個當代的、大眾的儒學──當代新荀學論綱》　北京市
　　　　中國人民大學出版社　2019年

劉成紀　《形而下的不朽──漢代身體美學考論》　北京市　人民出
　　　　版社　2007年

劉述先、景海峰編　《儒家思想與現代化──劉述先新儒學論著輯
　　　　要》　北京市　中國廣播電視出版社　1992年

劉笑敢　《詮釋與定向：中國哲學研究方法之探究》　北京市　商務
　　　　印書館　2009年

聯合聖經公會編　《新舊約全書》　臺北市　聖經公會　2005年

賴欣陽　《「作者」觀念之探索與建構──以《文心雕龍》為中心的
　　　　研究》　臺北市　臺灣學生書局　2007年

錢　穆　《經學大要》　臺北市　素書樓基金會　2000年

錢　穆　《論語新解》　臺北市　東大圖書公司　2004年

謝汝光編著　《東方音樂治療》　新北市　百善書房　2005年

蕭公權　《中國政治思想史》　臺北市　聯經出版事業公司　1982年

龍宇純　《荀子論集》　臺北市　臺灣學生書局　1987年

嚴靈峰編　《無求備齋荀子集成》第卅九冊　臺北市　成文出版社
　　　　1977年

顧頡剛、羅根澤編著　《古史辨》（第一冊）　臺北市　藍燈文化事
　　　　業有限公司　1993年

〔丹麥〕彼得森（Nicolai Peitersen）、〔瑞典〕阿維森（Adam

Arvidsson）著　劉寶成譯　《道德經濟：後危機時代的價值重塑》　北京市　中信出版社　2014年

〔日〕竹內好著　李冬木、趙京華、孫歌譯　《近代的超克》　北京市　生活・讀書・新知三聯書店　2005年

〔日〕江文也著　楊儒賓譯　《孔子的樂論》　臺北市　喜瑪拉雅基金會　2003年

〔日〕河合隼雄著　林暉鈞譯　《孩子與惡》　臺北市　心靈工坊文化事業公司　2016年

〔日〕佐藤將之　《荀子禮治思想的淵源與戰國諸子之研究》　臺北市　臺灣大學出版中心　2013年

〔日〕佐藤將之　《荀學與荀子思想研究：評析・前景・構想》　臺北市　萬卷樓圖書公司　2015年

〔日〕佐藤將之　《參於天地之治──荀子禮治政治思想的起源與構造》　臺北市　臺灣大學出版中心　2016年

〔日〕美濃部達吉著　林紀東譯　《法之本質》　臺北市　臺灣商務印書館　2012年

〔日〕船井幸雄著　李玲瑜譯　《第一百隻猴子：美夢成真的思考革命》　臺北市　洪建全基金會　1997年

〔日〕渡邊茂夫著　鄭清清譯　《音樂讓你快活度日》　臺北市　生命潛能文化事業公司　1994年

〔加〕貝爾（Daniel Bell）著　李琨譯　《社群主義及其批評者》　香港　牛津大學出版社　2000年

〔加〕查理斯・泰勒（Charles Taylor）著　李尚遠譯　《現代性中的社會想像》　臺北市　商周出版公司　2008年

〔加〕莫斯可（VincentMosco）著　胡春陽、黃紅宇、姚建華譯　《傳播政治經濟學》　上海市　上海譯文出版社　2013年

〔加〕達瑞爾・夏普（Daryl Sharp）著　易之新譯　《榮格人格類型》　臺北市　心靈工坊文化事業公司　2012年

〔法〕孔德（Auguste Comte）著　蕭贛譯　《實證主義概觀》　臺北市　臺灣商務印書館　1966年

〔法〕呂格爾（Paul Ricoeur）著　林宏濤譯　《詮釋的衝突》　臺北市　桂冠圖書公司　1995年

〔法〕盧梭（Jean-Jacques Rousseau）著　何兆武譯　《社會契約論》　北京市　商務印書館　2009年

〔法〕鮑德里亞（Jean Baudrillard）著　夏瑩譯　《符號政治經濟學批判》　南京市　南京大學出版社　2015年

〔英〕Anthony Storr著　張嚶嚶譯　《音樂與心靈》　臺北市　知英文化事業公司　1999年

〔英〕史泰司（Walter Terence Stace）著　楊儒賓譯　《冥契主義與哲學》　臺北市　正中書局　1998年

〔英〕亞當・史密斯（Adam Smith）著　謝宗林譯　《道德情感論》　臺北市　五南圖書出版公司　2009年

〔英〕亞當・史密斯（Adam Smith）著　謝宗林、李華夏譯　《國富論》　臺北市　先覺出版公司　2000年

〔英〕凱倫・阿姆斯壯（Karen Armstrong）著　孫豔燕、白彥兵譯　《軸心時代——人類偉大宗教傳統的開端》　海口市　海南出版社　2010年

〔英〕霍布斯（Thomas Hobbes）著　黎思復等譯　《利維坦》　北京市　商務印書館　1997年

〔美〕N. Gregory Mankiw著　王銘正譯　《經濟學原理》　臺北市　新加坡商聖智學習　2014年

〔美〕史華慈（Benjamin I. Schwartz）著　程鋼譯　《古代中國的思想世界》　南京市　江蘇人民出版社　2004年

〔美〕艾愷（Guy Salvatore Alitto）著　王宗昱、冀建中譯　《最後的儒家：梁漱溟與中國現代化的兩難》　南京市　江蘇人民出版社　2003年

〔美〕拉里・希克曼（Larry A.Hickman）主編　徐陶等譯　《閱讀杜威——為後現代做的闡釋》　北京市　北京大學出版社　2010年

〔美〕李文遜（Joseph R. Levenson）著　鄭大華、任菁譯　《儒教中國及其現代命運》　北京市　中國社會科學出版社　2000年

〔美〕杜維明　《杜維明文集》第四卷　武漢市　武漢大學出版社　2002年

〔美〕沃爾特・米歇爾（Walter Mischel）著　陳重亨譯　《忍耐力：其實你比自己想的更有耐力！棉花糖實驗之父寫給每個人的意志增強計畫》　臺北市　時報文化出版企業公司　2015年

〔美〕哈佛燕京學社主編　《波士頓的儒家》　南京市　江蘇教育出版社　2009年

〔美〕斯科特（James C. Scott）著　程立顯、劉建譯　《農民的道義經濟學：東南亞的反叛與生存》　南京市　譯林出版社　2013年

〔美〕托德・萊肯（Todd Lekan）著　陶秀璈譯　《造就道德——倫理學理論的實用主義重構》　北京市　北京大學出版社　2010年

〔美〕喬辛・迪・波沙達（Joachim de Posada）、鮑伯・安德曼（Bob Andelman）著　曾志傑譯　《盯住最大的棉花糖》　臺北市　方智出版社　2014年

〔美〕強納森・海德特（Jonathan Haidt）著　姚怡平譯　《好人總是自以為是：政治與宗教如何將我們四分五裂》　臺北市　網路與書出版社　2015年

〔美〕張灝　《幽暗意識與民主傳統》　臺北市　聯經出版事業公司　2000年

〔美〕撒穆爾・伊諾克・斯通普夫（Samuel Enoch Stumpf）、詹姆斯・菲澤（James Fieser）著丁三東等譯　《西方哲學史（第七版）》　北京市　中華書局　2005年

〔美〕羅伊・馬丁內茲（Roy Paul Martinez）編　汪海譯　《激進詮釋學精要》　北京市　中國人民大學出版社　2011年

〔美〕羅伯特・艾瑟羅德（Robert Axelrod）著　胡瑋珊譯　《合作的競化》　臺北市　大塊文化出版公司　2010年

〔美〕理查・波斯納（Richard A. Posner）著　蔣兆康譯　《法律經濟學》　臺北市　五南圖書出版公司　2010年

〔美〕理查・羅蒂（Richard Rorty）著　李幼烝譯　《哲學和自然之鏡》　臺北市　桂冠圖書公司　1994年

〔美〕理查德・羅蒂（Richard Rorty）著　黃勇編譯　《後哲學文化》　上海市　上海譯文出版社　2004年

〔美〕理查德・羅蒂（Richard Rorty）著　張國清譯　《後形而上學希望》　上海市　上海譯文出版社　2009年

〔美〕威廉・龐士東（William Poundstone）著　黃家興譯　《囚犯的兩難：賽局理論與數學天才馮紐曼的故事》　臺北市　左岸文化事業公司　2012年

〔美〕威爾森（Edward Osborne Wilson）著，薛絢譯　《社會生物學──新綜合理論》第一冊　臺北市　左岸文化事業公司　2012年

〔美〕威爾森（Edward Osborne Wilson）著　薛絢譯　《社會生物學──新綜合理論》第四冊　臺北市　左岸文化事業公司　2012年

〔美〕查爾斯・霍頓・庫利（Charles Horton Cooley）著　包凡一、
　　王湲譯　《人類本性與社會秩序》　臺北市　桂冠圖書公司
　　1992年

〔美〕孟旦（Donald J. Munro）著　丁棟、張興東譯　《早期中國
　　「人」的觀念》　北京市　北京大學出版社　2009年

〔美〕珍娜・愛德樂（Janet Adler）著　李宗芹、林玉華、林奕秀譯
　　《真實動作：喚醒覺性身體》　臺北市　心靈工坊文化事業
　　公司　2013年

〔美〕赫伯特・芬格萊特（Herbert Fingarette）著　彭國翔、張華譯
　　《孔子：即凡而聖》　南京市　江蘇人民出版社　2002年

〔美〕諾夫喬伊（Arthur O. Lovejoy）著　張傳有、高秉江譯　《存
　　在巨鏈：對一個觀念的歷史的研究》　南昌市　江西教育出
　　版社　2002年

〔美〕默坦・斯坦因（Murray Stein）著　喻陽譯　《日性良知與月
　　性良知：論道德、合法性和正義感的心理基礎》　北京市
　　東方出版社　1998年

〔荷〕斯賓諾莎（Baruch Spinoza）著　國立編譯館主譯　邱振訓譯
　　《倫理學》　臺北市　五南圖書出版公司　2010年

〔捷〕湯瑪斯・賽德拉切克（Tomas Sedlacek）著　劉道捷譯　《善
　　惡經濟學》　新北市　大牌出版社　2013年

〔德〕尤阿希姆・鮑爾（Joachim Bauer）著　王榮輝譯　《棉花糖的
　　誘惑：從腦神經科學看自制力》　臺北市　商周出版公司
　　2016年

〔德〕尼采（Friedrich Nietzsche）著　趙千帆譯　《論道德的系譜：
　　一本論戰著作》　新北市　大家出版社　2017年

〔德〕尼采（Friedrich Nietzsche）著　孫周興譯　《瞧，這個人——
　　人如何成其所是》　新北市　大家出版社　2018年

〔德〕馬丁・海德格爾（Martin Heidegger）著　熊偉、王慶節譯　《形而上學導論》　新北市　仰哲出版社　1993年

〔德〕漢斯-格奧爾格・加達默爾（Hans-Georg Gadamer）著　洪漢鼎譯　《真理與方法：哲學詮釋學的基本特徵》　上海市　上海譯文出版社　2004年

〔德〕阿克塞爾・霍耐特（Axel Honneth）著　胡繼華譯　《為承認而鬥爭》　上海市　上海人民出版社　2005年

〔德〕霍耐特（Axel Honneth）著　王旭譯　《自由的權利》　北京市　社會科學文獻出版社　2013年

〔瑞士〕卡爾・古斯塔夫・榮格（Carl G. Jung）著　徐德林譯　《原型與集體無意識》　北京市　國際文化出版公司　2011年

〔瑞典〕林西莉（Cecilia Lindqvist）著　許嵐、熊彪譯　《古琴的故事》　臺北市　貓頭鷹出版社　2009年

（二）外文資料

Bonny, Helen L.& Louis M. Savary, *Music and Your Mind: Listening with a New Consciousness.* New York: Station Hill Press, 1998.

Caputo, John D., *Radical Hermeneutics: Repetition, Deconstruction and the Hermeneutic Project.* Bloomington: Indiana University Press, 1987.

Caputo, John D., *More Radical Hermeneutics: On Not Knowing Who We Are.* Bloomington: Indiana University Press, 2000.

Coakley, Sarah and Kay Kaufman Shelemay edt., *Pain and Its Transformations: The Interface of Biology and Culture.* Cambridge, Mass.: Harvard University Press, 2007.

Davies, Norman, *Europe: A History.* London: Pimlico, 1997.

Dawkins, Richard, *The God Delusion*. Boston: Houghton Mifflin, 2006.

Farnsworth, Paul R., *The Social Psychology of Music*. Iowa: Iowa State University Press, 1969.

Gadamer,Hans Georg, *Wahrheit und Methode*. Berlin: Akademie Verlag, 2007.

Glock, Hans-Johann, *Wittgenstein*. Oxford: Black Well Publisher Ltd, 1996.

Hume, David, *A Treatise of Human Nature*. London: John Noon, 1739.

Hutton, Eric, *Xunzi: The Complete Text*. Princeton and Oxford: Princeton University Press, 2014.

Jaspers, Karl, *The Origin and Goal of History*. translated by Michael Bullock, London, New York: Routledge, 2010.

Keynes, J. M., *General Theory of Employment, Interest, and Money*. London: Macmillan, 1936.

Malthus, Thomas, *An Essay on the Principle of Population*. New York: Oxford University Press, 1933.

Maslow, Abraham H., *Motivation and Personality*. New York: Harper, 1954.

Maslow, Abraham H., *The Farther Reaches of Human Nature*. New York: Viking Press, 1972.

Munro, Donald J., *The Concept of Man in Early China*. Stanford: Stanford University Press, 1969.

Polanyi, Michael, *The Tacit Dimension*. New York: Anchor Books, 1967.

Polanyi, Michael and Harry Prosch, *Meaning*. Chicago: University of Chicago Press, 1975.

Redfield, Robert, *The Little Community and Peasant Society and Culture*. Chicago: The University Chicago Press, 1989.

Ricardo, David, *On the Principles of Political Economy and Taxation*. Cambridge: Cambridge University Press, 1917.

Schwartz, Benjamin, *The World of Thought in Ancient China*. Cambridge, Mass.: Belknap Press of Harvard University Press, 1985.

Spinoza, Baruch, *Ethics. Spinoza: Complete Works*. translated by Samuel Shirley. Indianapolis & Cambridge: Hackett Publishing Company, 2002.

Stone, Alan and Edward J. Harpham eds., *The Political Economy of Public Policy*. Beverly Hill, CA: Sage, 1982.

三 單篇論文

（一）中文資料

王晴佳 〈後現代主義與經典詮釋〉 載黃俊傑編 《中國經典詮釋傳統（一）：通論篇》 臺北市 臺灣大學出版中心 2006年 頁125-150

王慶光 〈論晚周「因性法治」說的興起及荀子「化性為善」說的回應〉 《興大中文學報》第13期（2000年12月） 頁105-124

白彤東 〈韓非子與現代性──個綱要性的論述〉 《中國人民大學學報》2011年第5期（2011年5月） 頁49-57

伍振勳 〈荀子的「身、禮一體」觀──從「自然的身體」到「禮義的身體」〉 《中國文哲研究集刊》第19期（2001年9月） 頁317-344

伍振勳 〈道統意識與德行論述：荀子非難思、孟的旨趣重探〉 《臺大中文學報》第35期（2011年12月） 頁43-83

伍振勳 〈荀子「天論」的旨趣：「知天」論述的主題〉 《臺大中

文學報》第46期（2014年9月）　頁51-86

牟宗三、徐復觀、張君勱、唐君毅等　〈中國文化與世界——我們對中國學術研究及中國文化與世界文化前途之共同認識〉　載唐君毅　《說中華民族之花果飄零》　臺北市　三民書局 2011年　頁119-184

何淑靜　〈論孟子與荀子對人性了解之根本差異（上）〉　《中國文化月刊》第94期（1987年8月）　頁81-95

何淑靜　〈論孟子與荀子對人性了解之根本差異（下）〉　《中國文化月刊》第95期（1987年9月）　頁74-85

李哲賢　〈論荀子思想之矛盾〉　《興大中文學報》第22期（2007年12月）　頁159-176

李哲賢　〈荀子之性惡說析論：從文本談起〉　《哲學與文化》第40卷第5期（2013年5月）　頁137-153

沈清松　〈建構體系與感謝他者——紀念朱子辭世八百週年〉　《哲學與文化》第28卷第3期（2001年3月）　頁193-205

吳文璋　〈荀子議兵篇析論〉　《成大中文學報》第8期（2000年6月）　頁161-177

吳文璋　〈論荀子欲望的身體觀〉　《成大宗教與文化學報》第20期（2013年12月）　頁33-46

吳文璋　〈論荀子哲學的多元認識論〉　《成大宗教與文化學報》第22期（2015年12月）　頁21-46

金耀基　〈儒家倫理與經濟發展：韋伯學說的重探〉　載李亦園等編《現代化與中國化論集》　臺北市　桂冠圖書公司　1974年頁29-56

林世賢　〈聰聖、聞思與音樂——論耳修在工夫論上之殊勝〉　《漢學研究》第30卷第1期（2012年3月）　頁61-92

林桂榛　〈荀子性朴論的理論結構及思想價值〉　《邯鄲學院學報》

第22卷第4期（2012年12月） 頁32-41

林啟屏 〈「內在超越」的一個發生學解釋：以堯舜形象為討論中心〉
　　　　《哲學與文化》第39卷第4期（2012年4月） 頁117-140

周熾成 〈荀子乃性朴論者，非性惡論者〉 《邯鄲學院學報》第22
　　　　卷第4期（2012年12月） 頁24-31

周天令 〈「荀子是儒學的歧出」之商榷〉 《孔孟月刊》第42卷第
　　　　10期（2004年6月） 頁31-38

周恩榮 〈牟宗三「坎陷開出民主論」的再檢討〉 《孔子研究》
　　　　2014年第5期（2014年9月） 頁62-70

姜龍翔 〈《五經正義》「疏不破注」之問題再探〉 《成大中文學
　　　　報》第46期（2014年9月） 頁137-184

柳熙星 〈論孟荀人性論之異同〉 《鵝湖學誌》第36期（2006年6
　　　　月） 頁185-210

陳麗桂 〈先秦儒學的聖、智之德——從孔子到子思學派〉 《漢學
　　　　研究》第30卷第1期（2012年3月） 頁1-25

張　亨 〈荀子對人的認知及其問題〉 《文史哲學報》第22期
　　　　（1971年6月） 頁175-217

莊錦章 〈荀子與四種人性論觀點〉 《國立政治大學哲學學報》第
　　　　11期（2003年12月） 頁185-210

梁　濤 〈清華簡〈保訓〉與儒家道統說再檢討（上）——兼論荀子
　　　　在道統中的地位問題〉 《國學學刊》2011年第4期（2011
　　　　年12月） 頁18-24

梁　濤 〈清華簡〈保訓〉與儒家道統說再檢討（下）——兼論荀子
　　　　在道統中的地位問題〉 《國學學刊》2013年第2期（2013
　　　　年6月） 頁91-105

梁　濤 〈統合孟荀創新儒學〉 《宗教與哲學》第7輯（2014年8

月） 頁75-84

梁　濤　〈「新四書」與「新道統」——當代儒學思想體系的重建〉
　　　　《北京行政學院學報》2014年第3期（2014年9月） 頁14-16

馮耀明　〈荀子人性論新詮：附〈榮辱〉篇23字衍之糾謬〉　《國立
　　　　政治大學哲學學報》第14期（2005年7月） 頁169-230

黃俊傑　〈思想史方法論的兩個側面〉　《臺大歷史學報》第4期
　　　　（1997年5月） 頁357-383

曾暐傑　〈對當代／新儒學的批判性反思與傳統儒學的重建——以
　　　　《三字經》為線索〉　《2013儒風社區・人文城市暨古典與
　　　　現代學術研討會：論文集》　高雄市　高雄市夢想城市發展
　　　　協會　2013年　頁165-180

曾暐傑　〈存在與方法——荀子性惡論詮釋的新視野〉　《中國言語
　　　　文化》（韓國）第3輯（2013年9月） 頁282-311

曾暐傑　〈論荀子「為學」的「終始」問題〉　《鵝湖月刊》第470
　　　　期（2014年8月） 頁13-22

曾暐傑　〈「虛壹而靜」只是認知工夫嗎？——由「虛壹而靜」論荀
　　　　子作為「天君」之「心」的作用與意義〉　《當代儒學研
　　　　究》第16期（2014年6月） 頁183-204

曾暐傑　〈回歸、跨越與開放——「現／當代新儒家」的普遍化意義
　　　　及其多元策略〉　《當代儒學》第6輯（2014年11月） 頁
　　　　137-156

曾暐傑　〈想像與嫁接——荀子傳經系統的建構與問題〉　《政大中
　　　　文學報》第26期（2016年12月） 頁183-218

傅佩榮　〈人性向善論——對古典儒家的一種解釋〉　《哲學與文
　　　　化》第12卷第6期（1985年6月） 頁25-30

葉　浩　〈一位「敵基督」哲人朝向命運嘶聲吶喊的另類「阿們！」〉
　　　　載〔德〕尼采著　孫周興譯　《瞧，這個人——人如何成其

所是》 臺北市 大家出版社 2018年 頁7-41

楊海文 〈《孟子》傳記博士的文化闡釋〉 《孔孟月刊》第35卷第7
期（1997年3月） 頁9-15

楊澤波 〈牟宗三坎陷論的意義與缺陷〉 《社會科學研究》2013年
第1期（2013年1月） 頁121-124

路德斌 〈道德之階層與孟、荀努力之方向──論儒家倫理學的兩種
型態及其意義〉 載康香閣、梁濤主編 《荀子思想研究》
北京市 人民出版社 2014年 頁332-342

路德斌 〈一言之誤讀與荀學千年之命運──論宋儒對荀子「性惡」
說的誤讀與誤解〉 載涂可國、劉廷善主編 《荀子思想研
究》 濟南市 齊魯書社 2015年 頁106-115

路德斌 〈荀、孟人性論之爭非「人之善惡」之爭──一個基於名實
之辨而進行的考察和詮釋〉 載《心性論與早期中國儒家哲
學》高端論壇會議論文集 濟南市 山東大學儒學高等研究
院 2016年10月22-23日 頁99-101

趙吉惠 〈荀子非儒家辨〉 《哲學與文化》第17卷第11期（1990年
11月） 頁1005-1017

趙吉惠 〈論荀學與孔孟哲學的根本區別〉 《哲學與文化》第26卷
第7期（1999年7月） 頁648-659、694

趙慶偉 〈孟學的演進及其時代特色〉 《中南民族大學學報》第26
卷第5期（2006年9月） 頁142-146

劉又銘 〈從「蘊謂」論荀子哲學潛在的性善觀〉 《「孔學與二十
一世紀」國際學術研討會論文集》 臺北市 政治大學文學
院 2004年 頁50-77

劉又銘 〈當代新荀學的基本理念〉 載龐樸主編 《儒林‧第四
輯》 濟南市 山東大學出版社 2008年 頁4-13

劉又銘 〈合中有分──荀子、董仲舒天人關係論新詮〉 《臺北大

學中文學報》第2期（2007年3月） 頁27-50

劉又銘 〈儒家哲學的重建——當代新荀學的進路〉 載汪文聖主編
《漢語哲學新視域》 臺北市 臺灣學生書局 2011年 頁
157-182

劉雲超 〈性本材樸禮無善惡——荀子人性論新解〉 載涂可國、劉
廷善主編 《荀子思想研究》 濟南市 齊魯書社 2015年
頁151-167

蕭振聲 〈論人性向善論——一個分析哲學的觀點〉 《中央大學人
文學報》第51期（2012年7月） 頁81-125

羅秉祥 〈上帝的超越與臨在——神人之際與天人關係〉 載何光
滬、許志偉編 《對話二：儒釋道與基督教》 北京市 社
會科學文獻出版社 2001年 頁243-277

顧頡剛 〈討論古史答劉胡二先生〉 載顧頡剛、羅根澤編著 《古
史辨》（第一冊） 臺北市 藍燈文化事業公司 1993年
頁105-150

〔日〕湯淺泰雄著 盧瑞容譯 〈「氣之身體觀」在東亞哲學與科學
中的探討——及其與西洋的比較考察〉 載楊儒賓主編
《中國古代思想中的氣論及身體觀》 臺北市 巨流圖書公
司 2009年 頁63-100

〔英〕克林格爾巴赫（Morten L. Kringelbach）著 謝伯讓譯 〈快
樂中樞〉 《科學人月刊》第129期（2012年11月） 頁50-
55

〔美〕白詩朗（John H. Berthrong） 〈波士頓儒學：對北美「新儒
學」的思考〉 載〔美〕哈佛燕京學社主編 《波士頓的儒
家》 南京市 江蘇教育出版社 2009年 頁13-27。

〔美〕格雷戈里‧F‧帕帕斯（Gregory F. Pappas） 〈杜威的倫理

學：作為經驗的道德〉 載〔美〕拉里‧希克曼（Larry A.Hickman）主編 除陶等譯 《閱讀杜威──為後現代做的闡釋》 北京市 北京大學出版社 2010年 頁112-133

〔澳〕約翰‧韓納楓（John Hanafin）著 周秉生譯 〈中西倫理學交流的新領域：道德和市場經濟的關係〉 《漢學研究》1997年第4期（1997年4月） 頁78-81

〔美〕黛安娜‧米歇爾菲爾德（Diane Michelfelder） 〈哲學詮釋學與激進詮釋學：謙卑的教訓〉 載〔美〕羅伊‧馬丁內茲（Roy Paul Martinez）編 汪海譯 《激進詮釋學精要》北京市 中國人民大學出版社 2011年 頁31-52

（二）外文資料

Eric Hutton, "Does Xunzi Have a Consistent Theory of Human Nature?" in Kline III, T. C. and Philip J. Ivanhoe eds., *Virtue, Nature, and Moral Agency in the Xunzi*. Indianapolis/Cambridge: Hackett, 2000, pp.220-236.

Jabr, Ferris, "Gambling on the Brain," *Scientific American*, 2013, Vol.309(5), pp.28-31.

Kirmayer, Laurence J., "Response: Reflections from Psychiatry on Emergent Mind and Empathy," in Sarah Coakley and Kay Kaufman Shelemay edt., *Pain and Its Transformations: The Interface of Biology and Culture*, Cambridge, Mass.. Harvard University Press, 2007, pp.242-244.

Saperston, Bruce. M., "Music-Based Individualized Relaxation Training (MBIRT): A Stress-Reduction Approach for the Behaviorally Disturbed Mentally Retarded," *Music Therapy Perspectives*,

6:1(1989.1), pp. 26-33.

Sato, Masayuki, "Did Xunzi's Theory of Human Nature Provide the Foundation for the Political Thought of Han Fei?" in Paul R. Goldin ed., *Dao Companion to the Philosophy of Han Fei*. New York: Springer Verlag, 2013, pp.147-165.

Simon, Herbert A., "Rational Choice and the Structure of the Environment," *Psychological Review*, 63(1956), pp.129-138.

Williamson, Oliver E., "The Economics of Governance: Framework and Implications," *Journal of Institutional and TheTheoretical Economics*, 140:1(March, 1984): pp.195-223.

後記

　　本書是為博士論文改寫修訂而成，基本架構大致沒有太大的更動，除了參考審查意見與師友的建議後，幾經思量，在部分內容上進行修正與增補外，不擬作全面性的系統改易；主要是希望能夠保留這些年來個人的學思歷程與思考方式，期望以此具有一定爭議性的儒學反轉思維與跨域研究方法呈顯，帶來更多的對話與交鋒。然本書相對於博士論文有兩處明顯的改動：

　　其一，論文原題名為《孟子之後——荀子「倫理經濟學」的建構及其儒學回歸》，為了更加凸顯本書強調荀子的理論系統皆是「性惡論」的一環，而此一性惡系統的思維來自於將孟學「性善系統」視為他者所進行的批判而來，是由孟學的「道德人」視野轉向荀學的「經濟人」視域的建構，企圖回歸荀子所以為的孔學正道，故改以《性惡論的誕生——荀子「經濟人」視域下的孟學批判與儒學回歸》為名出版。

　　其二，博士論文的版本原有七個章節，本書刪除原來〈第六章　權力的經濟學——荀子倫理經濟學極端化下的儒法轉換〉，以六個章節的結構來呈現。我的博士論文第六章主要處理荀韓關係，希望在以荀學為視角下，將孟學視為他者進行批判後，能夠同樣地再次翻轉，將以韓非為主體去將荀學視為他者進行批判，以呈顯先秦學術的動態性——沒有任何一個學說是絕對的真理，每個思想家與學說都將成為他者視域下的他者；荀學是孟子之後的超越性回歸，韓非則是荀子之後的超越性轉向。

　　然而荀韓關係的這個脈絡在一定程度上必須去重新梳理與回顧關於韓非子的研究，如不花費篇幅處理這個部分，便顯得突兀；然而在其中太過強調韓非子的部分，在荀子研究的專書中又有些枝節。是以為了讓本書的主題更為聚焦與集中，決定先將荀韓關係的論述在本書出版時抽掉，以免僅有點到為止之憾。而這一部分也會配合我的寫作計畫，移至我的下一本以韓非為主題的專書之中，作為連結兩本著作承上啟下之章節。

※　　　　　　※　　　　　　※

　　此外想要再次強調的是：本文以孟學作為他者的論述，並非貶抑孟子其人及學說，而是作為一個荀學的存有者，從學術的方法與討論去回應孟學的批判、闡述荀學的思維與意義。雖然我在書中針對諸多師友的論述與觀點提出疑問與反駁，但這是作為一個學者在學術上的辯駁，並非帶著敵意的攻訐、無損我對於師友的尊敬與尊重。

　　是以儘管我在書中對於當代新儒家的孟學立場、荀學批判進行問難，但我作為一個後生晚輩，對於每位學術大師與師長，我無一不是帶著敬意去面對的。就如我在書中指出我的指導教授劉又銘教授提出的「弱性善論」可能有商榷的餘地，但這樣的學術討論並不妨礙我對又銘老師的尊敬與景仰。

　　或許我們不應將學術的討論激化為群體的對立，企圖以此在現實中指謫與攻訐。如同我有我作為一個荀學存有者的力量在支持著我的學術研究，我有著鮮明的荀學立場，但誰人沒有立場呢？立場是為了尋求自我存在的意義與價值，避免落入他者的地獄之中；只要立場不帶著惡意，又有何不可？或許那些高倡自己完全沒有立場、或是完全頌揚與依附某一立場的存有，才是最有立場的「隱藏者」吧！

　　我們的社會文化害怕衝突，是以常常在「和諧下衝突」；但如果

能夠更真實地面對自我與尊重群體，為何不在「衝突中和諧」呢？大膽說出「我們不一樣」，但承認與尊重彼此的存在，在不一樣中尋求一樣與共存的可能，這才是真正的和諧吧！當下的社會有太多存有企圖在「我們都一樣」的表述中獲利，但其實檯面下暗潮洶湧、機關算盡；我們以為的和諧，事實上卻是衝突的糖衣，讓我們麻痺地感覺不到當下的我們正在衝突之中！唯有承認「我們不一樣」，才有尋求「一樣」的可能——孟荀研究如是、做人處世亦當如是！

——如果學術不能說真話、不敢說真話，那麼學術還何以為學術？

——如果研究不能不一樣、不敢不一樣，那麼研究還何以為研究？

——如果存有不能做自己、不敢做自己，那麼存有還何以為存有？

這是我研究荀子與儒學所得到的體悟，也是在學術場域及眾生百態中所體會到的一幅浮世繪——永遠要帶著善意去交流、交鋒與交融；但假使你想否定我的存在，那我也只能以我的存在反擊！[1]

※　　　　※　　　　※

在修訂本書的過程中，也是我生命的一個轉折，是在「博士之後」的一段歷練與過程，感謝師大國文系賦予我一個安身立命的研究與教學場域，心中無比感恩。我深知自己不是最優秀的一個，但特別幸運；自我期許以最謙卑的態度去面對這份幸運，持續精進自我的研究與教學。特別感謝我在師大的薪傳導師劉滄龍老師與師大國文系的所有師長，以及政大中文系所有的師長過去十二年來對我的教導、栽培與鼓勵，沒有您們的引領，就沒有今日的我，也就沒有這本書的誕生。

1　這段話是臺灣大學中國文學系張斯翔博士於二〇一八年末於臺北蕙風堂所舉辦之「喧囂的對話——張斯翔書印展」中一幅書法作品中的話語，這句話深深觸動著我，體現了我在荀子研究歷程中的心境。而這幅書簡現在也收藏於我的研究室中，與同樣是張斯翔博士之「他者地獄」印石作品一同掛於案前。

　　除了由衷感恩林宏星老師與劉又銘老師撥冗費心為本書寫序外，還要特別感謝董金裕老師、陳逢源老師、林啟屏老師、曾守正老師、高桂惠老師、陳成文老師、周志煌老師、鄭雯馨老師、吳冠宏老師、伍振勳老師、田富美老師、王華老師、齊婉先老師、蕭振聲老師、吳進安老師、梁濤老師、曾振宇老師、路德斌老師、魏彥紅老師與楊佳在從博士畢業到這本書出版之間的艱難時光給予我最大的幫助、指引與鼓勵。當然，這段期間有太多師友給予我莫大的協助與祝福，有時即便是一句話的溫暖也讓人感動而充滿力量！請恕我無法在此逐一具名感謝，因為這份要感謝的師友名單完整列出恐怕會比這本著作還要豐厚；亦不敢貿然羅列過多師友言謝，恐有虛妄沾光之嫌。是以本書付梓後，定當於扉頁親筆題上師友之名、親奉此書，躬身向各位師友致上最誠摯的謝意。

　　最後本書的得以出版要感謝車行健教授、劉芝慶教授與邱偉雲教授的促成、萬卷樓圖書股份有限公司的梁錦興總經理與張晏瑞副總經理的大力支持與協助，以及本書的學術編輯廖宜家小姐的辛勞與幫忙、師大國文系助理林芳瑋同學在校對工作上的操勞與用心、方諾（Francis Charles Falzarano）在英文書名上給予的建議與修正，一併在此表達無比的感恩與敬意。

曾暐傑

記於臺師大文學院勤825研究室

二〇一九年二月十六日

索引

漢學研究叢書・文史新視界叢刊 0402007

性惡論的誕生——荀子「經濟人」視域下的孟學批判與儒學回歸

作　　者　曾暐傑
責任編輯　廖宜家
特約校稿　林秋芬

發 行 人　林慶彰
總 經 理　梁錦興
總 編 輯　張晏瑞
編 輯 所　萬卷樓圖書股份有限公司
　　　　　臺北市羅斯福路二段 41 號 6 樓之 3
　　　　　電話 (02)23216565
　　　　　傳真 (02)23218698

發　　行　萬卷樓圖書股份有限公司
　　　　　臺北市羅斯福路二段 41 號 6 樓之 3
　　　　　電話 (02)23216565
　　　　　傳真 (02)23218698
　　　　　電郵 SERVICE@WANJUAN.COM.TW
香港經銷　香港聯合書刊物流有限公司
　　　　　電話 (852)21502100
　　　　　傳真 (852)23560735

ISBN 978-986-478-282-6
2019 年 6 月初版
定價：新臺幣 640 元

如何購買本書：

1. 劃撥購書，請透過以下郵政劃撥帳號：
　帳號：15624015
　戶名：萬卷樓圖書股份有限公司
2. 轉帳購書，請透過以下帳戶
　合作金庫銀行 古亭分行
　戶名：萬卷樓圖書股份有限公司
　帳號：0877717092596
3. 網路購書，請透過萬卷樓網站
　網址 WWW.WANJUAN.COM.TW

大量購書，請直接聯繫我們，將有專人為
您服務。客服：(02)23216565 分機 610

如有缺頁、破損或裝訂錯誤，請寄回更換

國家圖書館出版品預行編目資料

性惡論的誕生：荀子「經濟人」視域下的
孟學批判與儒學回歸 / 曾暐傑著. -- 初版.
-- 臺北市：萬卷樓, 2019.06　面；　公
分. -- (漢學研究叢書 ；0402007)
ISBN 978-986-478-282-6(平裝)

1.(周)荀況 2.學術思想 3.性惡論

121.277　　　　　　　　　108004224